Wilhelm Raabe

Unseres Herrgotts Kanzlei

Sebastian Besselmeyer

Gruendlicher Bericht des Magdeburgischen Krieges

Erste Auflage März 2002

v e r l a g

DELTA~D

© 2002 by Verlag Delta-D Magdeburg, Axel Kühling
ISBN 3 - 935831 - 06 - 4

Verlag DELTA-D Magdeburg
39122 Magdeburg • Alt Fermersleben 77
Telefon: (03 91) 4 01 10 00 • Telefax: (03 91) 4 01 05 40

Gestaltung und Satz: Doppel D Werbeservice Magdeburg
Filmerstellung: Rolf Jacob Druckvorstufe
Druck: Harzdruckerei Wernigerode GmbH

Ein Wort

zur zweiten Auflage 1889 der
Creutzschen Verlagsbuchhandlung Magdeburg

Es sind nun grade vierzig Jahre her, seit, so um die Ostern 1849 herum, das was in diesem Buche zu lesen ist, zuerst Figur und Farbe gewann. Damals zog auch der Autor nächtlicher Weile vom „Güldenen Weinfaß" aus, wie der Fähndrich des reisigen Zeugs, Christof Alemann und der Herr Markus der Rottmeister; und wenn er auch nicht im „Zsisekenbauer" für die gute alte Stadt Magdeburg warb, so holte er sich doch für sie aus ihren Gassen und von ihren Märkten, im Schatten und im Mondlicht, allerlei Gestalten und Bilder zusammen, die späterhin in den lauten Hörsälen zu Berlin und auf der stillen Bibliothek in Wolfenbüttel sich ihm zu dem vorliegenden Bilderbuche verdichteten. Daß es, dieses buntfarbige Buch, noch von einem jungen Menschen geschrieben worden ist, das sieht wohl ein Jeder, dem hier ein Urteil zusteht und mutzt ihm nicht unnötigerweise darin auf, was anders sein könnte, oder besser ganz weggeblieben wäre.

Es sind viel trefflichere Meister in dieser seiner Kunst, solche alten Geschichten zu erzählen, aufgestanden seit dem Jahre 1862, in welchem „Unseres Herrgotts Kanzlei" zuerst das bedenkliche Licht der Welt durch Vermittelung der Drukkerpresse sah. Vor Denen zieht man willig die Kappe ab und ist zu jeglichem Peccavi bereit. Jedoch wenn nach länger als einem Vierteljahrhundert von einem Schreiberkunststück behauptet wird, daß es noch immer sich sehen lassen könne unter den Leuten, so sieht man seinerseits nicht ein, weshalb man es auf seinem ferneren Wege aufhalten solle.

So fahre denn noch einmal hin in die Welt, altjunges Schriftwerk und klopfe an und frage: Wer will noch einmal mit Panier aufwerfen für:

Unseres Herrgottes Kanzelei?

Braunschweig, um die Ostern 1889

Wilh. Raabe

Vorwort zur ersten Auflage im Jahre 2002

Wilhelm Raabe (8. September 1831 - 15. November 1910) gehörte neben Theodor Fontane zu den bedeutendsten Erzählern seiner Zeit. Im Frühjahr 1849 kam er nach Magdeburg und ging in der Creutzschen Verlagsbuchhandlung im Breiten Weg 156 (im Haus „Zum Goldenen Weinfaß") in die buchhändlerische Lehre. Er erlebt hier die staatlichen Sanktionen als Reaktion auf die Märzkämpfe von 1848. Diese spannungsreiche Zeit und die Flut an Literatur läßt Wilhelm Raabe in Magdeburg zu eiióm politischen Menschen mit dem Drang zum Poeten werden. In einem Brief nach Wolfenbüttel rügt er die harte Politik der preußische Festungs- und Garnisonsstadt Magdeburg, in dem er schreibt: „Wie sollte auch hier, wo die Prosa so diktatorisch regiert, noch Poesie bleiben können!"

Eines aber ist sicher, in Magdeburg findet er seine historischen Ambitionen. In einer Stadt, die so voll bedeutender Geschichte steckt, wird auch im jungen Wilhelm Raabe das geschichtliche Interesse geweckt. Zwar schreibt er seine Erzählung „Unseres Herrgotts Kanzlei" erst im Jahre 1861, dennoch greift er hier auf die Fülle seiner eigenen Erlebnisse in der Magdeburger Lehrzeit zurück. Die Beschreibung der Alten Stadt fußt alleinig auf seinen eigenen Streifzügen durch die geschichtsträchtigen Gassen, Straßen und Plätze Magdeburgs.

Vier Jahre blieb Wilhelm Raabe in Magdeburg, lebte in vollen Zügen und las im Übermaß, was ihm in der Buchhandlung in die Hände fiel. Nur die Lehre zum Buchhändler nahm er nicht ganz ernst. So kehrt der in den Augen seiner Eltern Gescheiterte nach Wolfenbüttel zurück, um ein Jahr später zum Studium nach Berlin zu gehen. Hier entstand dann auch sein Erstlingswerk „Die Chronik der Sperlingsgasse".

Mit der Erzählung „Unseres Herrgotts Kanzlei" aber schuf er ein Denkmal für die protestantischen Magdeburger Bürger im Mittelalter, für ihre Stadt und die bösen Zeiten der blutigen Religionskriege. Wahrhafte Personen wie die Chronisten Sebastian Besselmeyer, Elias Pomarius oder Heinrich Merkel, der Ratmann Ludolf Horn, die Drucker Paul Donat und Michael Lotther, die Familie Alemann und manch Haudegen erwachen plötzlich zum Leben, wandeln über den Breiten Weg, rotten sich auf dem Alten Markt zusammen, um mit dem Marsch durch das Krökentor ihre Stadt zu verteidigen. Stolz sieht man die Banner der Freien Reichsstadt Magdeburg von den Türmen wehen, begibt sich in die dunkelsten Ecken der verwinkelten, schmalgassigen Altstadt. Fast möchte man Markus Horn helfen, seinen Vater zu besänftigen, die Stadt von den Wällen her gegen den Herzog von Mecklenburg zu verteidigen.

Es gibt wohl keine Erzählung über Magdeburg, die so stark mit dieser Stadt verbunden ist. So ist es die Magdeburger Erzählung überhaupt, die wir Wilhelm Raabe zu verdanken haben. Um so trauriger ist es, daß er bis zum heutigen Tag nicht einmal Ehrenbürger unserer Stadt wurde. Und heute, da es die Creutzsche Verlagsbuchhandlung nicht mehr an ihrem Platz auf dem Breiten Weg gibt, kehrt dieses Buch nach vielen Umwegen wieder nach Magdeburg zurück.

Noch ein Wort zur Gestaltung des Buches, in dem sich eigentlich zwei Bücher zu einem historischen Gesamtbild vereinigen. Denn neben der Magdeburgischen Erzählung von Wilhelm Raabe und vielen zeitgenössischen Dokumenten findet der

Leser - durch die gelbe Papierfarbe abgesetzt - die Seiten eines Buches, die von einem Zeitzeugen und gleichzeitig einer handelnden Person in Raabes Erzählung niederge- schrieben wurden: „Der Gründliche Bericht des Magdeburgischen Krieges/Schlacht/ Belagerung und fürnemsten Scharmützeln" von Sebastian Besselmeyer. Kurz, präzise und in der wunderbar eigentümlichen Sprache des 16. Jahrhunderts schildert er die schweren Zeiten für die Stadt Magdeburg. Auch Wilhelm Raabe nahm dieses Werk zur Grundlage für seine Erzählung.

In diesem Zusammenhang möchte ich mich ganz herzlich bei der Magdeburger Stadtbibliothek für die tatkräftige Unterstützung, insbesondere beim Direktor der Einrichtung, Herrn Peter Petsch, bedanken. Weiterhin danke ich Frau Heidelmayer, die mir eine Vielzahl von Fotos aus ihrem Archiv zur Verfügung stellte.

Axel Kühling

Ein einzigartiges, aber leider nicht mehr vorhandenes Gemälde aus dem alten Ratskeller in Magdeburg. Fast glaubt man, all die Helden dieser Erzählung würden vor einem stehen: im Vordergrund das Pfeiferlein Nothnagel und Markus Horn, im Hintergrund zu Pferd Hans Springer, Christof Alemann und Johann von Kindelbrück oder gar Nikolaus Hahn (Stadtarchiv: 463).

Eigen Nutz, Haß und Zwietracht
Hat Meintz und Hall eigen gemacht,
Hat Cöllen jhren Rath gefangen,
Erfurth ihren Bürgermeister gehangen,
Mühlhausen ist auch dahin,
Quedlinburg hats kleinen Gewin.
Halberstadt auch verrathen ist,
Braunschweig hüt dich, es ist dir nütz.
Goßlar und Götting nembt hierauß merk,
Bittet Gott umb sein Hülf und Sterck,
Magdeburg laß dirs ein Spiegel seyn
So bleibstu wohl bey würden dein.
Graben, Wall, Mawren und Geschütz
Zwinger, Pulver sein wenig nütz,
Es hilfft Gewalt und Manheit nicht,
Wo Eintracht und gut Rath gebricht.

Alte Reimen, darin Städte und jhre Einwohner
zu Frieden und Einigkeit vermahnet werden.

Elias Pomarius, Warhafftige Beschreibung, pag. 459.

Das erste Kapitel

Wie Markus Horn nicht lobesam
Mit Hinz und Kunz nach Hause kam:
Andreas Kritzmann geht vorbei.
Im Jungfernkranz ist gross Geschrei.
Gen Magdeburg von Braunschweig her
Des Krieges Wolken ziehen schwer:
Das Fuenfzehnhundertfuenfzigst Jahr
Nach Christus zaehlt man, das ist wahr.

Unter seinem Schild und Zeichen, zum Magdeburger Kranz, stand am Nachmittag des vierzehnten Septembers im Jubeljahr eintausendfünfhundertundfünfzig der Wirt Hans Rolle, hielt die Hand über die Augen, um nicht von der Herbstsonne geblendet zu werden, und blickte erwartungsvoll die alte Hansestraße entlang, die von Braunschweig über Halberstadt daherführte und an der Kneipe vorüber gegen die Stadt Magdeburg zu weiterlief. Diese Straße, auf welcher trotz der unruhigen Zeiten immerfort ein reges Leben, ein ununterbrochener Verkehr herrschte, war in den letzten Tagen belebter als je und bedeckt mit hungrigen und durstigen Wanderern, welche jedoch weniger dem Nährstande als dem Wehrstande angehörten. Es mußte irgendwo in der Welt irgendetwas vorgefallen sein, welches das gefährliche, aber auch, wie gesagt, sehr gefräßige und sehr durstige Volk der Landsknechte, Reiter und Abenteurer mehr als gewöhnlich in Bewegung gebracht hatte. Und so war es auch. Ein kriegerisch Spiel war zu Ende, ein anderes sollte beginnen, und die Karten dazu waren bereits gemischt und ausgegeben worden.

Herzog Heinrich der Jüngere von Braunschweig hatte wieder einmal seine gute

Landesstadt Braunschweig hart belagert und die Belagerung aufgehoben, ohne der Stadt viel abzugewinnen. Die Stadtchronisten hatten nicht mehr nötig, in ihren Aufzeichnungen zu bemerken:

„Den 20. Julii that der Herzog 8 Schüsse in die Stadt -"

oder:

„Den 25. Julii ließ der Herzog bey St. Leonhard das Korn im Felde anzünden und verbrennen -"

oder:

„Den 30. Julii holeten des Herzogs Knechte von dem Hofe zu Veltheim 160 Schweine, 50 Rinder und 30 Kühe und verbrannten Hondelage und Wendhausen."

Die Stadtchronisten hatten ihre Bemerkungen geschlossen mit der Nachricht:

„Den 6. Septembris zog der Herzog aus seinem Lager und ließ es anzünden, darauf die Bürger häufig herausgelaufen, und was noch von dem Feinde zurückgelassen, in ihre Stadt gebracht, also in 2 Tägen das ganze Lager rein gemachet."

Mit dem Reim:

„Wer will den süßen Honig lecken,
Muß leiden, daß ihn die Bienen stechen"

hatten die Stadtchronisten wieder einmal ihre Federn ausgespritzt. Solche kleinen Mißhelligkeiten und Anläufe mit gewappneter Hand kamen zwischen den Landesvätern und der Landesstadt so häufig vor, daß niemand groß acht darauf hatte. Nachdem man sich gegenseitig weidlich das Fell gebläut und alles gebrannte und ungebrannte Herzeleid angetan hatte, vertrug man sich, so gut es gehen wollte, weil den Herzögen das Geld ausging und die reiche, nahrhafte Stadt ihren Handel durch ein weiteres Auseinanderziehen des Spaßes nicht länger unterbrechen wollte. Man gab die Gefangenen gegenseitig heraus, baute die niedergebrannten Dörfer wieder auf; die Herzöge luden die von Braunschweig zu ihren Kindtaufen, Hochzeiten und dergleichen auf das Schloß zu Wolfenbüttel, und der Rat der „stolzen" Stadt gab dagegen den angestammten Fürsten einen köstlichen Schmaus auf dem Altstadtrathaus und bewirtete sie mit fremden Leckerbissen aus der Ratsküche und süßem Wein aus der Ratsapotheke.

Herzog und Stadt zahlten ihre Knechte und Reiter aus, und das zusammengelaufene Volk im Lager und in den Wällen erhob sich summend und flog auseinander wie ein Schwarm Hummeln und Hundsmücken, wenn der Honigtopf zugedeckt wird. So war's auch diesmal gegangen, nachdem die Berennung acht Wochen gedauert, auf einen Montag angefangen und auf einen Montag geendet hatte; doch blieb diesmal von dem versammelten Volk unter dem Herzog Jürgen von Mecklenburg ein wilder Schwarm beisammen, wovon später leider nur zuviel die Rede sein muß.

Auf allen Landstraßen des Heiligen Römischen Reiches Deutscher Nation zerstreute sich aber, wie gesagt, ein großer Teil der herzoglichen und städtischen Rotten, und um die Mitte des Septembers wimmelte es auf allen Landstraßen, Kreuz- und Querwegen fünfzehn Meilen im Umkreis der Stadt Braunschweig von bewaffneten Abenteurern, welche von neuem ihr Glück suchten und probierten.

Der Wirt zum Magdeburger Kranz, Hans Rolle, mochte aber mit bester Hoffnung nach guter Kundschaft ausschauen; denn es war bestimmt, daß um die Stadt Magdeburg und in ihr sich alle die zerstreuten Atome der bei Braunschweig auseinandergesprengten Heeresmassen wieder sammeln und zu neuem Unheil sich von neuem zusammenfügen sollten.

Gute Kundschaft für den Wirt Hans Rolle näherte sich schon gleich einem Krähenschwarm mit großem Geschrei; sie marschierte nach dem Gequiek einer Querpfeife, welche ein blutjunges Bürschlein keck und frech dem wunderlichen Haufen voranblies. Einem Krähenschwarme gleich, welcher sich mit Tumult auf einer Weide am Wege niederläßt, schlug sich dieser Schwarm abgedankter Söldner von der Straßenschenke zum Magdeburger Kranz nieder bis auf einen hohen, hageren Mann, welcher sich von dem Haufen ablöste und des Weges weiterzog, ohne mit den anderen einzukehren, der auch nicht mit johlte und sang, welcher von den sonst gar nicht blöden Kameraden mit einem gewissen scheuen Respekt behandelt wurde und den man ziehen ließ, ohne ihm zuzubrüllen: „Holla, Andreas, Andreas Kritzmann, wo willst du hin? Hiergeblieben und mitgesoffen auf gute Kameradschaft jetzt und fürder!" Der Wirt aber schrie nach seinem Weib, nach seiner Magd, seiner Tochter, seinem Knecht und Jungen, denn nun waren alle Hände der Wirtschaft zur Bedienung nötig, wenn der ungebärdige Haufe nicht Tisch, Stühle, Bänke und Fenster zerschlagen sollte. Die in der niedern Schenkstube Anwesenden aber sahen einander ziemlich scheu an, und jeder schien bei sich zu überlegen, ob es nicht das beste sein werde, wenn man schnell seinen Krug austrinke und schleunigst sich davon mache, ehe der wüste Haufe anstürme. Die Neugier spricht jedoch in solchen Fällen ein zu großes Wort mit und überwindet nur allzu häufig den Verstand. So auch jetzt; Schneider, Metzger, Hausierer und Bettelmann tranken nicht aus, sondern rückten in ihrer Ecke, an ihrem Tisch nur ein wenig dichter zusammen und horchten mit gesenkten Köpfen, wie der Wirt unter der Tür, wo des Metzgers erhandeltes Kalb an einem Pfosten angebunden war, die Ankommenden begrüßte.

Selten hatte wohl eine auf der alten Hanse- und Levantestraße einherziehende Truppe einen liederlicheren und zugleich schreckhafteren Anblick geboten als diese aus dem braunschweigischen Kriege kommenden Landsknechte. In besudeltem und zerlumptem Flitter und Tand trotteten sie einher. Da gab es mächtige buntfarbige, aus allerlei Fetzen zusammengesetzte Pluderhosen und kurze Mäntelchen, welche kaum bis auf die Hüften herabhingen. Da gab es Sturmhauben der verschiedensten Formen, zerschlitzte Barette mit und ohne Federn und bunte gefärbte, streifige Filzhüte, die unsern jetzigen Pomadenbüchsen in der Form auf ein Haar glichen. Einige lange Kerle stolzierten einher und trugen über der rechten Schulter ein zweihändiges, furchtbares Schlachtschwert, andere führten Feuerröhre mit Gabel und Luntenschloß, wieder andere waren mit Spießen, Partisanen und Hellebarden bewaffnet, doch hatte der einfache, uralte, oft achtzehn Fuß lange Spieß, den die Italiener in der Hand der deutschen Knechte so sehr fürchteten, den Vorrang. Übrigens war's, als habe man sich im Haufen das Wort gegeben, daß jeder sich in Kleidung und Bewaffnung so verschieden als möglich von seinem Nachbarn halte; und da nun auch manche schwarze Pflaster über Nase, Stirn und Auge, zwei den Arm in der Binde trugen, so läßt sich eine tollere, buntscheckigere Truppe nicht leicht vorstellen als diese, welche sich jetzt unter dem Wappen und Zeichen zum Magdeburger Kranz drängte.

In der Wirtsstube saßen der Schneider, der auf einem adeligen Hofe der Nachbarschaft dem Junker eine neue Hose abgeliefert hatte, der Schlächter, der Hausierer, der seinen Kramkasten immer näher zu sich auf die Bank heranzog, und der Bettelmann Hänsel Nothnagel mit offenen Mäulern da, bis der Schlächter mit einem Male in die Höhe fuhr, als wachse plötzlich eine recht scharfe Nadel unter ihm aus der Bank. Sein unglückliches Kalb draußen blökte auf eine Art, die unzweifelhaft ließ, daß ihm die höchste Gewalt angetan wurde. Dann flog die Tür auf, und das Kalb flog herein, von einem Fußtritt gegen die Gäste geschleudert. Die Querpfeife quiekte, wildes Gelächter, Geschrei nach der flüchtenden Magd erscholl. Mit einem Fluch hatte der Metzger sein Kalb gefaßt; einer der Kerle, welche die riesenhaften Schlachtschwerter trugen, suchte es ihm wieder zu entreißen und hielt den Schwanz des Tieres gepackt. Der Schneider und der Hausierer hatten die größte Lust, durch das Fenster zu springen; aber der Bettelmann stieß plötzlich ein helles, den ganzen Spektakel übertönendes Wutgeschrei aus und faßte dem kleinen Querpfeifer in die wirren Haare:

„Hab ich dich! Hab ich dich! Hab ich dich! Warte! Da, da! Und da, du Satan, du Teufelsjunge! Hier! Hier! Ach spürst du's, warte - hab ich dich - o heiliger Trost!"

Eine wahre Flut von Püffen und Knüffen regnete es auf dem Jungen herab. Lachend und fluchend rückten die Landsknechte den Städtern näher; aber ein Kampf entstand nicht daraus.

Ein allgemeines Erkennen fand unter dem Zeichen des Magdeburger Jungfernkranzes statt.

„Stadtkinder! Stadtkinder! Lauter, lauter Stadtkinder!" schrie der Wirt, zwischen Landsknechten und Bürgern hin und her hüpfend und seine Mütze schwingend und sie in die Luft werfend.

„Bei Gott, das ist richtig das lahme Schneiderlein Peterchen Leisegang!"

„Und das ist, beim heilgen Moritz, der wilde Rotkopf Samuel Pfeffer, so vor drei Jahren durchbrannte, weilen er mit unseren Herren vom Rat in Unfrieden kam."

„Hallo, der Heinrich Metten vom Diebeshorn! Juho, da sieht man recht, daß Unkraut nicht vergehen will."

„Und Meister Hasenreffer der Metzger fährt auch noch im Land um und schindet den Bauern ihr Vieh ab und verkauft krepiert Luder als frisch Fleisch jedem Narren, so ihm um einen Braten kommt."

Troß von Landsknechten

„Ruhe, Frieden! Gebt Frieden, sag ich!" schrie ein dicker Kerl im Lederwams, Peter Rauchmaul genannt, mit dem Schaft seiner Pike auf den Tisch schlagend, daß das ganze Gebäude erzitterte. „Sehet lieber, wie Vater und Söhnlein, wie Hänsel Nothnagel und Fränzel, unser Pfeiferlein, sich in den Armen - wollt ich sagen in den Haaren liegen und sich freuen ob des Wiederfindens."

„Vater, Ihr reißt mir den Busch aus! Vater, ihr dämpft mich! Blutiger Tod, Vater, lasset los, oder ich tret Euch vor die Schienbeine! Blutiger Tod, gebt Euch, ich sag's Euch zum letztenmal!" schrie der kleine Querpfeifer; aber der Alte fuhr fort in der Züchtigung seines unvermutet wiedergefundenen Sprößlings.

„Warte, du Hund, du Range, ich hau dich, daß du den Himmel für einen Dudelsack ansehen sollst. Ja, beiß nur, du verlaufener Lotterbub, nach dieser Stund hat mich lang verlangt! Da, da, und nochmal und wieder! O heiliger Trost, tritt nur zu, probier's! Da, da, da! Willst du die Pfeife blasen, so will ich die Trommel auf deinem Buckel schlagen; den Pelz will ich dir waschen, daß keine Laus dich mehr mögen soll!"

„Siehst du, Fränzel, die Schläg, so du draußen nicht gekriegt hast, kommen jetzt nach", lachte einer aus dem Haufen der Landsknechte. „Nur zu, Nothnagel, nur zu, Hans, schad um das, was beizu gehet!"

„Ich sag Euch aber, ich leid's nicht länger", heulte der Junge. „Vater, gebt Euch zufrieden, Ihr habt jetzt Euer Mütlein gekühlt, nun laßt's genug sein - - ich sag - fangt nicht wieder von vorn an, oder es gehet nicht gut aus!"

„Friede! Friede!" schrie ein anderer Landsknecht. „Beim Strick des Profossen, Stillstand und die Wehren nieder! Man kann ja sein eigen Wort nicht hören. Schmeißt das Kalb heraus, schmeißt alles heraus, was blökt, schreit und die Gemütlichkeit verdirbt. Bier, Bier, Bier!"

„Bier, Bier, Bier!" schrie der ganze Haufe. Der Wirt mit Weib, Magd, Knecht und aller Hülfe, welche er aufbieten konnte, rannte herzu, und die Gemüter beruhigten sich ein wenig.

Ein verwilderter, sonnverbrannter Bursch sah sich jetzt um, als wenn er jemand vermißte; dann rief er:

„Zum Henker, wo steckt der Fähnrich, der Doktor? Das wär was Schönes, wenn der so kurz vor der Stadt ausgerissen wär, und hat uns doch allein vermocht, nicht gegen sie, sondern ihr zu Hülf und Beistand zu ziehen."

„Der Magister wird schon nachkommen", sagte ein junger, traurig blickender, schlanker Gesell, der Stillste der ganzen Gesellschaft. „Der Doktor wird schon nachkommen, der ziehet nach seiner Art allein, ihr kennt ihn ja."

„Magst recht haben, Bernd Kloden", sagte Jochen Lorleberg, der sich im Haufen durch sein lügenhaftes Maul vorteilhaft auszeichnete. „Vorauf läuft der Andreas Kritzmann, hinternach trottet der Markus Korn. Laßt ihnen ihren Willen. Bier, Bier! Gebt acht, der Doktor ist da, ehe wir dreimal rundgetrunken haben. Da sitzt her, alle im Kreise, daß wir die Heimat nach Gebühr begrüßen. Laßt das Kalb drinnen, sag ich euch! Wir wollen's dem Metzger abhandeln und heut Abend im Zeisigbauer braten lassen zum Zeichen, daß die verlorenen Söhne heimgekehrt sind. Seid ihr damit zufrieden?"

Ein jubelndes Hallo begrüßte den tollen Vorschlag; Bürger und Landsknechte ließen sich jetzt einmütig nebeneinander nieder, und selbst des kleinen Pfeifers Vater Hans Nothnagel gab sich zufrieden, ließ den Kragen des verlaufenen Söhnleins los und warf nur noch zornmutige Blicke nach dem ungeratenen Sprößling. Der Wirt zum Magdeburger Jungfernkranz setzte mächtige Holzkrüge voll frischen, überschäumenden Getränkes auf den Tisch, und Bürger und Landsknechte tranken als gute Stadtgenossen einander zu und fragten einander dann nach dem, was jedem das Wichtigste zu wissen dünkte. Beide Teile hatten genug voneinander zu erfragen; die Landsknechte erkundigten sich nach den Vorkommnissen der Stadt, die Bürger dagegen brannten vor Begier nach Neuigkeiten aus dem Lager vor Braunschweig und der allgemeinen Weltgeschichte.

„Das wisset ihr noch nicht, daß das Lager aufgehoben ist?" fragte Joachim Quast, ein Reiter, welchem der Gaul am Jödbrunnen vor Braunschweig erstochen war und der deshalb zu Fuß gen Magdeburg zog. „Das wisset ihr nicht? Hoho, Gottesnot, sind wir deshalben nicht hier? Ja, wartet nur, Gevattern, jetzt kommt's euch siedend heiß auf den Pelz. Seht nach den Läden und Fenstern, denn der Himmel wird schwarz über euch sein, ehe ihr's denkt, und Hagelsteine wird's regnen so dick wie des dicksten Pfaffen Wanst, und donnern wird's wie zehntausend Feldschlangen, und blitzen wird's wie ein reisiger Zeug, so im Sonnenschein über das Feld hinjaget."

„Heiliger Gott, so erzählt doch!" riefen die Bürgersleute. „Ist das Unwetter so nahe, das uns angesaget seit so langer Zeit, seit Kaiserliche Majestät Anno siebenundvierzig die Stadt in die Acht gesprochen hat? O erzählt, was ihr wisset, gedenket, daß wir Weib und Kind haben -"

„Jawohl Weib und Kind!" lachte Jochen Lorleberg. „Glücklich wird nur der sein, so weiter nichts hat als seine Waffe und das, was er in Hemd und Wams träget. Ich habe beim Aufbruch vor Braunschweig manch wilden Kerl fluchen und sich vermessen hören: sei's ihm anjetzo vor dieser Stadt mißlungen, so sollt's desto besser gehen um Magdeburg; und wenn da der neue Tanz aufgezogen werde, so sollten das Silber, Gold und die schönen Mädchen so wohlfeil werden, daß zuletzt niemand mehr davon möge."

„Ach du Allmächtiger!" jammerte das lahme Schneiderlein, die Hände zusammenschlagend und den Redenden wie blödsinnig anstarrend.

„Jaja, und der Mecklenburger, der Jürg, hat einen Grimm auf euch und euer Nest da drunten, daß es eine Lust ist. Möcht nur wissen, was ihr ihm zuleid getan habt, Gevatter Metzger. Was? - Ihr wisset ganz und gar nicht, daß er schon im Anzug ist mit Roß und Mann, allen Knechten und Reisigen, so Herzog Heinrich der Jüngere und ein ehrbarer Rat von Braunschweig abgedanket haben, nun ihr Handel in Güte beigelegt ist?"

„Nicht das geringste wissen wir. O du barmherziger Himmel, das ist wahr? Und die Bürgerschaft weiß gar nichts davon, und der Rat behält alles für sich selber und lässet Gott einen guten Mann sein! … Gegen die Stadt, gegen die Stadt ziehet Herzog Georg von Mecklenburg!"

„So ist's", sagte Jochen Lorleberg. „Herr Jörgel von Mecklenburg hat sein Banner fliegen lassen, hat umschlagen lassen im Lager und guten Sold und Beut bieten lassen allen, die mit ihm ziehen würden. Da ist ihm alles Volk zugefallen bis auf solche Narren wie wir. Nun ziehet der Jürg heran hinter uns her auf das Erzstift; und der Ochsenkopf wehet vor dem Zug, und folgen ihm dreißigtausend zu Roß und dreißigtausend zu Fuß!"

„Oh, oh!" brummten hier einige Anhänger der Wahrheit im Haufen; aber Jochen warf ihnen schlaue, vielsagende Blicke zu und stieß seine beiden Nachbarn die Ellenbogen in die Seite.

„Jawohl dreißigtausend zu Roß und dreißigtausend zu Fuß", fuhr er fort. „Sie haben eine Wut auf die Bürger und Bauern, daß es nicht zu sagen ist. Einen braunschweigschen Bürgermeister dreihundertundfünf Pfund schwer, haben sie gefangen und haben ihm im Lager bei Melverode alles Blut abgezapft, so er bei sich hatte, und haben sich darin zugetrunken und geschworen, unterwegs keinen Schneider, keinen Krämer, keinen Schlächter und kein Weiblein über fünfundzwanzig Jahre alt leben zu lassen. Nur die Schinder, die Bettelleute und die hübschen Mädchen verschonen sie, letztere, auf daß die Welt vor ihrem Grimme nicht allzu leer werde. Dann hat auch der Herzog Jürg der Stadt Braunschweig ihr groß Geschütz, die faule Metze genannt, abgekauft und -"

„Dunderwetter, das ist ja zersprungen beim ersten Schuß vom Michaelisrundel!" rief eine ehrliche Haut vom unteren Ende des Tisches, aber der Lügner fuhr fort, ohne sich im geringsten aus der Fassung bringen zu lassen: „Schad't nichts; ist wieder zusammengelötet und hält desto besser. Wir die faule Metze geladen mit siebenzig Pfund Pulver und einer Kugel, so acht Zentner wieget. Wenn die Lunte aufgeschlagen werden soll, wird an alles Volk Wachs und Werg verteilt, daß es sich damit die Ohren verstopfe. Die Arkeleymeister beißen sich aber jedesmal des großen Knalls wegen die Zunge ab und spucken sie mitsamt den Zähnen der Kugel nach. Die Kugel aber macht durch den dicksten Wall Bresche für jeden Sturmhaufen und legt den Dom zu Sankt Moritz da drüben nieder in einem Augenzwinkern."

„Der Teufel glaube Euch das!" schrie der Metzger.

„Das tut er auch!" schrie um einen Ton höher Jochen Lorleberg. „Ihr da, wieviel Meilen ging die Kugel vom Braunschweiger Wall, ehe sie niederfiel?"

„Drei, zwei, zwei und eine halbe!" schrie der Haufe durcheinander.

„Neunzig Ruten über das Lager bei Melverode!" klang die Stimme des ehrlichen Kauzes am unteren Ende des Tisches nach. „Da habt ihr es, da hört ihr es!" schrie Jochen Lorleberg.

„O Gotte! Gotte! Gotte!" jammerte der Schneider, welcher bei diesen Mordgeschichten immer kleiner wurde.

„Jaja, solches Geschütz führt der Jürgen mit sich", fuhr der Lügner fort, „über den Hessendamm muß er schon hinaus sein, und gesengt und gebrannt wird, daß eine schwarze Spur wird vom Okerfluß bis zum Elbstrom: - Peter Rauchmaul, steck mal die Nasen aus dem Fenster, ob du den Brandgeruch noch nicht schmeckst."

Die Bürger starrten den Peter Rauchmaul an, und dieser kam wirklich grinsend dem Anruf nach, schob den Kopf aus dem niedern Fenster und schnüffelte hinaus.

„Na, merkst du was?"

„Ne, noch niche; aber der Karren mit unserm Gerät hält vor der Tür, und dahinten auf des Weges Höhe kommt langsam der Fähnrich, der Doktor, angetorkelt."

„Hallo der Doktor! Vivat der Fähnrich! Hallo der Magister! Juho und abermals Juho!" rief mit einer Stimme der ganze Schwarm der Landsknechte, die Krüge hebend.

„Seht ihr, sagt ich's nicht? Der würd uns schon verlassen!" rief der Jüngling, welcher vorhin des Angemeldeten Verteidigung auf sich genommen hatte.

Mehrere Köpfe fuhren an die Fenster, einige Söldner traten vor die Tür, wo ein einspänniger Karren mit dem Gepäck und den Beutestücken des wüsten Haufens hielt. In der Tat näherte sich der „Doktor" langsam der Schenke. Weniger phantastisch als seine wilden Genossen, doch ganz und gar nicht magisterhaft sah er aus.

Der Fähnrich oder Magister war ein Mann, der ungefähr achtundzwanzig oder neunundzwanzig Lebensjahre zählen mochte; hoch und schlank gewachsen, konnte selbst die wunderliche Tracht seiner Zeit und seines Standes seine Gestalt nicht entstellen. Sein Gesicht war von der Sonne verbrannt und ein wenig hager; doch leuchteten seine schwarzen Augen bald im höchsten Grade beweglich, bald gradausblickend und wie Kohlen; und weder Anstrengungen noch Ausschweifungen des wilden Kriegs- und Lagerlebens hatten den Glanz und das Feuer derselben im mindesten dämpfen können. Die Züge des Mannes waren scharf geschnitten, das dunkle Haar war kurz geschoren, doch umgab ein wohlgepflegter, dichter brauner Bart Kinn und Wangen. Mit einem gewissen zwanglosen Sichgehenlassen bewegte sich der „Magister" und schlenderte, sein Schwert unter dem Arm tragend, langsam dahin, die Augen meist auf die fernen Domtürme von Magdeburg richtend. Auch die Kleidung des Mannes zu schildern wird nicht unliebsam sein. Der Fähnrich trug ein abgeplattetes Barett, aus roten und schwarzen Streifen und Puffen zusammengesetzt und geziert mit einer langen, schwarzen Feder. Dazu stak er in einem Wams, dessen Ärmel weitbauschig bis zu den Ellenbogen waren. Dieses Kleidungsstück war schwarz bis auf den unten anliegenden Teil des Ärmels von den Ellenbogen an, welcher rot gefärbt war. Die Pluderhosen des Mannes waren von der Art, von welcher das Lied singt:

Davon sonst ein Hausvater
Gekleidet Weib und Kind,
Das muß jetzt Einer haben
Zu ein'm Paar Hosen gar.

Auch sie waren aus Schwarz und Rot zusammengesetzt, doch überwog das Schwarz. Rote Strümpfe und schwarze Schuhe, mit roten Lederriemen zusammengeknüpft, vollendeten den Anzug des jungen Kriegers. Wenn wir noch hinzufügen, daß er neben dem schon erwähnten langen und breiten Schwert ein Dolchmesser am Gürtel neben der Ledertasche trug, so haben wir nichts mehr über seine Bekleidung und Bewaffnung zu sagen.

Seltsamerweise hatte der wilde Gesell einen Strauß Herbstastern vom Wege zusammengepflückt. Die trug er in der rechten Hand und trat einher, ein Liedchen zwischen den Zähnen summend.

„Den kennt Ihr auch wohl nicht mehr, Gevatter!" fragte am Fenster der Schenke zum Magdeburger Kranz Joachim Quast den kleinen Schneider Leisegang, und dieser, nachdem er nochmals scharf nach dem sich Nähernden hingeblickt hatte, schüttelte den Kopf.

„Nein, - saget, wer ist's?"

„Ratet einmal!"

Peter Leisegang blickte noch einmal zum Magister hinüber, aber er schüttelte wiederum das Haupt:

„Ist's ein Stadtkind?"

„Jawohl, und dazu ein echtes!"

„So soll mich der Teufel holen, wenn ich's herauskriege! Saget nur, wer er ist; machet keine Sperenzien!"

„Des Ratmanns Horn Söhnlein ist's, von der Schönen Ecke -"

„Das ist der Markus?" rief der Schneider verwundert, und auch der Metzger und der Krämer drängten sich mit Ausrufen der Überraschung heran.

„Markus Horn, so von der Un'vers'tät Leipzig weglief? Markus Horn, der gegen die teuern Schmalkaldischen Herren in den Krieg zog? Des Herrn Ratmanns einziger Sohn! Oh, oh, oh! Schütze uns, was ist aus dem geworden!"

„Was ist aus dem geworden? Äh, äh, äh, oh, oh!" äffte einer der Landsknechte den Bürgern nach. „Ich rat Euch gut, ziehet dem Doktor nicht solche Gesichter! So soll mich der und jener - was ist aus dem geworden? - was Rechtes ist aus ihm geworden, ein Kerl ist aus ihm geworden. Das ist nicht mehr einer von den gelbschnäbligen Burschen, den Muttersöhnlein, den Jungfernknechten, die Tag für Tag den Breiten Weg auf und ab stolzieren, nach den Fenstern schielen und Maulaffen feilhalten, weil sie in der ganzen Welt nichts Besseres zu tun haben. Ich sage Euch, der Magister mag beim Sturm und Anlauf ein ganzes Fähnlein aufwiegen, wie er beim Gelag ein voll Fähnlein glatt und platt unter den Tisch legen mag. Ist's nicht so, ihr andern?"

„So ist's! Vivat der Fähnrich, der Magister, der Doktor!" schrie der Haufe im Chor, und der erste Sprecher fuhr mit Begeisterung fort:

„Jawohl, schneidet nur Eure Gesichter und laßt die Mäuler hängen, weilen der Markus im Schmalkaldischen Handel zum Kaiser und nicht zum Bund gestanden hat! Jedem ehrlichen Kerl seine Meinung! Ich sag Euch, wär der Magister beim Aufbruch vor Braunschweig nicht gewesen, es möcht wohl keiner von uns, die wir hier sind, dieser Sache, so jetzo um die Stadt Magdeburg anhebt, den rechten Zipfel abgewonnen haben. Ich glaub fest, wir wären allesamt, soweit wir warm sind, und ob wir tausendmal Magdeburger Kinder wären, nur allzugern und willig dem Ochsenkopf gegen die alte Stadt gefolgt, und wär uns das doch eine große Schande gewesen. Wer ist aber aufgestanden, als der Jürgen umschlagen ließ und auf der Trummel warb und sein Geld klingen ließ? Wer ist da zu uns getreten und hat gesprochen, so schön wie ein Engel? Wer hat gemacht, daß wir Magdeburger im Lager uns zusammengetan haben auf einen Haufen, daß kein Stadtkind die Hand und Wehr aufhübe gegen die Stadt? Ich sag euch, Markus Horn ist's gewesen, der ganz allein ist schuld daran, daß wir von den andern aufgebrochen sind der Stadt zu Hülfe. Dem Mecklenburger haben wir allein auf des Markus Wort den Rücken gewiesen; und wenn uns die Stadt haben will, hier sind wir und wollen unser Bestes an ihr tun, obgleich manch einer sein mag, an welchem sie selbst nicht ihr Bestes getan hat. Der Fähnrich vor Braunschweig, Markus Horn, der fortlief von den Schulbänken ins Feld und jetzo heimkommt, um mit Vater und Mutter, mit Vetter und Freund dem feinde von der Mauer die Faust zu weisen, soll nochmals hochleben! Hoch, vivat hoch!"

„Hoch, vivat hoch!" schrie alles Volk in der Schenkstube des Magdeburger Jungfernkranzes; und unter dem Lärm trat Markus Horn, der Gefeierte, in die Tür, und jeder drängte sich, mit Jubel ihm zuerst den ollen Krug zu reichen.

„Da seid Ihr ja alle, groß und klein, wie sie der Hirt ins Tor treibt!" rief lachend der zum Kriegsmann gewordene Gelehrte, einen ihm dargereichten Krug ohne weitere Umstände ergreifend und ihn hochhebend.

„So trinke ich denn diesen Trunk auf eine glückliche Heimkehr uns allen. Möge jeder da unten in der Stadt alles finden, was sein Herz wünscht, und das Beste soll für keinen zu gut sein."

„Das ist ein Wort!" schrien einige, und: „So soll es sein!" riefen andere. Markus, im Kreise umhersehend, erblickte jetzt die Bürger und erkannte den Schneider Peter Leisegang, welcher in der Stadt seines lahmen Beines und seines Buckels wegen eine jener, sozusagen, öffentlichen Persönlichkeiten, welche sich dem Gedächtnis der mutwilligen Jugend am leichtesten einprägen, war.

„Siehe da, da trifft man ja auch gleich die besten alten Bekannten. Tausend blutige Namen, lebt Ihr auch noch, Meisterlein? Was macht Eure Hausehre, führt sie noch den Striegel und den Besen so gut wie sonst? Habet Ihr immer noch den Buckel mitzureiben, wenn sie die Ecken auskehrt? He, Meisterlein, was macht die Stadt? Was macht der Breite Weg - was - macht - die Schöneeckstraße?"

Der junge Landsknechtführer fragte nicht nach seinem Vaterhaus, aber man merkte ihm doch an, daß er dasselbe bei seinen Fragen allein im Sinn habe.

„O, Herr Markus", rief der Schneider mit erhobenen Händen, „seid Ihr es denn wirklich, Herr Markus? Ihr kommt wirklich, leibhaftig wieder heim? O mein Seel, und jedermann glaubte längst, der grüne Rasen decke Euch lange! Ei - ei - ei, wird - das - eine - grausame Freude zu - Haus geben, - was wird Euer - Herr Vater und Euer Mütterlein dazu sagen, daß Ihr noch lebt, - daß Ihr - endlich heimkommt! O Himmel, wo habt Ihr Euch doch umgetrieben in der Welt, Herr Markus? Ich muß Euch doch sagen, Euer Vater, der Herr Ratmann, ist recht grau und kümmerlich worden in der Zeit, - obgleich er noch ein stattlicher Mann ist -, seid nur ruhig! Und Euer Mütterlein, ach Euer Mütterlein - nun, seid nur still, es wird sich alles schon machen, es ist nur gut, daß ihr noch lebt. Jung Blut will austoben, und junger Mut will seine Zeit haben. Ja, Euerm Mütterlein hat Euer Ausbleiben fast das Herz abgestoßen."

„Wollt Ihr das Maul halten mit Euern Pimpeleien, Ihr lahmer Bock!" schrie wütend der lange Heinrich Bickling, „Doktor, zum Teufel, soll ich den Lumpenkerl am Hosenbund aufheben und ihn gegen die Wand werfen, daß er daran klebenbleibt; oder soll ich ein Knäuel daraus machen und eine halbe Stunde Fangball mit ihm spielen?"

Damit streckte er beide gewaltige Arme aus, als wolle er seine Worte sogleich zur Wahrheit

Fähnrich um 1520

machen. Abwehrend trat aber Markus zwischen den Wütenden und das entsetzte Schneiderlein.

„Laß ihn, Heinz. Gib Ruh! Hat er nicht recht? Aber, - bei Gottes Tod, gesprochen soll doch nicht davon werden. Die Alten daheim werden dem Vogel, der nach ihrer Meinung zu unflügge ausflog, früh genug die Ohren vollsingen. Jetzt will ich davon nichts hören; gebt mir zu trinken, aber kein Bier. Wein, Wein, Wein, auf daß wir die Türme der Heimat in der rechten, echten Stimmung begrüßen. Holla, Wirt, heran, trag auf, ich zahl' für die Gesellen und die gute Bekanntschaft aus der Stadt, und den Rest hole der Teufel!"

Jauchzend gaben die wilden Lagerleute und die Stadtleute dieser Rede ihren Beifall; Hans Rolle, der Wirt, mit seinem Volk flog, als seien ihnen allen Flügel gewachsen. Die Bürger ließen sich wahrlich nicht nötigen, sondern nahmen mit Kräften an dem wohlfeilen Trunke teil. Es wurde gesungen in jeglicher Tonart. Manch ein Hoch wurde ausgebracht, und als König des Gelages thronte Markus Horn, der Gelehrte und Kriegsmann, inmitten der liederlichen, so bunt zusammengewürfelten Gesellschaft.

Einen großen Einfluß schien der Sohn des Ratmannes über seine Kriegsgenossen zu haben. Als er endlich auf den Tisch schlug und ausrief, nun sei es Zeit zu enden und weiterzuwandern, - war keiner, der dem widersprach. Mehr oder weniger schwankend und taumelnd erhoben sich die Landsknechte und griffen nach ihren Feuerröhren und Zweihändern, oder torkelten hinaus zu ihren Spießen und Hellebarden, welche vor der Kneipe angelehnt standen. Auch die Bürger erhoben sich. Der Schneider griff nach seinem Wanderstecken, der Hausierer zog die Tragriemen seines Kramkastens von neuem über die Schulter, der Schlächter pfiff seinem Hund und faßte das Kalb am Leitseil. Fränzel Nothnagel entlockte wieder schrille Töne seinem Instrument und blies den Weckruf. Fränzel Nothnagel, halb betrunken, taumelte umher mit übergehängtem Bettelsack und sang mit kläglichster Bettelmannsstimme ein Bettellied.

„Ziehet voran, ich will die Zeche zahlen und komme nach", sagte Markus Horn, und der bunte lärmende Schwarm setzte sich in Bewegung, der Stadt zu. Ihm nach zog der Karren mit dem Plunder und der Beute aus dem Braunschweigschen Kriege. In der Wirtsstube des Magdeburger Kranzes blieb Markus Horn allein zurück, stütze beide Ellenbogen auf den Tisch und hielt die Stirn mit beiden Händen. Wirt, Wirtin und Wirtstöchterlein lugten nur verstohlen durch die halboffene Tür zu ihm hin oder schlüpften nur leise durch das allmählich dämmerig werdende Gemach. Die Sonne neigte sich mehr und mehr dem Horízonte zu. So niedrig war die Decke der Schenkstube, daß Markus, als er sich plötzlich in voller Länge wild aufrichtete, sich beinahe das Haupt an den verräucherten Balken eingestoßen hätte. Es schien, als werde ihm plötzlich der Raum zwischen diesen vier Wänden zu enge; er atmete tief auf und fragte den Wirt, was sie Kerle ges … hätten, und trat, während Hans Rolle mit Hülfe seiner Frau und seiner zehn Finger die geleerten Krüge zusammenzählte und, um sich kein Leid zu tun, einige über die richtige Zahl herausrechnete, - vor die Tür der Schenke und blickte in die Abendlandschaft hinaus.

Still und freundlich lag die Gegend da, seit sich der wüste Haufe der Genossen in der Ferne verloren hatte. Den Horizont umsäumte und verschleierte leise der leibliche Duft des Herbstes, und nur über den Türmen der Vaterstadt hatte sich eine graue Dunstwolke gesammelt. Noch sangen in den Lüften die Lerchen, noch erklangen auf den Feldern fröhliche Stimmen; aus einem Gehölze kamen arme Weiblein und Kinder mit

Reisigbündeln und schritten an dem Kriegsmanne auf der Schwelle des Hauses zum Magdeburger Kranz mit Gruß und Nicken vorüber, der Stadt entgegen.

Nach den Türmen der Vaterstadt hinüber, den armen Weibern und Kindern nach, starrte Markus. Mit untergeschlagenen Armen, mit zusammengebissenen Zähnen, breitbeinig stand er da, als biete er einem geheimen, von dort herüberklingenden Vorwurf Trotz. Mit dem Fuße stampfte er die Landstraße mehr als einmal, während er murmelte:

„So komme ich denn wirklich heim als ein echter, rechter und schlechter verlorener Sohn. Mein Wissen und mein Lebensglück hab ich nun doch so ziemlich verwürfelt und verludert. Mich wundert fast noch mehr wie das Schneiderlein, daß ich noch auf diesen zwei Beinen steh, daß sie mir noch nicht mit Spaten und Schaufeln nachgeschlagen haben. Über mich sind Teufel und Engel einmal so recht nach Herzenslust in die Haare geraten, und wer das Beste davontragen wird, wer Triumph schreien wird, ach weh, das seh ich jetzt wohl ab! Und doch - - da unten sitzen nun die armen Eltern in ihrem Kummer. Manchmal wünsch ich doch, ein zwanzig Reiterfahnen wären über meinen Leib weggegangen und ich läg in so einer Grub, in welche ich selbsten so manchen toten Kriegsgesellen hab stürzen helfen. Da unten sitzt nun das Mütterlein und hat sich diese ganzen Jahr hindurch die Augen rot geweint, und nun komm ich - - o Gottes Tod! die Eingeweide wenden sich mir um, und am liebsten möchte ich wie ein Feldflüchtiger die Fersen zeigen! Aber brauch ich denn auch da hinunter zu ziehen? Was hindert mich Narren, dort den Türmen den Rücken zu wenden? Weshalb sag ich nicht jetzt den Türmen dort und allem, was daran und darum hänget, Valet auf Nimmerwiedersehen? Ich kann's ja und brauch's nur zu wollen, so ist's geschehen! Die Welt ist so weit, und da drunten haben sie mich doch schon lange verschmerzet. Meine Faust handelt mir jeder Lump, der den Fürstenhut trägt und dem Nachbar in die Haare fallen will, mit Freuden ab. Was will ich auch dort unten? Den Feind werden sie auch ohne mich schon abhalten, und wenn sie unterliegen müssen, so kann ich es doch nicht hindern. Ich kehre um - feig ist's zwar, aber ich will!"

Der Landsknechtführer machte eine halbe Wendung, sein Schwert aus der Schenkstube zu holen; er hatte den festen Vorsatz, umzukehren im Angesicht der Vaterstadt. Plötzlich aber hielt er lauschend ein; ferner Glockenklang schlug an sein Ohr. Es war die sechste Abendstunde, und man läutete die Betglocke auf allen Türmen der Stadt Magdeburg.

Noch einmal stampfte Markus Horn mit dem Fuß auf, noch einmal biß er trotzig die Zähne zusammen. Des Wirtes Söhnlein schleppte sein wuchtiges Schwert herbei, und der Wirt kam mit seinem Fazit. In das Klingen der Geldmünzen und das Rechnen beim Wechseln mischten sich immerfort die Kirchenglocken der Heimatstadt.

Der Doktor kehrte doch nicht um. Den Genossen lief er nun sogar nach, doch trug er nicht mehr wie vorhin einen Blumenstrauß in der Hand. - Bald vernahm er das Singen und Johlen des kriegerischen Schwarmes von neuem vor sich, und mit dem verwilderten Haufen von Stadtkindern kam er vor dem Tore von Magdeburg an, der Vaterstadt auch seinen Arm und auch sein gutes Schwert zur Hülfe zu bringen in der bösen Zeit und dem Unwetter, welches drohend gegen sie heranzog.

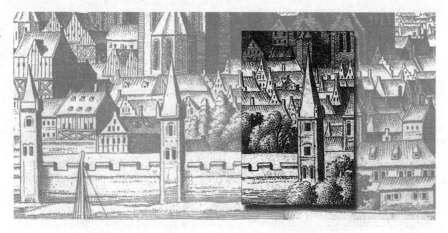

Das zweite Kapitel

DER ARMEN MUTTER BITTER LEID.
DAS SCHWERE HERZ DER SCHOENEN MAID.
DIE GANZE NOT DER GROSSEN STADT
DIES CAPUT VORZUMALEN HAT.
HERR LUDOLF HORN ZUM BESTEN SPRICHT.
DER MEISTER MICHEL FUERCHT'T SICH NICHT:
GELEHRTE HERREN TRETEN AUF.
AUS NAEH UND FERN EIN GANZER HAUF:
EHRN NIKLAS HAHN. HERR ALBERUS.
HERR FLACIUS ILLYRICUS.
ZULETZT HERR WILHELM RHODIUS.

In der Schöneeckstraße, die im Jahre fünfzehnhundertfünfzig ganz anders aussah
wie heutzutage, lag ziemlich nahe dem Breiten Wege, das Haus des Ratmannes Ludolf Horn, gegenüber der berühmten Druckerei des Meisters Michael Lotther, aus
welcher so viele haarscharfe, klare, gute und feine Streitschriften, Beweisschriften für
den evangelischen Glauben und das Wohl der Stadt, beiden zu großem Nutzen, den
Feinden aber zum allergrößten Ärgernis und Schaden, hervorgingen. Unsere Erzählung wird viel zwischen diesen beiden stattlichen, altersgrauen Häusern, die mit Giebeln, Erkern, Holzschnitzwerk und frommen Sprüchlein wohlverziert waren, hinüber
und herüber spielen, denn ihre beiderseitigen Bewohner halten gute Freundschaft miteinander, und Jungfrau Regina Lotther hat seit dem Tode der eigenen Mutter fast ein
ander Mütterlein gefunden an der frommen, sittsamen und tugendhaften Hausfrau des
Ratmannes, Frau Margareta Anna Maria Horn, wie auch schier kein Tag vergeht, an

welchem nicht Herr Ludolf Horn und Meister Michael Lotther zu einem guten Gespräch zusammenkommen.

Wir führen den Leser jetzt in das Haus des Ratmannes, in ein bürgerlich wohlausgestattetes Gemach zu ebener Erde, in welches die Abendsonne des schönen Herbsttages soeben durch den oberen Teil der runden Fensterscheiben freundlich hereinblickte. Zwei Frauen saßen in der Nähe des tief in die Wand eingelassenen Fensters dicht nebeneinander, mit weiblichen Arbeiten beschäftigt. Die eine war eine ehrbare, silberhaarige, traurig blickende Matrone, die andere war eine schöne, braunhaarige Jungfrau in der Blüte des Lebens. Beide waren in dunkelfarbige Stoffe gekleidet, und selbst bei dem jungen Mädchen verhüllten das Sammethäubchen und das bis an den Hals hinaufgehende Kleid spröde soviel jugendliche Reize als möglich.

Unruhe und besorgtes Harren spiegelte sich in den Mienen beider Frauen, und oft warfen sie forschende Blicke durch das Fenster in die Gasse, als erwarteten sie von Augenblick zu Augenblick jemand, an dessen Erscheinung oder an dessen Botschaft sie das lebhafteste Interesse hätten.

Die ältere Frau war Margareta Horn, die Hausehre des Herrn Ratmannes, die Mutter von Markus Horn. Die schöne Jungfrau war Regina, die Tochter des Buchdruckers Michael Lotther.

Vom Breiten Weg in die Schöneeckstraße gesehen, um 1935 (Stadtarchiv 14126)

In allen Gassen der Stadt herrschte eine außergewöhnliche Bewegung; auf dem Rathause war ein wohledler und hochweiser Rat der Alten Stadt Magdeburg samt den Schöffen und Innungsmeistern in den allerwichtigsten Verhandlungen und Beratungen beisammen. Von Wanzleben herüber hatte der Magdeburgsche Bürger und Hauptmann Bartholomäus Eckelbaum, welcher das Schloß daselbst innehatte, einen reitenden Boten mit der allerbösesten Zeitung über den Anmarsch des Herzogs Georg von Mecklenburg geschickt. Wie er sich zu verhalten habe, fragte nicht ohne gegründete Unruhe der Hauptmann, wenn ihm der Feind mit Übermacht vor die Mauern rücke und wie ein ehrbarer Rat eigentlich gegen den Herzog Jürgen stehe?

Darüber beriet nun der Rat seinerseits in schwersten Sorgen bereits seit Mittag, und die Herzen der Frauen - der Mütter, Töchter, Schwestern der alten Stadt Magdeburg durften wohl unruhig und ängstlich an diesem vierzehnten September klopfen, denn am vergangenen Tage war der Herzog Georg mit dreitausend Mann zu Fuß und zweihundert Mann zu Roß über den Hessener Damm in das Stift Halberstadt eingerückt und zog von da ohne Aufenthalt in das Erzstift Magdeburg.

Vergeblich wollte Regina einige tröstliche Worte sprechen:

„Wer weiß denn, Mutter, ob der liebe Gott nicht noch in der letzten Stunde dem dräuenden Unheil Halt gebietet und die Herzen der Widersacher seines heiligen Wortes zum Besseren lenket. Wer weiß, was noch geschehen mag - hat die Acht doch nun schon drei Jahre über unsern Häuptern gegangen, und niemand hat gewagt, sie zu vollstrecken. O, lieb Mütterlein, ich fang manch Wörtlein auf von den gelehrten und klugen Männern, so bei meinem Vater verkehren, und wenn ich auch nur ein arm, dumm Mägdelein bin, so denk ich mir doch das meinige dabei. Kommt mir so vor, als müsse doch Kaiser und Reich einen grausamen Respekt haben vor dem Jungfräulein im Wappen unserer alten Stadt. Mütterlein, was will denn dieser Herzog von Mecklenburg mit seinen paar Knechten? Ei Mütterlein, ich habe Mut, guten Mut, den besten Mut!"

„Ach Kind", sprach seufzend Frau Margareta, „du bist noch jung, und das ist wohl dein gutes Recht, Hoffnung zu hegen bis zum letzten; wär auch recht schlimm, wenn sowenig Lebensjährlein nicht da Gold und Grün sehn würden, wo dem Alter alles, - die ganze weite Welt, schwarz verhänget ist wie eine Kirche bei einer Totenfeier. Wann aber ein Weib sechs Kinder gebiert und gehen ihm fünf mit dem Tode ab, ehe sie die Kinderschuhe ausgetreten haben, und das sechst und letzt, so der Stolz im Alter hätt sein können, ist verschollen und verdorben, das Mutterherz weiß nicht, wann und wo; - ja, Regina, dann neiget sich das stolzeste Haupt, so eine Frau auf den Schultern tragen mag. Ist mir doch im Leben nach und nach eine Freude nach der andern erlöschet, wie ein Kerzlein nach dem andern ausgehet bei einem Fest. So wird man zuletzt so müd, so müd, daß man sich am End nach nichts mehr sehnet als nach dem stillen Grab und nach dem ruhigen grünen Hügel auf dem Gottesacker. Ein Mann hat's doch immer besser als wir armen Weiblein; der träget seinen Kummer hinaus auf die Gassen, aufs Rathaus oder auf den Mauerwall. Da redet er und denket und hantiert und vergisset sein eigen Weh um das allgemeine Wohl und Weh. Aber wir zu Hause, wir bei unserer stillen Arbeit bei unserem Spinnrad, wir sind immerdar mit denselben Gedanken zusammen eingeschlossen wie in einem Kreis und können nimmer hinaus und mögen es eigentlich auch nimmer. So halten und tragen wir unseren Schmerz an unsere blutende Brust gedrücket gleich einem kranken Kindlein und betrachten's immer wieder und immer von neuem, ob es nicht besser damit werden will. Und nun ist mein einziger Gedanke der Markus, der arme verlorene Sohn. Sie sagen zwar, der sei ja längst tot; aber es ist immer, als rufe mir eine Stimme, ich weiß nicht woher: Nein, nein, nein, er ist nicht tot, er ist lebendig, du wirst und mußt ihn wiedersehen, ihn wiederhaben. Schau, Kind, bei jeder bösen Nachricht und Angst, so der Vater mit vom Rathaus bringt oder die Nachbarn und Nachbarinnen von der Gasse hereintragen, immer schwebet mir nur mein Markus vor. Ach, und dem Mann, dem Vater darf ich gar nicht davon sprechen, der fährt gleich ganz wild auf und spricht: Lebet er noch und hat seine Eltern vergessen können, so sollen ihn auch Vater und Mutter vergessen und seinen Namen nicht aussprechen in dem Hause, in welchem er geboren wurde! Also sind die Männer beschaffen. Ich weiß, mein Ludolf trägt denselben Harm wie ich; aber weichen will er ihm nicht, und so sucht er den Schmerz in Grimm zu verwandeln, und manchmal hab ich schreckliche Angst, daß es ihm gelinge. So hab ich denn nur dich, dich, mein lieb Mädchen, um dir mein gequält Mutterherz auszuschütten. Du gedenkst auch wohl noch der alten Zeit, wo du mit meinem Mark zusammen aufwuchsest, wo ihr schier wie Bruder und Schwester miteinander waret."

Die schöne Jungfer senkte, ohne zu antworten, das Haupt tiefer und nickte nur, kaum bemerkbar einem flüchtigen Auge. Die trauernde Mutter aber fuhr fort:

„Sieh, Kind, ich darf es dir jetzt wohl sagen, ich hegt immer im tiefsten Herzen die süße Hoffnung, du solltest mir einstmalen noch näherstehen und mir eine rechte, gute Tochter sein. Oft, oft habe ich Euch beide zusammen vor dem Altar von Sankt Ulrich und im eigenen gesegneten Hausstand und mich als glückliche Großmutter gesehen. Doch das ist nun alles, alles dahin, um dich wirbt jetzt Adam Schwartze, der Leutnant aus Franken, und dein Vater ist ihm gar nicht abgeneigt, und wenn du ja sagen willst, so wird alles bald in Ordnung sein. Mein Kind, mein Markus aber ist tot, liegt im fremden Feld begraben oder hat seine alte Mutter und sein Vaterhaus ganz und gar vergessen, und die böse, grimmige, blutige Zeit hat in ihm alles erstickt und vernichtet, was einst gut und brav in ihm war. Ach, und nicht wahr, Regina Lottherin, er war doch gut und wacker und fromm? Weißt du wohl noch, wie leichtlich ihm die Trä-

---

Doctor Erasmus Alberus hat auch ein schön Epigramma Deutsch vnd Lateinisch gemachet.

TEutonicas vrbes inter clarissima virgo,
Iure tuum cingit parta corona caput.
Nam neq; blanditiæ potuere, doliq; minœq;,
Nec tibi virgineum, vis vitiare decus.
Non homini tribuenda, DEO sed gloria soli est,
Incolumi per quem, salua pudore manes.
Qui tibi mirificam, mutato ex hoste salutem,
Contulit impediens, alitis ora Iouis.
Seruauere tuam concordia nobilis arcem,
Et constans circa dogmata vera fides.
Hinc tibi gratatur, læto grex ore pusillus,
Dum vacuis loculis turba prophana gemit.
Grata DEO tanta, ne de virtute superbi,
Et placida mores in pietate rege.
Cætera diuini, quæ sors tulit aspera fati,
Consule seruata, Religione boni.

MAgdeburg die heilige werde Stadt/
Ein Jungfraw für ein Wapen hat.
Bedeut die heilige Christenheit/
Die Gott in jhren Hertzen leit.
Stärcket vnd tröstet jmmerdar/
Vnd hilfft jhr fein aus aller gefahr.
Welches Er an jtzgedachter Stadt/
Herrlich vnd wol bewiesen hat.

Gott

nen in die Augen traten, wenn er von Unrecht und Bedrückung hörte? Und wie mitlei-digen Herzens war er! Und wie stolz! Und wie betete er an meiner Seite so andächtig im Kirchenstuhl und wollte immer selbst den Armenpfennig in den Klingelbeutel stek-ken! Was für ein schön Haar und große schwarze Augen er damals hatte! Und dann später, als er schon groß war und zum erstenmal wiederkam von der Universität! O, ich laß es mir nicht ausreden, und wenn alle Männer auf der Welt auf mich einsprä-chen: was aus meinem Kind geworden sein mag, es bleibt mein lieb Herzenssöhnlein in alle Ewigkeit und mein einziger Gedanke, mein schmerzhaft Sinnen und Trachten bei Tag und Nacht, und halt es noch im Wachen und im Traum auf den Armen, als da es noch nicht länger war als wie dein Arm, Kind, vom Ellenbogen bis zur Gold-fingerspitze. Aber - Reginchen, was hast du? Wie bleich du geworden bist!"

„O Mutter, Mutter", schluchzte die Jungfrau, „muß mir nicht das Herz im tiefsten erzittern, da Ihr, mein zweit Mütterlein, also in Schmerzen und Ängsten schwebet? Was soll ich Euch sagen? Ach, wenn er nicht tot ist und hat Euch nur vergessen im Kriege, so -"

„Sprich nicht aus! Sprich nicht aus!" rief die Mutter. Sie drückte der Jungfer schnell zwei Finger auf den Mund, als wolle sie um jeden Preis den Schluß der Rede Reginas hindern. Dann zog sie das Haupt des Mädchens an ihre Brust, und stumm saßen die beiden Frauen auf diese Weise eine geraume Weile nebeneinander, bis sie beide zu-gleich plötzlich aufhorchten. „Das ist mein Ludolf!" rief Frau Margareta, die Augen trocknend. „Nun gilt's wieder, dem Mann, dem Meister, das Gesicht zu zeigen, das er allein sehen will; - ach, wenn er nur wüßte, wie schwer das mir wird! ... Nun soll mich wundern, was für schlimme Nachrichten er vom Rathaus mitbringt."

„Mein Vater kommt auch mit dem Herrn Ratmann", sprach Regina, aus dem Fen-ster blickend. „Mit ihnen gehen Herr Flacius Illyricus und Herr Doktor Alberus, die so oft in des Vaters Druckerei kommen. Ach, sie sehen alle recht bedenklich aus und schütteln dort an der Ecke des Breiten Weges gar nicht fröhlich die Häupter, wie sie Abschied nehmen. Nein, sie nehmen noch nicht Abschied, sie scheinen sich nur die Hand auf etwas gegeben zu haben. Und da treten auch seine Ehrn von Sankt Ulrich, Herr Pastor Gallus zu ihnen. Sie kommen allgesamt hierher."

Beide Frauen erhoben sich schnell von ihren Sitzen und schritten den eintretenden Herren entgegen, um sie zu begrüßen, und wir gewinnen Gelegenheit, uns diese teil-weise so berühmten Männer ein wenig näher zu betrachten, würdige Repräsentanten des Geistes, der nach der Niederlage der Schmalkaldischen Bundesgenossen so tap-fer, so unbeugsam den großen Kampf der Zeit fortsetzte.

Den andern voran trat in das Gemach Mathias Flach, der sich Flacius Illyricus nannte, denn er war im Jahre 1520 zu Albona in Illyrien geboren. Ein eifriger Anhän-ger der neuen Lehren und ein gefürchteter Kämpfer gegen das Interim, flüchtete er nach der Schlacht bei Mühlberg, als der Kaiser Karl gegen Wittenberg heranzog, aus dieser Stadt nach Magdeburg, wo er sein Schriftstellertum mit Eifer, immer bissiger werdend, fortsetzte und dabei seinen Lebensunterhalt als Korrektor in verschiedenen Druckereien fand.

Ihm folgte auf dem Fuße der Doktor Erasmus Alberus, der eine fast noch schärfere Feder als der Illyrier führte, so daß ihn der diplomatische Moritz beim Vertrag mit der Stadt allein von allen den geistlichen Streithähnen aus Magdeburg verweisen ließ, indem er meinte: „Der Doktor Erasmus habe es zu grob gemacht, daß es billig kein

Bauer leiden sollte." - Im Jahre 1548 war der Doktor nach Magdeburg gekommen, nachdem er zuletzt am brandenburgischen Hofe Prediger gewesen war. Die Unruhe der Zeit duldete einen solchen Geist nicht lange an derselben Stelle.

Nikolaus Hahn, welcher seinen Namen, der Sitte der Zeit folgend, latinisierte und sich Gallus nannte, war Diakonus zu Regensburg gewesen, hatte sich aber geweigert, das Interim anzunehmen, und ward deshalb vertrieben. Im Jahre 1550 war er Prediger an der Ulrichskirche zu Magdeburg geworden und führte nun auch von dieser Stelle aus eine gute, scharfe Feder gegen die beiden Interim und die Adiaphora, das heißt die abgeschafften katholischen Gebräuche und Zeremonien, welche die Kirchenordnung Kurfürst Moritz' wiederherstellen wollte, ohne jedoch in der Lehre und dem Glauben der Protestanten zu ändern.

Angeregt durch Flacius Illyricus entbrannte um diese Adiaphora der hitzigste Streit und schlug aufs heftigste aus, weniger gegen die Papisten als gegen die Wittenberger Theologen, den guten Philipp Melanchthon und den Doktor Camerarius, welche zu Jüterbog schon als Regel aufgestellt hatten: In Mitteldingen (adiaphoris) soll man alles halten, wie es die heiligen Väter gehalten haben und jenes Teil der Papisten und Interimisten noch hält. - Nachher machte man zu Leipzig ein Buch in dieser Meinung, das kleine Interim, vom Volk aber der „Chorrock" genannt, weil darin unter andern den protestantischen Predigern das katholische Meßgewand aufgedrängt werden sollte. Die Anhänger hießen es Constitutio interreligiosa oder Decretum religionis oder Religionsordnung oder Declaratio religionis. Die Gegner aber stellten es bildlich als einen greulichen Drachen mit drei Köpfen dar, unter welchen ein Krötenkopf das Regensburger Interim vorstellte, ein Schlangenkopf das Augsburgsche Interim, ein Engelskopf das Leipziger Interim. Man spielte auch ein Spiel Interim genannt; dasselbe bestand in einem durchlöcherten Brett mit vielen Fächern und einem in die Mitte gemalten Narrenkopf. Man schob mit Kugeln darauf.

Die Gelehrten verspotteten das Interim lateinisch:

Heu mihi, me natum, natum Interim ad interimendum,
Interimendo alios, heu prius intereo.
Nomen ab interimo haud, potius sed ab intereundo,
Cum sic intereo, memet habere puto.
(Wehe mir, Interim, weh, daß ich kam in Trümmer zu schlagen
Andre! Denn leider dabei fall ich in Trümmer zuerst.
Nicht von anderer Verderben, vom eigenen ward mir der Name:
Also indem ich vergeh', find ich und habe mich selbst.)

In den Gassen aber sang das Volk:
Selig ist der Mann,
Der Gott vertrauen kann
Und willigt nicht ins Interim,
Denn es hat den Schalk hinter ihm.

Hunde und Katzen rief man Interim, und Zerrbilder gingen aus, auf welchen der Papst Paul der Dritte abgemalt war, wie er das Heilige Römische Reich Deutscher Nation anredete:

Ihr
Närrischen
Teutschen
Ewer
Reich
Ist
Mein.

Viele Verbannte und Landflüchtige gab es dieser Interims und der Adiaphora wegen im deutschen Reiche; denn überall wurden die lutherischen Prediger, die ihnen nicht zufallen wollten, vertrieben. So flüchtete Wolfgang Musculus von Augsburg gen Bern. So mußte Johannes Brentius, aufs bitterste verfolgt vom Kardinal Granvella, aus der Stadt Halle fliehen und „in der Nähe sich ins wilde Feld begeben und im Walde sich aufhalten". So wurde Andreas Osiander aus Nürnberg vertrieben und suchte in Preußen einen Zufluchtsort. So mußte Erasmus Sarcerius aus der Grafschaft Nassau, so mußte Erhardus Schnepfius aus dem Württemberger Lande weichen.

Überall im Reiche wurden die Druckereien, welche wider das Interim gewirkt hatten, gesperrt; überall wurde das freie Wort und der freie Gedanke mit aller Macht in Banden gelegt und das neue Religionsgesetz mit Gewalt eingeführt.

So stand denn wie ein leuchtendes Beispiel für ewige Zeiten die Stadt Magdeburg:

Unseres Herrn Gottes Kanzlei

da, hochhaltend das Panier deutscher Gedankenfreiheit. Hier allein lagen die Pressen nicht in Ketten, hier allein fürchteten die wackeren Drucker Paul Donat, Christian Rödinger, Michael Lotther, und wie sie sonst hießen, Kaiser und Reich, Acht und Aberacht nicht. Hierher unter den grünen, schirmenden Kranz der Magdeburgschen Jungfrau flüchteten dies Exules, die Verbannten, Prediger und Kriegsleute. Hier schrieben die Amsdorf, Flacius, Gallus, Pomarius kühner und immer kühner, je gewaltiger die Gefahr ward, je drohender das Verderben gegen die Mauern und Wälle der Stadt des großen Kaisers Otto heranzog.

Ja, Unseres Herrgotts Kanzlei hieß mit Recht bei den Evangelischen diese Stadt Magdeburg, so stolz, so tapfer, so todesmutig allein im weiten Reiche nach dem achtundfünfzigsten Psalm ausrufend:

„Seid ihr denn stumm, daß ihr nicht reden wollt, was recht ist?"

Wir aber wollten die bei dem Ratmann Horn eintretenden Persönlichkeiten schildern und sind mitten in das Streitgetümmel des sechzehnten Jahrhunderts geraten. Was tut's? Der gewaltige Hintergrund, auf welchem die schwachen Schattenbilder unserer Geschichte vorüberziehen, wird immer von neuem mehr oder weniger diese Schattenbilder überleuchten müssen.

Dem Pastor Gallus folgte der Buchdrucker Lotther zugleich mit dem Ratmann auf dem Fuße. Der Buchdrucker war ein kleiner, starkknochiger, untersetzter Mann mit gar gutmütigem Gesicht und trotz seiner Wohlbeleibtheit recht lebendig und beweglich. Seine Neigungen waren sehr kriegerischer Art; er hielt sich so strack und rittermäßig als möglich, und seine Kleidung wich, so gut es nur immer mit Anstand anging, von der ehrbaren Tracht des wohlbehäbigen Bürgertums damaliger Zeit ab und näherte sich dem überbunten Aufputz der Kriegsmänner. Der Buchdrucker war ein tapferes Blut und litt ein wenig an dem Wahne, seine Bestimmung verfehlt zu haben, als er die Pressen seines verstorbenen Vaters übernahm. Er glaubte zu einem Soldaten, einem Feldhauptmann gleich dem Frundsberger, dem Burtenbacher, dem Schanckwitzer, dem Wrisberger das Zeug in sich zu haben, und sein bestes Steckenpferd war der Gaul, welchen er in der Einbildung vor einem blitzenden, rasselnden Reitergeschwader, welches ebenfalls nur in der Einbildung da war, ritt.

Wer ihm hierin nach dem Munde sprach, der war sein größter Freund, und es gab manche, welche ihm nach dem Munde sprachen. Der Ratmann Ludolf Horn gehörte freilich nicht zu diesen; aber er machte sich ihm geltend durch seine Geistesüberlegenheit, und der Meister Michael fühlte sich nicht wenig geschmeichelt, wenn der wohlangesehene Nachbar und Freund ihm auf die Schulter klopfte und sagte:

„Michel, Michel, glaubt mir, Ihr seid hinter Euern Pressen ein noch ganz anderer Streiter und Kämpfer als solch ein Gewappneter draußen im freien Feld. Die schwarzen Heeresscharen, die Lettern, die Ihr in den Kampf führet, schlagen noch viel stolzere Schlachten als die, welche auf einer grünen Heide geliefert werden. Ich sag Euch, Michel, der Mann, der Eure Kunst erfand, war doch ein ganz anderer Mann, als jener arme Tropf von Mönch, dem sein eiserner Topf an den Kopf flog, weil er zufälligerweise Kohlen, Schwefel und Salpeter drin zusammengemischt hatte. Michael Lotther, ich sag es, es ist ein edel und stolz Ding in diesem Jahr eintausendfünfhundertundfünfzig, Buchdrucker in dieser alten Stadt Magdeburg zu sein! Es wird noch manches Geschlecht aus dem, was durch Eure Vermittlung, durch Eurer Hände Kunst in die Welt ausging, Mut, gut Beispiel, Trost, Erbauung und Kampfesfreudigkeit schöpfen und Euern Namen erhalten bis in die fernste Zeit!"

Der Mann, der also sprechen konnte, sah sorgenvoll genug aus. Seine einst hohe Gestalt schien vor der Zeit durch tiefnagenden Kummer zur Erde niedergedrückt worden zu sein, obgleich sie immer noch gar stattlich und würdig erschien. Seinem von silberweißen Locken umgebenen Gesichte sah man Entschlos-

GOtt sey Lob Danck / Preis / Rhum vnd Ehr /
    Die Stadt Magdeburg durchs rote Meer.
Mit Gottes Wort gegangen ist /
    Für jhr ging her der HERRE Christ.
Der halff jhr bald aus aller not /
    Darumb dancken wir dem lieben GOtt.
Den laß vns fürchten vnd vertrawen /
    Vnd vehst auff seine Verheissung bawen.
Sein liebe Hand ist nicht verkürtzet /
    Der HErr hat seine Feinde gestürtzet.
Ins rote Meer durch seine Macht /
    Im Staub vnd Koth ligt alle jhr Pracht.
An Magdeburg der Widerchrist /
    Redlich zu schanden worden ist.
Die Seelig werde Stadt fürwar /
    Viel lenger denn ein gantzes Jar.
Hat ausstanden groß gefahr /
    Von aller Welt verlassen gar.
Der HERR vom Himel stund jhr bey /
    Das sie wart aller sorgen frey.
Darumb danck sey GOtt in Ewigkeit.
    Für seine grosse Gütigkeit.
                A M E N.

C iij   Folgen.

senheit, ja vielleicht auch ein wenig Starrsinn an. Ein ergrauter Bart hing dem Manne fast bis auf die halbe Brust herab. Gekleidet war der Ratmann in das Ehrengewand seiner Würde, den langen, mit Pelzwerk besetzten Rock, über welchen sich eine goldene Kette ringelte und den ein schwarzer weiter Mantel zum größten Teil verbarg. Er stützte sich auf einen langen Stab mit silbernem Knopfe, welchen er samt dem schwarzen Barett beim Eintritte nach dem gewöhnlichen Gruße seiner Hausehre in die Hände gab.

„Da sind wir, Frau Nachbarin! Da sind wir, Reginchen! Gott zum Gruß!" rief der Buchdrucker, aufgeregt hin und her trippelnd. „Nun gibt's Arbeit, heiße Arbeit, heiße Arbeit. Böse Nachrichten, Frau Nachbarin, sehr böse. Nun wird's doch wohl lustige Tage auf Wall und Schanz, zu Roß und zu Fuß geben, und es wird sich jetzt zeigen, wer der Stadt wohl auch auf andere Art als mit dem Maul zu verfechten weiß."

Damit nahm der Redner eine Stellung an gleich einem spießfällenden Landsknecht und tat mit dem Stock einen grimmigen Stoß gegen einen eingebildeten Feind, hätte aber dabei den ehrwürdigen Herrn von Sankt Ulrich beinahe vor den Magen und über den Haufen gestoßen.

Frau Margareta und Jungfrau Regina warfen fragende, besorgte Blicke auf die übrigen Herren, fanden aber keinen Trost in deren Mienen.

„Schütze uns Gott, Ludolf, - saget, Ihr Herren, ist es denn wirklich wahr, was das Volk in den Gassen wissen will? Ist der Feind so nahe?" rief angstvoll Frau Margareta.

Die geistlichen Herren neigten allgesamt bejahend die Häupter, und der Hausherr sprach seufzend: „Ja, es nützet nichts mehr, daß man es Euch Frauen verschweige: - die bösen Zeiten sind nahe vor der Tür. Die Vollstrecker der Acht -"

„Publiziert zu Augsburg am siebenundzwanzigsten Juli fünfzehnhundertsiebenundvierzig; Exekutialbriefe gegeben am achtzehnten Mai Anno Domini fünfzehnhundertneunundvierzig zu Brüssel!" fiel der Buchdrucker ein.

„Die Vollstrecker der Acht nahen sich!" fuhr der Doktor Erasmus fort.

„Und wollen wir", las Herr Flacius Illyricus, ein gedrucktes Exemplar der Achtserklärung aus der Tasche nehmend, „wollen wir von römischer kaiserlicher Macht hiermit ernstlich, daß Ihr die genannten Ratmannen, Innungsmeister und Gemeinde der Stadt Magdeburg für uns als solche unsere und des Reiches offenbare Landfriedbrüchige, Rebellen, Beleidiger unserer Person und Kaiserlichen Majestät und erklärte Ächter fürohin haltet und meidet: in unsere erblichen, des heiligen Reichs und Euern Fürstentümern, Landen, Grafschaften, Herrschaften, Gebieten, Gerichten, Schlössern, Städten, Märkten, Flecken, Dörfern, Weilern, Höfen, Häusern oder Behausungen nicht einlasset, hauset, höfet, ätzet, tränket, enthaltet, leidet oder duldet, fürschiebet, durchschleifet, schützet, schirmet, begleitet, pachtet, mahlet; Gewerb, Hantierung, Kaufmannschaft oder sonst einigerlei Gemeinschaft mit ihnen nicht habet, noch solches Alles und Jedes zu tun den Euern oder jemand andern befehlet oder gestattet, weder heimlich noch öffentlich, in keinerlei Weise, Wege noch Schein; sondern ihnen ihrer aller Leib, Hab, Schulden und Güter, wo Ihr die auf Wasser oder Lande betretet, erfahrt oder findet - angreifet, niederleget, bekümmert, arrestiert und verhaftet, und so weiter, und so weiter. Wird uns den Ächtern ferner Schutz und Schirm, Freien oder Fürtragen, Gnad, Freiheit, Tröstung, Geleit, Sicherheit, Land- oder Burgfried, Bündnis, Vereinigung, Burg- oder Stadtrecht abgesprochen, und mögen wir nun zuschauen, wie wir uns mit Gottes Hülf allein unserer Haut wehren!"

Während dieses Vortrages hatte der Hausherr seine Gäste durch Winke eingeladen, Platz zu nehmen, und sich selbst in einem Lehnsessel niedergelassen. Jeder war der Einladung nachgekommen bis auf den Vortragenden, welcher sodann aber auch einen Sitz nahm. Eine Magd kam auf das Gebot der Hausfrau mit einer großen silbernen Kanne voll Zerbster Bieres und den dazugehörigen Bechern. Es wurde durch Regina jedem der Anwesenden der kühle, herzerfrischende, schäumende Trank dargeboten. Und jeder neigte sich dankend der Jungfrau, als er den Becher ergriff; als aber die Reihe an den Vater Lotther kam, kniff dieser sein Kind in die Backen und flüsterte: „Reginchen, es geht los! Reginchen, es geht wirklich los!"

„O wolle es Gott verhüten!" sagte die Jungfrau -.

Nun erhob der Ratmann den Becher, blickte im Kreise umher und sprach:

„Werte Herren und Freunde, weil uns denn diese stille Stunde noch beschert ist, so laßt sie uns doch mit Dank genießen. Seid von Herzen noch einmal in Frieden willkommen unter meinem geringen Dach! Es tut doch gar wohl, sich nach solch einem Tage voll Lärm, Angst, Ratschläge, Widerspruch und Stimmengetöse endlich im ruhigen Kreise bekannter, lieber und achtbarer Gesichter zu befinden und das Durchlebte und Erfahrene nochmals gelassener vor dem Geiste vorübergehen lassen zu können."

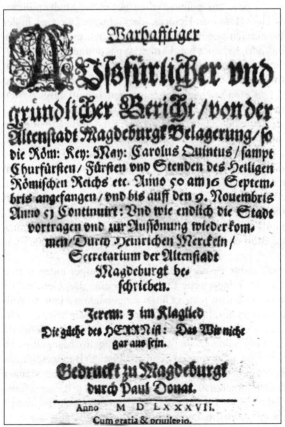

„Ja, ja, Frau, noch einmal im Frieden!" seufzte Herr Gallus von Sankt Ulrich, zur Frau Margarete gewandt, „Euer Eheherr hat wohl recht, es wird nicht gut tun, Euch die böse Mär zu verschweigen. Das Lager, so der Herzog Heinrich der Jüngere vor seiner Landesstadt Braunschweig hatte, ist aufgehoben, und Herzog Jürg von Mecklenburg, des Braunschweigers Vetter mütterlicherseits, hat die allda versammelt gewesenen Knechte und Reiter in seinen Sold genommen und zieht gegen uns heran. Wohl sagen nun einige, das junge hitzige Blut vermeine gar nicht, gegen uns zu streiten, sondern habe nur geworben, das Bistum Schwerin seinen Herren Brüdern und Herrn Oheim abzugewinnen; aber die meisten behaupten, für das Domkapitel, das von Halle her der Stadt droht, ziehe der Herzog heran, und habe das Kapitel ihn durch groß Geld und Versprechen aufgestachelt, daß er in das Erzstift falle. Es heißt auch schon, der Kurfürst Moritz als Vollstrecker der Acht werde baldigst mit dem Mecklenburger vor Magdeburg zusammentreffen und so die Berennung beginnen, wenn die Stadt nicht wehr- und waffenlos, fußfällig sich ihren und des Herrn Jesu Christi Widersachern übergibt."

„Und die also sprechen und sich solches von dem Jürg und den Fladenweihern, Pfaffen und Sophisten zu Halle verheißen, die werden wohl recht behalten!" sprach der Doktor Erasmus Alberus, und dabei rieb sich der Mann die Hände zwischen den Knien, indem er an die herrlichen Pamphlete, Pasquille, Lästerschriften und Possenbilder dachte, die sich nun schreiben und malen lassen würden. Schon brodelte und kochte es wieder in seinem Hirn, schon zuckte es in seinen Fingern, den Schreibfingern, und die seltsamsten, tollsten Larven und Fratzen sah er vor sich tanzen, Larven und Fratzen, in welche er seine Feinde und Widersacher auf die boshafteste, unverschämteste und ausgelassenste Art steckte und verkleidete, um sie so der deutschen Nation vor Augen ihre Affensprünge machen zu lassen.

„So haben wir drum Rat gehalten auf dem Rathaus", sprach Ludolf Horn, „und haben dazu gefordert alle die fremden Kriegsleute, so in der Stadt ihre Zuflucht genommen als vom Kaiser geächtet oder aus gutem Willen gegen die Stadt in dieser schweren Not. Da ist gewesen Herr Hans von Heideck, der Schwabe, welcher in der Acht ist, weil er der Krone Frankreich gegen den Kaiser gedienet, und der uns das gute Rundel, so seinen Namen führt, gebauet hat. Ferner ist gekommen der Graf Albrecht von Mansfeld samt seinem Sohn Karol, die der Stadt Gut und Blut verlobt haben. Auch Herr Kaspar Pflugk, der böhmische Herr, den sie in seinem Vaterland wider seinen Willen zu einem Obersten in einem angefangenen Tumult aufgeworfen haben und der darum im Bann gehet und von der Stadt aufgenommen ist, ist zugegen gewesen. Auch alle Kriegshauptleute der Stadt, als Hans von Kindelbrück, Galle von Fullendorf der Schweizer, Hans Springer der Elsasser, Hans Winkelberg von Köln, des Obersten Leutnant. Da ist hin und wider gesprochen über das, was zu tun sei, und dann ist man übereingekommen, Botschaft zu senden an Bartholomäus Eckelbaum gen Wanzleben, der Stadt Banner daselbst gegen jedermann hochzuhalten bis auf den letzten Mann. So wird es sich nun zeigen, ob der Herzog von Mecklenburg ihn mit Sturm anläuft. Gott schütze die Stadt!"

„Er wird sie schützen, Ludolf!" rief die Frau mit bewegter Stimme. „Er kann nimmer seines Evangeliums letzte Burg und Bollwerk in seiner Feinde Gewalt also fallenlassen."

„Und es ist auch schon brav dafür gesorgt, daß die Fladenweiher einen harten Kuchen zu beißen kriegen", fiel der kriegerische Buchdrucker ein. „Bei Gott, ist die feine Jungfrau Magdeburg nicht mit einem festen Gürtel umgetan von Mauern, Wall und Turm? Ich meine, wer ihr diesen Gürtel lösen will, der muß in Wahrheit ein rechter Mann und ein Hochgewaltiger sein! Ist nicht die Stadt reich und wohlverproviantiert? Mangelt es etwa an Pulver, Kohlen, Salpeter, Schwefel und Kugeln? Mangelt es an allem, was zur Artalerey gehöret? Sind nicht von den Schmalkaldschen Bundgeschützen so manche gute Stücke bei der Stadt geblieben? Haben wir nicht Waffen und Männer und guten Rat genug? Strömt nicht immerzu neu Volk hinzu, der Stadt in dieser schweren Not und Angst zu helfen? Ist nicht die Bürgerschaft voll Mut und guter Hoffnung? Ich sag Euch, wer die Hand wagt auszustrecken nach der Jungfrau Kranz, der wird sich eine blutige Platten holen. Die Jungfrau wird ihr Kränzel in Ehren halten, und es ist noch lange nicht aufgeschrieben, wer die Oberhand behalten wird im Streit. Laßt nur den Kaiser und das Reich, das Domkapitel samt dem Ochsenkopf von Mecklenburg und dem Kurfürst Moritz anrücken gegen die Stadt; mit Waffen und Männern und gutem Mut wird sie sich ihrer erwehren, wie man sich eines Mückenschwarms erwehrt an einem Sommerabend!"

„Freund, Freund", nahm der Ratmann das Wort, „und wenn an Waffen, Männern und gutem Mut dreidoppelt soviel vorhanden wär und wenn jeder Mauerstein in der Stadt sich in einen Kämpfer für sie verwandelte, sie würden das Unheil nicht von ihr abwehren, wenn es Gottes Wille nicht sein sollte. Soll mich der Himmel schützen, die Hoffnung aufzugeben, daß wir im Kampf nicht unterliegen werden; aber nicht auf die fleischlichen Waffen trau und bau ich in diesen Nöten und Fährlichkeiten. Spieß und Schwert, Wall und Schanz werden uns wenig schützen gegen den übermächtigen Andrang. Der Geist wird's tun! Der Geist, welcher diese Mauern erfüllt seit dem sechsten Sonntag nach Trinitatis im gesegneten Jahr eintausendfünfhundertundzwanzig, an welchem Tag der Mann Gottes, Martinus Luther, berufen vom damaligen Bürgermeister Nikolaus Sturm, allhier in der Johanniskirche das lautere, unverfälschte Evangelium predigte. Seit diesem Tage ist diese alte Stadt Magdeburg in Wahrheit des lieben Gottes Kanzlei auf Erden und seines Wortes starkes Bollwerk, seit diesem Tage ist sie ein Vorort der Freiheit, seit diesem Tage ist sie ein Schutz und Hort allen um Gottes heiligen Namen Verfolgten, allen widerrechtlich Verbannten und Ausgestoßenen. Der Geist, der Geist wird retten! Der Geist, und nicht Landsknechtsrotten, Reiter und Geschütz!"

„Wohlgesprochen, wackerer, teurer Herr und Freund!" rief Herr Nikolaus Hahn, die Hand des Ratmannes begeistert ergreifend und schüttelnd.

„Gehören wir nicht auch zu den Vertriebenen, Umherirrenden, so hier in diesen Mauern gastlich, sicher

...stungen zwischen den Einungsverwanten allenthalben in Sachssen / vnd Oberland mit grossen vnflä.ungegeben.

Darauff ist ferner Anno 1547 am 27. Julij die erschreckliche Acht / vnd OberAcht / vber die Stadt erkant / erkleret vnd verkündiget / dadurch sie aus deß heiligen Reichs gnaden / Hulden / vnd Frieden / in den Vnfrieden gesetzet / ir Leib / Haab / vnd Gütere / zu Wasser / vnd Lande / allermenniglich ohne straffe vnd verbrechung anzugreiffen / erleubet worden / daraus den Bürgern / vnd Dienern allerley schade / gefahr / vnd vnsicherheit zu reisen entstanden.

So hat es auch an Execution der Acht nicht gemangelt / wie dann derwegen allenthalben sonderliche Executorial Mandata ausgegangen.

Endlich ist die schwere harte / vnd langwirrige Belagerunge (die billich Ilias malorum mag genent werden) darauff erfolget / welche lenger als ein gantzes Jar geweret.

Dieweil ich denn diese gantz gefährliche Hendel offt mit leibes gefahr mit außgestanden / süß vnd saur (wie es der liebe Gott / jeder zeit gegeben) genossen / Darnach auch in beschickungen an die Key: May: Churfürsten / Fürsten / Stende vnd Stedte deß heiligen Reichs / bin gebraucht worden biß endlich die sachen zum vortrage gehabt. Darzu

Unterkommen gefunden haben? Recht, recht, Herr Horn, der Geist, der Geist rettet diese teure Stadt, unseres Herrn Gottes Kanzelei!" rief Flacius Illyricus, dessen Jünglingsaugen verwunderlich zu flammen anfingen.

Der Doktor Erasmus Alberus aber saß und nickte mit dem Kopfe, und seine Augen waren wie im tiefsten Sinnen auf den Fußboden festgeheftet. Dann flüsterte er leise, als spreche er mit sich selbst:

„Und der Geist wird schon dafür sorgen, daß diesen Papisten, Interimisten, Exterimisten, Adiaphoristen, Novatianern recht tüchtige Kletten in die Haare geworfen werden; und die Reislein und Sommerlatten, woraus die Geißeln und Knüttel gemacht werden sollen für sie, stehen schon hoch in der Blüte und im Wachstum!"

Frau Margareta hielt die Hand ihres Eheherrn in der ihrigen und streichelte sie leise; Regina blickte mit blitzenden, feuchten Augen zu ihm herüber; der Buchdrucker Michael Lotther rannte auf und ab in der Stube und brummte: „Potz Moritz, Potz Sankt Georg, bei aller heiligen Ritterschaft, er hat recht, recht hat er, das will ich auf Hieb, Stoß und Schlag, mit Büchse und Spieß verfechten … aber was ist das?"

Alle in dem Gemache Anwesenden wurden durch einen großen Lärm an die Fenster gezogen. Urplötzlich hatte sich die Gasse mit Volk gefüllt, und auf dem Prellsteine unter der Schönen Ecke stand eine lange, hagere, schwarze Gestalt, mit den Händen in der Luft fechtend und gestikulierend, mit heller, fast kreischender Stimme eine Rede haltend, die von Zeit zu Zeit von dem lauten Beifallsrufen der Zuhörer unterbrochen wurde.

„'S ist Wilhelm Rhodius, lasset uns hören, was er zu sagen hat dem Volk", sprach Doktor Alberus.

Männer und Weiber, Bürger und Landsknechte drängten sich um den Prädikanten, und auf die offene Bibel, die er in der linken Hand hielt, schlagend, las dieser:

„So stehet geschrieben Jeremiä am fünfundzwanzigsten: In der Stadt, die nach meinem Namen genennet ist, fange ich an zu strafen, und Ihr solltet ungestraft bleiben? Ihr sollt nicht ungestraft bleiben, spricht der Herr Zebaoth! - Ja, liebe Brüder, ich sage Euch, das Korn wird geworfelt werden auf der Tenne des Herrn, und die Spreuer werden davonstieben in alle vier Winde. Ich sage Euch, selig wird sein, der mit dem Harnisch auf dem Leib und dem Schwert in der Hand erfunden wird. Ihr habet eine gute Zeit mit Handel und Wandel gehabt; und Eure Nahrung ist nicht geringe gewesen, Ihr seid belassen gewesen bei Euerm Sachsenrecht, bei Euern Freiheiten, Gerechtigkeiten und Gewohnheiten; Ihr habt gefreit und Euch freien lassen; aber Wehe, Wehe, dreimal Wehe über Euch, Ihr Kinder dieser Stadt. Denn nun frage ich Euch, seid Ihr auch gerüstet in dem Evangelium? Frage ich Euch, war Euer Handel und Wandel im Glauben? Wohlan, der Richter ist vor der Tür; - wer ist nun bereit, das Märtyrertum auf sich zu nehmen um sein heiliges Wort? Ihr sprechet zwar: wir gläuben, wir gläuben und wollen leiden um unsern Glauben, was der Herr will; - aber Eure Augen sind blind und Eure Ohren taub, und dumm seid Ihr im Haupt, und der Teufel mag Euch leichtlich mit Haufen zur Hölle führen. Ich aber will Euch sagen, wie es stehet um Euch und das Wort des Herrn. Immer von neuem will ich reden und Euch erzählen, wie es zugehet in der Welt, daß Euer blöder Sinn geöffnet werde und Ihr acht haben könnt auf Eure Wege. So sprechet, wisset Ihr, warum täglich um zwölf Uhr des Mittags seit Jahren in dieser Alten Stadt, der Neuen Stadt und der Sudenburg, in allen Pfarren mit den großen Glocken geläutet wird? Wisset Ihr, weshalb bei diesem Geläut in jedem Haus der Hausvater mit Weib, Kind und Gesind niederfällt und die Hände faltet zum Gebet? Sprecht, warum betet Ihr?"

„Um Frieden, um des reinen Glaubens Erhaltung, um des deutschen Vaterlandes und der christlichen Zucht und Ehrbarkeit Erhaltung beten wir, Herr Magister!" rief eine Stimme unter den Zuhörern.

„Und seit wann geschiehet solches?"

„Seit die Schmalkaldschen Bundesgenossen ins Feld zogen um des Evangeliums willen!" antwortete dieselbe Stimme.

„So sage ich Euch nun", fuhr der Prädikant fort, „also läuteten sie zu solcher Stund weit im Reich, zu Augsburg, zu Ulm, zu Nürnberg, in Schwaben, in Meißen, in Sachsen, in der Pfalz, am Rheinstrom; aber ihr Geläut ist verstummt, und verhallet ist eine Glocke nach der andern. Bei Mühlberg ist die böse Schlacht geschlagen, zu Wittenberg sind die Hispanier auf des gottseligen Mannes Martin Luthers Grabe mit Triumph umhergesprungen; es ist von dem heuchlerischen Hofprediger zu Brandenburg, dem Agricola, das Augsburger Interim verfasset und mit Gewalt eingeführt, wo es hat geschehen können. Der Mann, so sich Johann Albert Erzbischof von Magdeburg nennt, ist von Würzburg, dahin er geflohen war, heimgekommen und hat zu Halle gesessen und gedrohet bis an den Tod, und sein Kapitel drohet weiter. Und die Acht gegen das Glockengeläut ist verneuert worden, und die Meißnischen Dompfaffen und die Wittenberger Philosophen, Aarones und Grammatici haben zu Leipzig das Leipziger Interim gemacht, merdam pro balsamo, Dreck für Balsam, sag ich Euch; und Wendehüte gibt's, so sprechen: Lasset uns es annehmen, bleibet doch der Glaube rein, und die Mitteldinge wird der Herr nicht ansehen; deshalb lasset uns Frieden machen mit unsern Widersachern, daß wir mit Ruh das Unserige genießen mögen. Ei, ei, da hab ich Euch! Wieviel solcher Wendehüte, solcher Pfeffersäcke, solcher Mamelucken und Judasjünger gibt's unter Euch? Ich sag Euch, Gott wird die gewißlich nicht ansehen, die so sprechen und denken. Pfui doch, du schändlicher Wendehut, du bist ein loser Esel und

> Darzu ich dann die beide Vornehme/Hoch-
> gelerte Herrn D. D. Leuin von Embden vnd
> Frantzen Pfeil seliger gedechtnis/beide der Stadt
> Syndicos zu gehülffen gehabt *tanquam collegas, socios consiliorum, laborum & periculorum,* welche mich informiret vnd instruiret.
>
> Als haben E.E.V. vnd E.W. mir beuohlen/ vnd aufferlegt die Historiam/vnd geschicht erlittener Belagerung von anfang biß zum ende (nit jhres Ruhms halben/der alleine GOtt gebüret) Sondern vmb der Posteritet willen/zubeschreiben/welches ich denn nach meinen besten vorstande vnd vormügen/meines alters/gehorsamlich gethan/etwa E.E.V. vnd E.W. abgelesen/die sich meinen angewanten fleiß haben wolgefallen lassen / vnd dieselbe in ir Archyuum vnd verwahrung zu sich genommen.
>
> Ob nu wol diß eine denckwirdige/Stifft/vnd Stadt Historia ist / deßgleichen sich mit keiner Stadt der Augspurgischen Confession verwanten zugetragen/die billich ein jeder Bürger wissen / vnd haben sol/So bin ich doch nicht bedacht gewesen/dauon etwas in offenen druck ausgehen zulassen.
>
> Nach dem ich aber gesehen/das frembde vnd andere/welche zum theil dasmals noch nicht in *rerum natura* gewesen / so kecklich dauon schreiben dürfen
>
>)*(iij   dürf-

tausendmal ärger denn ein Esel. Bist du so lang mit Walen und Spaniern umgegangen und hast die welsche und spanische Praktik noch nicht gelernt? Meinst du, daß sie so grob herausfahren und sagen: Ihr sollt den Antichrist anbeten! Ihr sollt unser eigen werden und so fort? Ja, Lieber, harre so lang! Hast du nie gehört, daß sich der Teufel und sein eingeborener Sohn, Papst, Pfaffen und Pfaffenknechte verwandeln können in einen Engel des Lichts? Aber was hilft's, daß ich Euch lang und viel predige? Wir bleiben immer wie die Narren, denen muß man ohn Unterlaß mit Kolben lausen, daß sie's fühlen. Und wenn sie's gleich lang greifen und fühlen, so bleiben sie doch Narren vor als nach, Sommer und Winter. Ist's nicht so? Ich sag Euch aber, nicht durch ein Interim, nicht durch ein Exterim, sondern nur durch Gottes Wort allein wird man selig. Wie spricht der heilige, liebe Apostel Petrus: Sie achten für Wollust das zeitliche Wohlleben! - Ist's nicht so mit Euch? Folgt Ihr nicht dem Weg Balaam, des Sohnes Bosor?"

Die Stimme des Predigers erhob sich hier zur schreiendsten Höhe:

„Und der Feind nahet! Der Feind nahet! Mit Rossen und Wagen steht er vor den Toren. Wehe den Müttern, so geboren haben, wehe den Schwangern, so gebären wollen! Der Feind, der Feind nahet! Herr Jesu, komm! Komm, komm, Herr Jesu, verzeuch nicht! Erschein deinem Volk und sondere die Böcke von den Schafen, die Unreinen von den Reinen, die Interimisten, Papisten und Adiaphoristen von den Gläubigen! Zu den Waffen, Ihr Streiter des Herrn und seines heiligen Evangeliums! Auf die Mauern, auf die Wälle, Ihr Kämpfer Christi!"

Von seinem Eckstein hernieder sprang unter dem wilden Geschrei der aufgeregten Menge der Prädikant, um an einer anderen Stelle sein Wesen von neuem anzufangen. Es war nunmehr die Stunde des Zwielichts herangekommen.

Das Hauszeichen des Hauses Breiter Weg Nr. 169 „Zur schönen Ecke" (Stadtarchiv: 16624)

Das dritte Kapitel

NUN LUPFT DIE KAPP! ES TRITT HERAN
DER WACKRE HERR SEBASTIAN:
DIE FEDER WIE DAS SCHWERT ER FUEHRT,
MANCH GROSSMAUL WEIDLICH HAT'S GESPUERT.
SEIN WORT DER "LEUTNAMBT" ADAM SPRICHT,
REGINA WILL IHM HORCHEN NICHT:
GEKRAENKTEN VATERS SCHWERER ZORN
FAEHRT JACH HERAB AUF MARKUS HORN.

Kopfschüttelnd traten die Lauscher im Hause des Ratmanns Ludolf Horn von den Fenstern zurück.

„Kommet doch einen Augenblick herauf, Meister Besselmeier!" rief der Ratmann einen Mann an, welcher aus dem Haufen zurückgeblieben war und den er trotz der Dämmerung noch erkannt hatte.

Der Angerufene nickte freundlich herauf und berührte zum Gruß das Barett. Nach einigen Augenblicken trat er in das Gemach und grüßte sittsam nach allen Seiten.

Dieser Mann war Sebastian Besselmeier, ein einfacher Bürger der Stadt, aber ein edles Blut, ein helleuchtend Zeichen des Geistes, welchen deutsches Städtetum zu erzeugen vermochte. Treu, fleißig, bieder, gleich bereit, beim ersten Ruf der Gefahr ins Feld hinauszueilen und sein Blut für das Gemeinwesen zu verspritzen, wie geschickt, nach überstandenen Gefahren den Ruhm und Preis der Stadt fernen Geschlechtern in trefflicher Aufzeichnung des Geschehenen mitzuteilen. Wir verweisen den Leser, den Mann kennenzulernen, auf seine „Wahrhafftige Histori und Beschreibung des Magdeburgischen Krieges von Anfang biß zu Ende" - deren Vorrede er charakteristisch anhebt wie Thukydides sein Werk über den Peloponnesischen Krieg:

„Diese Histori und Beschreibung des Magdeburgischen Krieges zu beschreiben, hat mich erstlich verursacht, unsere Nachkommen und Kinder, so hinter uns leben möchten, damit sie solches zu Hertzen nehmen, gedenken, und auch wo die Nothdurfft das würde erfordern, davon reden könnten."

Wie trefflich tritt uns dieser deutsche Bürgersmann entgegen, wenn er, während von den Wällen seiner Vaterstadt und aus den Schanzen der sie bedrängenden Feinde das Geschütz donnert, das Schwert an der Seite, das Feuerrohr neben sich, niedersitzt und schreibt:

„Es möcht aber einer, und sonderlich der jetzt draus vor der Stadt liegt, hernachmals sagen, ich hette geschrieben umb Ruhms willen oder was mir gefiel (wie dann nach dem Sprichwort offt geredt wird: Ein jeder Hirt lobt seine Küh). Hierrauff sage ich bei meinem Gewissen und der höchsten Wahrheit, daß ich solches nicht gethan, sondern alles mit gutem Grundt und Wahrheit, niemand zu lieb und zu leid gethan habe: Welches ich alles mit meinen sichtlichen Augen gesehen, und zum öfftern mal mit und bey bin gewesen. Deshalben diese Histori nicht einem jeden lieblich, sondern verdrießlich wird seyn zu lesen, ich mein aber allein die (wie oben vermelt), welche jetzt draußen liegen und unser Feind sind, umb welcher willen ich diß nicht zusammengefaßt und auffgeschrieben habe, sondern umb der andern willen, - - welches ich derhalben desto fleißiger und weitläufftiger geschrieben habe, damit hernachmals die Warheit desto besser zu erhalten und zu bezeugen sey, welches ein jeder besser vestehen mag, weder ichs an Tag kan bringen." -

„Ei, Herr Sebastian", sprach der Ratmann, „solch ein werter Mann wie Ihr sollte niemals vor Ludolf Horns Haus vorübergehen, ohne anzuklopfen und einzusprechen. In solchen Zeiten, so der Herrgott jetzo über uns verhänget, müssen die, so sich kennen und zueinander gehören, auch zusammenhalten. Ein jeder fühlt sich desto sicherer und mutiger, je gewisser er ist, daß er Freunde zu rechter und linker Seit und im Rücken hat."

Meister Sebastian, welcher eben mit Gruß und Dank ebenfalls einen Krug Zerbster Bieres aus den Händen Reginas empfangen hatte, neigte sich gegen den Redenden und erwiderte:

„Wär auch wohl mit Vergunst eingetreten bei Euch, Herr Ratmann, mußt aber erst das wunderliche Wesen in der Gass' zu Ende hören. Das ist doch ein toll Ding, und man weiß eigentlich nicht, was man dazu sagen soll, ob man einstimmen soll oder solch Gebaren verwerfen. Was meinet Ihr dazu, Ihr Herren?"

„Ach, Meister Besselmeier", sprach Herr Hahn von Sankt Ulrich, „die Zeit ist ein großer Kessel, darin wird jetzo eine wunderliche Suppe gekocht, und es ist nicht zu verwundern, daß es siedet, brodelt, übersprudelt und solch wunderliche Blasen wirft."

„Ich glaub auch, es darf nicht durch Gewalt gehindert werden, daß also von den Ecksteinen gepredigt wird", meinte der Magister Flacius, der Illyrier. „Nur ein aufgeregt, gespannt Gemüt mag große Dinge tun, und diese Stadt Magdeburg darf ihr Volk nicht einschlafen lassen."

„Und so sind die Prädikanten den heißen Gewürzen in der Suppen zu vergleichen", fiel der Doktor Alberus ein. „Ich denke und halte auch, daß es gut sei, daß das Volk erschüttert werde in seinem Tiefsten, auf daß es in der rechten Stunde geschickt sei, dem großen Sturm zu begegnen. Tun wir doch eigentlich mit Reizen, Stacheln,

Reden und Schreiben dasselbige, was dieser Mann auf dem Ecksteine tut. Die Welt hat ein bös' hitzig Fieber und muß mit scharfen Mitteln angegriffen werden, wenn die Heilung erfolgen soll."

„Ihr möget wohl recht haben, günstige Herren", sprach der Bürger, „aber es will mir doch solch ein Gelärm und Getös nicht recht in den Sinn. Ich mein mit Vergunst, es sei ein gefährlich Spiel mit der Menge und kann leichtlich in das Gegenteil von dem, was man erwartet, umschlagen. Gott gebe, daß es nicht in der Not heiße: Auswendig Streit, inwendig Furcht!"

Zustimmend nickte der Ratmann mit dem Kopfe: „Recht, recht, Meister Besselmeier! Es ist ein gefährlich Ding um solch ein Spiel. Es ist auch im Rat die Rede davon gewesen; aber die Stimmen sind dort so geteilet wie hier. Was soll man tun? Was soll man lassen? Aber es ist mir immer, als sehe ich den Schatten von Gottes Hand über dieser Stadt ausgebreitet. In diesem Schutz müssen wir abwarten, daß sich alles zum besten wende."

Eine Magd trat jetzt leisen Schrittes in das Gemach und stellte eine Lampe auf den Eichentisch. Die anwesenden geistlichen Herren samt dem Meister Sebastian wollten darauf eben Abschied nehmen, als sich ein Klopfen an der Tür hören ließ.

Auf den Hereinruf des Hausherrn trat ein nicht viel über dreißig Jahre alter Mann, mit Schwert und Brustharnisch angetan, herein. Blond von Haar und Bart, aber mit dunkeln, scharfen, etwas unruhigen Augen, schlank und zierlich gebaut, aber allem Anschein nach muskelkräftig und gewandt zu jeglichem Werk in der Welt - nicht bloß im Blachfeld unter flatternden Fahnen und bei gefällten Spießen.

Diesem Krieger trippelte der Buchdrucker Michael Lotther mit freudigem Lächeln entgegen und reichte ihm die Hand zum Gruß, indem er ausrief:

„Das ist der Leutenambt, das ist unser Herr Vetter aus Bamberg. Tritt her, Regina, und reich ihm auch die Hand! Nun, Adam, was bringet Ihr Neues?"

Es wurden, ehe der junge Krieger Antwort gab, erst die gewöhnlichen Begrüßungen ausgetauscht, aber Regina kam nicht dem Gebote des Vaters nach, sondern zog sich aus dem Lichtschein der Lampe in die Dunkelheit zurück und trat dicht zu dem Sessel der Frau Margareta, als suche sie unwillkürlich Schutz bei der Matrone. Diesem Gaste kredenzte sie auch nicht den Becher, sondern ließ das durch die Magd besorgen, obgleich Adam Schwartze mehr als einen verstohlenen Blick zu der Jungfrau hinüberschweifen ließ, während er sprach:

„Was dem einen gefällt, mißfällt dem andern, Meister Lotther und werte Herren! Die Nachricht, die dem Kriegsmann allerfreulichst erscheint, bringt Bangen und Schrekken dem Bürger und den Frauen. Es ist ein neuer reitender Bote gekommen: Der Herzog von Mecklenburg hat des Erzstiftes Grenzen wirklich überschritten mit Roß und Mann, senget und brennet, und seine Rotten streifen schon gegen Wanzleben!"

Die Frauen stießen einen leisen Schreckensruf aus, die Männer blickten sich besorgt an; nur der mutige Buchdrucker rief:

„Ei, Adam, es mag auch Bürger geben, denen solche Nachricht nicht das Zittern in die Beine jagt; es mag auch Bürger geben, so sich dabei die Hände reiben können. Ich sag Euch, Ihr Söldner werdet nicht allein im Feld stehen gegen den Feind; die Bürgerschaft wird nicht da fehlen, wo um den grünen Jungfernkranz der Stadt geworben wird auf dem grünen Feld!"

„Wohl, wohl, Meister Lotther", lächelte der junge Kriegsmann. „Ich kenne ja Euern tapfern Sinn und wollte gewißlich nicht ein Mißtrauen oder gar eine Beleidigung aussprechen. Ich mein nur, uns, die wir der Stadt Brot essen, uns wird's auch am erfreulichsten sein, solches jetzt abverdienen zu können. Uns liegt es jetzt ob, zu zeigen, daß der Sold, welchen uns die Stadt zahlt, nicht umsonst gegeben ist. Gewißlich wird die tapfere Bürgerschaft und auch Herr Michael Lotther ihr Bestes tun auf der Walstatt!"

„Ihr seid ein braver, wackerer junger Mann, Vetter Adam!" sprach Meister Lotther, geschmeichelt durch die letzten Worte des Söldnerführers. „Das seid Ihr, und ich hoffe, wir werden beiderseitig im Felde noch unsere Freud aneinander haben. Nur Glück wünschen kann ich der Stadt, daß sie Euch in ihren Dienst nahm; und dazu, daß Ihr unsere Vetterschaft ausfindig machtet, wünsche ich mir tagtäglich Glück."

Obgleich nun der Hausherr den Leutnant Adam auch mit großer Freundlichkeit und Zuvorkommenheit begrüßt hatte, so war er doch weit entfernt davon, ihn mit so übergünstigen Augen zu betrachten wie der Buchdrucker. Im Gegenteil warf er oft recht ernste, prüfende Blicke auf das hübsche Gesicht Adam Schwartzes, und Meister Sebastian Besselmeier tat dasselbe.

„Also das Ungewitter rückt wirklich näher, und es ist nun kein Zweifel mehr daran, daß dieser Herzog von Mecklenburg den Reigen, welcher uns aufgespielt werden soll, eröffnet?" fragte Herr Nikolaus Gallus, und der Leutnant schüttelte das Haupt und sprach:

„Ich glaube nicht, daß darüber noch ein Zweifel obwalten kann. Bald genug werden wir vom Hauptmann Eckelbaum mehr vernehmen. Der Mann wird schon sein Bestes tun und wird den nicht streicheln, der ihn kratzt. Dem Mecklenburger Jürg wird's ein bös Ding sein, daß Banner von Magdeburg von der Burg zu Wanzleben zu reißen."

„Wie stark ist die Besatzung daselbst?" fragte der Doktor Erasmus Alberus.

„Dreihundert gute Männer liegen in dem Flecken, doch wird derselbe damit nicht zu halten sein, wenn des Herzogen Macht davorrückt. Das Schloß wird Herr Bartholomäus nicht aufgeben; dem Flecken freilich gnade Gott. Die Feuerwächter der Stadt mögen gut ausschauen die kommenden Nächte durch, ob nicht der Himmel im Südwesten sich blutig rot färbe", sprach der Söldner.

„Der Herr Zebaoth ist mit uns, der Gott Jakobs ist unser Schutz, Sela!" sprach Herr Flacius Illyricus. „Und jetzo muß ich gehen, ich hab noch eine Korrektur zu lesen für Meister Christian Rödinger."

„Vergesset auch mich nicht, Herr Magister", rief Michael Lotther. „Es ist da mancherlei, so Ihr mir versprochen, aber noch nicht gehalten habt!"

„Ei, Meisterlein", lächelte der junge Gelehrte, „das Feuer brennet jetzt jedermann auf den Nägeln. Gehabt euch wohl, werte Frauen und günstige Herren. Gott schütze die Stadt, Gott schütze unseres Herrgotts Kanzlei!"

„Amen!" sprachen alle Anwesenden, und der Magister ging. Ihm folgte sogleich der Meister Sebastian Besselmeier, der Geschichtsschreiber des Magdeburgischen Krieges. Auch ihm brannte das Feuer auf den Nägeln, und eilte, Büchse, Schwert und Spieß, Feder und Tinte zu seinem wackeren Werke in Bereitschaft zu setzen.

Mit leiser Stimme unterhielten sich noch der Prediger der Ulrichskirche, der Ratmann und der Doktor Alberus. Der Leutnant Adam Schwartze hatte sich jetzt Regina genähert und flüsterte ihr allerlei Bemerkungen zu, welche sie recht gleichgültig beantwortete. Ihr Vater blickte nachdenklich, mit beiden Armen auf den Tisch gestützt, in den vor ihm stehenden Bierkrug und baute im Geiste allerlei Feldlager und Schlachtordnungen auf. Nahe dem dunkeln Ofen saß Frau Margareta, die einzige, welche seit geraumer Zeit sich durchaus nicht an der Unterhaltung beteiligt hatte.

Um so überraschender, um so erschreckender für alle Anwesende war es deshalb, als sie plötzlich in ein unaufhaltsames helles Weinen, in ein krampfhaftes Schluchzen ausbrach. Alle sprangen darob betroffen auf, und schnell eilten der Ratmann und Regina zu dem armen Weibe.

„Was hast du, Margareta? Was ficht dich an?" fragte mit besorgter Stimme Herr Ludolf. „Sprich doch, so sprich doch, was weinst du so bitterlich?"

„O Mütterlein, lieb Mütterlein! Was habet Ihr?" rief die Jungfrau, die Matrone in die Arme schließend, während der Eheherr derselben die Hand auf die Schulter legte.

„Aber Alte", fragte wieder letzterer, „so sag doch, was dich quält. Haben dich die bösen Nachrichten so erschreckt, sind die Gespräche dieses Abends schuld an diesem Gewimmer? So fass' dich doch, besinne dich, hier sind seine Ehrwürden von Sankt Ulrich, hier ist der Herr Doktor und der Leutnant und der Nachbar! Beruhige dich, noch ist der Feind nicht in der Stadt! Schäme dich, Mutter, vor der jungen Dirn, der Regina, und laß solch Heulen und Jammern ohne Grund!"

Die arme Frau schüttelte laut schluchzend das Haupt und rief mit gepreßter Stimme:

„Mein Kind, mein Kind, mein Sohn, allereinzigster Sohn! Wo ist mein Kind in dieser Not, so seine alten Eltern, so seine Vaterstadt bedrängt? Markus, mein Markus, mein armer Sohn, bist du in Wahrheit tot, bist du wirklich begraben in der Erde, daß du nicht kommst, daß du deine Mutter verlässest in allen Schrecken? O mein Kind, mein Kind! Gebt mir mein Kind in dieser Angst! O Markus, mein Markus!"

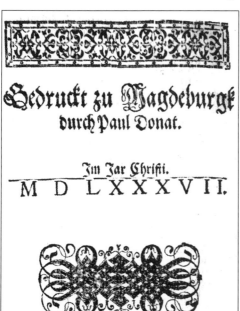

Alle dem Hause mehr oder weniger Nahestehenden, mehr oder weniger mit seinen Geheimnissen Bekannten standen lautlos und schmerzlich bewegt da, ergriffen im tiefsten Herzen von diesem Ausbruch der Mutterliebe und des Mutterschmerzes. Aber das Gesicht des Ratmannes nahm plötzlich den Ausdruck höchster Strenge, ja den Ausdruck der Härte an.

„Schweige, Weib!" rief er. „Davon will ich nichts hören. Ist der, welcher einst mein Sohn war, tot, nun so mag ihm Gott verzeihen, und ich will's auch, lebend aber gehört er mir und meinem Hause weder im Glück noch im Unglück an."

„Aber, verehrter Herr Ludolf -", wollte der Pfarrer von Sankt Ulrich sich ins Mittel legen, brach aber vor einer abwehrenden Handbewegung des zornigen Vaters sogleich wieder ab.

„Sprechet mir nicht davon, Ihr Herren! Wer weiß denn und kann sagen, ob nicht der, welchen mein armes Weib da eben zur Hülf herberuft, in jetzigem Augenblick mit dem Mecklenburger gegen seine Vaterstadt feindlich anziehet. Wer bürgt mir dafür, daß Markus Horn, wenn er noch am Leben ist, nicht näher ist, als wir vermeinen, und ob er nicht im Feindeshaufen als Feind kommt?"

„Nimmer, nimmer!" schrie die Mutter in höchster Seelenangst, und Regina hielt sich totenbleich an einer Stuhllehne, um nicht vor solchen harten Worten umzusinken. Der Leutnant Adam von Bamberg sah sie mit einem eigentümlichen Blick an, und es schien etwas in ihm zu kochen, was er mit aller Gewalt zu unterdrücken hatte. Wie spielend hielt seine Hand den Griff des Dolchmessers an seiner Hüfte, und über sein hübsches Gesicht fuhr ein solcher Ausdruck grimmigen Hohnes, daß er von Glück sagen konnte, daß ihn niemand in diesem Augenblick beobachtete. Der Buchdrucker lief nach seiner Art, wenn ihn etwas aufregte, auf und ab im Gemach; der Doktor Alberus und Gallus blickten kopfschüttelnd als teilnahmsvolle Zuschauer auf die Gruppe, welche der Ratmann mit seiner Ehefrau und Regina bildete.

Da erfüllte plötzlich wiederum ein wilder Lärm die Schöneeckstraße. Waffen klirrten, rauhe Stimmen jauchzten und sangen:

> „Es stund ein Landsknecht wohlgemuth;
> Halt't ihr die Stadt in guter Huth,
> Darzu in wahrhaftig Hande;
> Sollten wir den Pfaffen die Stadt ufgeb'n,
> Es wär uns ein groß' Schande!"

Das Lied war eigentlich im Jahre fünfzehnhundertneunundzwanzig in der Stadt Wien in Österreich entstanden, als der Türke davorlag. Aber wie aus mancher Volksweise mit wenig verändertem Text ein Kirchengesang gemacht wurde, so wurde auch dieses Lied manch gleichgearteten Gelegenheiten leicht angepaßt, und im Jahre fünfzehnhundertfünfzig während der Belagerung der Stadt Magdeburg von den städtischen Landsknechten und Bürgern viel gesungen.

Auf den Gesang erfolgte in der Gasse ein gewaltig Hallo und großes Vivatrufen, dann machte sich dem Getöse eine einzelne kraftvolle Stimme bemerkbar - wieder rief man aus vollen Kehlen, dann schien der tosende Haufe weiterzuziehen oder sich zu zerstreuen. An dem Hause des Ratmanns Ludolf Horn wurde jetzt die Glocke gezogen; alle im Zimmer Anwesenden horchten verwundert auf; man vernahm, wie die alte Magd, welche die Haustür öffnete, einen gellenden Schrei ausstieß; - einen Augenblick später stürzte sie mit hocherhobenen Armen in das Gemach, als habe sie ein Gespenst erblickt. Zu den Füßen ihrer Herrin fiel sie nieder und schrie:

„O Frau, Frau - er, er, oder sein Geist! Jesus Christus, Frau, Frau, da ist er!"

In der offenen Stubentür erschien eine hohe kriegerische Gestalt, die sich bücken mußte, um eintreten zu können; - mit weiten, starren Augen erhob sich die Matrone aus ihrem Sessel - der Hausherr trat, als erblicke er auch einen Geist, einen Schritt vor - Regina fuhr zurück gegen die Wand - Michael Lotther schlug die Hände über dem Haupte zusammen, die andern standen zweifelnd und blickten sich an und den Eintretenden und das Ehepaar. Die Hand des Bamberger fuhr wiederum nach dem Dolchgriff.

Mit dem Aufschrei: „Markus! Markus! Mein Sohn, mein Kind!" wollte sich die Mutter in die Arme des heimgekehrten Sohnes stürzen, und der Sohn wollte auf die Mutter zueilen, als das Schreckliche eintrat. Zwischen den Sohn und die Mutter trat der Vater mit drohend ausgestrecktem Arm, und während er die Mutter zurückhielt, sprach er gegen den andern gewandt:

„Wer seid Ihr, und was dringet Ihr auf solche Weise in diese friedliche Wohnung? Was suchet Ihr in dem Hause des Ratmanns Ludolf Horn? Ist diese Stadt schon so rechtlos, daß solch ein Eindringen jedermann nach freiem Belieben gestattet ist?"

„Vater! Vater!" murmelte erstarrt, vernichtet Markus Horn.

„Vater?" rief der alte Ratmann. „Herr, was redet Ihr da? Herr, ich kenne Euch nicht. Ich hatte einen Sohn; aber der ist tot, und seine Eltern haben ihn vergessen müssen; - ich hatte einen Sohn, aber der hat sich von seinen Eltern losgesagt, und so haben sich seine Eltern von ihm losgesagt. Scheidet, Herr! Euer Anblick tut meiner Ehefrau wehe. Gehet zu Euern Genossen, gehet zu Euerm Kurfürst Moritz; gehet - man wird Euch sonst vermissen beim Sturm auf Magdeburg, und Ihr werdet zu kurz kommen bei Austeilung der Beute. Gehet, sage ich, und verberget Euer Angesicht vor uns, bis Ihr mit der Brandfackel, dem Schwert und dem Raubsack diese Schwelle überschreiten mögt!"

„Nachbar, Nachbar! Was tut Ihr, Nachbar!" rief der Buchdrucker im höchsten Schrecken.

„Besinnt Euch, Herr Horn. Das sind zu böse Worte!" sprach beschwichtigend der Pfarrer von Sankt Ulrich.

„Es ist Euer Sohn, Herr Ratmann!" rief der Doktor Erasmus Alberus; aber taub blieb der zornige Vater allen Worten der Freunde. Ohnmächtig lag die Mutter in den Armen Reginens, und diese ließ die starren Blicke zwischen Vater und Sohn hin und her wandern, als begreife sie das Vorgehende durchaus nicht, als habe es nicht den geringsten Sinn für sie.

„Gehet jetzt, guter Herr", flüsterte der Leutnant Schwartze dem so bös empfangenen Sohn ins Ohr. „Gehet fürs erste, Ihr reget Euern Vater durch Euer Verweilen nur noch mehr auf, und Eure Mutter mag leichtlich den Tod davon haben."

Markus Horn blickte den Flüsternden an, wie der Verbrecher auf dem Hochgerichte einen der Henkersknechte anblicken mag. Er sah auch eben so stier, so steinern zu Regina Lottherin hinüber. Noch einmal versuchte er, sich der bewußtlosen Mutter zu nähern; nochmals trat der eisenherzige Vater dazwischen. Zusammen war die stattliche Gestalt des jungen Kriegers gesunken; er blickte einen Augenblick lang seinen Vater in die Augen, dann sprach er mit gebrochener Stimme:

„So lebet wohl, Vater - fluchet mir wenigstens nicht über die Schwelle hinaus und - lebet wohl! Euer Wille geschehe; Ihr habt recht - aber - nicht nach den Worten des Evangeliums vom verlorenen Sohn. Lebt alle wohl! Und Ihr geistlichen Herren, meiner Mutter sagt, Ihr Markus lasse sie grüßen - saget ihr - - - - nein, es ist alles aus. Lebet wohl!"

Der verstoßene Sohn fuhr mit der Hand über die Stirn, wandte sich und wankte hinaus, auf sein mächtig Schwert gestützt; geisterhaft richtete sich noch einmal die Mutter in Reginas Armen auf und sandte ihm einen verzweifelten Blick nach, dann schloß ihr eine wohltuende Bewußtlosigkeit wiederum Sinn und Augen. Am Tisch saß der Ratmann und hatte die geballte Faust auf die Tischplatte gelegt und wehrte die

Beschwörungen und den Zuspruch des Nachbars und der geistlichen Herren ab und schüttelte darob immer finsterer, immer halsstarriger das Haupt. Leise schlich der Bamberger fort; ihm folgten , als sie sahen, daß ihre Ermahnungen vergeblich waren, der Doktor Alberus und der Pfarrer Hahn.

„Komm, Mädchen, das ist ein Haus des Zorns und des Unheils", rief der Buchdrucker seiner Tochter zu. „Wir wollen gehen! - Nachbar, Nachbar, das war nicht nach dem richtigen Recht gehandelt vor Gott und den Menschen! Kommet zur Besinnung, Nachbar! Komm, Regina!"

„Nein, mein Vater, lasset mich bei meinem armen, elenden zweiten Mütterlein, - o Gott, sehet sie nur an!"

Mit tonloser Stimme sprach aber Frau Margareta, die jetzt ihr Bewußtsein vollständig wiedererlangt hatte:

„Nein, lieb Kind, geh mit deinem Vater! Geh jetzt! Lebt wohl, guter, treuer Nachbar Lotther; geh, lieb Regina, ich bin ganz wohlauf; aber ich muß jetzt allein sein mit meinem Ludolf, mit meinem Herrn!"

Weinend ließ sich Regina von ihrem Vater fortführen; - die unglücklichen Eltern blieben allein.

So wurde Markus Horn am vierzehnten September fünfzehnhundertfünfzig im Vaterhaus empfangen.

Das vierte Kapitel

ES REDDED EIDADDER AD
MARKUS UDD CHRISTOF ALEMADD;
IM GUELDDED WEIDFASS FUEHRT DAS GLUECK
HERZU DED HAUPTMADD KIDDELBRUECK.
VOD HAEDSEL SPRIDGER STEHT ZU LESED,
WAS EID GESELL DER SEI GEWESED.
ROTTMEISTER WIRD HERR MARK BEDEDDT; -
"DER ROTE HAHD! WADZLEBED BREDDT!"

Eiligst führt der Buchdrucker Michael Lotther seine Tochter über die Gasse, schob sie ohne weiteres in die Tür seines Hauses, zog die Tür hinter ihr sogleich wieder zu und eilte, so schnell seine Körperbeschaffenheit - er litt dann und wann ein klein wenig an Kurzatmigkeit - es ihm erlaubte, von dannen, um wo möglich den Sohn seines Nachbars, des Ratmannes, noch zu finden an diesem Abend. Auf dem Breiten Wege angelangt, sah er sich um, ob er die hohe Gestalt des Markus nicht in dem bewegten Volkstreiben, das auf dieser schönen Gasse nochherrschte, bemerken könne. Da das Zwielicht nicht zur dunkeln Nacht werden wollte, so konnte er zur Rechten und Linken den Breiten Weg übersehen, aber Markus Horn erblickte er nicht mehr. Auf gut Glück stürzte er zuletzt links fort, dem Krökentore zu, und wie er seine Augen ängstlich hin- und herschweifen ließ, erblickte er endlich den Gesuchten an der Ecke der Marktstraße, wo er stand, regungslos auf sein Schlachtschwert gelehnt, starr vor sich blickend. Schnell trippelte der Buchdrucker auf ihn zu, doch ziemlich schüchtern berührte der gute Bürger den Arm des verstoßenen Sohnes.

„Markus!"

Keine Antwort erfolgte.

„Markus! So höret doch, Markus Horn! Ich sage Euch, Markus, lasset Euch das, was geschah, nicht also sehr zu Herzen gehen. Ich weiß sicher, mit der Zeit wird dem Alten die Reu schon kommen, und er wird sich schon anders bedenken. Was Teufel, seid Ihr auch kein Gelehrter, so seid Ihr doch ein stattlicher Kriegsmann geworden, und - es gefällt mir schon, daß Ihr zurückgekommen seid, der Stadt im Kampf beizustehen; - denn - so ist's doch? ... Aber Ihr höret ja nicht!"

„Ach, Ihr seid's, Meister Lotther", sagte der junge Landsknecht, endlich aus seinem Brüten erwachend. „Waret Ihr nicht auch vorhin in meines Vaters - wollt ich sagen, des Ratmanns Horn Haus? Es freuet mich, Euch noch so rüstig zu sehen. Ja, Ihr habet recht; es nützt nichts, hier an der Ecke stehenzubleiben und Maulaffen feilzuhalten. Ganz recht habet Ihr, ein jeder gehe seines Weges und kümmere sich sowenig als möglich um den andern, das ist das Wahre."

„Aber das hab ich ja gar nicht gesagt!" rief der Buchdrucker halb ärgerlich, halb betroffen. „Im Gegenteil, ich wollt Euch bitten, daß, da Euer Herr Vater Euch so grimmig aus dem Haus gewiesen hat, Ihr aus alter Freundschaft jetzo mit mir ginget. Mein Reginchen - Ihr erinnert Euch meiner Regina noch? - soll uns ein gutes Abendessen auftischen, und bei einem noch bessern Becher Wein wollen wir überlegen, wie in dieser bösen Sache zu handeln sei. Wollt Ihr? Schlagt ein!"

Der Buchdrucker hielt die Hand hin, aber der Landsknecht starrte ihn nur mit den größesten, verwundertsten Augen an.

„Meister Lotther?! Ist es möglich! Solch ein Anerbieten mir? Mir, dem Ausgestoßenen, mir, der kommt, seine Vaterstadt mit Mord und Brand zu bedrohen? Mir ein solches Anerbieten nach dem eben Geschehenen? - Täuschet mich wirklich mein Ohr nicht?"

„Nein, nein, nein!" rief der gute Buchdrucker. „Glaubet mir, ich bitte Euch in bester Meinung, mit mir zu kommen. Obgleich Ihr Euch die letzten Jahre wohl nicht ganz nach der Schnur geführt haben mögt, so will ich das doch nicht so schlimm ansehen wie Euer Vater, obwohl Ihr Eurer Mutter wohl einmal Nachricht von Euch hättet geben können. Ich sag, für wilde Zeiten gehören auch wilde Herzen, und daß Ihr, als Ihr Anno siebenundvierzig zu Leipzig auf der Hochschul waret und der Kurfürst Johann Friedrich mit den Bundesgenossen dagegen anrückte, die Waffen für den Mauritius gegen die Schmalkaldischen ergriffet, das mag auch hingehen. Gehet doch der Reim: **Daß Leipzig nicht genommen ward,**
Macht, daß Leipzig vor Leipzig lag.

In solchen Zeiten wie die jetzigen geht alles kopfunter kopfüber, und Recht wird Unrecht, ehe man die Hand umkehrt. - Und was betrifft, daß Ihr die Waffen, als Ihr sie einmal in die Hand genommen hattet, nicht wieder fahrenließet, sondern lieber das Jus an den Nagel hinget - nun, so will ich den Kerl sehen, dem Michael Lotther das vorrücken und aufmutzen würde! Bei aller Ritterschaft des heiligen Georg! Das war eine lange Rede, und das Maul ist mir ganz trocken geworden darüber; nun kommt schnell, Regina soll uns den Trunk kredenzen. Ihr erinnert Euch des Mädchens noch? Nun, sie ist auch herangewachsen, und ich habe meine Freude an ihr, und wenn der Vetter Adam - doch was schwatz ich, kommt, Freundchen, ohne Umstände!"

Regina! Welch seltsamen Eindruck hatte die Nennung dieses Namens auf Markus Horn gemacht?! Fast hätte er das tröstliche Anerbieten des guten, wackern Bürgers, welches aus dem Herzen kam, angenommen; aber der Schluß der Rede desselben trieb ihn, die Hand wieder zurückzuziehen.

Regina! - Der junge Krieger sah wiederum die schreckliche Gruppe im Hause seines Vaters vor sich. Er sah seine alte Mutter ohnmächtig in den Armen einer Jungfrau. Er sah ein schönes, bleiches Gesicht aus der Dunkelheit auftauchen, zwei dunkle Augen sahen ihn so traurig, so erschreckt, so vorwurfsvoll an.

Nein, nein, er konnte diesen Augen jetzt nicht wieder entgegentreten. Er fühlte, daß sie ihn vernichteten in seinem Innersten, daß sie Kraft hatten, seine am höchsten fliegenden Träume und Pläne in den Staub herniederzudrücken.

„Ich gehe nicht mit Euch, ich kann nicht mit Euch gehen, Meister Lotther", rief er wild. „Ich will in Euer Haus sowenig wieder treten wie in das meines Vaters. Euer Leben hier in Magdeburg ist nicht mehr mein Leben. Weshalb sollte ich mit Euch gehen? Nein, nein, lasset mich, suchet mich nicht zu überreden - lebt wohl, habt Dank und lasset uns scheiden!"

„Aber ich bitte Euch, Markus! Bedenkt -"

„Nein, nein. Ich kann nicht, ich will nicht. Lebet wohl, grüßet meine Mutter und bittet sie noch einmal, daß sie mir verzeihen möge! Grüßet auch - meinen Vater und saget ihm - nein, saget ihm nichts; - grüßet - grüßet - Euer Töchterlein, die Regina - und - damit holla!"

Vergeblich bemühte sich der gute, ehrliche Bürgersmann, den jungen verwilderten Sohn seines Nachbars festzuhalten und zu überreden, von seinem Anerbieten Gebrauch zu machen. Markus Horn machte endlich seinen Arm stillschweigend los von der Hand des Buchdruckers und eilte mit weiten Schritten von dannen. Kopfschüttelnd und betrübt blickte ihm Michael Lotther nach und murmelte:

„Schade darum; es steckt doch Saft und Kraft darin; - doppelt schade, wenn diese Stadt darum betrogen werden sollte. Hm, hm, hat auch der Ratmann recht, ich weiß doch nicht, ob nicht manch ein anderer Vater in dieser Sache anders gehandelt hätte!"

Niedergeschlagen und betrübt, mit gesenktem Haupte schritt der Buchdrucker seiner Wohnung in der Schöneeckstraße wieder zu und fand daselbst seine Tochter ohne Licht im dunkeln Zimmer sitzend. Als die Lampe auf seinen Befehl gebracht wurde, entdeckte Meister Lotther, daß Regina recht rotgeweinte Augen habe, und so hatte er Grund, noch bedenklicher das Haupt zu schütteln.

Auf seine Frage, ob der Leutnant Adam Schwartze nicht noch vorgesprochen habe, vernahm er anfangs gar keine Antwort und dann ein sehr undeutliches: „Ich weiß nicht." -

Währenddem durchwanderte Markus Horn, von den verschiedenartigsten Gefühlen hin und her gezogen, die Gassen seiner Vaterstadt. Weit entfernt, bloß Schmerz und Reue zu empfinden, kochte, obgleich Schmerz und Reue auch heftig seine Brust durchwühlten, doch dazu der grimmigste Zorn in ihm, Zorn und Wut gegen sich selbst, Zorn gegen den harten Vater, Zorn gegen die ganze Welt. Es lag eine eiserne Schale um dieses Herz, eine Schale, wie sie nur unter dem Eisenpanzer in dem Religionskriege des sechzehnten Jahrhunderts entstehen konnte. Jedes wilde, wüste Lebensjahr, erst auf zwei, drei Universitäten, dann seit 1547 im Feldlager, hatte er einen neuen Reif um dieses Herz gelegt, und des Vaters Wort und Gebaren war nicht das rechte Mittel, diese Reifen zu sprengen; in solcher Glut schmolz die eiserne Rinde nicht. Im Gegenteil! Nachdem die allererste Betäubung nach dem unvermuteten Schlage überwunden war, nachdem das Bild der armen Mutter ein wenig vor der Gestalt des zornigen, drohenden Vaters in den Hintergrund getreten war, brach Markus mitten im Getümmel des Volkes in ein so lautes, unheimliches Gelächter aus, daß mehr als einer der Vorübergehenden stehenblieb und verwundert den wilden, überlustigen Krieger anstarrte, bis die Furcht, derselbe könne es übel aufnehmen, ihn schnellern Schrittes weitertrieb.

Dieses geschah inmitten des Stadtmarktes, der zu jener Zeit außer dem Reiterbild Kaiser Otto des Großen noch mehrere andere Bildwerke trug. Da stand noch ein großer Roland, welchen ein hochedler Rat erst im Jahre 1540 samt dem alten Kaiser Otto und dem Rathause neu hatte malen lassen; da stand auf hohem Postament ein Hirsch, zum Andenken jenes Tieres, welches nach der Legende einst zu Königin Editha kam und sie um Hülfe für sein Junges anflehte.

Und von allen Seiten blickten die alten wunderlichen Giebelhäuser mit ihren teilweise erleuchteten Fenstern auf den Platz, und über das Rathaus ragten die hohen Türme der Johanniskirche in die dämmrige Nacht. In Gruppen besprach das Volk - Bürger und Bürgerinnen - die bösen Nachrichten, welche der Tag gebracht hatte. Landsknechte im Dienste der Stadt, welche jetzt bei so gefährlichen, kriegerischen Zeitläuften mit günstigern Augen, als es in friedlichen Zeiten der Fall war, von der Bürgerschaft angesehen wurden, hatten große Worte feil und hielten mit ihrer Meinung nicht hinter dem Berge. Unter den Hallen des Rathauses kamen und gingen die Beamten des hochedlen und wohlweisen Rates, welche selbst in so später Abendstunde noch Botschaften brachten oder Aufträge ausrichteten. Man mußte sich sehr vorsehen, wenn man ungestoßen und ungedrängt seinen Weg durch das Getümmel finden wollte; aber dem Markus Horn machte jedermann unaufgefordert Platz, wie man wohl einem durchgehenden Roß oder einem Betrunkenem Raum gibt. Aus dem so bekannten und doch so fremden Leben des Alten Marktes stürmte Markus fort, vorüber an der Johanniskirche, und eilte die damalige Werftstraße hinunter auf das Brückentor zu. Das letztere war soeben geschlossen worden, und aus der Tür und den Fenstern der Wachstube unter dem hohen Turm fiel ein heller Lichtschein auf die Gasse. Bewaffnete Bürger hielten hier Wacht, und von dem Wachtmeister nahm soeben ein anderer Krieger Abschied und kam sporenklirrend, ein Lied trällernd, Markus Horn entgegen. -

„So denn frei, frei von allem! Frei, frei, warum auch nicht vogelfrei? Nur zu, 's ist alles einerlei. Hei, mein Knab, nun kehr aus dein Herz; - was geht's nun noch dich an, für was sie sich schlagen, wer siegt und wer die Zeche bezahlt? Kehr aus dein Herz, und Trotz sei allem geboten, Weibertränen und allem!"

Alle Knöpfe seines Wamses riß Markus auf, die breite Brust bot er mit Behagen der scharfen Nachtluft und atmete aus vollen Lungen.

Da er das Brückentor schon geschlossen fand, so wollte er links ab bei Sankt Gertrudenkapell vorbei nach der Rohlpforte stürzen, die ebenfalls auf die Werft, an das Ufer der Elbe führte. Bei der Wendung aber, die er machte, stieß er mit aller Gewalt gegen den von der Torwacht her sich nähernden fröhlichen Kriegsmann, daß dieser sechs Schritte weit und seine Federkappe noch weiter fortflog.

„Sechzehntausend Schock blutige Teufel! Euch soll das Donnerwetter in den Bauch fahren!" schrie der Gestoßene wütend, sein Schwert herausreißend und auf Markus losstürzend.

„Du kommst mir grad recht! Ha - kommt an, die ganze Menschheit, Welschland

und Deutschland, Pfaffen und Laien, Papisten und Lutherische, alles heran!" schrie
dieser, und schon kreuzten sich die Klingen, als glücklicherweise von der Wache her
der Wachtmeister herbeieilte und schrie:

„Seid Ihr des Teufels, Fähnrich? Seid Ihr rein toll geworden, Herr Christof Alemann? Ihr - Ihr wollt den Stadtfrieden also brechen? Auseinander sag ich! Auseinander! Das sind schöne Geschichten! Heinrich Kakebart, bringt mal die Latern aus der
Wachtstub, daß man erkennen kann, wer den Herrn Fähnrich also angefallen hat."

Beide Kämpfer hatten bereits ihre Waffen sinken lassen, und Markus blickte mit
gespanntester Neugierde auf den Gegner.

„Christof Alemann! Hab ich recht gehört?" murmelte er, doch nicht so leise, da es
der andere nicht vernahm.

„Jawohl, Christof Alemann heiß ich!" sprach er. „Was soll's damit? Wer will was
von Christof Alemann, Bürgermeisters Heine Alemanns Sohn?"

„Ich, Markus Horn aus der Schöneeckstraße!" lautete jetzt mit klarer Stimme die
Antwort, und der Fähnrich stieß einen Ruf der Verwunderung und des Zweifels aus
und trat seinem Gegner rasch einen Schritt näher. In demselben Augenblick kam Heinrich Kakebart mit der Laterne aus der Wachtstube angelaufen, und bei ihrem Scheine
faßten sich die beiden Kämpfer nach kurzer Prüfung ihrer beiden Gesichtszüge freudig in die Arme.

„Bruderherz, bist du es wirklich? Bruderherz, lebst du wirklich noch?" So ging
das jetzt hin und her, und auf die Umarmung folgte ein kräftiges, nicht enden wollendes Händeschütteln. Darauf gab man dem Wachtmeister eine kurze Aufklärung, und
zuletzt schritten die beiden Jugendfreunde Arm in Arm dahin.

Der Roland zu Magdeburg.
Aus Pomarius, Chronica der Sachsen und Niedersachsen 1589.

„Nein, es ist die Möglichkeit! Das nenn ich ein seltsames, unverhofftes Wiederfinden" rief der eine.

„Markus, Herzensbruder, bist du es denn wahr und wahrhaftig? Bist du's in Fleisch und Blut? Ich sag dir, fühlte ich nicht durch diesen Ärmel von gutem flandrischem Tuch einen so starken Arm, ich möcht glauben, ein Geist äffe mich hier mitten auf dem Umlauf!" rief der andere.

„Ja, Bruderherz, ich bin's wirklich und wahrhaftig, wenn es mir auch heute grade keinen großen Spaß macht und ich wünschen möchte von ganzer Seele, ich steckte nicht in diesem Wams, diesen Hosen und dieser Haut. O Christof Alemann -"

„Komm, komm!" rief Christof; „ich merk schon, dir ist auf irgendeine Art der Buchweizen verhagelt. Hier ist nicht der Ort, darüber zu reden. Willst mit nach meines Vaters Haus, daselbst in meinem Losament das Herz ausschütten? Welch ein Seufzer! Wir können auch nach der Lauenburg gehen, aber 's ist jetzo ein langweiliger Ort, seit die in der Stadt anwesenden hohen Kriegsleute, der Heideck, der Pflugk, die Mansfelder, und wie sie sonst noch heißen, alle Abend dasitzen und Gesichter schneiden und den Wein trinken, wie man Arznei schluckt. Der Wein ist freilich gut daselbst, vorzüglich der spanische Muskatel und der Kanarien-Malvasier. Da, Bruderherz, da fällt mir ein, wir gehen nach einem Orte, so du noch gut kennen mußt, wir gehen nach dem Goldenen Weinfaß. Da find't man gut zu trinken und auch gute Gesellen und Kameraden; - da wollen wir uns zusammensetzen und uns erzählen, was uns begegnet ist. Gotts Wetter, du wirst schon erzählen können; ein gewaltiger Kerl bist du geworden und hast dir den Wind um die Nase wehen lassen in der Welt. Ich schäme mich ordentlich vor dir."

„Ach, Christof!" seufzte Markus; aber er ließ sich doch fortziehen von dem wiedergefundenen Jugendfreunde, und so gelangten die beiden über den Umlauf, durch die Schrackenstraße und an Sankt Annen vorüber von neuem auf den Breiten Weg und bald zum Goldenen Weinfaß, welches 1550 schon ein berühmtes Haus war und dessen Zeichen nach dem großen Unglück von 1631, eines der ersten von allen Schenkenschildbildern, wieder zwischen den Trümmern sich erhob.

Im Jahre fünfhundertundfünfzig war das Goldene Weinfaß ein ebenso schmales, langes Gebäude wie heute, doch befand sich nicht wie heute eine Buchhandlung , sondern eine von allerlei Volk viel besuchte Kneipe darin. Seine Vorderseite kehrte es dem Breiten Wege zu, und seine linke Seite half das Weinfaßgässchen bilden, welches heute noch immer gegen das Ulrichstor führt. Zwei Eingänge führten in die gewölbten Schenkstuben, welche das ganze Erdgeschoß des Gebäudes einnahmen. Der erste Eingang vom Breiten Wege diente denen zum Eintritt, welche die bösen Zungen der Vorübergehenden nicht scheuten oder nicht zu scheuen hatten. Durch das zweite Pförtchen in der Weinfaßgasse dagegen schlichen leise und vorsichtig diejenigen Gäste, welche die scharfen Zungen zufälliger Lauscher und Lauscherinnen oder die Augen ihrer eigenen Weiber fürchteten. Drei Räume voller hölzerner Tische, Stühle und Bänke folgten einander und waren durch Türen geschieden. Das erste Gemach, dem Breiten Wege zu gelegen, war das weiteste und öffentlichste, das mittlere diente einer Schar bürgerlicher Stammgäste zum abendlichen Versammlungsorte, und das dritte, kleinste Gemach hob der Wirt gewöhnlich bevorzugten Personen aus dem Kriegerstande auf; doch waren in keiner der drei Trinkstuben Nährstand, Lehrstand und Wehrstand vollständig voneinander geschieden, und in einer Stadt wie Magdeburg war das bürgerliche Element mit Fug und Recht das tonangebende.

Durch die beiden ersten Stuben voller zechender Gäste schritt Christof Alemann mit Markus Horn, nach allen Seiten grüßend, in das letzte Gemach, in welchem zufälligerweise außer einem halbtauben Geschützmeister noch niemand sich befand. Die kriegerischen Nachrichten des Tages hielten die Stammgäste dieses Zimmers noch in der Stadt zerstreut. Solange man auch Zeit gehabt hatte, seine Vorkehrungen gegen das herannahende Wetter zu treffen, so gab es doch genug, übergenug zu tun. In einer Ecke ließen sich die beiden Jugendfreunde nieder, und mit lauter Stimme rief Christof Alemann nach altem Rheinwein, nachdem er eine geraume Weile zwischen weißem Bastard und Würzburger Steinwein geschwankt hatte. Das Getränk kam, und dadurch wurde Markus aus dem dumpfen Hinbrüten, in welches er von neuem verfallen war, emporgerissen. Diese Begegnung mit Christof Alemann, dem Fähnrich der städtischen Reiterei, war ihm ein wahres Labsal. Hatte er doch nun eine Seele, gegen welche er unbefangen seinem gepreßten Herzen, seiner Wildheit Luft machen konnte.

„Kling an, Bruder", rief Christof, den Becher erhebend. „Auf dies glückliche Wiederfinden, und - mögen wir den Strauß, den diese alte Stadt Magdeburg zu bestehen haben wird, glücklich, gesund und munter miteinander ausfechten! Nun - du willst nicht anstoßen?"

„Ich kann's nicht!" seufzte Markus. „Heimgekommen bin ich wohl wie der verlo-

Das Haus „Zum goldenen Weinfaß" im Breiten Weg Nr. 156 ist das kleinste Haus in der Mitte, in dem sich die Creutzsche Verlagsbuchhandlung befand (Stadtarchiv 958)

rene Sohn, wenn auch nicht vom Trebernfressen; aber ein evangelischer Empfang ist mir nicht bereitet worden. Wären wir einander nicht begegnet, so hätt ich diese Stadt schon hinter mir, hätt ich ihr Valet gesagt auf Nimmerwiedersehen."

„Holla, was ist das? Stehen die Sachen also? Hoho, haha! Nun, so schlimm wird's nicht sein, Markus!"

„Doch, doch, es ist so schlimm. Jetzt laß uns zusammen trinken und erzähl mir, wie's dir gangen ist in der ganzen Zeit, Christof, und dann laß uns scheiden und uns im guten Angedenken behalten!"

„Nein, daraus wird nichts, Bruder!" rief der Fähnrich hastig, „trinken wollen wir, uns erzählen wollen wir auch; aber vom Scheiden wird das Liedlein nicht gesungen. Hier, feuere mal los, was ist in deines Vaters Hause vorgegangen?"

Markus Horn erzählte nun dem Jugendfreunde von seinem Empfang im Vaterhaus, und dieser schüttelte den Kopf und trommelte die Weise „Es geht ein Butzemann" auf dem Tische dazu. Als der Erzähler geendet, schlug er auf den Tisch und schrie:

„Himmeltausendteufelkappen, das ist der alte Ratmann Horn, wie er leibt und lebt. 'S ist grad wie mein Oheim. Bei dem heißt's auch bei jeder Kleinigkeit, so ihm mißfällt: Söhnlein, du wärst auch am besten in dem Jungferngewölbe oder im Bohnensack oder in der Schwefelkammer oder in irgendeinem andern der Löcher unter dem Rathause aufgehoben. Diese Alten! Es ist nicht aufzuhalten! Und ob sie mit ihrem mürrischen Geschwätz und ihren Pfaffen und Prädikanten, ihren Ausschreiben, Vermahnungen und schriftlichen Verteidigungen die Stadt retten werden oder ob wir Jungen das Beste dazu tun müssen, das wird auch die Zeit lehren. Laß dich's nicht kümmern, Markus, kehr dich nicht an das Geschwätz, und grad allem zum Trotz sollst du nun hierbleiben und deinem Alten zeigen, was ein tüchtiger Arm wert ist in solcher zeit. Trink aus, schenk ein; - 's ist bei alledem doch eine lustige Zeit, und ich freue mich ordentlich schon auf den Herzog von Mecklenburg! 'S ist ein merkwürdig lustig Gefühl, so in der Acht und Aberacht, so vogelfrei zu sein!"

Markus schüttelte den Kopf. „Es ist doch ein bedenklich Ding, also zu spaßen mit etwas, womit sich nicht spaßen läßt. Glaub, der Mecklenburger bringt tüchtige Kerle mit sich von Braunschweig herüber; ich hab darunter ja eine Fahne getragen und darf wohl sagen, ihr werdet euer Tun haben, ehe ihr mit ihnen fertig seid!"

„Du hast mit vor Braunschweig gelegen?" rief der Stadtfähnrich entzückt. „O Glücklicher! Erzähl, erzähl, wo warst du noch, seit du zum Schrecken und Abscheu aller frommen alten Weiber und Ofenhocker in dieser Stadt Anno siebenundvierzig den gelehrten Krimskrams fahrenließest und Schwert und Hellebarde aufgriffst?"

„Es war eine böse Stunde, in welcher ich das tat", sprach Markus Horn, „aber die Reue ändert kein Titelchen daran. Da ich einmal dem Mauritius zugefallen war bei der Belagerung der Stadt Leipzig, so bin ich auch ferner mit ihm gezogen. Bei Mühlberg habe ich mit gegen den Bund gestanden."

„Ha, ha", murmelte Christof, „wenn dein Vater davon Wind gehabt hat, so hat das dem Faß und seiner väterlichen Geduld jedenfalls den Boden eingeschlagen. Ein Kind aus unseres Herrgotts Kanzlei hilft die Schmalkaldener werfen, hilft Herrn Johann Friedrich niederschlagen und den reinen Glauben. Hohoho, da sollen Bürgermeister, Ratmannen, Innungsmeister und Gemeine dieser guten Stadt wohl giftig werden! Ha, ha, ha!"

„Lache nicht, Christof", rief Markus. „Mir ist wahrhaftig nicht jubelhaft zumute. -

Nach der Mühlberger Schlacht hab ich doch bald eingesehen, daß ich auf der unrechten Seite war; hab mich aber geschämt, nach Hause zu kommen und pater peccavi zu sagen, habe auch nicht geschrieben, so daß sie alle haben glauben müssen, ich sei in meinen Sünden gefallen und eingescharrt und verfault nach Verdienst. Ach, hätt ich's doch meines Mütterleins wegen getan und Nachricht gegeben von mir! Aber ich bin immer verwirrter in meinem Sinn und immer wüster geworden und hab mich betäuben wollen im tollen Leben. Hierhin und dahin bin ich gezogen, hab's bei dem König in Dänemark versucht, in Böhmen und bei dem Grafen von Oldenburg; dann bin ich dem Herzog Heinrich dem Jüngeren zugezogen und hab als Fähnrich mit vor der Stadt Braunschweig gelegen. Es ist mein Leben wie ein Wirbel gewesen, der mich immer näher und näher zu Magdeburg wieder herantrieb, und hab mich nicht dagegen wehren können. Als nun das Lager vor Braunschweig aufgehoben wurde und der Mecklenburger, des Herzogs Heinrich Vetter, warb und umschlagen ließ, es solle gegen seine Gevettern wegen des Bistums Schwerin gehen, und als dann das Gerücht auskam, solches sei nur ein Vorwand, und gegen die Ächter von Magdeburg sei der Zug gerichtet, da hielt's mich nicht länger, und Tag und Nacht hörte ich in meinem Zelt dicht neben meinem Ohr eine Stimme, die rief: Zieh heim, heim, zieh heim! Da hab ich's gemacht, daß keins der magdeburgschen Stadtkinder, so im Lager vorhanden waren, des Ochsenkopfs Sold genommen hat. Aufgebrochen sind wir, an fünfzig Mann stark, alles versuchte, kühne Leute, und haben geschworen, Herz und Faust mit dranzusetzen, die Heimatstadt zu retten. So sind wir durch das Land gezogen immer vor dem Zuge des Jürgen von Mecklenburg voraus und sind heute ins Tor gerückt. Den ganzen Weg über von Braunschweig her hat mir das Herz so hoch geschlagen wie sonst niemalen in meinem Leben, und hab mir mit aller Kraft vorgenommen, alles wiedergutzumachen, was ich gesündigt habe wider Vater und Mütterlein, bin auch demütig gekommen, ihre Verzeihung zu erflehen, und wenn ich auch gedacht hab, der Vater würd mir im Anfang wohl ein hart, bös Gesicht zeigen, so hab ich mir doch nicht vorgestellt, daß es also kommen würde!"

Der junge Fähnrich Christof Alemann nahm bewegt die Hand des Freundes und schüttelte sie innig.

„Gib mir auch die Hand, du bist doch ein wackerer Kerl!" rief in demselben Augenblicke hinter den beiden eine volltönende Stimme. Im Eifer des Erzählens hatten weder Markus noch Christof bemerkt, daß sich das Gemach allmählich gefüllt hatte und daß ein ältlicher stattlicher Kriegsmann mit mancher Narbe in dem runzligen, graubärtigen Gesicht dem letzten Teil der Rede aufmerksamen Ohres gelauscht hatte, dicht hinter den Stühlen der Freunde stehend. Schnell drehten sich beide um, und der Alte rief:

„Kennst du mich nicht mehr, Herr Markus Horn? Ich sollte doch meinen, so schnell dürften alte Kameraden einander nicht aus dem Gedächtnis kommen. Na, nicht für ungut das unberufene Zuhorchen. Ihr seid ein wackerer Bursch, Markus!"

„O Herr Johann von Kindelbrück, wie kommt ihr hierher?" rief Markus verwundert. „Seid Ihr auch wieder herübergekommen von Kopenhagen?"

„So ist's Söhnlein - und bin Hauptmann im Dienste dieser guten Stadt geworden. Ich sag Euch, Fähnrich Alemann, der Markus und ich haben in den Mauern von Schloß Kronenburg am Stunde manch eine gute Stunde miteinander gehabt. Ist's nicht so, Mark?"

„Jawohl, Hauptmann; und glaubet mir, jede Gestalt, so ich kenne und so ein freundlich Wort zu mir spricht gleich Euch, ist mir an diesem Abend wie ein Trunk nach langem, brennendem Durst."

„Glaub's Euch", sprach der Hauptmann Kindelbrück. „Doch nun saget, was gedenket Ihr jetzt anzuheben, da der Ratmann also das Rauhe nach außen gekehret hat?"

„Verlassen will ich diese Stadt, nach Welschland will ich ziehen oder nach Hungarn gegen den Türken."

„Und Ihr sagtet, Ihr habet dieser Stadt fünfzig wackere Kerle gerüstet und gewappnet zugeführt?"

Markus nickte, und der Hauptmann fuhr fort: „Und Ihr denket, wir wollen die Herde behalten und den Leithammel allein wieder ins wüste Feld laufen lassen? Mark, Mark, es tut's nicht. Wir haben solche Leute wie Ihr jetzt allzu nötig. Ich sag Euch, Ihr kommet nicht anders wieder aus dem Tor als das Schwert in der Hand, an der Spitze Eurer Rotte, im Ausfall gegen den Feind!"

„Hussa, holla, Markus, das ist das Rechte!" schrie Christof Alemann. „Der Hauptmann soll leben, er hat den Nagel auf den Kopf getroffen; wir haben dich, Markus, und wir halten dich."

„Ich kann nicht, ich darf nicht bleiben. Lasset mich fort, ihr Herren!" rief Markus; aber der Hauptmann Kindelbrück sprach weiter:

„So ist denn meine Meinung, Christof: Ihr führet heute Abend noch unsern Freund zu Euerm Oheim Ebeling Alemann, dem Stadtobersten, sei's, daß Ihr ihn zu Hause treffet oder daß er schon auf der Lauenburg hinter dem Kruge sitzt, und stellet ihm den Markus vor und setzet ihm auseinander, wie es um die Hülfsmannschaft, die er uns zuführt, beschaffen ist, und dann füget einen schönen Gruß von mir bei und saget dem Obersten, der alte Hans Kindelbrück brauche noch einen Rottmeister, wolle aber kein Jüngelchen vom Breiten Wege, das einherstolzieret und kräht wie ein Hahn - gilt nicht für Euch, Christoffelchen -, sondern aber der Hauptmann Kindelbrück wolle diesen hier, den Markus Horn, mit dem er schon zu Kopenhagen gelegen und für den er einstehe. Basta!"

„Soll so geschehen, Hauptmann!" lachte der Reiterfähnrich. „Aber Ihr seid doch ein richtiger Grobian."

„Und", fuhr der Alte fort, „wenn der Ebeling den Bestallungsbrief bewilliget hat, so macht euch beide sogleich auf die Beine nach dem Zsisekenbauer in den Grauen Gugelfrantz. Wenn ihr nicht unter diesem edlen Zeichen die ganze Compagneia, so mit Euch, Mark, von Braunschweig herübergekommen, vollständig zusammen antreffet und noch mehr dazu, so soll mir nicht über das Grab geschossen werden. Da habet aber acht, daß Euch die Leute nicht weggefangen werden; denn ich weiß, die andern werben auch noch, der Fullendorfer sowohl als der Springer."

„Trink aus, Markus, und komm, der Hauptmann hat in allem recht. Erst zu meinem Oheim, dann in den Gugelfrantz. Nun, was zögerst du?"

Mancherlei arbeitete in dem verstoßenen Sohne. In diesen Aussichten, welche sich ihm plötzlich aufgetan hatten, lag wieder eine gewisse Hoffnung, daß sein Schicksal sich doch noch zum Guten wenden könne. Mit seinem Herzblut hätte er für die Vaterstadt einstehen mögen; aber wie konnte er das unter den Augen dieses Vaters, diesen Augen, welche auf Schritt und Tritt ihn begleiteten, ihn niederdrückten und demütigten, alle bösen Geister in ihm zugleich bändigten und zugleich aufstachelten. Zuletzt hätte ein trotziges Schamgefühl bei Markus doch die Oberhand gewonnen und ihn allen Ermahnungen der Freunde zu Trotz aus den Toren Magdeburgs wieder hinausgetrieben, wenn nicht in diesem Augenblick der - Hauptmann Hans Springer mit seinem Leutnant Adam schwartze in die Schenkstube des Goldenen Weinfasses eingetreten wäre. Beim Anblick des Bambergers überkam den verlorenen Sohn ein unbeschreibliches Gefühl. Reginens Bild war wieder vor ihm, das Bild der holden Jugendfreundin, und neben ihm erschien wieder dieses hübsche, lächelnde Gesicht des Leutnant Schwartze. Unwiderstehlich bemächtigte sich des Markus ein wilder, unerklärlicher Groll gegen dies hübsche, lächelnde, höfliche Gesellchen. Er mußte an sich halten, um nicht von seinem Sitze aufzufahren.

„Wer sind die beiden?" flüsterte er dem Reiterfähnrich zu.

„Der Ältere mit dem Bauch, dem Schnauzbart und der roten Nase ist Hans Springer, der Elsässer, der Hauptmann - möge ihn der Teufel holen! Und der niedliche Fant ist Adam Schwartze, sein Leutnant, ein sehr entfernter Verwandter Eures Nachbars, des Buchdruckers Lotther; er wirbt um die schöne Jungfer Regine, und der Alte, der in das Kriegsvolk vernarrt ist, wird sie ihm gewißlich nicht verweigern; er wünscht einen Feldhauptmann in der Familie zu haben und behauptet, der Junge habe alles Zeug dazu. Übrigens ist nicht zu leugnen, daß der Leutnant auch den Zweihänder gut führt und unerschrockenen Herzens ist. Man sollt's ihm nicht ansehen!"

Adam Schwartze nickte dem Markus vertraulich zu, aber mit einer Miene, als wolle er sagen: Teufel, was hast du hier noch zu suchen? Er näherte sich auch dem Tische, an welchem Horn mit Kindelbrück und Alemann saßen, und sagten lächelnd:

„Glücklichen Abend, ihr Herren. Schau, Herr Horn - ich hab Euch vorhin recht sehr bedauert; Teufel, ich in Eurer Stelle wäre schon nach des alten Mannes Wort auf dem Wege in das Lager des Mecklenburgers. Wann gedenket Ihr die Stadt zu verlassen?"

Es war jetzt Markus Horn, als ob er eben die Würfel über die Frage Hierbleiben oder nicht - geworfen habe, und alle Augen geworfen hätte für Hierbleiben.

„Ein ehrlicher Mann gibt so schnell seinen Vorsatz nicht auf, Herr Leutnant!" sprach er. „Meines Vaters gerechter Zorn hat nichts mit meiner Absicht, dieser meiner Vaterstadt meinen Arm und mein Blut zu widmen, zu tun. In Blut läßt sich manch ein Makel abwaschen, durch Blut läßt sich manches sühnen, Herr!"

„Sehr recht!" sagte der Bamberger, die Unterlippe ein wenig mit den Ober-

zähnen fassend. „Ich begrüße Euch freudig als Feld-, Maurer- und Zeltgenossen!"

„Das ist brav, Markus, daß du des Hauptmanns Kindelbrück gut Wort annimmst und keinen Hasenwinkel schlägst und nach Welschland oder ins Türkenland gehst; - komm auf der Stell zum Oheim Ebeling", rief Christof Alemann, ohne den Leutnant zu beachten.

„Ja, geht, alter Mark", brummt Hans Kindelbrück, „tut nach meinem Wort und geht zum Obersten. Macht aber eilig, es laufen genug mißgünstige Hunde herum, welche einem ehrlichen Kerl jeden Knochen vor dem Maule wegschnappen möchten."

Markus und Christof erhoben sich vom Tische, und der Hauptmann Springer trat dazu.

„Herr Horn, erlaubet, daß ich Euch meinem Hauptmann vorstelle", sprach Adam Schwartze, und die beiden Kriegsmänner grüßten einander.

„'S isch mer e Freud!" sagte der Elsässer. „Trink mer e Schöppli uf gute Bekanntschaft? Potz, Blix und Dunder, möcht ma sich doch verreble (zugrunde gehen) bi solch'm Lebe. Wird mer gejait (gejagt) den ganzen Tag wie 'n Hirz, hiehin, dahin, zurück und aber. Grüß Euch, Kindelbrück!"

„Habt Dank und sitzt nieder, aber laßt die jungen Leut, sie haben noch zu schaffen heut Abend."

„Gute Verrichtung, ihr Herren!" rief der Hauptmann Springer und brach dann in eine Flut von Flüchen und Verwünschungen aus über die Langsamkeit des Schenkbuben, über den Wein, über diese Welt und die andere, über sich selbst, über einen hochedlen Rat, über seine Untergebenen, über die Bürgerschaft, über nichts und alles. Es war ein wilder, wüster, in der Bürgerschaft höchst unbeliebter Mann, dieser Hauptmann Hans Springer, „zur Meuterei geneigt", großprahlerisch, ein Säufer und ein „grewlicher Ehebrecher". Sein Weib mit vielen Kindern ließ er sitzen und „hielt sich mit einer andern, die auch einen Ehemann gehabt". Wir werden noch mehr mit dem Manne zu tun haben. -

Arm in Arm verließen Markus und Christof das Goldene Weinfaß und schritten den Weg hinab zu Lauenburg, dem Ratskeller zu, der seinen Namen von den beiden großen steinernen Löwenköpfen, welche den Eingang bewachten, führte. Richtig fanden sie hier den Oheim Ebeling Alemann, welcher Stadtoberster und zugleich Ratskämmerer war, einen wackeren Mann, der gut Regiment führte und Gehör und Gehorsam bei Bürgern und Landsknechten hatte. Bei ihm saß der edle, gestrenge und ehrenfeste Hans von Wulffen, der Stadt Rittmeister, welcher den tollen Christof Alemann als Fähnrich unter sich hatte, und Herr Galle von Fullendorf, der Schweizer, ein alter, erfahrener Kriegsmann, welcher das dritte Fähnlein der städtischen Knechte befehligte.

Im eifrigen Gespräch über der Stadt Wehrhaftigkeit und Verhältnisse saßen die Herren, als die beiden jungen Leute eintraten.

„Wen bringest du da, mein Neffe?" fragte der Oberste, und Christof gab langen und ausführlichen Bericht. Es wurde viel hin und wider geredet; aber dem Herrn von Wulffen und dem Fullendorfer gefiel der Markus Horn, und des Hauptmanns Kindelbrück Wort hatte auch sein gutes Gewicht bei Herrn Ebeling Alemann.

Daß Markus mit dem offenen Geständnis seiner Fehler und Mißgriffe nicht hinter dem Berge hielt und ruhig erzählte, was im Vaterhause geschehen war, machte auch keinen üblen Eindruck auf die Grauköpfe.

„'S ist e gattiger Bua", meinte der Schweizer. „Geltet, ihr Herren, die Stadt hat nimmer genug jung Blut. Gevätterle Alemann, mit richtigem Hüst und Hott möget ihr den jungen Gaul noch zurechtbringe. Nehmet ihn uf, Ihr tut au ein gut Werk an seine Ätti, dem Ratmann. Isch alles vergeblich, nun so isch der Profos uf 'm Neuen Markt."

„Lasset ihn seine Rott' werben, Oberster Ebeling, und mustert sie morgen, und ist sein Wort richtig befunden, so gebt ihm den Bestallungsbrief. Daß der Kindelbrück den jungen Meister will, ist ein gutes Zeichen, ein anderes wär's, wenn der - Springer Bürgschaft geleistet hätte."

Den Namen Springer flüsterte der Rittmeister Wulffen dem Stadtobersten leise ins Ohr, und dieser zuckte bedenklich die Achseln.

Die Lauenburg oder Löwenburg im Breiten Weg Nr. 51(links neben dem Mittelgebäude Nr. 50) - zu dieser Zeit der Ratskeller der Stadt (Archiv: Heidelmayer). Der schmale Durchgang zwischen der Nummer 49 und 50 nannte sich Schuhgasse.

„Ihr wollet also, Markus Horn, dieser alten Stadt Magdeburg in Fried und Fehd mit Gut und Blut dienen?" fragte Ebeling Alemann. „Ihr wollt bei dieser alten Stadt Magdeburg Panier und Waffen stehen in jeglicher Not und Gefahr zu Wasser und zu Land, auf dem Wall und im freien Feld?"

„Ich will's und schwör's!" rief Markus Horn.

„So nehm ich heut abend Euer Wort, morgen früh aber Euern Schwur im Ring auf dem Neuen Markt. Um acht Uhr in der Früh möget Ihr mit Eurer Rott allda in Wehr und Waffen zur Musterung stehen!"

„Vivat, vivat! Gewonnen, allgewonnen!" schrie Christof Alemann, das Barett schwingend. „Fort nach dem Zeisigbauer, fort zum lustigen Grauen Gugelfrantz, Rottmeister Markus Horn! Vivat die Jungfrau im Banner von Magdeburg! Vivat auch alle andern Jungfrauen von Magdeburg, die nicht im Banner stehen."

Fort zog Christof seinen Freund, und die drei alten Herren blickten ihnen lächelnd nach.

„Das ist eine Zeit für solch junges Blut", seufzte der Stadtkämmerer. „Sollte man wohl denken, daß es ein Elend um den Krieg ist, wenn man diese Burschen sieht?"

„Holla, ein Elend um den Krieg?" rief Herr Galle von Fullendorf. „Oberster des Kriegsvolks dieser löblichen Stadt, sprechet doch nicht wie ein Stadtkämmerer."

„Laßt ihn, Herr Galle!" lachte der Rittmeister von Wulffen. „Jeder nach seiner Art. Wir Kriegsleut müssen doch Respekt haben vor diesen Bürgern und Handelsleuten, die das Banner teutscher Nation Freiheit allein noch so hochhalten, nachdem Ritter und Fürsten niedergeleget sind im Kampf. Klinget an, Herr Stadtkämmerer und Oberster, klinget an, Fullendorfer, es lebe diese hochedle tapfere Stadt Magdeburg, des lieben Herrgotts Kanzlei!"

„Hoch, hoch!" riefen die Herren, und aus den Nebenstuben traten, gelockt von dem Rufe, noch andere Männer, die verbannten und geächteten Edlen, die hinter den Mauern und Wällen des Bürgertums Schutz gefunden hatten, die Grafen von Mansfeld, der Herr von Heideck, Herr Kaspar Pflugk und andere. Mit vollem Herzen stimmten sie in den Vivatruf ein.

Da öffnete sich die Tür, und herein stürzte Hans Winkelberg von Köln, des Obersten Alemann Leutnant, und rief:

„Ihr Herren, ihr Herren der rote Hahn im Südwesten, der rote Hahn über Wanzleben! Blutigrot sehen die Türmer in Südwesten den Himmel! Der Feind, der Mecklenburger, der rote Hahn über Wanzleben!"

Ein gewaltiges Getöse - und dann eine tiefe Stille. Auf der Gasse, auf dem Breiten Weg sang eine klare, wenn auch nicht wohltönende Frauenstimme, eine Stimme aus dem Volke, Doktor Martin Luthers Lied:

> **So zornig ist auf uns ihr Sinn;**
> **Wo Gott das wollt zugeben,**
> **Verschlungen hätten sie uns hin**
> **Mit ganzem Leib und Leben.**
> **Wir wärn als die ein Flut ersäuft,**
> **Und über die groß Wasser läuft**
> **Und mit Gewalt verschwemmet.**

Von allen Scharmü-

tzellen / die sich für der alten Stadt
Magdeburg begeben haben / Anno
1550. vnd. 1551.

Tausent / fünffhundert vnd fünfftzig / an S.
Mattheus tag / ist Hertzog Georg von
Mechelburg / in das Magdeburgische stifft kom
men / mit zehen Fenlein Knechten vnnd etlichen
Reutern / haben Wandschleben erobert vnd auff
gebrandt / das Schloß aber ist besetzt gewesen /
mit dreyhundert Landsknechten / er hat aber das
selbig mal nichts auffgericht / wiewol er es hat
lassen drey mal anlauffen / haben sich die vnsern
Ritterlich geweret / vnd hat er verloren in dem
selbigen sturm drey vnd dreyssig Knechte.

An einem Donnerstag darnach / seind die vn
seren / mit gewalt hinauß gezogen / die auff dem
Hauß zu Wandschleben zu entsetzen / da der feind
das vermercket hat / ist er von dannen gezogen /
es ist auch das mal so windig gewesen / das einer
den andern nicht hat sehen können / für dem gros
sen staube / vnnd sein die vnseren wider inn die
Stadt gezogen.

An einem Sontag darnach / zogen wir mit
gewalt hinauß / dreyzehen Fenlein / Burger /

A ij Lands

Das fünfte Kapitel

DER AUTOR SCHUETTELT SEINEN SACK.
HUI DIEBE. BETTLER. LUMPENPACK!
IM ZEISIGBAUER MARKUS WIRBT:
PRO PATRIA MAN TREFFLICH STIRBT
"WILLST MICH. SO BIET! NIMM MICH. SCHLAG EIN! - "
ANDREAS KRITZMANN BLEIBT ALLEIN.
DEM LEUTNANT SCHLEICHT EIN SCHATTEN NACH.
DER ARGWOHN SCHLAEFT. DIE RACH IST WACH.

Heute ist das Zeisigbauer ein enges, im Zickzack laufendes Gäßchen zwischen der Junkerstraße und der Johannisfahrtstraße. Im Jahre 1550 aber war es ein hofartiger Platz, umgeben von einem Gewirr von Gebäuden, wovon man jetzt kaum mehr einen Begriff haben kann. Verschiedene gewölbte Durchgänge führten auf diesen Hof oder Platz, und so eingeweideartig verschlangen sich in dieser Gegend der Stadt die Gassen, daß es eine wahre Kunst war, das Zeisigbauer aufzufinden. Leute, die hier nichts zu suchen, aber mancherlei zu verlieren hatten, mieden mit Recht diese Gegend, wenigstens mit Einbruch der Dämmerung. Es war ziemlich gefährlich, in späterer Tagesstunde sich ohne ortsbekannten Führer und unbewaffnet hier zu zeigen. Das wildeste, ausgelassenste Gesindel der Stadt strömte hier zusammen; hier war das Reich der Freudenhäuser, der allerniedrigsten Kneipen, der Bettlerherbergen, der Tummelplatz der Landsknechte, der Abenteurer aller Art. Mutwillige Weiber, Betrunkene, Händelsucher, Beutelschneider machten die Gassen unsicher. Wer zu irgendeinem Zweck Gesellen suchte, die dem Teufel seine Großmutter auf Bestellung aus der Hölle entführten, der brauchte hier nur anzufragen. Wer in einer wilden Nacht sein Vermögen und zehn Jahre seines Lebens loswerden wollte, dem war hier Gelegenheit dazu gegeben. Wer rechtlos, gejagt von den Häschern und dem Henker, umherirrte, der fand hier noch am ersten einen zeitweiligen Unterschlupf. Hier schlossen sich Diebs- und Räuberbanden am leichtesten zusammen, hier wurden die schlauesten Pläne gegen Hab und Gut ehrbarer Mitmenschen ausgeheckt. Die Hofsprache war hier dem Vokabular des Bettlerbuches wie ein Spiegelbild ähnlich, eine schöne Jungfrau hieß hier ein „Wunnenberg", und man hing hier nicht den Mantel, sondern den „Windfang" nach dem Winde und stülpte nicht den Hut, sondern den „Wetterhahn" auf den Kopf.

Hierher nun, nach dem Zsisekenbauer führte der Reiterfähnrich seinen Freund Markus Horn; denn daß sie den größten Teil der mit letzterm von Braunschweig Herübergekommenen hier beisammen finden würden, konnte niemandem, welcher die Gelegenheit der Stadt Magdeburg kannte, zweifelhaft sein. Bald hatten sie die anständigern, breiteren Gassen hinter sich, und das Gewirr von durcheinander-geschobenen Bauwerken hinter Sankt Bartholomäi nahm sie in seine unheimlichen Finsternisse auf.

Aus mancher übervollen Schenkstube fiel roter Lichtschein auf den Weg der beiden Freunde; mancher wüste Lärm schlug an ihr Ohr, und manch ein Dirnlein in nicht sehr anständiger Tracht stellte sich ihnen in den Weg und schickte ihnen eine wahre Flut von Schimpfwörtern nach, wenn sie von Markus mit einem Fluch und von Christof mit lachendem Munde gebeten wurde, den Pfad freizugeben. Unter einem dunkeln Durch-gange stießen sie auf einen verdächtigen Kerl, der mit großem Geschrei behauptete, von ihnen übergerannt zu sein, und dem ein Hinterhalt von andern zerlumpten Gäuchen mit Knitteln und Messern befiel. Es kam so weit, daß Christof Alemann das Schwert zog; aber vor dem entschlossenen Wesen der beiden jungen Männer wich das räuberische Lumpengesindel doch zurück und verlor sich wieder in seine Schlupfwinkel. Endlich traten die beiden Kriegsleute durch eine enge Pforte in das Zeisigbauer, und Christof sagte:

„Schau, da haben wir den Grauen Gugelfrantz! Er steht noch auf derselben Stell, Markus. Hallo, 's ist, wie ich mir gedacht habe. Horch nur, sie sind herrlich im Gange!"

Die schrillen Töne einer Geige, eines Dudelsacks und einer Querpfeife schlugen an Markus' und Christofs Ohr, als die beiden Freunde quer über den Hof auf das Gebäude zuschritten, über dessen weiter Eingangspforte das Wahrzeichen, der Schild mit dem grauen Mönch - dem lustigen Gugelfrantz, weit über den Platz hinragte. Auch hier strahlte rote Glut aus den Fenstern und dem offenen Tor; auch hier herrschte Gejauchze, Gejohle, Gesang; und Männerstimmen und Weiberstimmen suchten einander im Lärmmachen zu überbieten. Weit auf den Platz hinaus standen der Herbstluft zum Trotz Tische und Bänke voll zechender Gäste. Trunkene taumelten umher oder schliefen bereits, die Häuser entlang auf die nackte Erde gelagert, ihren viehischen Rausch aus. Schenkbuben rannten mit vollen und leeren Krügen hin und her. Ein Weib warf sich mit wildem Geschrei zwischen zwei blutende Kerle, die mit langen, blanken Messern einander wütend zu Leibe gingen; kurz, alles war im besten Gange, und der Wirt zum Gugelfrantz mochte sich die Hänge reiben; er hatte freilich ein gefährlich Leben zwischen solchem Volk, aber er machte auch vortreffliche Geschäfte.

Der lustige Gugelfrantz besaß gar nicht eine eigentliche Schenkstube. Die geräumi-ge, von Eichenpfeilern getragene, mit Steinen gepflasterte Flur diente als solche; abgeschlossene Gemächer und Kammern gab es nur im oberen Teile des Hauses zum

Privatgebrauch des Wirtes. Rostige Eisenlampen hingen von der schwarzen Decke der Halle herab und erleuchteten den Raum, verschlechterten aber auch nicht wenig durch ihren Qualm die Atmosphäre. Manch ein Harnischstück der kriegerischen Gäste war an den Wänden aufgehängt, manche Waffe lehnte in den Winkeln. Im Hintergrunde der Flur schlugen gewaltige Flammen auf einem erhöhten riesenhaften Herde unter einem ebenso riesenhaften Rauchfang in die Höhe und verbreiteten ebenfalls Licht und Wärme. Drei Steinstufen führten zu diesem Herde empor, auf welchem jetzt ein ganzes Kalb am Spieße bratete und außerdem Topf an Topf, Pfanne an Pfanne brodelten und zischten. Hoch über dem Getriebe der Gäste waltete also die Wirtin mit ihren Mägden, übte im Umkreis ihrer Kelle und ihrer Bratengabel gute Justiz und trieb resolut jeden Einbruch in ihr geweihtes Territorium zurück. Auf einem Holzgerüst zur rechten Seite der Flur standen die Spielleute, welche durch das Getön ihrer Instrumente den allgemeinen Lärm zu beherrschen suchten. Markus Horn erkannte sogleich beim Eintritt zwischen dem Dudelsackmann und dem Geiger seinen kleinen nichtsnutzigen Querpfeifer Fränzel Nothnagel

Es gab kaum einen Sinn, der beim Eintritt in den lustigen Grauen Gugelfrantz nicht auf die allerempfindlichste und allerunangenehmste Art berührt und beleidigt worden wäre. Gefühl, Gesicht, Geruch, Gehör bekamen alle ihr Teil; nur der Geschmack schien sich besser befinden zu sollen. Das Bier schien ausgezeichnet zu sein, und klar war's, der Meister Wirt hatte mit Gästen zu tun, mit welchen, was das anbetraf, durchaus nicht zu spaßen war.

Es dauerte eine geraume Zeit, ehe bei Markus und Christof Augen und Ohren sich in dem Getümmel und Lärm zurechtgefunden hatten und sie ihren Weg klar vor sich sahen. Bedenkliche Blicke warf der feiste Wirt auf diese ungewohnten Gäste; mit wenig Höflichkeit trat er ihnen entgegen und fragte mürrisch und mißtrauisch nach dem Begehren der beiden Herren.

„Einen Krug Bier und einen guten Platz, von welchem man hören und sehen kann, Meister", sagte Christof Alemann. „Zieht kein solch Gesicht, alter Kauz, wir gehören nicht zu den Stadthäschern und kommen nicht, Euch einen Kunden wegzufangen." Der Wirt zum lustigen Grauen Gugelfrantz brummte etwas Unverständliches vor sich hin und ließ sich endlich nach einigem Zögern herbei, seine breite Gestalt ein wenig zur Seite zu drehen und mit einem bezeichnendem Wink über die Schulter die beiden Herren in das Innere seiner Halle zu weisen.

Vergeblich blickten Markus und Christof umher, um noch einen leeren Platz in irgendeiner Ecke aufzufinden; aber alles war besetzt, nirgends noch ein Raum, sich niederzulassen. Es war ein Glück, daß Markus jetzt von mehreren der Anwesenden erkannt und mit hellem Jubel begrüßt wurde.

"Der Magister! Der Doktor! Der Fähnrich! Markus Horn!" ging's wie ein Lauffeuer von Tisch zu Tisch; und überall erhoben sich neue Zechende von ihren Sitzen:

"Wo, Wo? Ist er da? Vivat! Markus Horn, richtig, da ist er! Vivat der Magister! Unser Fähnrich von Braunschweig soll leben!"

Kaum einer des Schwarms, der sich im ersten Kapitel dieser Geschichte vor uns in der Schenke zum Magdeburger Kranz niedergelassen hatte, fehlte jetzt unter dem Zeichen des lustigen Gugelfrantz. Da war der Rotkopf Samuel Pfeffer, lichterloh flammend, daß es gefährlich schien, seinem Haupt- und Barthaar nahe zu kommen, da war Heinrich Metten vom Diebshorn; da war der schlanke, bleiche Bernd Kloden, der jetzt womöglich noch bleicher und melancholischer aussah und der still für sich allein saß und einen unberührten Krug vor sich stehen hatte, da war Joachim Quast, genannt Bauernangst, da war Jochen Lorleberg, das Lügenmaul, da war der lange Heinrich Bickling, der noch nie in seinem Leben eine ihm passende Bettstelle gefunden hatte und von dem man behauptete, er sei ebenso dumm, wie er lang sei, da war Peter Rauchmaul, der Dickwanst, und vor allen war da Andreas Kritzmann, der unheimliche, schweigsame Schütze, dessen scharfes, seltsames Auge solche Macht über die wildesten Genossen hatte und von welchem man gewiß wußte, daß er mehr könne als Brot essen und mehr auf der Seele habe, als er aussage. Da waren sie alle, Hakenschützen, Doppelsöldner, Reiter, Knechte und Knaben; und wenn von einem noch etwas zu reden ist, so soll das an seiner Stelle geschehen und ein jeglicher wunderliche Vogel nach seinem Gefieder und seinem Sang gewürdigt werden. Dem Schützen Andreas soll aber ein eigener Platz angewiesen werden; denn einsam und allein schien er auch im vollen lustigen Getümmel unter dem Zeichen des Grauen Gugelfrantz zu sein.

"Raum, Raum dem Magister!" klang es von allen Seiten, und selbst der bleiche Bernd hob die Stirn aus der Hand, und durch sein dunkles Auge schoß ein Strahl der Freude, als er Markus erblickte. Vor diesem und dem Fähnrich Alemann entstand eine Gasse, durch welche sie bis zu dem Herde gelangten, wo die Wirtin, einer fettglänzenden, erhitzten Göttin der Kochkunst gleich, aus Feuer und Dünsten auftauchte und mit tiefen

Das Zeisigbauer lief parallel zum Trommelsberg zwischen Berliner und Großer Junkerstraße (Archiv: Heidelmayer)

Reverenzen und großem Wortschwall den Sohn des großen wohlangesehenen Geschlechtes der Alemanns begrüßte. Des Himmels und aller Anwesenden Verwunderung rief sie herab über die Ehre, die ihr und dem lustigen Gugelfrantz durch diesen Besuch widerfuhr. Mit eigener Hand stäubte sie zwei Holzschemel ab für Markus und Christof , mit eigener Hand brachte jetzt der Wirt zwei überschäumende Bierkrüge. Markus Horn reichte dem bleichen Bernd über den Tisch die Hand und nickte dem schweigsamen Andreas zu, welcher den Gruß durch ein ernstes Neigen des Hauptes erwiderte. Andere drängten sich heran; es wurde mit großer Aufregung Bescheid getrunken, der Musik wurde Ruhe geboten, Fiedel und Dudelsack schwiegen, Dudelsackmann und Geiger benutzten die Pause, ebenfalls ihre durstigen Kehlen zu letzen. Fränzel Nothnagel war wie ein Affe dem langen Bickling auf die Schultern geklettert und grinste zähnefletschend auf das Getümmel herab. Jedermann im lustigen Gugelfrantz blickte erwartungsvoll auf die beiden Ankömmlinge, und jedermann wußte gewiß, daß sie allhier nicht für nichts und wieder nichts erschienen waren. Allmählich wurde der Lärm zum Gesumm, dann wurde es ganz still, und Jochen Lorleberg sagte:

„Das ist recht von Euch, Markus, daß Ihr jetzt, wo Ihr heimgekehrt und wieder ein fürnehmer Geschlechter worden seid, Eure Gesellen aus dem Feld nicht vergesset. Wir haben's aber auch eigentlich nicht anders erwartet, da wir durch Euch allein doch allhier angekommen sind."

„Und ein gut Stück von dem verlorenen - wollt ich sagen von dem Kalb, so wir dem Hasenreffer abgehandelt und geschlachtet haben für die verlorenen Söhne von Magdeburg, sollt Ihr auch haben!" schrie Peter Rauchmaul, ohne zu ahnen, welch ein Stich dem verstoßenen Markus bei diesem gutmütigen Wort durch die Seele ging.

„Ich danke euch, Brüder!" sprach Markus Horn. „Wohl hab ich euch hergeführt und auch mit der Nase auf das gestoßen, was ihr zu tun hattet in dieser Sach, doch ist's nun noch nicht das letzte, und ich hab euch noch etwas zu sagen."

„Redet, redet, Herr Markus!" rief man von allen Seiten. Markus erhob sich von seinem Sitze und sprach:

„Als ich im Lager von Braunschweig zu euch und den übrigen magdeburgschen Stadtkindern, die augenblicklich hier sich nicht vorfinden mögen, redete, da sagte ich, daß es eine Schande und ein Schimpf sein würde, wenn wir, die allhier in diesen Ringmauern unter dem grünen Kranz der Jungfrau und dem Schild des heiligen Mauritii geboren sind, diese Stadt in dieser Not, so anjetzo über sie fällt, verlassen wollten. Das Maul hab ich mir freilich wund reden müssen, denn der Ochsenkopf verstand es, goldene Berge euch vorzumalen; aber zuletzt seid ihr mir doch mit großem Geschrei zugefallen und habt geschrien, es sei also, man dürfe nicht mit dem Mecklenburger ziehen, und der Teufel solle den Magdeburger Hundesohn holen, der dem Jürgen folge. Sind aber auch welche gewesen, die haben sich hinter den Ohren gekratzt und haben gemeint, der Teufel sei selber ein Hundesohn und möge wohl manchem Magdeburger, dem es gelüste, heimzukehren, eine schlimme Suppe einbrocken; es habe nicht jeder als ein weißes Lämmlein die Stadt verlassen. Und mancher, ob er auch mit der frommen Obrigkeit in Frieden geschieden war, hat aus andern Ursachen nicht gern heimziehen mögen, ist aber auf mein Wort endlich doch mitkommen.

So soll denn mit Gunst jeder sagen, was er gefunden hat und umfragen will ich, wer Lust hat, mit mir, Markus Horn, einzutreten für diese Stadt!"

Vivatgeschrei und allgemeines Näherdrängen folgte diesen Worten.

„Willst du uns führen, Horn? Wirbst du für die Stadt, Magister? Nimm uns, nimm uns! Vivat, vivat!"

„Halt, halt!" rief Markus. „Brüllt nicht das Haus auseinander! Ich will einen um den andern fragen; einer nach dem andern soll Antwort geben."

Es dauerte eine geraume Zeit, ehe die aufgeregten Geister sich ein wenig beruhigt hatten, dann fragte Markus:

„Hallo, wo ist Veit Brachvogel?"

„Hier!" piepte eine ganz feine Stimme, die wieder ein allgemeines Gelächter im lustigen Gugelfrantz hervorrief; ein breitschulteriges, rotwangiges Individuum, mit zerlumptem, blau und rot gestreiftem Wams und Hosen, grünem Spitzhut und grünen Strümpfen angetan, drängte sich hervor und bekannte sich zu diesem zarten, hellen Stimmchen.

Wappen der Stadt Magdeburg aus der dreibändigen Ausgabe der Geschichte Magdeburgs von F. W. Hoffmann 1845, Folgeseiten Stadtplan von 1574.

S. Niclaus

MAGDEBVRGVM,
A VENERE
QVÆ HIC QVONDAM
COLEBATVR PARTHE:
NOPOLIS DICTA,
Metropolitica Saxoniæ vrbs,
opibus et authoritate memora:
bilis, peraugusto murorum
ambitu, & Albis
fluuij vicinitate
illustris.

S. Niclau
Der Dom

Cum Priuilegio

„Hier ist Veit Brachvogel", fistulierte der dicke Gesell. „Weiß auch schon, was Ihr erfragen wollt, Fähnrich Horn. He, nach meiner Ehefrau Anna Katharina geborener Worstin wollt Ihr Euch erkunden? Danke für gütige Nachfrage."

„Nun, was habt Ihr in Eurem Heimwesen gefunden, Veit? Seid Ihr mit Flöten und Schalmeien oder mit Pauken und Trompeten empfangen?"

Veit Brachvogel tat einen Bocksprung, schnalzte dazu mit den Fingern und schrie: „Nachbarn, Freunde, gute Gesellen, wer von euch hat Jungfer Anna Katharina Worstin als Mägdelein gekannt?"

„Ich, ich, ich!" klang's im Kreise, und Lachen erstickte manche Stimme.

„Nun, so frag ich euch alle", piepte Veit Brachvogel kläglich. „wer hätt wissen und ahnen können, daß in dem hübschen feinen Bild solch ein Drach, solch eine giftige Katze stecke? Ich sage euch -"

In einem wahren Gebrüll von Heiterkeit ging der letzte Satz des vortrefflichen Ehemannes zum größten Teil verloren, und als der Sturm sich gelegt hatte, vernahm man nur noch das Ende der Rede:

"Und so riß ich aus wie Schafleder und ließ sie allein mit ihrer Wut; kein Feind im Reich und außerhalb ist böser als solch ein Weib! Und sie hat den Schneider Franz Franzenberg gefreit, hat ihn zu Tod geärgert und ist selbsten gestorben und erstickt an ihrem eigenen Gift, weil ihr niemand mehr nahe kam. Vivat der Krieg! Wer mich will, der hat mich! Nehme mich, Meister Horn!"

Neues Getöse, welches die Wände zu zersprengen drohte. Christof Alemann hielt sich die Seiten, schlug und trommelte auf dem Tische und schrie:

"Wenn das nicht eine Belagerung wert ist, so hol mich dieser und jener! Veit Brachvogel, stoßt an, diesen vollen Krug leere ich auf Euer Wohl."

„Was hast du gefunden, Bernd?" flüsterte, während sich die andern um den vorigen Redner drängten, Markus Horn dem bleichen Jüngling zu, der bis jetzt neben ihm mit untergeschlagenen Armen an einem der Eichenpfeiler, welche die Decke der Flur trugen, gelehnt hatte. „Was hast du in der Heimat gefunden, armer Freund Bernd?"

„Frage nicht, Markus!" murmelte er andere mit dumpfer Stimme.

"In Sammet und Seiden gehet sie, des reichen Mannes Gemahl. Ich habe sie gesehen - ach wehe dir, Markus, daß dein Wort mich wieder hierher gelockt hat! - Nun führe mich wenigstens auch weiter, führe mich in den Tod."

Markus Horn zog die Augenbrauen zusammen. Wie kam es, daß bei diesen Worten des armen Bernd Reginens Bild wieder vor ihm auftauchte, wie kam es, daß er nach dem Schwerte griff, als in diesem Augenblick Christof Alemann ihm zuraunte:

"Du, Mark, halt dich nicht auf, sprich dein Wort, da ist der Bamberger! Sag dein Wort, sie fallen ihm sonst zu. Er wirbt für den Hauptmann Springer, und dessen Name - der Teufel mög ihn verschlucken - ist wie ein Magnet für alles Lumpenvolk."

Der Leutnant Adam von Bamberg war wirklich, begleitet von mehreren Waffenträgern, jetzt auch in der Kneipe zum lustigen Gugelfrantz erschienen, hatte freundlich dem Fähnrich Alemann zugewinkt und einen kurzen Gruß von diesem erhalten.

Rasch faßte sich Markus und schüttelte alle Gedanken, die nicht in diesem Raum und diese Stunde gehörten, ab. Während man am entgegengesetzten Ende des Saales Sold bot im Namen der Stadt und des Hauptmanns Hans Springer, fuhr Markus in seinen Werbungen für Hans Kindelbrück ebenfalls fort, und zwar mit dem größten Erfolge.

„Nun, Samuel Pfeffer, du roter spanischer Pfeffer, was hat dir die Heimat entgegengebracht?"

„Grad das, was ich ihr brachte - nichts! Nimm mich, wenn du willst!"

„Topp, schlag ein!"

„Willst du meine Seele auch kaufen, Magisterlein?" fragte ein anderer, dem die bodenloseste Liederlichkeit aus jedem Loch des Wamses, aus jedem Zwinkern des Auges, aus jedem Zug um den Mund blickte. „Willst du meine Seele kaufen, ich geb sie billig!"

„Narr, bedenk dich!" schrie diesem, ehe Markus antworten konnte, Heinrich Metten vom Diebshorn zu. „Der lustige Hauptmann Springer wirbet auch - ich geh zum Springer, wer noch?"

Das Haus „Zum Lindwurm" oben im 19. Jahrhundert und unten bis 1945 (aus: Magdeburger Kultur- und Wirtschaftsleben)

„Geh, ich bleib beim Magister", rief der andere. „Schlag ein, Markus!"

„Topp! Ich werb dich für die Rott, so ich der Stadt stell! Wer geht mit mir? Wer geht mit mir?"

„Zahl ein Faß auf Abschlag, Markus!" schrie Jochen Lorleberg, „und nimm mich, nimm mich!"

„Hier Springer! Hier Springer! Wer tritt ein unter dem lustigen Hans Springer, dem fröhlichen Hans Springer? Wer will einen Trunk tun auf das Wohl des fröhlichen, lustigen Hauptmanns Hänsel?"

„Ich, ich, ich, ich!" schrie es hier und da im Saal, und ein Teil der Menge wogte gegen den Leutnant Schwartze hin, welcher auf eine Bank gestiegen war und manch eine Seele fing.

„Wo gehst du hin, Tütge?" fragte ein winziges Männlein einen bulldoggenartigen Kerl, der knurrend antwortete:

„Ich gehe hin, wo Hübschmann hingeht."

„Und ich gehe mit dem Magister!" rief Hübschmann, ein leichtfüßiger Gesell, dessen Sklav und Leibeigener ein Koloß, genannt Chrischan Tütge, war.

"Gehet Ihr mit mir, Meister Kritzmann?" fragte Markus jetzt den schweigsamen Schützen, der allein sich nicht von seinem Platze gerührt hatte und noch seltsamer als gewöhnlich auf einen Punkt im Getümmel blickte.

Er schüttelte auf die Frage das Haupt und sagte:

"Nein, ich gehe nicht mit Euch. Ich will allein sein. Stellt mich wo an ein Geschütz und lasset mich damit allein!"

„Nehmet mich, nehmet mich, Herr Horn!" rief jetzt das Pfeiferlein, Fränzel Nothnagel. „Vergesset mich nicht, lasset mich Eurer Rott vorblasen. Ihr wisset, daß ich niemalen zurückgeblieben bin im Feld."

„Gut, Bürschlein. Ich will mit deinem Vater reden, wenn er es erlaubet, so sollst du bei mir bleiben."

„Dank Euch, Herr", rief der kleine Pfeifer und blies einen lustigen Triller auf seinem Instrument.

„Schaut, Herr, da kommt der Alte angehumpelt und sieht aus als ob er Lust hätt, das Spiel von heute morgen von neuem anzufangen. Sagt ihm, daß Ihr mich nehmt und daß ich gut bei Euch aufgehoben bin."

Markus Horn hielt den Knüppel des Bettelmanns, der eben wieder über dem Haupte Fränzels sich erhob, auf. Mit Freuden nahm Hänsel Nothnagel das Anerbieten auf und gab das Söhnlein in den Dienst von Markus, da das Geschäft ein Maß Bier obendrein für ihn abwarf.

Über alle Köpfe weg kam jetzt ein unendlicher Arm und eine Hand hervor.

„Schlagt ein, Rottmeister Horn; - ein langer Kerl ist eine halbe Leiter im Haus und im Feld und auf dem Wall auch zu brauchen, nehmt mich und habt mich!" rief Heinrich Bickling, und seinem Beispiel folgte Peter Rauchmaul, der Dickwanst, Joachim Quast und manch ein anderer.

Markus Horn machte an diesem Abend viel bessere Geschäfte als der Bamberger, dem nur das allergrößeste Lumpengesindel, dem nur die gefährlichsten Spitzbuben, die wüstesten Gesellen zufielen. Der Name des Hauptmanns Springer hatte in dieser Hinsicht wirklich eine eigentümliche Anziehungskraft, welches der Stadt Magdeburg zu ihrem Schaden später recht klarwerden sollte.

Den Ausschlag gab an diesem Abend Christof Alemann, der Fähnrich. Plötzlich sprang er auf den Tisch und rief, die Kappe schwingend:

„Hier Hans Kindelbrück! Hier Markus Horn! Hier Ehr und Preis, Ruhm und gut Leben. Hier guter Trank und die schöne Jungfrau von Magdeburg. Wer kommen will, der komme! Alle fröhlichen Herzen hierher! Hierher alle tapfern Gesellen! Alle groben Fäuste und starken Arme hierher! Hierher, allerschönste Frau Wirtin vom lustigen Gugelfrantz! Das Kalb, das für die verlorenen Söhne von Magdeburg geschlachtet wurde, ist gebraten, und wer dazu gehört, der trete heran und rufe: Für Markus Horn!"

Diese meisterliche Wendung gab der Sache den Ausschlag. Bis auf sieben Mann war die ganze Rotte, welche mit Markus Horn von Braunschweig herübergekommen war, diesem gewonnen. Von den sieben fehlenden aber waren zwei, an denen nichts verloren war, dem Leutnant Schwartze zugefallen, einer hatte das wilde Kriegsleben satt und hatte sich reumütig zu Weib, Kind und Handwerksgerät zurückgefunden, der vierte lag zu Tod betrunken in einem Stall am entgegengesetzten Ende der Stadt, der fünfte war wegen Gassenlärms und Unfug von den Stadtknechten abgefangen und steckte wohlverwahrt hinter Schloß und Riegel in dem Hunnenturm, der sechste hatte sein Liebchen im Brusewinkel treu und warmherzig wiedergefunden und saß mit ihr in ihrem winzigen Dachstübchen und überlegte, wie sich aus dem heimgebrachten Beutepfennig ein eigenes Hauswesen gründen ließe; sein langer Spieß aber hatte in dem engen Stübchen der Braut keinen Platz gefunden und lehnte draußen vor der Tür. Der siebente und letzte endlich, der dem Markus abgefallen war, war der schweigsame Büchsenschütze Andreas Kritzmann, welcher seinen eigenen unheimlichen Weg einschlagen wollte und welcher den Leutnant Adam Schwartze aus Bamberg nicht aus den Augen ließ, sondern ihn unter dem ins Gesicht gezogenen Hut weg anstarrte, wie man einen lang gesuchten und endlich gefundenen Todfeind betrachtet, ehe man mit der rächenden Waffe vorspringt.

Als Markus und Christof die Geworbenen für den andern Morgen mit Wehr und Waffen auf den Domplatz zur Musterung vor dem Obersten Ebeling Alemann und dem Hauptmann Kindelbrück bestellten, trat Adam Schwartze zu den beiden Freunden und wünschte ihnen mit lächelnder Miene, aber Wut im Herzen, Glück. Den Schützen Andreas erblickte er nicht, dieser hatte sich in der Menge verloren und die Schenke verlassen. Ziemlich kalt dankten die Freunde dem Leutnant, und mit einem leisen Fluch winkte er seinen beiden Doppelsöldnern und verließ ebenfalls mit ihnen den lustigen Gugelfrantz.

Markus und Christof durften sich aber noch nicht entfernen. Sie mußten erst teilnehmen an dem wilden Gelage, welches jetzt auf ihre Kosten anhub. Sie mußten essen von dem Kalb, welches für die verlorenen Söhne von Magdeburg zugerichtet war, sie mußten jedem Bescheid tun, der ihnen den vollen Krug entgegenhielt. Nach Kräften entledigten sie sich dieser schwierigen Aufgabe; und es gelang ihnen auch recht gut. Als sie jedoch endlich aufbrechen durften, geschah das mit nicht ganz sichern Schritten, die sämtliche Kumpanei des lustigen Gugelfrantz gab ihnen, Fackeln in den Händen, das Geleit durch das Zsisekenbauer, und mit nicht enden wollendem Vivatruf nahm man an der Ecke von Sankt Bartholomäus Abschied voneinander bis zum nächsten Morgen. Markus und Christof schritten über den Breiten Weg zum Lindwurm, dem Familienhause des trefflichen, achtbaren und hochansehnlichen Geschlechts der Alemänner; Christof Alemann wollte dem heimatlosen Markus hier Nachtquartier geben. Dunkel lag das große Gebäude mit seinen Erkern und Giebeln da. Nur aus einem Zimmer leuchtete noch in der späten Nachtstunde heller Lichtschein. Herr Johannes Alemann, der alte, ehrwürdige Bürgermeister der Stadt Magdeburg, schritt schlaflos, von schweren Sorgen und Ängsten getrieben, noch in seinem Gemache auf und ab. Wo hätte sich auch wohl die Not, welche der alten, edlen Stadt drohte, mehr zusammenziehen sollen als auf dieser edlen Brust?

Ein grauköpfiger Diener öffnete den beiden Freunden die Haustür, und bald erhellte sich ein zweites Fenster im Hause zum Lindwurm. Christof Alemann war bald tief entschlafen; aber Markus suchte das Lager nicht, er saß und starrte in die Flamme der Lampe, bis der Morgen grau über den Dächern und Türmen dämmerte. Wenig vermehrte das Gewicht seiner Sorgen und Bedrängnisse das Gefühl, daß er in dieser Nacht sich einen Todfeind erworben habe. Dieser Todfeind war der Leutnant Adam

Schwartze, welcher, nachdem er das Zeisigbauer verlassen, seine Schritte zur Wohnung des Hauptmanns Springer gelenkt hatte, um ihm Bericht über seine so fruchtlose Werbung abzustatten.

Der Hauptmann, der halb betrunken mit dem verlaufenen Weibe, seiner Geliebten, vor den Resten eines nahrhaften Nachtmahles saß, hatte geflucht und gewettert auf das gräßlichste, die Johanna von Gent aber hatte herausbekommen, daß zwischen dem Leutnant Schwartze und dem Rottmeister Markus Horn noch ein anderer Grund des Hasses walten möge. Das fahrende Fräulein, die schlaue Kreatur, hatte dem Leutnant lachend mit dem Finger gedroht und gesagt:

„'s ist ja wohl der Jugendfreund Eures Liebchens, Herr Adam von Bamberg? Da, ich trinke diesen Becher rheinischen Weines auf die Gesundheit Eures Bräutchens!"

„Ich tu Euch Bescheid, Johanne von Flandern; - auf gute Bundesgenossenschaft Frau Johanne von Gent, hier und überall!"

Das fahrende Weib zog das Gewand, welches ihr von den vollen Schultern gerutscht war, mit einem Blick auf den Hauptmann, der schlafend in einem Sessel lag, zusammen und flüsterte:

„Es sei so, Adam! Wenn mein Alter da in etwas Euch von Nutzen sein kann, so - Ihr wißt -"

Adam Schwartze nickte bloß; der Hauptmann Springer öffnete wieder die gläsernen Augen und gähnte:

„Lug - Adämle - seid Ihr noch da - na, tut nix - daß mer das letzt aus'm Räf kriegt han. 'S isch freili e Stich. 'S isch aber no nit aller Tage oabend. Ga'n mer ze Bett, Meidli, Fraueli, Hanneli! Ah - oha. Adämle, machet, daß Ihr heime kommet. Komm, Fraueli, bring mer ze Bett, mer isch ganz lopperig zumut. N'Nacht, Adämle."

Die Frau Johanna winkte dem Leutnant, und dieser ging und suchte ebenfalls sein Losament auf und träumte gegen Morgen einen Traum, in welchem er Markus Horn mit dem Messer niederstach und über seinen Leichnam die holde Regina Lottherin zum Altar führte. Er wußte nicht, daß eine dunkle Gestalt, seit er den Grauen Gugelfrantz verlassen, ihn auf allen seinen Wegen begleitet hatte. Er hatte keine Ahnung davon, daß diese dunkle Gestalt die ganze Nacht hindurch vor seiner Tür Wache hielt.

Der Hauszeichen vom Lindwurm des Hauses Nr. 141 im Breiten Weg, einstmals war es das Innungshaus der Krämer (Stadtarchiv 16635).

Das sechste Kapitel

DIE NACHT REGIN DURCHWACHET HAT.
IN WAFFEN RASSELT KLIRRT DIE STADT;
DER MECKLENBURGER LIEGT ZU FELD.
AUFS SCHWERT SOLL SEIN DIE SACH GESTELLT;
MAN JAUCHZT. POSAUNET. PFEIFT UND TROMMT.
MANCHER ZIEHT AUS. DER HEIM NICHT KOMMT.

Ein fröhlicher Strahl der Herbstmorgensonne glitt am sechzehnten Sonntage nach Trinitatis, am einundzwanzigsten September, dem Tag Matthäi, über das Dach des Hauses des Ratmanns Horn in das Kämmerlein, doch nicht in das Herz Reginas, der Tochter des Buchdruckers Michael Lotther. Ach, dieser Strahl kam viel, viel zu spät, um das junge Mädchen zu wecken, schon lang, lang, seit dem ersten Hahnenruf saß es angekleidet auf seinem Bettchen, hatte die Hände im Schoß gefaltet und gab sich den trübsten, quälendsten, schmerzhaftesten Gedanken hin. Zu der allgemeinen Not legte die Jungfrau die eigene Herzensangst, und so wurde ein Gewicht daraus, welches wohl das stärkste Herz zusammengedrückt hätte. Wie zuckte es durch diesen reinen jungfräulichen Busen, während die große protestantische Stadt waffenklirrend sich erhob und dumpf brausend sich rüstete zum Auszug gegen den Feind, den wilden Herzog von Mecklenburg.

Drei Stürme hatte auf der Burg zu Wanzleben der Hauptmann Bartholomäus abgeschlagen, ein dampfender Aschenhaufen war der Flecken, und die wüsten Rotten der Belagerer hatten in ihrer Wut selbst der armen Aussätzigen im Siechenhaus, „die um das Recht, welches doch ein Vogel in der Luft hat", gebeten hatten, nicht geschont. Grimmschnaubend über den vergeblichen Anlauf, der ihm so manchen guten Mann gekostet hatte, war der Jürg ins Dreilebensche Gericht weitergezogen mit Mord und Brand. Jede Nacht färbte sich der Himmel nach dieser Weltgegend hin blutrot, und lange, lange Züge des Landvolkes wälzten sich ununterbrochen in die Tore von Magdeburg. Aus Neuhaldensleben, aus Egeln, aus Wolmirstedt und manchem andern Ort waren die Schutzsuchenden mit ihrer besten Habe gekommen. Schutzverwandte, Stiftsgenossen und Untertanen hatten den Rat mit weinenden Augen und gerungenen Händen angefleht und ihn beschworen, daß er sie in solcher Not nicht verlassen möge. Mit den Gesandtschaften der bedrohten Orte vereint waren aber auch die Bürger mit Ungestüm in die Ratsherren gedrungen und hatten verlangt, man solle ausziehen und sich mit dem Feinde schlagen. Es hatten sich dagegen die Stimmen der in der Stadt anwesenden Kriegsherren erhoben; aber vergeblich versprachen die einen, der Stadt vorher noch dreihundert Reisige, welche der Stadt Braunschweig gedient hatten, zuzuführen; vergeblich warnten die Grafen von Mansfeld und Oldenburg, der Freiherr von Heideck und Kaspar Pflugk. Tag und Nacht hatte sich das Volk Bürger und Bauern durcheinander, vor dem Rathaus gedrängt; zu laut, zu drohend wurde endlich der tausendstimmige Ruf: Kampf! Kampf! Herunter mit den Mordbrennern! Kampf! Kampf! Nachgegeben hatte der Rat, Auszug und Schlacht gegen den Herzog von Mecklenburg war beschlossen und auf diesen einundzwanzigsten September angesagt worden. -

Nachdem wir nun auf diese Weise die Lage der Dinge dargetan haben, dürfen wir uns wieder ein wenig mit den Personen beschäftigen, welche unser kleineres Drama in dem großen allgemeinen heroischen Schauspiel bilden. Im allgemeinen soll das einzelne nicht fremdartig dastehen, und während das eine vorschreitet, soll das andere nicht zurückbleiben.

Während der kriegerische Meister Michael Lotther in aufgeregter Stimmung in den untern Räumen seines Hauses hin und her lief, bereits angetan mit einem Brustharnisch, glühend vor Eifer, der erste zu sein auf dem Sammelplatz des Bürgerhaufens, welchem er angehörte, saß seine Tochter, wie gesagt, regungslos in ihrer Kammer auf dem Bette. Eine schwere, bittere, qualvolle Nacht war dem armen Mädchen hingegangen. Im halben Traum und dumpfen Brüten in der Einbildung ein Bild verfolgen müssen, das sie vergeblich zu verscheuchen suchte. Den verstoßenen, den verlorenen Sohn des Nachbars, Markus Horn, sah sie, und zwar immer auf dem Wege des Verderbens, des Untergangs. Sie erblickte ihn im Kreise zechender, verluderter Genossen, sie erblickte ihn umgeben von verworfenen Weibern und Dirnen, sie folgte ihm hierhin und dorthin, wie sein schwankendes Bild bald häßlich verzerrt, bald in männlicher Schöne sie führte. Allerlei unbestimmte Pläne, Vorsätze, Wünsche und Hoffnungen faßte sie in diesem Halbtraum, Geistesspiele, welche nur die dunkle nächtige Angst eingeben konnte und welche sie beim ersten Morgendämmern sich errötend vorwerfen mußte. Sie stellte sich vor, welch eine Wonne es sein müsse, dem Markus in Männerkleidung zu folgen; sie träumte von der Seligkeit, welche es sein müsse, ihm das Schwert nachzutragen, für ihn zu wachen, wenn er schliefe am Feldfeuer, in der kalten Regennacht. Die Gestalt des Leutnants Schwartze, des Vetters, welchem der Vater so wohlwollte, mischte sich in diese wirren Bilder. Dieser Gestalt wollte sie entfliehen, wie sie jener folgte. Diese Gestalt näherte sich ihr mehr und mehr, während jene in immer weitere Ferne zu entschwinden schien.

Es war ein ruheloses, krankhaftes Umherwerfen und Zusammenfahren, und erst gegen drei Uhr morgens folgte darauf eine erquickungslose Betäubung, in welcher sie keine Träume, sondern nur eine unbestimmte Angst hatte. Dann wirbelte die erste Trommel in der Ferne am Roland auf dem Alten Markt, und dieser Klang schreckte die Jungfrau wieder auf, und dumpf hörte sie die angsterfüllte große Stadt in ihren Gassen sich bewegen. Sie stand auf, die kleidete sich an, sie wollte hinuntergehen zu ihrem Vater, dessen Stimme sie auf der Treppe vernahm. Sie konnte vor übergroßer Mattigkeit keinen Schritt tun und sank abermals auf ihrem Bettchen nieder.

Wie das junge Mädchen durch die Heimkehr des verlorengeglaubten Nachbarsohnes in einen so unbeschreiblichen Taumel der verschiedenartigsten Empfindungen gestürzt werden konnte, haben wir früher schon in einem Gespräche Reginens mit der Mutter Margareta Horn angedeutet. Wir wollen jetzt noch etwas darüber sagen; doch wer könnte alle die feinen Strahlen und Fäden verfolgen, welche dieses reine jungfräuliche Herz durchzuckten und durchzogen?

Im Jahre 1531, dem Jahre, in welchem das Bündnis der protestierenden Stände zu Schmalkalden geschlossen wurde, am Tage des Bündnisses selbst, am sechsundzwanzigsten Februar wurde Regina Lottherin geboren. Acht Jahre früher hatte in dem Nachbarhause Markus Horn das Licht der Welt erblickt. Nach dem frühzeitigen Tode der eigenen Mutter war die kleine Regina von ihrem Vater schier als ein Vermächtnis seiner Frau an die Frau Margareta Horn in das Nachbarhaus hinübergeführt worden, und mit wehmütiger Freude hatte Frau Margareta das Vermächtnis der Freundin angenommen. Zwei Heimatshäuser hatte Regina Lottherin, und eine glückliche Kindheit durchlebte sie, aufwachsend mit dem wilden Markus, welcher das kleine, stille Mädchen nach Knabenart bald vergötterte und auf den Händen trug, bald nach Kräften quälte und peinigte. Kinderleid und Kinderfreude teilten die beiden miteinander, und manch eine wohlverdiente Strafe wandte die Bitte des Mägdleins von dem Knaben ab. Bald aber kamen die Jahre, wo Regina, wenn die Mutter Margareta in Abwesenheit ihres Eheherrn von Lob und Preis des Herzsöhnleins überfloß, nicht mehr so laut einfiel und womöglich die Mutter noch überbot. Sie hatte aber, ihr selbst halb unbewußt, das höchste Behagen an solcher Art der Unterhaltung und dachte nie daran, wenn sie mit der Frau Margareta zusammenhockte, den langen Reden derselben über diesen Punkt Einhalt zu tun. Aus ihrer jungfräulichen, schämigen Schutzwehr, von lieblichster Scheu und Sprödigkeit aufgebaut, verlor das Jungfräulein den heranwachsenden Jüngling nicht aus Augen, Sinn und Gedanken. Bald kam die Zeit, wo Regina recht kalt, recht gleichgültig gegen den immer höflicher werdenden heißblütigen Markus erschien, die Zeit, wo es tief, tief im Herzelein desto heißer brannte, desto heller flammte. Ja, lichterloh flammte es im Herzen Reginas, als Markus Horn zur Universität abgehen sollte und einen aus Trübsal und Frohlocken gemischten Abschied nahm. Dennoch verriet sich auch bei diesem Ereignis das treue, aber stolze und tiefe Herz der Jungfrau nicht. Als ab er der Knabe nun das Vaterhaus verlassen hatte und in die weite Welt hinausgezogen war, da stürzte das Mädchen in seinem Kämmerlein lautweinend auf die Knie und barg das von Tränen überströmte Gesicht in den Kissen ihres Bettes und klagte sich an, daß der Geliebte nun geschieden, ohne durch ihre Schuld von ihrer Liebe zu wissen.

Erst in der Abenddämmerung schlich dann Regina Lottherin über die Gasse zu ihrer zweiten Mutter und fand diese ebenfalls müd und matt vom Weinen und Klagen im dunkelsten Winkel sitzend. Da hatten die beiden armen Weiblein einander stumm in die

Arme geschlossen und stundenlang sich so gehalten, bis der Ratmann nach Haus kam und ärgerlich fragte, weshalb sie so gleich einem Paar Eulen in der Finsternis kauerten, und dann, als die Lampe gebracht war, sich erkundigte, ob sie zu Närrinnen geworden seien über den Abschied und ersten Ausflug des jungen Vogels, des Gelbschnabels.-

Das war im Jahre 1545 geschehen, und von nun an hatten sich die beiden Frauen womöglich noch fester aneinandergeschlossen und jede gute, jede bedenkliche Nachricht, die erst von Wittenberg, dann von Leipzig herüberkam, miteinander bejubelt und betrauert. Diese Nachrichten kamen jedoch nicht oft; Leipzig war in der Mitte des sechzehnten Jahrhunderts weiter von Magdeburg entfernt als heute. Margareta und Regina hatten deshalb Zeit, jede Nachricht von allen Seiten zu betrachten, jeden Gruß, den ein Freund, ein wandernder Scholar, ein Bote brachte, mondenlang sich zu wiederholen. Erst im Herbst 1546 erschien Markus Horn wieder in eigener Person im Vaterhause, welches ihn fast nicht wiedererkannte. Aus dem hübschen Jüngling war in dem kurzen Jahre ein Mann geworden, bärtig, selbstbewußt, ein wilder Student, welcher selbst dem strengen Vater nicht mehr scheu auswich, sondern ihm keck und grad ins Auge blickte, und der sich nicht mehr fürchtete, anderer Meinung als der Alte zu sein.

Ach, die arme Regina fand den Jugendfreund am meisten verändert, verändert zum Nachteil. Was selbst den scharfen Augen der Eltern entging, entging ihr nicht, obgleich sie auf keine Weise zu empfinden schien, wenn Markus sich kaum um sie kümmerte und lieber mit seinen Altersgenossen und den in den Ferien von Wittenberg, Leipzig, Erfurt in der Stadt anwesenden Kommilitonen in den Schenken, in den Gassen und auf den umliegenden Dörfern umherlungerte. Bange Ahnungen füllten die Brust, sie sah lange vorher den Sturm zwischen Vater und Sohn heraufziehen. Für ein großes Glück erachtete sie es, daß das juristische Examen, welches Herr Ludolf Horn mit dem Sohn anstellte, so ziemlich ausfiel. Mit dem Versprechen, im nächsten Semester die Magisterwürde zu erlangen, nahm Markus von neuem Abschied von dem elterlichen Hause.

Den Magister erlangte nun zwar der Sohn, aber das Unheil brach auch los; und Markus Horn ging der Heimat verloren!

Dreißig Jahre waren vergangen, seit vor dem Portal der Schloßkirche zu Wittenberg aus den Haufen, welche die fünfundneunzig Sätze umlagerten, jener alte Mönch trat, auf das angeheftete Blatt wies und rief:

„Der wird es tun!"

Martin Luther hatte es getan. Wieder einmal war eine Epoche der Weltgeschichte in die Spitze des Individuums ausgelaufen, wieder einmal war in einem Menschen der Kampf und die Arbeit von Jahrhunderten zusammengefaßt worden, in einem Brennpunkt, welcher die Welt entzünden sollte.

Im Jahre 1547 stand die Welt in Flammen, das deutsche Volk war, wie gewöhnlich, von der Vorsehung erkoren, für das Heil der Menschheit ans Kreuz geschlagen zu werden. Leiblich und geistig gerüstet stand es da, den Religionskrieg zu beginnen. In den Häusern, in den Gassen, in den Kirchen, in den Klöstern, auf den Burgen und Schlössern, in den niedrigsten Hütten, auf den Feldern, in den Wäldern, überall, überall wurde die große Frage besprochen und bestritten. Überall riefen sich die Geister an und forderten das Wachtwort: Hie Luther - hie Papst!

Im Munde der Jungen wie der Alten, der Männer wie der Weiber ging das Wort um. In alle Verhältnisse der Nation schoß es lösend oder bindend seine Strahlen; kein Herz war so eng, so verschlossen, daß es nicht zuckte, daß es nicht lauter schlug unter dem Sturmgeläut der gewaltigen Zeit.

Nun donnerte vergeblich das protestantische Geschütz bei Ingolstadt gegen die katholischen Schanzen und den Kaiser. In die Stammländer der schmalkaldischen Häupter Johann Friedrich von Sachsen und Philipp von Hessen fiel der erste modernpolitische Schüler des ersten modernpolitischen Lehrmeisters, Herzog Moritz von Sachsen - der schlaue, der geniale Bundesgenosse Karls des Fünften, welchem das Luthertum, der großen Ironie der Weltentwicklung gemäß, als Verräter der Hölle überliefern und als Erretter in den Himmel erheben muß - hatte sein Werk, die Macht über die protestantischen Geister aus den Händen des unfähigen, wenn auch wohlmeinenden Johann Friedrich zu nehmen, begonnen. Sein Stammland aus der Gewalt des

Der junge Luther kam im Frühjahr 1497 nach Magdeburg, um bei den Hieronymiten-Brüdern am Diebeshorn (heute: Fürstenwallstraße) zu lernen. Zeichnung nach Lucas Cranach.

AETHERNA IPSE SVAE MENTIS SIMVLACHRA LVTHERVS
EXPRIMIT·AT VVLTVS CERA LVCAE OCCIDVOS
·M·D·X·X·

Herrn Vetters zu erretten, zog Hans Friedrich von Ingolstadt heran, trieb den eingedrungenen Feind vor sich her, bis seine eigene Kraft vor Leipzig sich brach. Darin lag Moritzens tapferer Oberst Herr Bastian von Walwitz. Am fünften Januar 1547 bei großer Kälte und hohem Schnee schlug der Kurfürst sein Lager vor der Stadt und beschoß und berannte sie sehr heftig sechzehn Tage lang.

Im Ton „Es geht ein frischer Sommer daher" singt das Lied:

Was Herzog Moritz im besten that,
Das hatt beym Kurfürsten kein Statt;
Es ist ein alter Grolle,
Der jetzund zuerst ausbricht,
Verstehe es, wer da wolle,
Ja wolle.

Ja, verstehe es, wer da wolle! Das ist das schreckliche Leiden des Bürgerkrieges, daß darin zuletzt alle Interessen, alle Anschauungen, alle Grundsätze, alle Parteistellungen sich verwirren und Recht und Unrecht sich so vermischen, daß niemand endlich mehr sagen kann, auf welchem Wege er wandle, bei welchem Ausgangspunkte er ankommen werde. Auf den Wällen von Leipzig kämpfte manch gut lutherisch Herz gegen den lutherischen Führer, gegen die Glaubensgenossen draußen vor der Stadt. Bürger, Landsknechte und Studenten warfen, protestantische Lieder anstimmend, mit Büchse, Schwert und Spieß die protestantischen Sturmhaufen von den Leitern in die Gräben; und Markus Horn, der junge Magister, wurde somit ebenfalls in den Wirbel hineingerissen und

thät der Püffe auch warten,
Da er auf der Mauer stund
Hinter der Mönche Garten.

Was in der Nähe so natürlich erschien, das klang in der Ferne ganz anders. Wie ein Donnerschlag wirkte die Nachricht von dem Verhalten des Sohnes im Vaterhause zu Magdeburg. Ein unsäglicher Jammer brach daselbst aus, in einer Nacht ward Ludolf Horn über diese Botschaft grau. Seinen Fluch sandte er dem einzigen Sohne, der nach seiner Ansicht das ewige Verderben um den reinen Glauben eingetauscht hatte, nach Leipzig. Sein Haus und sein Herz wollte er dem Abtrünnigen, dem Verräter auf ewig verschließen, und der Brief, in welchem er das aussprach, besiegelte das Schicksal eines Charakters wie Markus Horn. Bald kamen die Mitstudenten des Markus nach Magdeburg und berichteten, der Magister Horn sei eine Zeitlang gleich einem Irren gewesen; ruhelos, rastlos sei er Tag und Nacht umhergelaufen, aber keiner der Genossen habe erfahren, was ihm begegnet sei. Endlich sei er verschwunden gewesen; ob er sich aber das Leben genommen oder ob er unter die Landsknechte gegangen und mit des Herzogs Moritzen Obersten, dem Herrn Sebastian von Walwitz, ausgezogen sei, das könne niemand sagen.

Nun hatte der Vater wohl Stunden der Reue, Augenblicke, in welchen er wünschte, jenen Brief an den Sohn nicht geschrieben zu haben; aber der Pfeil war von dem Bogen entflohen, und niemand konnte ihn aufhalten. Darüber, daß Markus unter das Landknechtsvolk gegangen sei, erhielten die Eltern bald sichere Nachricht.

Ein reumütiges Erscheinen des Sohnes im Vaterhause würde wohl eine Ausgleichung des bösen Zwistes bewerkstelligt haben; aber Markus gab keine Nachricht von seinem Verbleiben. So fraß am Herzen des Vaters der böse Wurm des Zornes immer tiefer, und als endlich der Sohn erschien - getrieben von dem ehrlichen Willen, der Heimatstadt Hülfe in der Not zu bringen -, da war's zu spät. Es geschah, was wir erzählt haben. Dem Sohn wurde zum zweitenmal Vaterherz und Vaterhaus verschlossen.-

Immer sieht Regina Lottherin, wie sie jetzt, umspielt von der freundlichen Herbstsonne, in ihrem Kämmerlein sitzt, den Markus, wie er erbleichend steht, auf sein Schwert gestützt, immer klingen die schweren Worte der Verstoßung, die der Vater aussprach, in ihrem Ohr wieder. Was gegen den Markus zu sagen war, hatte sie ja selbst oft genug heimlich bei sich ausgesagt. Aber nun war er ja reumütig zurückgekommen! Gekommen war er, der bedrängten Vaterstadt sein Blut zu opfern! Was sollte nun noch dieser Grimm und Zorn um das Vergangene?

Regina konnte nicht mehr zürnen, und als gestern der Leutnant Adam Schwartze kam und dem Vater Lotther erzählte, daß der Rottmeister Horn wieder einem recht

Luther singt mit seinen Brüdern für Unterhalt und arme Leute. Diese Wandgemälde befand sich einstmals im Magdeburger Ratskeller (Stadtarchiv: 460).

wüsten Leben sich hinzugeben scheine, da konnte die Jungfrau nur hingehen und sich verbergen und weinen und denken: ‚Sie wollen es ja so! Sind sie nicht selbst schuld daran, daß es so ist? Wehe ihnen, die richten und selbst die Sünde hervorrufen!'

Man hätte denken sollen, in dem stillen Kämmerlein, hoch über dem Waffenlärm der großen Stadt, würde am ersten noch der Friede wohnen. Ach, dem war nicht so; obgleich das junge Mädchen auf dem Bette kaum sich regte, so sah es wild und schmerzensreich in ihrem Herzen aus. Und alles, alles mußte sie so fest in sich verschließen; ihr jungfräulicher Stolz litt es nicht, daß sie im geringsten die Welt ahnen ließ, wie es in ihrem Busen aussah. Seit der Heimkehr des Sohnes fing seine unglückliche Mutter an, ihre Pflegetochter der Gleichgültigkeit, der Hartherzigkeit zu zeihen.

Ach, sie hätte nur wissen sollen, wie es um das Herz des armen Mädchens stand!

„Regina! Reginchen!" erklang jetzt unten im Hause der Ruf des Vaters. Trompeten schmetterten vom Breiten Wege her, immer lauter wurde das Getümmel in den Gassen. Eine Magd steckte den Kopf in die Kammertür:

„Oh, Jungfer, kommet doch, kommet, der Vater verlanget heftig nach Euch. O liebster Jesus, jetzt gehet alles drunter und drüber. Hört nur, das sind die Reisigen, die den Breiten Weg herunterziehen, und mein Hans ist auch dabei. O Gott, Gott und alle Bürgerfahnen wehen in den Gassen, und auf dem Neuen Markt vor der Thumbprobstei sammeln sich die fremden Herren, und der Herr Ratmann Horn ist auch schon auf dem Rathaus, und den Herrn Markus hab ich auch schon vorüberziehen sehen, und seine Rott folgte ihm in Wehr und Waffen. O Gott, Gott, Gott, Jungfer Regina, das Herz wendet sich einem vor Angst im Leib um - unser Herr Leutnant Schwartze hat auch schon vorgesprochen, hat aber keine Zeit gehabt, auf Euch zu warten. O kommet herunter, Jungfer , horcht, da tromm't's wieder - o ich komm um vor Angst!"

Schwindelnd erhob sich Regina und folgte der Magd die Stiegen hinunter. Sämtliche Hausgenossenschaft war beschäftigt, dem Hausherrn den Harnisch anzulegen. In wahrhaft fieberhafte Aufregung war Meister Michael durch den Tumult des Ausmarsches versetzt, und jede Trommel, jede Drommete, jedes wilde Geschrei draußen in den Gassen erhöhten diese Aufregung. Die Druckerpressen ruhten heute; unseres Herrgotts Kanzlei wollte heute andere Protokolle ausgeben als sonst. Sämtliche Druckergesellen rüsteten sich ebenfalls, unter der Führung ihres Prinzipals für das freie Wort, den freien Gedanken mit leiblichen Waffen einzutreten. Hier stolperte man über eine Büchse, dort über einen langen Spieß; - Verwirrung, Geschrei, Drängen und Stoßen füllten das Haus des Buchdruckers Lotther; und aus der Haut möchte der Meister Michael fahren, als in dem Augenblick, wo er seine Ausrüstung vollendet glaubt, an seiner Halsberge eine Schnalle springt. Endlich war das auch wieder in Ordnung, zitternd vor Aufregung und Begier des Fortstürzens stand der Buchdrucker da und gewann kaum Zeit, sich noch um die Tochter zu bekümmern.

„Kindlein, Töchterlein", schrie der mutige Bürger. „Töchterlein, nimm Abschied von deinem Vater. Diesmal wird es gelten, und niemand weiß, was einem, der seine Pflicht tut, draußen geschehen mag. Hier hast du alle Schlüssel des Hauses, du kennst sie und weißt, auf welchen du am meisten achtgeben mußt. Sollte mir etwas Menschliches begegnen - nun - nun, so wird's Gottes Wille sein, und du mußt dich trösten, und der Vetter Adam wird dir beistehen und als ein ritterlicher Bursch das Seinige tun. Mit dem Nachbar und der Nachbarin Horn hab ich auch mehr als einmal gesprochen und - wenn - wenn ich nicht zurückkommen sollte, so mach dich hinüber zu ihnen, du wirst da gut aufgehoben sein, bis du einen wackern Mann gekriegt hast. Der Vetter Adam."

„Ach, Vater, Vater", schluchzte die Jungfrau, „sprecht doch jetzt nicht von dem Vetter Adam. O Ihr werdet gewiß gesund heimkommen zu Eurem armen Kinde. Ach, lieb Väterlein, stürzet Euch nicht mutwillig in Gefahr, wo es nicht vonnöten ist. Ich will Euch nicht aus dem Feld zurückzuhalten suchen, denn ich weiß, es würde nichts helfen; aber bedenket immer, daß die, so jünger sind als Ihr, auch voranstehen müssen in der Schlacht!"

"Gänselein, Gänselein, du sprichst, was du nicht verstehst", rief ärgerlich der Alte, der während der letzten besorgten Worte seiner Tochter Zeichen des höchsten Mißfallens zu erkennen gegeben hatte. „Was schnatterst du da, albernes Dirnlein? Willst deinem Vater also gute Lehren geben? Scher dich zu deinem Spinnrocken und tu, was ich dir gesagt habe, und kümmere dich um weiter nichts - da hast du noch einen Kuß, nun lebe wohl!"

„O Vater, nehmet nicht so im Ärger und Zorn Abschied von Eurem Kind, es ist so ein schrecklich Ding darum. Ich mein's ja gut und hab solche Angst um Euch - o Gott, wie verlassen würd ich sein, wenn Euch etwas zustieße!"

„Na, na", brummte Meister Michael, vom Ärger zur Rührung übergehend, „na nur ruhig, Reginchen; ich werd schon munter und mit heilen Knochen heimkommen. Es geht ja nicht anders, siehst du, dem Mecklenburger muß mit der Kolbe gelaust werden, eher gibt er nicht Ruhe. Und daß ich dabeisein muß mit allen meinen Gesellen, das stehet baumfest. Ist's nicht so, Burschen?"

„Vivat! Vivat der Meister! So ist's, vivat!" schrien alle die lustigen, tapfern Drucker, und nur der alte, halbgelähmte Faktor Kornelius schüttelte unbemerkt von den übrigen den greisen Kopf.

„Siehst du, Regina?" rief Meister Lotther. „Also, lieb Töchterlein, leb wohl und halt das Haus in guter Obacht, bis wir sieghaft heimkehren. Herr Kornelius, der Faktor, wird dir dabei nach Kräften mit Tat und Rat zur Hand gehen und meine Stelle so gut als möglich ersetzen."

„Das wird er mit Gottes Hilf und Gnaden, Meister Lotther!" sagte der alte Diener des Hauses.

„ Das ist recht! Das ist ein wackerer alter Kauz. Reginchen, frag den Kornelius immer um Rat, wo du dessen bedarfst, und tu, was er sagt."

Regina trocknete die weinenden Augen und reichte dem braven, treuen Faktor die Hand.

„Ich will, ich will, Kornelius!"

Dann wandte sie sich zu den andern Gesellen und dem Hausknecht, welcher einen gewaltigen Kober mit Proviant übergehängt hatte, und beschwor sie, ihren Vater nicht aus den Augen zu lassen und in jeder Gefahr und Not ihm zur Seite zu stehen, bis der Alte von neuem ungeduldig wurde und alle weiteren Erörterungen dadurch abschnitt, daß er seine Büchse schulterte, seiner Tochter noch einen letzten Abschiedsschmatz auf den Mund drückte und sagte:

„Lauf jetzt zur Nachbarin, mit der magst du nachher in die Katharinenkirche zu Ehrn Hennig Freden gehen, der wird euch Weiblein schon Trost einsprechen; und nachher könnt ihr von dort dem Auszug zuschauen. Und nun vorwärts, ihr Burschen! Gebt acht, bei allen Teufeln - Gott verzeih mir den Schwur! -, wir sind die letzten auf dem Sammelplatze."

Wieder zog ein Bürgerfähnlein unter Trommelschlag durch die Schöneeckstraße. Knabenhaufen strömten dem Zuge voraus oder begleiteten ihn. Neben dem Banner schritt leuchtenden Auges der Geschichtsschreiber Sebastian Besselmeier. Fröhlich winkte er dem eben vor die Tür tretenden Buchdrucker, und dieser schloß sich mit seinen Gesellen dem Haufen an und marschierte mit ihm, fest entschlossen, zu siegen oder zu sterben, nach dem Alten Markte, wo unter dem Roland und dem Bild des großen Kaisers Otto die Bürger und die Bauern sich aufstellten, während die geworbenen Knechte auf dem Domplatze ihren Sammelplatz hatten.

Aus allen Türen und Fenstern blickten Greise und Weiber mit rotgeweinten Augen und Kindern auf den Armen den verwandten und befreundeten Männern nach. Ach, es sollte so mancher von ihnen nicht heimkehren!

Auf dem Breiten Wege wogte es Kopf an Kopf hin und her. Bewaffnete Bürger, die sich verspätet hatten, eilten im Sturmschritt einher. Boten des Rats, Boten der Kriegshauptleute zu Roß und zu Fuß jagten vorüber. Vom Zeughause am Alten Markt setzten sich die Heerwagen und großen Geschütze mit dumpfen Gerassel in Bewegung.

Die Kanzlei des lieben Gottes rührte sich auf das allergewaltigste.

Unsäglich feierlich klangen heute an diesem Sonntagmorgen über all das Wogen und Tosen, das Rufen, Klirren und Rasseln, über all die Trommeln und Trompeten die Kirchenglocken von den Türmen. Wie Stimmen gottgesandter Boten verkündeten sie allen, allen angstvollen Herzen, daß Gott immer da sei über seinem Volk, daß die Stadt nicht verlassen sei im Anfluten der übermächtigen Feinde, daß hoch über Acht und Aberacht noch ein Höherer richte und lenke.-

Den Worten des Vaters gemäß und noch mehr dem eigenen Herzensdrange folgend, eilte jetzt Regina beflügelten Schrittes über die Gasse zum Hause des Ratmanns Horn, um sich in die Arme der Frau Margareta zu stürzen. Der wackere Faktor Kornelius aber humpelte im ganzen Hause herum, sah nach allen Türen und Schlössern, schüttelte den Kopf, strich in der öden Offizin zwischen allen Pressen umher; jede einzelne berührte er liebkosend mit der Hand und murmelte:

„Laßt sie nur laufen und trommeln und rennen, ihr meine Lieblinge seid doch die wahren Werkzeuge des Streites. Was wollten sie anfangen, wenn ihr nicht hinter ihren Schlachtreihen ständet?"

Einige zerstreute Lettern las der Alte sorgsam vom Boden auf; auch sie betrachtete er zärtlichen Blickes:

„Seid ihr auch da, meine kleinen tapfern Burschen? Jaja, mögen die andern, die da draußen trompeten und pauken, auch heimkommen, geschlagen und mit blutigen Köpfen. Ihr, meine schwarzen Bürschlein, werdet nicht geschlagen - da ist niemand, der euch widerstehen mag!"

Er hätte gern das Gespräch mit dem Magister Flacius Illyricus, welcher im Vorüberlaufen die Korrektur einer neuen Streitschrift in die Druckerei warf, fortgesetzt: aber der Magister wollte nicht hören, er hatte es zu eilig; wie er blitzschnell gekommen war, verschwand er blitzschnell, um sich von neuem in das Getümmel der Gassen zu werfen.

Währenddem hielten sich im gegenüberliegenden Hause Frau Margareta und Regina eng umfaßt.

„Mut, Mut, mein Mütterlein", suchte die Jungfrau zu trösten. „Lasset uns hoffen, daß alle, für die wir sorgen und bangen, glücklich heimkommen aus der Schlacht.

Lasset uns hoffen, daß der Feind geschlagen werde und seinen Lohn dahinnehme. O denket nur, welche tapfern Männer ausziehen, und denket, für welche Sache sie ausziehen. Ist nicht der liebe Gott mit allen seinen heiligen Scharen auf unserer Seite? Wer will da fürchten, wer will da kleinmütig verzagen, während so viele mutige Herzen siegesfroh sich scharen unter dem Banner Gottes, unter den Panieren des reinen Glaubens?"

„Kind, Kind", sagte die alte Frau kopfschüttelnd. „Ich hab solche Angst; ich kann sie nicht abweisen, ob ich auch wollte. Und der Vater, mein Mann, ist auch so besorgt. Alle die versuchten Kriegsleute, so in der Stadt sind, haben diesen Zug widerraten. Man solle warten, haben sie gesagt; noch seien der Stadt stattliche reisige Haufen versprochen, und der Mecklenburger habe solch furchtbar, gedient Volk bei sich, daß es ein Wunder sein werde, wenn man ihm im freien Felde was anhaben könne. Wohl sind unser viel; aber was die Bauern, die mit ausziehen sollen, ausrichten werden, das stehet dahin, und keiner hat einen rechten Glauben daran, daß sie in der Feldschlacht von Nutzen sein werden. O Kind, ich glaub, dieser armen Stadt drohet ein groß Unglück; ich glaub nicht an das Gelingen dieses Zuges, und mein Markus, mein armer Markus ist auch dabei; o könnt ich ihn doch sehen beim Auszug, vielleicht soll er auch fallen draußen vor dem Feind und so abbüßen, was abzubüßen er heimgekommen. O Ludolf, du harter Mann, Gott verzeihe dir, was du getan hast an deinem Kind und diesem Mutterherzen!"

Professor Flacius Illyricus

Jetzt riefen die Glocken zum zweiten Male in die Kirchen. Es war neun Uhr.

„Wisset Ihr, Mütterlein", sagte Regina, „jetzt gehen wir nach Sankt Katharinen, da wollen wir alle unsere Sorgen und all unser Grämen in den Herrn stellen und Herrn Hennig Fredens Trostpredigt hören. Mit allen andern betrübten Müttern, Schwestern, Töchtern in dieser Stadt wollen wir beten für die, so bereit sind, in den Tod zu gehen für Gottes heiliges Wort und für uns. Kommet, Mütterlein, der Männer Stelle ist unter dem Panier, unsere Stelle ist vor dem Altar. Wir wollen gehen und beten, da wir ein anderes nicht tun können."

Mit Tränen in den Augen küßte die Matrone die Jungfrau auf die weiße Stirn. Beide Frauen griffen nach ihren

Gesangbüchern und traten aus dem Hause. Schon strömten von allen Seiten die bekümmerten Frauen und Mädchen nach den Gotteshäusern; wer nicht fähig war, die Waffen zu tragen, war auf dem Wege zum Gebet an heiliger Stätte. Mütter führten ihre Kinder, Kinder ihre greisen Eltern. Dabei lag der holdeste Sonnenschein über der Stadt; in ihren Sonntagskleidern bewegte sich die geputzte Menge, und wären jetzt, wo alle Waffenfähige ihre Sammelplätze erreicht hatten, die fernen Trommeln nicht gewesen, niemand hätte auf den ersten flüchtigen Blick an dem tiefsten Frieden gezweifelt.

Zum dritten Male riefen die Glocken, und als sie verhallt waren, da rauschten melodisch-feierlich in allen Kirchen der großen protestierenden Stadt die Orgeln auf; dann find in allen Kirchen von Gottes Kanzlei, diesmal fast allein getragen von den Stimmen der Frauen und Kinder, das gewaltige Sturmlied der Zeit an:

Ein feste Burg ist unser Gott,
Ein gute Wehr und Waffen.

Auf allen Kanzeln standen in ihren schwarzen Chorröcken mit geneigten Häuptern die Prediger: - zu Sankt Ulrich Herr Nikolaus Hahn, zu Sankt Johannes Herr Lukas Rosenthal, zu Sankt Jakob Herr Johannes Stengel, zu Sankt Katharinen Herr Hennig Freden, zu Sankt Peter Herr Ambrosius Hitfeld, zum Heiligen Geist Herr Johannes Baumgarten, der Chronist, in der Sudenburg Herr Joachim Woltersdorff, in der Neuen Stadt Herr Heinrich Guerike.

Über das Psalmisten Wort: „Im Namen unseres Gottes haben wir Panier aufgeworfen", begannen sie allesamt ihre Predigten, und ein jeder redete darüber nach seiner Art, tröstlich und erbaulich, wild und aufstachelnd, zur Geduld ermahnend, zum Eifer anspornend, sänftigend oder erregend. Die Macht, welche in jenen Tagen die Kanzel hatte, und von welcher man sich heute kaum einen Begriff machen kann, zeigte sich bei solchen Gelegenheiten in ihrer ganzen Gewalt. Keinen Begriff kann man sich von den Gefühlen machen, mit welchen beim Schluß der Predigt in jeder Kirche der Stadt die andächtige Menge die Verse des sechsundvierzigsten Psalmen im Herzen nachsprach:

„Wenn gleich das Meer wütet und wallet und von einem Ungestüm die Berge einfielen, Sela!

Dennoch soll die Stadt Gottes fein lustig bleiben mit ihren Brünnlein, da die heiligen Wohnungen des Höchsten sind.

Gott ist bei ihr drinnen, darum wird sie wohl bleiben, Gott hilft ihr frühe.

Die Heiden müssen verzagen und die Königsreiche fallen; das Erdreich muß vergehen, wenn er sich hören läßt.

Der Herr Zebaoth ist mit uns, der Gott Jakobs ist unser Schutz. Sela!"

Wir versetzen uns im Geiste in die Katharinenkirche, während die Orgel melodisch braust, während die letzten tröstlichen, siegesmutigen Verse unter den Wölbungen hin verhallen.

In den Orgelklang, in den Gesang der Menge mischen sich näher, wilder, lauter die Klänge der Trompeten, mischt sich das Wirbeln der Trommeln. Auf dem Breiten Weg her zieht zum Krökentor die Spitze des Zuges der städtischen Kriegsmacht heran. Die Befehlshaber hoch zu Roß eröffnen den Zug, allen voran reitet der städtische Feldoberste dieses Unternehmens, der greise treffliche Gregorius Guerike, Bürgermeister, ihm folgt in vollem Harnisch Heinrich Müller, Stadtkämmerer, mit Hans Springer, dem

Hauptmann. Sie sind begleitet vom alten Hans Alemann und Herrn Ulrich von Embden, den Bürgermeistern. Ebeling Alemann, dem Kriegsobersten, von den fremden Herren und Grafen, von einem Teile des hochedlen Rates, welche alle am Tor halten werden, die Scharen vorüberziehen zu sehen.

Nun reitet vom Kopf bis zu den Füßen gepanzert Herr Hans von Wolffen oder Wulffen, der Rittmeister, heran, und der Stadt Reiterfahne, getragen von Christof Alemann, dem Fähnrich, flattert dem reisigen Zeug vorauf und vorüber an der Kirche.

„Der Herr Zebaoth ist mit uns, der Gott Jakobs ist unser Schutz, Sela!" verklingt der Gesang in der Kirche; aus dem hohen Portale drängt sich die Menge auf die schon so menschenvolle Gasse - kriegerisch schmettern die Trompeten, aber die Orgel läßt sich nicht übertönen, sie hallt fort und fort; - von den hohen Stufen des Hauptportals von Sankt Katharinen blicken Frau Margareta und Jungfrau Regina Lottherin, sich eng umfaßt haltend, in das rasselnde, klirrende, vorbeidrängende Getümmel.

Jetzt sind die Reiter vorüber, und es nähert sich der Zug der geworbenen Knechte. Deren hatte, wie schon erzählt worden ist, die Stadt drei starke Fähnlein unter den Hauptleuten Galle von Fullendorf, Hans Kindelbrück und Hans Springer. Der Haufe des letzteren war ausersehen, an diesem Unternehmen teilzuhaben, doch waren ihm auch von den andern Haufen einzelne Rotten beigegeben. Im buntesten Aufzuge rückten diese Kriegsleute heran, und Regina faßte plötzlich den Arm ihrer älteren Freundin fester; hinter den Trommelschlägern und Pfeifern schritt der Leutnant Adam Schwartze und grüßte stolz lächelnd herauf, als er die beiden Frauen auf den Stufen der Kirchtür erblickte. Dicht neben den beiden Frauen griff eine Hand nach dem Dolchmesser; Andreas Kritzmann, der Schütze, verfolgte den Leutnant mit seinen unheimlichen Augen, bis er verschwunden war; dann trat der finstere Gesell von den Stufen herunter und verschwand ebenfalls in dem Gewühl.

Rotte auf Rotte zog vor den schwindelnden Augen der Frauen vorbei, bis die

Landsknechte rüsten sich zum Marsch (aus: Bauernkrieg in Thüringen, 1984)

Matrone zusammenfuhr und an allen Gliedern erzitterte.

„Da - da!" hauchte sie, und dann klang ein gellender Schrei über all den kriegerischen Lärm.

„Markus, Markus, mein Kind!"

Markus Horn, vor seiner Rotte herschreitend, hielt einen Augenblick an, blickte wirr umher, sein Blick fiel auf die Stufen des Portals von Sankt Katharinen. Es war, als wolle er aus dem Zuge gegen das Kirchtor stürzen; aber dann winkte er nur finster mit der Hand. Wie ironisch klangen die schrillen Töne von Fränzel Nothnagels Querpfeife ihm vorauf. Vorüber war der verstoßene Sohn, die Mutter barg ihr Haupt an der Brust der Jungfrau. Regina Lottherin war totenbleich und hatte kaum die Kraft, die mütterliche Freundin aufrecht zu halten.

Schon schwebten jetzt über den Häuptern der Menge die Banner der Innungen her, vorbei trippelte Michael Lotther, strahlend vor Glück; vorüber schritt Herr Sebastian Besselmeier und mit ihnen manch guter streitbarer Mann. Dem Vater wehete die Tochter mit dem tränenfeuchten Sacktüchlein zu, aber Herr Michael grüßte nur mit kriegerischem Ernst.

Den Bürgern folgten die dreitausend Bauern, welche teils vor den landschädigenden Scharen des Herzogs von Mecklenburg geflohen, teils von der Stadt in den umliegenden Ämtern aufgeboten waren und welche alle am vorhergehenden Abend vor dem Rathause auf dem Alten Markt einem ehrbaren Rat geschworen hatten, für das Banner von Magdeburg zu stehen und zu fallen. Wer aber diese armen Burschen ansah, der mußte sehr zweifeln, ob sie solchen Schwur halten würden. Den stolzen geharnischten Reitern, den bunten, stattlichen, protzigen Landsknechten, den wohlgerüsteten, wohlgenährten Bürgern folgten sie mit ihren Spießen niedergeschlagen, kümmerlich, nicht im geringsten schlachtmutig. Langsam trotteten sie, durcheinanderlaufend wie eine Herde, vorüber, und dann kam ein dumpfes Gepolter näher und verkündete nun das Herannahen der Wagenburg und des Geschützes. Elf Stück wunderliche grobe Feldstücke, gezogen von schweren, feisten Gäulen, rasselten heran, ihnen nach kamen die Roll- oder Rennwagen mit den leichtern Stücken, den Doppelhaken und ihrer Bedienung. Schwerfällig polterten dann die Rüstwagen, mit Proviant, Munition und dergleichen beladen, her; und es behaupteten die Feinde nach der Schlacht, auf diesen Wagen habe sich der Meister Andreas, der Henker der Stadt, mit seinen Knechten, seinen Richtschwertern und einigen Tonnen voll gewächster Stricke befunden - man habe alle Gefangenen durch des Nachrichters Hand zu Tode bringen lassen wollen. Ein Märlein, schlau ersonnen, die Wut der Knechte im Lager gegen die Bürger in der Stadt aufs höchste zu entflammen.

Den Beschluß des Zuges machten die schwerfälligen und seltsamen Karren der Wagenburg, welche den bürgerlichen Streitern damaliger Zeit im freien Feld die hohen Mauern und Wälle, hinter denen sie zu kämpfen gewohnt waren, ersetzen sollten. Diese ungeheuerlichen Maschinen wurden teils von Pferden, teils von Ochsen gezogen und hatten neben und hinter sich eine gut gerüstete Begleitung von Bürgern.

Eine solche Heeresschar, auf solche Weise in Eisen geschnallt, mit solchen Waffen, welche solch schwerfälliges Räderwerk mit sich schleppen mußte, bewegte sich natürlich nicht mit der Schnelligkeit einer Armee heutiger Tage. Es dauerte stundenlang, ehe sie ihren Vorbeimarsch vollendet hatte, ehe der letzte Wagen der Wagenburg mit seiner Bedeckung durch das dunkle Krökentor und über die Zugbrücke gerasselt war. Jenseits der Zugbrücke hatten sich die Herren vom Rat, die fremden Kriegsherren und die Hauptleute, welche das Unternehmen nicht mitmachen sollten, aufgestellt. Hier nahmen sie bewegten Herzens Abschied von den Streitgenossen und den Anführern, und Schluchzen und lautes Weinen schallte aus den dichtgedrängten Reihen des Volkes, das aus der Torwölbung dem Heere nachquoll. Von den hohen Wällen der Altstadt weheten weiße Tücher in den Händen der Frauen und Jungfrauen. Auch auf den Mauern der Neustadt stand viel Volk, hielt sich aber ziemlich teilnahmslos; denn die Neustadt sah in der Altstadt nur eine begünstigte Nebenbuhlerin und hatte unter den Ausziehenden wenige, deren Wohl ihr am Herzen lag. Einen letzten Gruß winkte der greise Gregorius Guerike; dann sprengte er davon und eilte, begleitet von dem Kämmerer Müller und dem Hauptmann Springer, sich wieder an die Spitze der Scharen zu stellen, welche er vor den Feind führen sollte. Dichte Staubwolken verhüllten schon die letzten Wagen; zurück blieben die Herren und das Volk; nur die Knaben folgten noch eine geraume Strecke dem Heere der Stadt.

Still und gedrückt kehrte dann das Volk in seine Wohnungen zurück, und bange Stunden sollten ihm vergehen, bis der entscheidende Schlag gefallen war. Frau Margareta und Regina trafen zu Hause den Ratmann, der während ihrer Abwesenheit vom Rathaus heimgekehrt war, bleich und wortlos in seinem Sessel sitzend und den sonst so mundfertigen Doktor Erasmus Alberus ebenso stumm und niedergeschlagen auf einem andern Sessel. Das war ein sehr schrecklicher, angstvoller Sonntag, und eine noch angstvollere Nacht sollte ihm folgen.

Vorbereitung der Artillerie und Waffen für den bevorstehenden Kampf (aus: Hohenzollern-Legende)

Das siebente Kapitel

GEN HILLERSLEBEN GEHT DER ZUG,
DER KAEMPFER HAT DIE STADT GENUG;
EHRBARER RAT UND BUERGERSCHAFT
SCHICKT AUS GEWALTIGE HEERESKRAFT;
DOCH MANCHER IST DARUNTER, DER
VIEL LIEBER HINTEN BLIEBEN WAER.
AUCH FALSCHE ZWIESPRACH WIRD GEHALTEN,
GOTT MOEGE SEINE SACH VERWALTEN!

Wir verlassen die Stadt und erreichen den Heereszug wieder, wie er sich auf der staubigen Landstraße langsam hinwälzt, vorüber an der Richtstätte zur Rechten des Weges, wo an Galgen und Rad mehr als ein halbverwester, von Raben und Krähen umflatterter Körper die schnelle und schreckliche Justiz des Zeitalters dartut. Vor Barleben geschieht etwas, was über die Reihen des Unternehmens wirft und böse Ahnungen aufkeimen läßt. Mit einem Male steht dicht vor den Führern an der Spitze des Heeres, ohne daß man sagen kann, woher er gekommen ist, ein feiner, hoher, alter, eisgrauer Mann, aber solch schönen, holdseligen rötlichen und jungen Angesichts, daß es zu verwundern. Er trägt die Kleidung eines Bauern, und doch erscheint er nicht als ein Bauer. Das Roß des Bürgermeisters Gregorius steigt hoch auf; der Reiter muß die Zügel anziehen und halten, der ganze Zug gerät ins Stocken. Der Hauptmann Springer will den Greis aus dem Wege treiben; aber dieser streckt gebietend die Hand aus und fragt mit lauter und weit vernehmlicher Stimme, was für Kriegsvolk das sei und wo hinaus sie mit solcher Rüstung gedächten.

Bericht gibt dem Fragenden der Kämmerer Heinrich Müller, und die Erscheinung, von der man nicht weiß, ob es ein Mensch oder ein anderes gewesen ist, reckt beide Arme hoch auf und ruft: „Wehe! Wehe!" Dann bittet sie herzlich, von dem Vorhaben heut abzustehen, und verwarnet mit eindringlichen Worten. An diesem Tage, spricht sie, seien vor zweihundert Jahren die Magdeburger auch dieses Weges gezogen, und eine große Schlacht sei geschehen an demselbigen Ort, auf welchen man anjetzo zuziehe. Wer ab er noch nicht wisse, wie es den Magdeburgern allda gegangen, der solle nur in die Johanniskirche gehen und dort die Tafel lesen, die Bericht gebe über die schreckliche, blutige Niederlage der Stadt.

Damit ist der Mann oder die Erscheinung verschwunden gewesen, wie sie gekommen ist, keiner hat gewußt, wie und wohin. Einige haben zwar gelacht und gespottet; die meisten haben sich jedoch entsetzt und mit Schrecken der Warnungen der fremden versuchten Kriegsleute in der Stadt gedacht, welche diesen Ausfall ebenfalls widerraten; aber der alte Vers ist in seinem Recht geblieben:

> **Was Gott einmal beschlossen hat,**
> **Darwider ist kein Hülf und Rat,**
> **Und da gleich Rat zu finden wär,**
> **Folgt doch niemand getreuer Lehr.**

Von neuem drückten die Führer ihren ängstlich schnaubenden Rossen die Sporen in die Seiten; von neuem setzte sich das Heer in Bewegung, und da man noch eine gute Strecke vom Feind entfernt war, so nahm man jetzt noch die Gelegenheit wahr, seinen Platz im Zuge zu verlassen und weiter vor oder zurück mit einem Bekannten Meinungen und Ansichten, Hoffnungen und Befürchtungen auszutauschen.

So erblickte denn auch der in tiefen, melancholischen Gedanken einherschreitende Markus Horn plötzlich den Nachbar Lotther, den tapfern Buchdrucker, an seiner Seite und vernahm die Frage:

„Nun, Rottmeister, was denket Ihr von dem Spuk, so da eben vorn an der Spitze gesehen sein soll? Ich mein, sie hätten nur frisch zuzugreifen brauchen, um zu erfahren, daß sie einen tollen Bauern, einen verrückten Altvater, einen albernen Leibzüchter vor sich hatten. Potz Blitz und Gespenster, ich begreif's nicht, wie der Bürgermeister und der Kämmerer, so doch sonst ganz vernünftige Leute sind, so plötzlich zu Geistersehern werden konnten!"

Sehr verwunderte sich der Buchdrucker, als Markus Horn auf diese Anrede erwiderte:

„Ja, Ihr habet recht, Meister Lotther, der Bamberger weiß sein Banner recht gut zu führen; 's ist ein weidlicher Kriegsmann; Ihr habt ganz recht!"

„Zum Teufel, wer spricht Euch von dem Vetter Adam?" rief der Buchdrucker im höchsten Staunen. „Markus, Markus, rappelt's bei Euch im Kopf? Wachet doch auf, Mann, und verscheucht endlich die bösen Gedanken. Was geschehen, ist geschehen. Ich sehe Euch darum nicht schlechter an, und wenn uns heut das Glück wohlwill, nun, so wird der Alte gewiß auch andere Saiten aufziehen, wenn Ihr mit Lorbeer gekrönt wiederkehrt. Kopf in die Höhe, Markus! Solches Grübeln, solche Zerstreutheit sind, mein ich, nicht die Zeichen eines weidlichen Kriegsmannes."

„Im rechten Augenblick sollt Ihr mich anders finden. Meister Lotther", sprach Markus und setzte noch hinzu: „Übrigens danke ich Euch für Eure guten Worte."

„Keine Ursache!" rief der Buchdrucker und eilte, so schnell seine Rüstung und Bewaffnung es ihm erlaubte, weiter nach vorn, eine Unterhaltung mit dem Vetter Adam Schwartze anzuknüpfen; und dieser hörte seinen Bemerkungen viel eifriger, viel bereitwilliger zu als der Rottmeister Horn; er kannte aus dem Grunde die Kunst, sich in dem Herzen des guten Mannes festzusetzen.

An der Seite des Leutnants genoß Meister Michael den heitern Herbstnachmittag und die Aussicht, binnen kürzester Frist mit einem grimmigen Feinde zusammenzugeraten, mit vollem Behagen. Gleich einem Kenner, der ein gutes Glas Wein genießt, schlürfte er in langen, wonnigen Zügen den Tag ein. Er zweifelte nicht an dem Gelingen des Unternehmens; seine Waffen belästigten ihn nur so weit, um ihn immerfort leise an die Mühseligkeiten, welche der grause Gott Mars seinen Jüngern auflegt, zu erinnern. Der tapfere Buchdrucker war in diesem seinem Gott vergnügt und ging schier ganz auf in dem Rasseln, Klirren, Trommeln, Pfeifen, Posaunen, Jauchzen, Wiehern, Trappeln und Johlen, das sinnbetäubend um ihn her erklang. Bloß die Bauern ärgerten ihn. Wenn er sie bei einer Wendung des Weges zu Gesicht bekam, wie sie mit gesenkten Häuptern, hängenden Lippen und nachschleifenden Spießen. Verdrossen und kleinmütig, viele mit den Gedanken an ihre vom Feind verbrannten Hütten, an ihre verwüsteten Felder, an ihre heimatlos gemachten Weiber und Kinder im Herzen, einherzottelten - so mußte selbst er sich eingestehen, daß diese Leute nicht danach aussahen, als wenn sie den wilden Landsknechtshaufen und den Reisigen des Herrn Jürgen von Mecklenburg den Dampf antun würden. Die Mienen des tapfern Buchdruckers wurden dann erst wieder hell, wenn sein Blick auf die stattlichen Scharen der Bürger und der Knechte, die so stramm unter ihren zwölf Fähnlein einherschritten, fiel. An zu glänzen fingen aber die Augen des Mannes, wenn er die Sonne sich spiegeln sah in den blanken Läufen der Geschütze, der Serpentinen und der Doppelhaken. Das Geschütz war ja die Hauptwaffe des Bürgertums; - welcher Feind konnte solcher guten Hülfsgenossenschaft widerstehen? Ach, der gute Mann bedachte leider nicht, daß diese grimmigen Feuerschlangen, die Beller, Blaser und Brüller ganz andere Dinge waren an ihrer Stelle auf der Ringmauer als im freien Felde, wo der Feind durch eine Schwenkung leicht vom Schwanzende her auf sie fallen konnte. So schnell wie heute wurde ein Feuerrohr damaliger Zeit nicht herumgedreht und gehandhabt.

Die Schatten der Männer, der Rosse der Wagen wurden, wie sie über die Stoppelfelder hinfielen, jetzt bereits länger. So langsam bewegte sich das Heer, daß es fast einen vollen Tag gebrauchte, um zwei Meilen Weges zurückzulegen. Mit Einbruch des Abends wurden die ersten Zeichen der Nähe des Feindes sichtbar, ein niedergebranntes Bauernhaus sandte schwarze Rauchwolken dicht neben der Landstraße dem Himmel zu. In der Ferne auf dem kahlen Horizont brannte eine Windmühle. Jetzt kam wieder mehr Ordnung in den Zug, die Führer ritten nun vorsichtig inmitten des ersten Haufens; Späher wurden vorangeschickt; der Lärm verstummte mehr und mehr bei den Bürgern und Bauern, je mehr die Dämmerung zunahm; die kriegsgewohnten Landsknechte unterhielten sich auf den Befehl ihrer Anführer nur noch mit leiser Stimme. Ein kalter Nachtwind fing an, über die Ebene zu streichen, und der Nebel stieg auf aus den morastigen Flächen und Gründen zur Rechten und Linken des Weges.

Das Heer hatte bereits die dunkeln Türme und Schattenmassen, welche den Flecken Wolmirstedt bildeten, im Gesicht, als plötzlich beim Vortrag schnell hintereinander einige Schüsse fielen und ein wildes Geschrei einzelner Männerstimmen sich erhob.

Die städtischen Reiter waren auf eine Streifpartei des Feindes gestoßen, welche das von den Magdeburgern besetzte Wolmirstedt umgangen hatte. Eilends jagten die feindlichen Reisigen zurück, doch nicht ohne einen Toten am Wege liegenzulassen; aber auch von den Städtischen blieb einer tot, und ein Bürger Klaus Kuhlemann wurde durch den Arm geschossen. Dieser Vorfall war ein Zeichen für jedermann, sich so dicht als möglich an seinen Nachbar anzuschließen. Welcher Schütze bis jetzt seine Lunte noch nicht in Brand gesetzt, der tat das nun, und den eigentümlichsten Anblick gewährten in der Dämmerung diese vielen vorwärts sich bewegenden glühenden Pünktchen.

Die Leichen der vorhin Gefallenen lagen dicht am Wege, und manch einen im Zuge der Bürger und Bauern überkam bei ihrem Anblick ein geheimes Grauen, eine Gänsehaut überlief ihn. Man stieß seinen Nebenmann in die Seite, um ihn darauf aufmerksam zu machen, was gar nicht nötig war, da jeder mit Aug und Ohr auf das angestrengteste lauschte, damit ihn keine Gefahr unversehens überrasche. Die Landsknechte kümmerten sich den Teufel um die Leichen; sie machten höchstens einen schlechten Witz darüber und meinten, wer sich zu Tisch setze, ehe der Brei aufgetragen sei, dem sei es schon recht, wenn ihm der Löffel aufs Maul geschlagen werde. Es war einmal ihre Art so, ihr Herz beim Herannahen der Gefahr auf diese Weise so weit als möglich aufzublasen; Spieß, Schwert und Hakenbüchse hielten auch sie nichtsdestoweniger zur Abwehr bereit, gerüstet, das Leben, welches sie so sehr zu verachten schienen, aufs teuerste zu verkaufen. Hinter jedem Busch, hinter jeder Hecke, hinter jedem Baum und Gemäuer konnte jetzt der wilde Feind lauern und in jedem Augenblick mit großen Geschrei, mit Grimm und Wut hervorstürmen.

Es geschah aber nichts weiter, die Streifparteien des Mecklenburgers hatten vollständig das Feld geräumt und sich wieder gegen das Kloster Hillersleben oder Hildensleben, wo ihre Hauptmacht lag, zurückgezogen, die Nachricht von dem Herannahen der Magdeburger daselbst zu verkünden.

Ohne weitere Gefährdung langte der Heereszug unter den

ACH dem etwa im Jare Tausent fünffhundert vndsiebenzehen bey Regierung weyland Keysers Maximiliani des Ersten. Welcher am 12. Januarij Anno 19. mit tode abgangen / die rechte reine vhralte Apostolische vnd Catholische Lehre des heiligen Euangelij / aus Göttlichen gnaden vnd Barmhertzigkeit/durch den Ehrwirdigen vnd Hochgelarten Herrn Doctorem Martinum Lutherum/heiliger vnd seliger gedechtnis (quem acrem medicum, sicut Eras: Roterod: scribit: DEVS huic postremæ ætati propter morborum multitudinem dedit) wider aus der Finsternus an den tag gebracht/ Vnd der mehrerteil Deutschlandes/vnd andere/so es angenommen / aus der Babilonischen Gefengnus des Antichristes zu Rom/gnediglich errettet vnd erlöset. Als hat die Alte stadt Magdeburg (welche sonsten lange zeit im Babstumb gestecket) consensu omnium Ordinum sampt irer Commun, aus Christlichem Eiffer solche repurgirte Lehre bald angenommen / ihre Kirchen vnd Schulen (so weit sich ihre Iurisdiction vnd Bottmeßigkeit erstrecket) darnach Visitiret/Reformiret/vnd der Pfaffen Abgötterey abschaffen lassen.

Dieweil aber dasmals die Regirende Key: May: Carolus Quintus, vnd der mehrerteil Chur vnd Fürsten/ auch Stende des Heiligen Reichs/ ob solchem vornemen mutatæ Religionis, ein groß mißfallen getragen / Wie sie denn auch solchs mit der that persecution, sewr vñ Schwert/ an vielen armen vnschuldigen Christen blut bewiesen. Das

A   von

Mauern des Fleckens Wolmirstedt an; und nachdem der magdeburgische Hauptmann, welcher daselbst den Befehl führte, sich vorsichtig vergewissert hatte, daß nicht der Feind ihn überlisten wolle, sondern daß wirklich das Banner mit der kranztragenden Jungfrau vor dem Tore angekommen sei, ließ er freudig die Zugbrücke fallen und trat hervor mit seinem Gefolge von Knechten und Einwohnern, das städtische Heer und seine Anführer zu bewillkommnen. Der gute Mann, welcher am folgenden Tage leider recht schnell den Kopf verlor und den Mut sinken ließ, wußte viel zu berichten von dem feindlichen Volk, das schon tagelang seine Mauern umritten und umschwärmt und auch schon einige Leute von der Brüstung weggeblasen habe. Freilich hatte er jetzt, als das Heer der Stadt zu seiner Hülfe angelangt war, ein nicht kleines Maul und vermaß sich hoch und teuer, daß er, gleich dem wackern Bartholomäus Eckelbaum zu Wanzleben, bis auf den letzten Mann ausgehalten haben würde, wenn ihm auch kein Beistand zuteil geworden wäre. Da war freilich unter seiner Begleitung ein ehrsamer, handfester Schuster mit Sturmhaube, Harnisch und Schlachtwert, der schüttelte bei solchen eisenfresserischen Worten des Hauptmanns bedenklich den Kopf; aber dieses Kopf-schütteln ging in der Dämmerung unbemerkt verloren, und das Maul wagte der skeptische Handwerksmeister nicht aufzutun, zu großem Schaden und Verlust der alten Stadt Magdeburg.

Von dem Feind vernahm man jetzt auch Näheres. In einem Bogen war derselbe nach der Verbrennung von Wanzleben nördlich gezogen, jedes Dorf unterwegs plündernd oder brandschatzend. Althaldensleben hatte er in Flammen aufgehen lassen. Neu-haldensleben hatte er bedroht, und jetzt lag er im Kloster und Dorf Hildensleben oder Hillersleben, wohin er alle Beute dieses Raubzuges zusammengeschleppt hatte und unter Bankettieren, Jubilieren viehisch, sündhaft und toll sich vermaß, alles Land auf dem rechten und linken Ufer der Elbe zur Wüste zu machen und zum Beschluß in der Stadt Magdeburg keinen Stein auf dem andern zu lassen. Nicht alt, nicht jung, nicht Weib, nicht Kind sollten darin verschont bleiben, und unter den schönsten Jungfrauen wollten sie die Wahl haben - hatten die wüsten Gäste gerufen, und nach ihren jetzigen Taten zu urteilen, konnte man vermuten, daß sie ihre Worte zur Wahrheit werden ließen.

Eine große Aufregung lief über solche Nachrichten in den Reihen der Magdeburger um, und Kriegsrat wurde im freien Felde von den Oberbefehlshabern gehalten über die beste Art, dem Feinde anzukommen.

Der alte Bürgermeister Gregorius Guerike meinte, man solle sich die Nacht durch ruhig halten, aber in der frühesten Morgenstunde den Feind auf dem Stroh zu überraschen suchen. Ein großer Teil seines Volkes werde dann nach ihrer Art wohl toll und voll sein und man könne ihn leichtlich in dem Kloster umringen und „beklyppen".

Dem entgegen ist der Hauptmann Hans Springer aufgetreten und hat seine Meinung dahin abgegeben: Für einen solchen Plan habe man des Kriegsvolkes viel zuwenig, und nach jedermanns Ansicht könne man sich auf die Bauern gar nicht verlassen, und wenn sie tausendmal geschworen hätten, den Feind mit Schuhen aus dem Lande zu jagen. Der Hauptmann riet, man solle das Kriegsglück doch lieber im freien Felde versuchen, da könne man die Wagenburg und das Geschütz besser verwenden, da könne man die Bauern besser im Auge behalten.

Hin und wider wurde geredet, endlich ging aber der Ratschlag des Hauptmanns durch, und Befehle wurden im Heere gegeben, die Wagenburg auf dem Feld zusammenzuschieben und zu schließen. Dieses geschah, das Geschütz wurde aufgestellt, Landsknechten, Bürgern und Bauern ihre Stellungen angewiesen, Wachen aufgestellt, und der Kriegsruf: „Gott mit uns!" gegeben für den Fall, daß etwas in der Nacht sich ereignen sollte.

Nun nahm das gewöhnliche Leben und Treiben eines Kriegslagers seinen Anfang. Feuer wurden angezündet, die Kessel daran gestellt; Holz, Stroh und Proviant schleppten die Einwohner von Wolmirstedt nach Kräften herbei; man stärkte den Leib durch Speise und Trank und den Geist durch gegenseitige aufmunternde Gespräche. Letzteres geschah aber so leise als möglich, denn Befehl war erteilt, keinen unnötigen Lärm zu machen.

Es war allmählich ziemlich kalt geworden, und der Wind fing an, in immer schärferen Stößen über die leeren Felder zu blasen. Jetzt kam die Stunde, wo jeder sich sammeln und sich ungestört von den andern seinen Gedanken hingeben konnte. Da gedachte im Haufen der Bürger der eine der zurückgelassenen Lieben, des Weibes, der Kinder, der alten Eltern, der Braut; der andere erinnerte sich des bequemen Sorgenstuhls in der Ofenecke und fühlte sich im gegenwärtigen Augenblicke um so unbehaglicher; ein dritter beschäftigte sich mit dem Steckenpferde, welches er daheim in der alten Stadt Magdeburg zu reiten pflegte, und war in Sorgen, ob er wohl wieder zu ihm heimgelangen werde. Ähnlichen, doch finsterern Gedanken gab man sich unter den Bauern hin. Die Landsknechte fielen in dieser Nacht am ehesten in einen gesunden Schlaf; was die andern Männer nur ausnahmsweise auszuüben gezwungen waren, das war ja ihr tägliches Handwerk, und manch einer von ihnen hatte mit manch einem von den wilden Gesellen zu Hillersleben Seite an Seite gezecht, Seite an Seite gekämpft, und - morgen abend mochte das wieder so sein, denn wer konnte sagen, was geschehen mochte zwischen Sonnenaufgang und Sonnenuntergang?

Unter den Bürgern und Bauern hatte bei allen Nebengedanken, vom greisen Bürgermeister Guerike an bis zum allergeringsten Bäuerlein, ein jeder

Gebrauch der Magdeburgischen Belagerung für die Stadt Magdeburg / und alle fromme Christen.

Gott spricht selbr: Wenn du bist in not/
Und rings umbgeben mit dem todt.
So ruff du mich nur ernstlich an/
Und traw das Ich dir helffen kan.
So wil Ich so erretten dich/
Das du solt ewig preisen mich.

Darumb wenn wir in nöten sein/
Und GOtt vertrawen gar allein:
So ist er uns gewißlich nah/
Ehe dann wir ruffn/ so ist Er da.
Und was wir guts von ihm begern/
Das giebt Er/kans auch niemand wern.
Er lest uns sehen mit der that/
Was Er uns zugesaget hat.
Gros hülff wir finden bey DEM HERRN/
Er thut offt mehr / denn wir begern.
Sein recht Hand hilfft gewaltiglich/
Bistu ein HErr: Was fragt Er dich?
Wo Er nicht selber bawt das Haus/
So machn alle Bauleut nichts draus.
Wo

doch den überwiegenden Hauptgedanken an den großen Grund, weswegen man hier in der kalten Nacht im Felde lag. Unter den Landsknechten und Reitern gab es wenige, die eine Ahnung davon hatten. Bot der Feind mehr, so hatte er den Hauptmann Hans Springer gewonnen; und nichts hielt die Mehrzahl der Knechte und Reisigen ab, sollte sie das Kriegsglück morgen früh in die Hand der Gegner geben, deren Fahne zu folgen gegen die, mit welchen sie heute zusammen ausgezogen waren. Die meisten, welche in solchen gegebenen Falle zweifelhaft gewesen wären, befanden sich unter der Rotte des Rottmeisters Markus Horn; es waren die Magdeburger Kinder, welche Markus vor Braunschweig dem Mecklenburger angewonnen hatte. -

Leise klirrten die Waffen, es wieherten und stampften die Reiterpferde der Ochsen, welche geholfen hatten, die Wagenburg der Stadt Magdeburg vor den Flecken Wolmir-stedt zu führen, leise flüsterten hier noch ein paar wache Krieger, in der Ferne bellten die Hunde; - abseits der Schar der Genossen lag Markus Horn in seinen Mantel gehüllt und mühete sich fort und fort ab, die unabgeschlossene Rechnung in seinem Innern auszugleichen. Von allen am Heereszuge der Magdeburger Teilnehmenden dachte er vielleicht am wenigsten an die Gefahren des kommenden Morgens. Für sich selbst fürchtete er den Tod nicht im geringsten. Zwischen den Mühen, die Rechnung seines Gewissens abzuschließen, hatte sich seiner eine unendliche Gleichgültigkeit bemäch-tigt. Auf die Aufregung, auf das wilde Leben der letzten Jahre war seit seiner Heimkehr eine dumpfe Abspannung gefolgt. Er fühlte sich im Innersten gebrochen, und es war ihm, als könne er niemals den frühern Lebensmut wiedergewinnen. Voll Selbstvertrau-en, wenn auch ein wenig mit sich unzufrieden, war er in das Vaterhaus nach den Jahren der Abwesenheit wieder eingetreten; der Blitz, welcher dann niederfiel, zeigte ihm aber Vergangenheit und Zukunft in einem ganz andern Lichte, als sie sich ihm bis jetzt vorgebildet hatten. Nun erkannte er klar den ganzen Wert dessen, was er verloren hatte; und der Verlust schien ihm so grenzenlos, daß ihm selbst das reichste noch kommende Leben dafür keinen Ersatz bieten könne. Die Tränen der armen alten Mutter wogen schwer auf der Seele des Sohnes; aber er wußte, daß das Mutterherz ihm nicht verlorengehen konnte; die zornigen Worte des Vaters hallten schmerzlich in den Ohren des Sohnes wider; aber da ließ sich noch Trotz gegen Zorn setzen. Ein drittes hatte dem Markus Horn der niederfallende Blitzstrahl im Vaterhaus gezeigt: das war die verlorene Krone des Lebens, die ihm zu unaussprechlicher Seligkeit bestimmt gewesen war und welche nun ein anderer gewonnen hatte, welche der Bamberger ergriff, weil Markus Horn versäumt hatte, die Hand auszustrecken

Nun war alles übrige grau, öde, leer wie diese graue kalte Herbstnacht. Nun fühlte sich Markus Horn in dieser Nacht vor dem blutigen Kampfe mit dem seiner Heimatstadt drohenden grimmen Feinde heimatlos, ziellos, zwecklos, unnütz, überflüssig. Vergeb-lich schlich vom Lagerplatz der städtischen Reiter Christof Alemann, der Fähnrich, herüber zum Jugendfreund, einen Krug Wein unter dem Mantel tragend; vergeblich suchte er bei dem Rottmeister für seine Träume von Ruhm und Erfolg am kommenden Morgen ein aufmerksames Ohr, eine gleichgestimmte Seele. Er hatte gut Luftschlösser bauen; einen stummen, widerspruchslosen Zuhörer fand er wohl, ob aber einen aufmerksamen, das war eine andere Frage. Ärgerlich verließ Christof den Freund und trug sein unruhiges Herz zu der Bürgerschaft, wo ihn der ebenso aufgeregte, ebenso schlaflose Meister Michael Lotther mit unverhohlenster Freude empfing. So schlich Stunde um Stunde langsam vorüber Innerhalb des Lagers wird sich bis zum ersten

Hahnenschrei nichts verändern, und so verlassen wir die Wagenburg, um außerhalb derselben einem Gespräch zu lauschen, welches zwischen dem Hauptmann Hans Springer und dem Leutnant desselben, Adam Schwartze, vor sich gehe. Beide Herren hatten das Lager verlassen unter dem Vorgeben, die Wachtposten zu besuchen, im Grunde aber, um unbelauscht dieses Gespräch miteinander zu führen. Auf einem kleinen Hügel westlich vom Lager, gegen Hillersleben zu, standen sie. Sie hatten diesen Platz gewählt, weil kein Lauscher ihnen hier unbemerkt nahen konnte.

Wir geben das Gespräch so wieder, wie es geführt wurde, lassen aber den elsässischen Dialekt des Hauptmanns dabei soviel als möglich fallen.

„Nun, Adämle?!" sagte der eine.

„Nun, Hauptmann?!" sagte der andere.

„Ich halt, daß wir nun hier grade recht in der Mitte stehen", sagte der Hauptmann, mit dem Daumen der rechten Hand eine kurze Bewegung links gegen das Lager der Stadt Magdeburg, rechts gegen das Kloster Hillersleben machend, wo ein roter Schein die Feuer des Feindes verkündete. „Was haltet Ihr davon, Adämle?"

Der Leutnant zeichnete mit seinem Schwert Figuren auf der Erde und zuckte die Achseln:

„Ich denk, man muß seine Karten nicht eher ausspielen, als bis das Spiel angefangen hat."

„Wie meinet Ihr das? Ich denk, die Gelegenheit sei recht günstig. Die Fähnlein der Knechte, deren wir, ich mein, wir sicher sind, haben wir mit uns; den Überfall, welchen der alte Schlaukopf, der Bürgermeister, so fein und gut ausgedacht hatte, hab ich hintertrieben. Morgen früh ist's ein ander Ding auf offenem Feld; - ich setz, der Jürgen von Mecklenburg greift an - Glück hat der Bub und ich kenn manch einen guten Mann, so mit ihm zieht. Hui, Reiter und Knechte auf uns, das heißt, auf das Bürger- und Bauernpack! Hui, Reiter und Knecht über Rüstwagen und Geschütz! Und - wir? Ich frag Euch - wir?"

„Wir", flüsterte der Leutnant, „wir mit dem Ruf: Mecklenburg hie! Hie Mecklenburg! ebenfalls unter das Bürger- und Bauerngesindel. Herunter mit ihnen, in den Grund mit ihnen, nieder ihr Lumpenpanier."

„Und fort mit ihrem Bettelbrot, ihrem schäbigen Sold, groben Mienen, ihren Schreiberobersten, ihren

Wo Er nicht selbr behüt die Stadt/
Der Wechter vmb sonst gewachet hat.
Die Stadt so seinen willen thut/
Der thut Er wider alß zu gut.
Die ihn für ihrn Patron erkent/
Vnd ihren lieben Vater nent:
Die leßt Er gwißlich stecken nicht
Wenn sie gar schwere noht ansicht/
Wenn sie vmbringt der Feinde rott/
Vnd spricht: Wo ist nun ewer Gott?
So sind sie bey Ihm guten Rath/
Sie findet hülff auch mit der that.
Sie hat Gottes Segen/Heil vnd Glück/
Was Gott rett das geht nicht zu rück.
Wenn sich die Bürger zu ihm kehren/
Hilfft Er ihn aus zu grossen ehrn.

Iß lehret Magdeburg die Stadt/
Die solchs als wol erfahren hat.
Gott senckt sie gar in tieffe not/
Ihr Blut solt sie vergiessen rot.
Ein Volck bedeckt sein Angesicht/
Als wolt vnd könt Er helffen nicht.
Er barg sich so zur zeit der noht/
Das sichs anließ als wer Er todt.
Sie war abr doch mit Christi Blut/
Erkaufft/das war ihr bestes gut.

)+(iij

Drauff

heuchlerischen Pfaffen, ihren Kämmerern, die einen Panzer vor den Bauch schnallen und alte Kriegsleute belehren wollen. Fort mit ihnen allen in die Hölle! Allein ihrer Pfaffen wegen, die einem in jeden guten Trunk Gift geben möchten, mag der Teufel das ganze Nest nehmen. Ich sag Euch, Adämle, hab ich nicht von ihren Kanzeln hören müssen, ich sei ein Säufer, ein Ehebrecher, und die Stadt könne mit solchen Leuten nicht bestehen im Kampf? Ich will's ihnen lehren - das Hannchen soll's ihnen lehren - ich hab's dem Hannchen versprochen. Adämle, Adämle, bei Gott, ich will's ihnen zeigen, morgen zeigen, was es heißt, den Hans Springer zum Feind zu haben."

Der Hauptmann hatte sich allmählich so in die Wut hineingesprochen, daß der Leutnant besorgte Blicke um sich warf.

„Hauptmann, Hauptmann", flüsterte er beschwichtigend, „wem sagt Ihr das alles? Weiß ich das nicht so gut wie Ihr? Aber gebet Ruh und überlegt! Ich sag wiederum, man soll seine Karten nicht eher auf den Tisch schlagen, als bis man Trumpf sagen kann. Nun hört - gebt Ruh und laßt mich sprechen! Ihr meint, wenn wir so täten, wie Ihr sagt, wenn wir mitten in der Schlacht dem Mecklenburger zufielen und unser Tun es wär, wenn diese ganze Magdeburger Armada zu Boden gelegt würde wie ein Weizenfeld, Ihr meint, dann hätten wir unser Sach gewonnen, und wir könnten in Glorie und Pracht durch alle Herrlichkeiten der Welt einherfahren. Ich sag Euch aber nein, nein und abermals nein. Was ist dieser Herzog von Mecklenburg, ein Tropfen vor dem Regen, ein Vortraber vor dem Heer. Mag er morgen früh dreinschlagen und gewinnen nach Herzenslust; was ist damit jetzo für uns gewonnen, wenn wir ihm zufallen? Euch stellen sie die Frau Johanna an den Pranger und lassen sie vom Henker mit Ruten auspeitschen; und ob mein Vetter, der alte Michael Lotther, mir sein Töchterlein über die Wälle zureichen würde, das ist auch die Frage. Aber Ihr könnt sagen, wir würden große Herren geworden sein bei Kaiser und Reich und später schon an den Ächtern von Magdeburg unser Mütchen kühlen. Bis dahin kann viel Wasser die Elbe herunterlaufen. Der Mecklenburger wird die Stadt nicht nehmen, wie man ein Dorf, einen Flecken, ein Vogelnest oder ein hübsches Mädchen nimmt. Es wird sich noch mancher Kopf an diesen Wällen blutig stoßen, ehe diese Pfeffersäcke von Magdeburg die weiße Fahne aufstecken. Plündern, sengen und brennen werden wir mit dem Jürgen freilich nach Herzenslust können, aber meiner Meinung nach auch nicht lange mehr. Gebet acht, es muß erst noch anders kommen, ehe wir beiden Trumpf bieten können."

„Schießet los mit Eurem Rat, Adämle!" brummte der wackere Hauptmann. "Bi'm Tüfel, das Hanneli hat recht. Ihr seid ein Schlaukopf. Uns so zu sagen, angenehm wär's mir nit, wenn sie mir mein Hanneli an den Schandpfahl stellten, und auch darin habet Ihr recht. Schießet los, sag i."

„Nun denn, so höret", fuhr der Leutnant fort. „Beantwortet mir aber zuerst eine Frage. Wollt Ihr diesem landstreicherischen jungen Herzog von Mecklenburg zulieb aus dem Dienst der Stadt gehen? Wollt Ihr Euere Fortun einzig und allein an diesen Gelbschnabel dort zu Hillersleben hängen, oder liegt Euch noch an anderes im Sinn?"

Der Hauptmann kratzte sich bedenklich hinter dem Ohr. „Ein Tor wär ich, wenn ich dächt, um solch einen Beutepfennig, wie ihn der Ochsenkopf bieten kann, also meinen Hals einer hänfenen Schlinge im Fall des Mißlingens so nahe zu bringen."

„Nun denn, so wollen wir warten, bis es sich der Mühe lohnt, etwas zu wagen. Wir spielen hoch Spiel, und der Mecklenburger ist doch ein zu armseliges Männlein, als daß er das Fett schaffen könnt, welches wir zu unserm Kohl verlangen. Ich mein, wie auch morgen die Würfel fallen mögen, wir bleiben bei der Stadt; bleiben bei der Stadt, bis die rechten, echten Leute, bis Kaiser und Reich, der Moritz, der Brandenburger, die Pfaffen zu Halle, und wer noch dabeisein wird, sich abgearbeitet haben vor den Mauern und Wällen dieser magdeburgischen Krämer, Pastöre und Pfeffersäcke. Dann, Hauptmann, dann ist unsere Zeit gekommen; dann spielen wir aus; dem Mauritius von Sachsen, dem schlauen Schelm, der nichts von uns würde wissen wollen, wenn wir heut zum Mecklenburger uns schlügen, dem sächsischen Pfiffikus und Politikus, dem bieten wir einen Handel an. Hauptmann, der Moritz, der ist unser Mann. Heißa, es ist ein Gaudium, zu sehen, wie der mit der Welt spielt; keiner kann ihn entbehren, jeder möcht ihn zu seinem Helden machen, und er - er läßt sie allesamt nach seiner Pfeife tanzen, Kaiser und Papst, Franzosen, Welsche, Deutsche, Türken und Heiden, lutherische Pfaffen und katholische Pfaffen. Und die Dummköpfe merken's noch nicht einmal; - es ist eine Lust, solchen Mann am Webstuhl zu sehen. Hauptmann Hänsel, wenn wir es dahin bringen, daß Kurfürst Moritz von Sachsen, der Achtsvollstrecker, uns nicht verleugnen darf, Hauptmann Springer, dann - dann können wir Viktoria schreien und im Schein der Glückssonne mit den Händen in der Tasche spazierengehen."

Der Hauptmann Springer stieß vor Entzücken sein Schwert fast einen Fuß tief in die Erde; lang holte er Atem und flüsterte dann:

„Adämle, Adämle, die Johanna hat recht, recht, recht; Ihr seid der Mann, der im dicksten Nebel klar sieht. Gebt Eure Hand, und drauf los morgen früh gegen diesen Mecklenburger Bettelprinzen, daß die Splitter davonfliegen! Recht, recht, was kümmert uns der Ochsenkopf? - Bah, vivat die Stadt! Gebt Eure Hand, Adämle. Ihr sollt Hofrat werden beim Moritz. Ich will Euch folgen wie ein Kluckhuhn der Schürze voll Körner. Jetzt aber laßt uns gehen, das Nötigste ist besprochen. Man darf uns nicht vermissen im Lager, und man könnt auch den Pfnüsel (Schnupfen) kriegen in der Nachtkühl."

Die beiden teuren Gesellen wandten sich zum Gehen, als der Leutnant den Hauptmann noch einmal anhielt.

„Noch eins, Hauptmann", sagte er. „Ich möchte gern die gute Gelegenheit morgen früh benutzen, einen Burschen unschädlich zu machen, welcher mir in mehr als einer Hinsicht unbequem ist. Ich kann sein Gesicht nicht leiden, und ebensowenig das Gesicht, welches Jungfrau Regina Lottherin macht, wenn der Tölpel ihr vor die Augen gerät."

„Aha, ich merk schon, wo Ihr hinauswollt, Adämle!" lachte der Hauptmann, den breiten Mund verziehend. „Weiß auch, wen Ihr meint. Wie gut wir doch zueinander passen, Freundle! Auch mir hat der Gesell auf den ersten Blick mißfallen; o könnt ich doch dem Halunken, dem Kindelbrück, mit seinem jungen Narren von Rottmeister zugleich die Stell aussuchen, wo ich ihn haben möcht, das sollt mir schon die rechte Lust sein. Verlaßt Euch drauf, Adam, Euer Freund, Markus Horn, soll sich morgen nicht zu beklagen haben, daß der Hauptmann Springer ihn zurücksetze!"

Die beiden verließen jetzt den Hügel und wandten sich dem Lager zu. Eine Wache rief sie an, und sie gaben mit lauter Stimme das Losungswort: Gott mit uns!

Mit lauter Stimme riefen beide Verräter diese Worte, und der ehrliche Bürgersmann, welcher die Wacht hier hielt, merkte nicht die geringste Bewegung, nicht das geringste Zittern in ihrer Stimme. Was für einen Sinn hatten auch diese Worte für den Hauptmann Hans Springer und den Leutnant Adam Schwartze? -

Um drei Uhr krähte in Wolmirstedt zum ersten Male der Hahn, und um dieselbe Stunde fuhr Markus Horn aus einem wunderlichen Traum empor, in welchen sich der geängstete Geist während des kürzesten Schlummers verloren hatte. In diesem Traum sah Markus, wie der Leutnant Adam von Bamberg die holde, liebliche Regina im bräutlichen Schmuck und im feierlichen Hochzeitszug zur Kirche führte. Seinen Vater und seine Mutter erblickte Markus in diesem Zuge, erstern finster und drohend, letztere bleich und abgehärmt. An der Ecke des Ulrichskirchplatzes lauschte der arme Markus, und als sein Vater an ihm vorüberschritt, winkte er dem verstoßenen Sohn, sich dem Feierzug anzuschließen, und der mußte so seinem verlorenen Glück zu Grabe folgen. Als der letzte schritt er der Geliebten, welche ein anderer heimführte, nach. In diesem Traum hörte Markus Horn eben den Orgelklang der Ulrichskirche, sah er den Pastor Nikolaus Gallus im schwarzen Predigergewand mit der weißen Halskrause vor den Altar treten, um das Brautpaar für die Zeit und Ewigkeit zusammenzugeben; nieder knieten Adam und Regina, der Magister Flacius Illyricus stand als Brautführer hinter ihnen; der alte Ratmann Horn wandte wiederum das strenge Gesicht gegen den Sohn, erhob wiederum die Hand und deutete auf das junge Paar; - da krähte der Hahn, und ein großes Getöse erhob sich ringsumher. Mit dem Rottmeister Markus Horn flogen alle andern Schläfer im Lager vor Wolmirstedt von dem Erdboden in die Höhe und griffen nach den Waffen. Die Reiter schwangen sich auf die Rosse, welche die ganze Nacht hindurch unabgezäunt gestanden hatten. Bürger und geworbene Knechte fanden sich am ersten unter den Rufen ihrer Befehlshaber an den ihnen bestimmten Plätzen aufgestellt, die Bauern aber drängten sich wie eine vom Wolf umkreiste Herde zusammen und durcheinander, taub gegen jeden Befehlsruf der ihnen gesetzten Anführer. Der Wolf aber umkreiste wirklich auch blut- und raubgierig die Wagenburg der Stadt Magdeburg; feindliche Reiter galoppierten in der Dämmerung und dem Morgennebel schaffenhaft auftauchend und wieder verschwindend um die Lager und schossen ihre Büchsen gegen dasselbe ab. Die Wachen erwiderten dieses Feuer, indem sie sich auf die Wagenburg zurückzogen. Hier und da verwunderten die Reisigen des Mecklenburgers einen Mann und töteten einen Bauern. Sie wichen erst, als die Reiter der Stadt gegen sie vorsprengten. Von Hillersleben hörte man dumpfen Trommelschlag, die Hauptmacht des Feindes regte sich; - die Nacht war zu Ende, trübe dämmerte die Entscheidungsstunde.

Das achte Kapitel

"Schlag Buerger tot! Schlag Bauer tot!"
Hilf Gott der Stadt in solcher Not!
O blut'ger Tag; am Ohrefluss
Der Staedter Banner sinken muss.
Die Fuehrer jagen von dem Plan.
Dem Leutnant folgt der Kapitan.
"Flieh Magdeburg!" geht gell der Schrei;
Gott schuetze seine Kanzelei!
Es jauchzt der Feind: "Gewonnen all!"
Der Meister Lotther kommt zu Fall.

Zwischen Hillersleben und dem Lager der Magdeburger lag das Feld wieder still da. Alle streifenden Haufen, alle Kundschafter hatten sich zurückgezogen. Unter der Stadt Banner stand jetzt jeder Mann, Bürger, Bauer und Landsknecht, in seinen Waffen da, des Kommenden gewärtig; niemand brauchte sich mehr den Schlaf aus den Augen zu reiben. Leise schlich die Ohre durch den Nebel dahin; im Osten erschien ein bleichroter Schein; es wurde heller; zwei Stunden vor Aufgang der Sonne war's.

Noch einmal hielten die Führer Gemeinde und Ratschlag; man verharrte bei dem Beschluß des vergangenen Tages, dem Feinde im freien Felde unter die Augen zu ziehen und seinen Angriff im Vertrauen auf Gottes Hülf und Beistand abzuwarten. Man stärkte nach Notdurft den Leib zum schweren Werke; dann rückte man still vor gegen Hillersleben. Nur die Anführer sprachen jetzt noch mit voller Stimme; durch die Haufen des Volkes ging kaum ein leises Geflüster.

In der Rotte des Markus Horn sagte der rote Pfeffer zu dem großen Lügner Jochen Lorleberg:

„Heiliges Wetter, wenn ich jetzo den Schuft, den Beutelschneider, den Dieb, den Galgenvogel, den Heinz Timpe vor diese Hellebard kriegt! Ich weiß, der Lump ist drüben geblieben; - jetzt könnt ich ihn bezahlen für seine falschen Würfel und sein frech Maul!"

„Halt du deins, Narr!" brummte der lange Heinz Bückling. „Der Magister sieht sich um - halt den Rand vor dem Feind! Nachher, wenn das Faß angezapft ist, magst du schwatzen und schreien nach Herzenslust."-

„Da nehmt einen Schluck, Gevatter Besselmeier", sprach Michael Lotther zu dem Geschichtsschreiber Sebastian, indem er ihm ein umsponnenes Fläschlein reichte, „'s ist gut gegen die Morgenkühle. He, he, die Prahlhänse da drüben zu Hillersleben! 'S ist wohl eine Kunst, Dörfer zu verbrennen und wehrlose Bauern im Feld zu jagen! Horcht nur, Gevatter, mit ihren Trommeln und Drommeten rasaunen sie genug; aber blicken läßt sich keiner! Was meint Ihr?"

„Jeder tu jetzo seine Pflicht, und - vorwärts im Namen Gottes! - Verzeihung, Meister Hasenreffer, ich hab Euch wohl eben auf den Hacken getreten?"

„Tut nichts, ich geb's weiter!" sprach der Schlächtermeister, den wir im ersten Kapitel kennengelernt haben und welcher jetzt, mit einer gewaltigen Mordaxt über der Schulter, im Heere der Stadt dahinzog.

„Wo ist der Schulze von Schnarsleben?" fragte im Zuge der Bauern eine Stimme.

„Hier!" antwortete ein Graukopf, welcher mit einem Zweihänder bewaffnet seiner Gemeinde voranschritt.

„Sein Junge liegt am Wege, Schulze", sagte die erste Stimme wieder. „Er kann nicht mit, er muß verbluten an der Kugel von vorhin. Sie haben ihn vom Wagen abgetan."

Ein anderes Dorf drängte die Leute von Schnarsleben weiter, und was aus dem Sohne des Schulzen geworden ist, kann der Erzähler nicht sagen.-

„Halt!" tönte es im Heere der Stadt Magdeburg, als man über die Hälfte des Weges im Feld zwischen Hillersleben und Wolmirstedt hinaus war.

Schlachtordnung wurde gemacht, dem Feind entgegen. Einen Halbkreis bildete die Wagenburg mit ihrem Geschütz, viel zu eng geschlossen, wie sich nachher auswies. Voran unter ihren Fahnen standen die Bürger und die Knechte; in das Hintertreffen wurde das unzuverlässige Hilfsvolk der Bauern verordnet, da die Führer erachteten, daß dasselbe allda nicht dem ersten Angriff ausgesetzt sei und so der Sache der Stadt am wenigsten zum Schaden gereichen möge. Auf die Flügel waren die drei Geschwader Reiter, die mit ausgezogen waren, verteilt.

Die Hakenbüchsen auf den Rennwagen, die elf großen Geschütze, alle Feuerröhre, Spieße, Hellebarden waren gegen das Kloster und Dorf Hillersleben gerichtet.

Von dort her klirrten die Waffen, klang der Kriegsruf immer wilder herüber. Die Trompeten der Reisigen schmetterten, es wirbelten die Trommeln und Heerpauken. Nach wüst durchschwärmter, schlaflos hingebrachter Nacht saß Herr Jürg von Mecklenburg mit seinen Hauptleuten und Rittern längst in voller Rüstung zu Roß, schimpfend, spottend, fluchend über die magdeburgschen Pfeffersäcke, das Bauerngesindel, so alles nicht wert sei, daß er sein fürstlich Schwert gegen solch Pack erhöbe, daß er seine stolze Lanze gegen es einlege, daß er sein Banner dagegen wehen lasse. Halbtrunken fluchte, schimpfte, spottete mit ihm sein Heer, und Gott gab in die Hände der Schwelger, Mörder und Mordbrenner das ausgezogene Volk der Stadt Magdeburg, auf daß aus erster blutiger Niederlage der Glaubensmut, die fromme, treue Tapferkeit sich desto heller, leuchtender erhebe.

Am Ausgang des Dorfes hielt der Herzog und sah seine Rotten an sich vorüberziehen. Mit wildem Lachen forderte er sie auf, niemanden außer den Landsknechten Gnade zu verleihen, keinem Bürger und Bauer Pardon zu geben. Der Landsknechte möge man schonen - schrie er -, da sei damit ein anderes, da gelte: heute mir, morgen dir. Er wußte, daß er nach gewonnener Schlacht die Auswahl unter den gefangenen wilden Gesellen haben würde.

Als die letzten Scharen vorüber waren, sprengte der herzogliche Taugenichts wieder an die Spitze, und bald hatten die Magdeburger die Reihen der Feinde vor Augen.

Der zwischen dem Leutnant Schwartze und dem Hauptmann Springer getroffenen Verabredung gemäß war Markus Horn mit seiner Rotte an die gefährlichste Stelle, wo der Hauptmann den Hauptangriff des Feines vermutete, an die Lücke in der Wagenburg, wo das Geschütz stand, beordert, und mit der größesten Freude hatte er diesen Platz eingenommen. Er war ja so recht in der Stimmung, sich nach einer schnell allem Erdenjammer ein Ende machenden Kugel, nach einem guten Partisanenstoß oder Fausthammerschlag zu sehnen. Es sollte aber anders kommen, als der Hauptmann Springer vermutet hatte. Die gefährlichste Stelle der Schlachtordnung sollte zur gefahrlosesten werden, der Stadt Magdeburg zum grenzenlosesten Leid und Schaden.

Es war gegen sieben Uhr; näher bewegte sich der Feind, jedes Herz schlug höher, die entscheidende Stunde war gekommen. Noch während des Anrückens des Herzogs tat das Heer der Stadt seinen Fußfall und sprach sein kurzes Gebet; und in dem Augenblick, wo die Schlachtlinie der Gegner unter den Augen der Magdeburger haltmachte, sprangen die Büchsenmeister der Stadt schon zu ihren Geschützen. Mit gewaltigen Krachen gingen die Doppelhaken auf den Wagen, gingen die großen Feldstücke gegen den Feind ab, und ganze Glieder von Reitern und Knechten sah man übereinanderstürzen, und jedermann in dem Vordertreffen des Heeres biß die Zähne zusammen und hätte an seinem Platz festwurzeln mögen, dem nunmehrigen Ansturm und Ansprall unbeweglich Widerstand zu leisten.

Zum zweitenmal war das Geschütz geladen, zum zweitenmal wurde es losgelassen, aber nicht mit demselben Erfolg; denn in diesem Augenblick tat der Feind seinen Fußfall, und so gingen die meisten Kugeln schadlos ihm zu Häupten hin.

Schlachtruf auf der ganzen Linie der Magdeburger! Schlachtruf der Gegner und eine plötzliche unerwartete Schwenkung derselben!

Herr Jürg von Mecklenburg kannte sein Handwerk. Von der Zusammensetzung des städtischen Heeres hatte er ebenfalls die beste Kenntnis, und sobald er die Aufstellung der Wagenburg, „wie Etliche davon sagen wollen, vorsetzlich vom Wasser - der Ohre - und Holtzungen abe ins freye Feld geführet!" erkundet hatte, wußte er genau, auf welche Art er angreifen mußte, um die Sache für sich zu einem guten Ziel zu führen.

Die Schwenkung, welche einige im Heere der Stadt für den Beginn der Flucht nahmen, hatte einen ganz andern Grund. Vor der Stirn der Magdeburger vorüber stürzten im Sturmschritt Reiter und Fußvolk des Mecklenburgers, und ehe man sich's versah, war die Wagenburg umgangen, drang der Feind im Rücken der Geschütze, im Rücken der Kernmacht, mit aller Wut und Wildheit auf die Bauern im Hintertreffen. Da war an ein Umwenden der Schlachtordnung nicht zu denken. Die Bauern, den Ruf ihrer Führer, die Spieße zu fällen und zu senken, um des „reisigen Zeuges Einfall zu hindern"- falsch verstehend, warfen die Wehren aus den Händen, ließen sich wehrlos niederhauen und -stechen und drängten in wüster Unordnung in den Halbmond der Wagenburg, die, wie schon gesagt, zu eng geschlossen war, so daß in kürzester Frist aus der Aufstellung des städtischen Heeres ein verzweifeltes, wirres, heilloses Durchanander entstanden war, in welchem der Feind gut und leicht Spiel hatte.

Allen voran klang der wilde Ruf des Herzogs:

„Schlage Bauer und Bürger tot! Laß Landsknecht leben!"

Ein Gemetzel schrecklichster Art entstand auf dem engsten Raume. Aus einer Schutzwehr war die Wagenburg, wie die Chronisten sich ausdrücken, zu einem „Nothstall" geworden, in welchem die Stadt „beklemmet" war, daß niemand imstande war, von seiner Kraft, seinem Mut, seinen Waffen Gebrauch zu machen.

Bald war jede Hoffnung des Sieges für die Magdeburger verloren; her ging es über sie und krachte

- herein wie die Kesselwagen,
Wie der Reisigen Vortrag rasselt,
Wie Donner und Hagel herprasselt.

Jammer, Not, wildeste Verzweiflung und unbarmherzigste Wut!

„Schlage Bürger tot! Schlage Bauer tot! Laß Landsknecht leben!" schrien die Rotten des Mecklenburgers ihrem wütenden Führer nach; - das Blut floß in Strömen, und in Haufen deckte das unglückliche Landvolks den Boden. Anfänglich konnten die Bürger von den Wagen ihre Büchsen auf den in Haufen eindringenden Feind noch abfeuern und ihm so manchen Schaden zufügen; aber bald war Freund und Feind so vermischt, daß solches Feuer aufgegeben werden mußte. Auf einen dieser Wagen hatte sich auch Markus Horn geschwungen und blickte von hier herab mit verzweiflungsvollem Grimm auf das wilde Getümmel, in welchem seine Vaterstadt ohnmächtig unterlag. Schon übertönte der Siegesruf der Mecklenburgschen das Schlachtgeschrei der Magdeburger.

„Allgewonnen, allgewonnen!" schrien die einen.

„Magdeburg, hilf! Hilf Magdeburg!" riefen die andern.

Alles ging über- und untereinander. Ein Fähnlein der Stadt nach dem andern sank unter in den Wogen der Schlacht und fiel in die Hände der Feinde; immer tiefer drangen letztere in den Halbmond der Wagenburg, und schon brachen Haufen von Bürgern und städtischen Landsknechten durch die Lücken derselben und zerstreuten sich über das Feld, verfolgt von den daselbst umherschwärmenden feindlichen Reitern. Viele der Fliehenden stürzten sich in die Ohre, um so dem erbarmungslosen Schwert zu entgehen; aber nur wenige gelangten glücklich an das andere Ufer; die meisten fanden ihren Tod in den Fluten.

Jetzt war, wie Herr Sebastian Besselmeier, der Augenzeuge, erzählt, ein gut Kleid wohl tausend Gülden wert; „denn welcher in bösen Kleidern und schlecht daher gieng, ward für einen Bawern angesehen und erstochen."

Alles neigte sich zur Flucht; was noch von tapfern Herzen aushalten wollte, das drängte sich an und auf den Wagen. Um Sieg wurde hier nicht mehr gefochten, wohl aber noch um die Ehre. An den Wagen fand der Herzog, der bis jetzt so leichtes Spiel gehabt hatte, in den letzten Augenblicken der Schlacht noch einen Widerstand, welchen er nicht mehr erwartet hatte. Die Wehrlosen lagen jetzt zu Boden, die nicht fechten wollten, hatten sich meistenteils ergeben oder die Flucht ergriffen. Hier, an und auf den Wagen, um die Geschütze kämpften jetzt noch die tapfersten der Bürger und ehrlichsten der Landsknechte, hielten die Führer stand, und so kam die Schlacht einen flüchtigen Augenblick lang zum Stehen.

Gleich einem Verzweifelten kämpfte der Rottmeister Horn an der Spitze seines Häufleins, welches er soviel als möglich zusammenhielt, welches er nach Kräften ermutigte und zur Ausdauer anspornte. Manch kühner Mann, mit welchem die Magdeburger Kinder, die Markus befehligte, vor kurzem im Lager vor Braunschweig einträchtlich aus einer Schüssel gegessen hatten, fiel hier unter ihren Streichen und Stößen. Nach seinem Wunsch traf Samuel Pfeffer, der Rotkopf, auf Heinz Timpe; doch schlug das Begegnen nicht zum Besten des Rotkopfes aus. Mit dem Kolben seiner Büchse schlug ihn der einstige Spielgesell nieder und sprang über seinen Leib, auf eine Radspeiche tretend, um sich auf einen der von den städtischen Knechten noch verteidigten Rollwagen zu schwingen.

„Kiek, biste wieder da, Lüttge?" rief aber Jochen Lorleberg von dem Wagen herab. „Hand von de Butten!"

Das zweihändige Schwert sauste hernieder und trennte den Arm des Angreifers vom Leib. Unter die Füße der nachdringenden Genossen stürzte Heinz Timpe zurück, und sein Blut strömte zu dem andern, welches durch die Ackerfurchen rieselte.

„Magdeburg, hie Magdeburg!" rief Markus Horn, den nächsten Wagen verteidigend.

„Magdeburg, hilf Magdeburg!" rief Christof Alemann, mit einem Haufen seiner Reisigen der Stadt Reiterfahne im Zurückweichen errettend.

Neben einem dritten Wagen hielt der Hauptmann Springer mit dem Leutnant Schwartze, umgeben von dem Kern ihrer Leute, hoch zu Roß vor einer Lücke der Wagenburg. Gleichmütig und gelassen schaute Adam in das Gemetzel, während der Hauptmann unruhige Blicke vor- und zurückwarf und dann wieder fragend zu seinem Leutnant hinüberlugte.

Den Kopf schüttelte dieser.

„Noch nicht!"

Neun Fähnlein der Stadt Magdeburg waren in den Händen der Mecklenburger; immer mehr und mehr schmolzen die Häuflein der noch für die Stadt Kämpfenden zusammen. Durch das Getümmel brach sich zu dem Hauptmann Hans Springer der alte Bürgermeister Gregorius Guericke, begleitet von dem Kämmerer, Bahn. Blut tröpfelte aus einer leichten Stirnwunde durch die ehrwürdigen weichen Locken des Greises, seine Rüstung war zerbrochen, sein Barett (einen Helm vermochte er des hohen Alters wegen nicht mehr zu tragen) hatte er verloren, atemlos stützte er sich auf sein Schwert.

„Herr Hauptmann, Herr Hauptmann", schrie er in Verzweiflung den Elsasser an, „wie ist das? Herr Hauptmann Springer, wie ist das? Ist alles verloren? Ist keine Hilfe mehr? Ist alles, alles vorbei? Wehe mir, wehe der Stadt - ist denn alles, alles umsonst?"

Hans Springer zuckte die Achseln:

„Herr Bürgermeister, Kaiser und Könige, Fürsten und große Herren haben Schlachten verloren, so ist das Bürgern nicht zu verdenken. Herr Bürgermeister, die Schlacht ist wirklich und wahrhaftig dem Feind gewonnen und keine Abhülfe mehr in unserer

Macht. Wer sein Leben retten will, der möge sich aus dem Felde machen!"

Die hellen Tränen rannen bei solchen Worten des kriegskundigen Mannes dem wackern Bürgermeister aus den Augen in den greisen Bart.

„Nein, nein!" rief er, indem er mit dem Fuße den vom Blut seiner Stadtgenossen getränkten Boden stampfte. „Nein, nein, solange einer noch aushält, soll man vom alten Gregorius Guericke nicht sagen, daß er der Stadt Sach aufgegeben hat und feldflüchtig geworden sei."

Wieder zuckte der Hauptmann Springer die Achseln und blickte wiederum nach seinem Leutnant. Mit gespanntester Aufmerksamkeit hielt dieser den Wagen, auf welchem immer noch die hohe Gestalt Markus Horns im heißen Kampfe erschien, im Auge.

Eine wahre Mauer von Leichen bildete sich um diesen Wagen her; alle zerstreut kämpfenden Bürger und Landsknechte drängten sich allgemach hier zusammen zur letzten Gegenwehr. Woge auf Woge flutete heran, brach sich und stürzte zurück. Hieb, Stoß und Schlag, Todesgeschrei, Wutgebrüll.

„Hilf Magdeburg! Hie Magdeburg!" erhob sich eine kreischende Stimme über allen Lärm. Wiederum ein Gewoge ineinander verbissener Kämpfer, Städter und Mecklenburger durcheinander, heranschwellend.-

„Hilf Magdeburg! Rette Magdeburg!" kreiste dieselbe Stimme, und unter sich erblickte Markus Horn eine blutbesudelte, zerzauste Gestalt halb unter den Füßen der Streitenden. Sich halb aufrichtend, hielt diese Gestalt ein zerfetztes, blutiges, besudeltes Banner mit der Magdeburger Kranzjungfer in die Höhe:

„Rette, rette Magdeburg!"

Mit einem gewaltigen Sprunge war Markus Horn von seinem Wagen herab, in dem Augenblick, wo eine feindliche Hellebarde niederschmetterte und den tapfern Bürger, welcher diese Fahne seiner Stadt so gut schützte, vollständig zu Boden streckte. In diesem tapferen Kämpfer hatte der Rottmeister Markus den Buchdrucker Michael Lotther erkannt. Mit einem Griff riß er das Banner aus den Händen des siegtrunkenen feindlichen Söldners, welcher sich desselben bemächtigt hatte; mit einem zweiten Griff zog er den Buchdrucker hervor und hob ihn auf den Wagen. Die Fahne reichte er in die Hände des kleinen Pfeifers Fränzel Nothnagel, welcher sich aus dem Getümmel ebenfalls sauf die Wagenburg gerettet hatte.

„Allverloren, allverloren!" schrie Adam Schwartze, als er den Rottmeister Horn von seinem Standpunkt verschwinden sah in der Flut des letzten Ansturms. „Allverloren! Rette sich, wer kann! Vorbei! Vorbei! Alles verloren!"

„Alles verloren!" schrie der Hauptmann Springer seinem Leutnant nach. Die Sporen stießen die Führer ihren Gäulen in die Flanken; im wildesten Galopp brachen sie aus der Wagenburg hervor und jagten über das Feld. Von dannen riß das Getümmel der Fliehenden den Kämmerer Heinrich Müller und alle andern noch Widerstehenden.

Verzweiflungsvoll sah sich der Bürgermeister Guerike um, und wieder fragte er, ob noch Rettung sei, und alle an ihm Vorüberstürzenden schrien:

„Nein, nein, nein! Alles verloren! Alles verloren!"

Da rief der alte Gregorius, die Hände gen Himmel hebend:

„Ach, wenn ich noch etwas raten und tun könnt, wie gern wollt ich meinen alten Hals dran wagen!" Und damit wandte er sich an die ihn noch Umgebenden und fragte zum letzten, ob's ihm auch nachteilig an seiner Ehre sein werde, wenn er also die Flucht nehme.

Und wieder schrie man ihm „Nein, nein!" zu und brachte ihm ein Roß und hob ihn schier mit Gewalt darauf. Da ritt auch er weinend von der Unglücksstätte fort, und das Glück wollte, daß er ungefährdet Hadmersleben erreichte, allwo man ihn über die Mauer einließ.

„Haltet zum Banner! Haltet zum Banner!" schrie Christof Alemann seinen wackern Reitern zu, die mit ihm einen Weg sich durch das Getümmel bahnten und die einzige noch in den Lüften flatternde Fahne der Stadt schützten.

Im Vorbeireiten erblickte der Fähnrich seinen Jugendfreund Markus Horn, welcher jetzt ganz allein, an seinen Wagen gelehnt, den besinnungslosen Buchdrucker Lotther, den kleinen Fränzel und das zweite noch übrige Fähnlein verteidigte.

„Alles aus, Bruderherz!" rief Christof Alemann, sich Bahn brechend mit seinen Reitern. „Komm mit, rette dich! Willst du allein die Schlacht halten?"

„Reite zu, Christof, und laß mich!" rief Markus. „Alles verloren!"

„Aber das Leben noch nicht, Narr!" schrie der Fähnrich. „Wen hast du da? Aha, den tapfern Meister Lotther. Ist noch ein Fünklein Atem in ihm, so nimm ihn mit - ledige Pferde genug - wär ach schad um die schönen Augen der Jungfer Regin", wenn sie sich dieselben um den Alten rot weinen müßte. Kurt, gib dem Rottmeister den ledigen Gaul - da läuft noch einer. Hinaus, Mark! Heb den Alten, so! Das Banner wirf mir herunter zu, du Affe da oben, spring nach! So, hab ich dich auf dem Sattel? Zum Banner, zum Banner! Ihr wackern Reiter von Magdeburg, nieder mit den mecklenburgschen Ochsenköpfen! Haltet euch nicht auf - aus dem Feld, aus dem Feld! Der Herr von Wulffen hat's erlaubt und ist vorangeritten. Fort, fort! Freie Bahn! Bahn frei! Hie Magdeburg! Magdeburg hie!!"

Viel schneller, als die Feder erzählen kann, war geschehen, was der Fähnrich gerufen hatte. Zu Roß saß Markus, den besinnungslosen Buchdrucker vor sich. Vor sich im Sattel hielt Christof Alemann das Pfeiferlein; die beiden Fähnlein hielt er auch, die Zügel faßte er zwischen die Zähne, sein Schwert wetterte nieder wie Gottes Blitz.

Seinem hellen Rufen „Hie Magdeburg! Magdeburg!" schloß sich alles an, was von städtischen Reitern dazu gelangen konnte. Manch ein guter Knecht des Mecklenburger Jürgen fiel noch vor den gewaltigen Streichen dieses kleinen Haufens, ehe der das freie Feld erreicht hatte. Aber es gelang; plündernd war sich der Feind auf die Wagen der Magdeburger; er hatte sein Mütlein gut genug gekühlt und kümmerte sich wenig um die wenigen, die ihm jetzt noch unverletzt entgehen mochten. Den vollständigsten Sieg hatte der Herzog Georg von Mecklenburg gewonnen. Inmitten der Wagenburg unter Blut und Leichenhaufen hielt er und rühmte sich, mit eigener Faust wohl hundert Magdeburgsche niedergestreckt zu haben.

Lachend sprach er zu den Herren vom Adel um ihn her:

„Also muß man die von Magdeburg kriegen lehren."

Und lachend entgegnete ihm einer der Ritter:

„Ja, gnädiger Herr, die von Magdeburg wollten uns diesen Krieg verbieten und uns in unserm Vorhaben hindern. Nun fördern sie uns erst recht und stärken uns dazu mit Geschütz, Wagen und Pferden."

Ein anderer sprach:

„Nun werden sich viel andere Fürsten und Herren zu uns schlagen; desgleichen wird uns alles Kriegsvolk zulaufen und ein großer Haufe daraus werden. Hätten wir aber gewußt, daß die Schelme soviel Stricke, uns zu hängen, mitgenommen hätten, keinen wollten wir gefangengenommen haben, alle hätten wir erstochen!"

„Ich hab mein Teil dazu getan", lachte wieder der Herzog. „Lust hatt ich dazu, daß man sie möcht niedermähen wie das Gras."

„Einen blauen Montag hat das Bürgervolk heut nicht gemacht!" rief einer. „Einen blutigroten haben wir ihnen zu feiern gegeben. Hallo, was ist denn das für ein Lärm dort?"

Ein großer Zusammenlauf war unter den die Toten und Verwundeten ausplündernden Siegern entstanden. Geschrei, dann eine tiefe Stille! Auf einem Leichenhaufen hatte einer der wüsten Knechte seinen eigenen Vater gefunden, welcher "gelegen und sehr gewinselt; ob aber der Sohn den Vater wol erkandt, hat er ihn doch unbarmhertzigerweise getödtet. Aber nicht lange hernach hat der Thäter seinen Lohn bekommen; denn als er an einem Damm gestanden, ist ohngefahr eine Kugel auß Magdeburg geflogen gekommen, welche ihm durch den Kopff gangen."

Also erzählt Herr Elias Pomarius, der Chronist und Pfarrherr zu Sankt Peter.

Kaum eine halbe Stunde hatte diese merkwürdige Schlacht an der Ohre gedauert. Vom Heer der Stadt lagen auf dem Walplatz tot sechzig Landsknechte, hundertundzwei Bürger und - tausendundvierzig Bauern. Gefangen waren dreihundertfünfzig Landsknechte und Bürger, welche letztere sich mit schwerem Geld auslösen mußten und recht „liederlich" gehalten wurden. Das „Geschrey" von dieser Schlacht kam innerhalb sechs Tagen nach Augsburg vor den Kaiser, welches die Zeitgenossen als eine große Merkwürdigkeit und seltsame Schnelligkeit in ihren Gedenkbüchern aufzeichnen.

Die Rennwagen mit den Doppelhaken, die großen Feldstücke und die genommenen Fähnlein schickte der Sieger als Zeichen des Triumphs dem Kaiser nach Augsburg. Die Wagenburg bekam Moritz von Sachsen als Beutepfennig.

An dem Tage der Schlacht noch rückte Herr Jürg von Mecklenburg mit seinem siegestrunkenen Heer vor Wolmirstedt und forderte es zur Übergabe auf. Feig öffnete der Hauptmann, der am gestrigen Abend so große Worte feil gehabt hatte, ohne Schwertstreich das Tor zum großen Verdruß der städtischen Geschichtsschreiber, welche bemerken:

- „Denn ja auff dem Schloß zwölf tonnen Butter, drey gantzer braw Bier, neun Winspel Käse und was sonsten an Büchsen, Kraut und Loth, Viehe, Korn und Mehl, Brodt und andern Vorrath vorhanden gewesen, hat kein Zahl gehabt. Und hätten ihn die von Magdeburg im Fall der Not gar leichtlich können entsetzen."

Eine Viertelstunde vom Schlachtfeld ab ließ Christof Alemann der Fähnrich den Fränzel Nothnagel vom Sattel gleiten und rief:

„Lauf, lauf nun, du kommst um so schneller hin, und magst ansagen daheim, wie sauber es uns ergangen ist."

Nicht zweimal ließ das Pfeiferlein sich solches sagen. Gleich einem Heupferd hüpfte es über die Stoppelfelder und war richtig von allen, die mit ausgezogen waren gen Hillersleben an der Ohre, der erste, welcher von daher zurückkam, obgleich ihm mancher zu Roß und zu Fuß vorangelaufen war.

Das neunte Kapitel

Ach Gott desselben nicht vergiss, der dieses Elends Ursach ist!

klingt der alte Reim auf den Herzog Georg von Mecklenburg aus dem Jubeljahr eintausendfünfhundertundfünfzig herüber. Welch namenlosen Hammer, welch kochenden Zorn und Haß schließen diese beiden Zeilen ein! Es ist wie ein hellaufkreischender Schmerz- und Wutschrei, in welchem sich die große blutiggeschlagene Lutherische Stadt, die Kanzlei des Herrgotts, Luft macht. -

Da standen sie am Morgen des zweiundzwanzigsten Septembers, dem Tage Mauritii, des Schutzpatrons der Stadt, am Tor; da drängten sie sich auf den Wällen - Greise und Knaben, Frauen, Jungfrauen und Kinder - Männer und Weiber, alle auslugend nach Botschaft von den am gestrigen Morgen Ausgezogenen, alle mit ängstlich klopfenden Herzen, alle bleichgesichtig, mattäugig und schlaflos verbrachter Nacht. Jeder auf der Landstraße herankommende Reiter, jeder Fußgänger wurde mit fieberhafter Aufregung verfolgt, angerufen, ausgefragt und Nachricht vom Heer. Da aber eben erst die achte Morgenstunde verlaufen war, so konnte kein Wanderer andere Auskunft geben, als daß der Zug der Stadt die Nacht hindurch Lager geschlagen habe vor Wolmirstedt und daß der Feind sich dagegen im Kloster Hillersleben ruhig verhalten habe.

Jedesmal, wenn solch ein Wanderer ausgefragt worden war, schlichen einige der Harrenden mit gesenkten Häuptern davon, ihren Wohnungen wieder zu; aber immer strömten aus der innern Stadt andere gegen das Krökentor und auf die Stadtmauer daselbst. In allen Straßen, auf allen Plätzen begegneten sich Frage und Antwort:

„Nachricht?!"

Ein stummes Kopfschütteln.

In der Schöneeckstraße im Hause des Ratmanns Ludolf Horn saßen in dem Gemach, welches wir bereits kennen, die Frau Margarete und die Tochter des Buchdruckers an ihrer gewohnten Stelle am Fenster einander gegenüber, während der Ratmann, die Hände auf dem Rücken, in dem Zimmer auf und ab schritt und nur von Zeit zu Zeit an dem zweiten Fenster stehenblieb, um in die Gasse hinauszuschauen.

Es war, als ob die schwere Sorge jedem dieser drei armen Menschen den Atem benähme; es war, als ob die Luft schwerer zu atmen sei, als ob ein gewisses unbeschreibbares Drohen die Atmosphäre anfülle, welches das Blut in den Adern stocken mache.

Niemand sprach in dem ängstlichschwülen Gemacht. Worüber sollte man auch reden? Jeder wandte schweigend die Schrecknisse, die ihn bedrängten, hin und her in der schmerzlichen Brust. Erst als ein Bote des Bürgermeisters Alemann kam und den Ratmann auf das Rathaus forderte, regten sich die beiden Frauen wieder. Die Matrone erhob sich von ihrem Sessel und nahm das Amtskleid des Eheherrn vom Türnagel und half ihm, dasselbe anzulegen. Regina holte den hohen Stab aus dem Winkel und reichte ihn dem Herrn Ludolf. Der Ratmann küßte seine Frau und die Stirn und sagte:

„Gehabt euch wohl, ihr armen Weiblein. Gedenkt, daß Gott niemandem eine Last über seine Kräfte auflegt und daß alles, was er gut, wohlgetan ist!"

„O Ludolf! Ludolf!" brach die Frau jetzt aus, laut weinend die Arme um den Nacken des Eheherrn werfend. „O Ludolf, dein Sohn, dein Sohn! Denk, wenn er gefallen ist vor dem Feind, wenn er auf dem Blutfeld gestorben ist, keine zornigen, schrecklichen Worte im brechenden Herzen wiederholend! O Markus, Markus, mein Kind, deiner armen Mutter Segen ist überall mit dir!"

Der Ratmann machte sich sanft aus den Armen der Frau los. „Wer gesündigt hat, den gebühret Strafe!" sprach er. „Geflucht habe ich meinem Kinde nicht; aber wenn es in diesem Augenblick auf dem Schlachtplan seine Augen im zeitlichen Tod schlösse und Gott mich jetzt mit ihm vor seinen heiligen Richterstuhl riefe, so bin ich bereit, vor dem höchsten Richter, vor Gott, zu verantworten, was ich gesprochen habe an dem Abend, wo der Knabe hier erschien vor seinen Eltern, so er böslich, selbstsüchtig, leichtsinnig verlassen hatte. Glaub, Mutter, glaub, ein rechter Mann lässet nicht alles sehen, was sich in seiner Brust reget, es gibt manches, was er allein hin und her wiegt. Glaub, Mutter, es ist ein schrecklich Ding auch um ein Männerherz, während das Zünglein der Waage noch nach rechts und links zittert. Glaub, Mutter, du trägst dein Weh nicht allein!"

Regina Lottherin küßte dem Greise scheubewegt die Hand, und fort schritt Herr Ludolf Horn, um im Rat der Stadt Magdeburg mit unbewegtem Gesicht seinen Sitz einzunehmen, mit unbewegter Stimme sein Wort zu sprechen, während zu Hause die beiden Frauen .Jetzt einander wieder lautschluchzend in die Arme fielen.

Wieder zog durch die Schöneeckstraße ein Schwarm unruhiger, angstvoller Menschen nach dem Krökentor.

„Ich halte es hier im dumpfen Gemach nicht mehr aus!" rief Frau Margareta. „Laß uns auch fort, Regina; laß uns auch in die freie Luft; ersticken muß ich hier."

„Da steht in unserer Haustür unser Faktor, Meister Kornelius, mit dem Herrn Magister Flacius, sie sollen uns begleiten", sprach Regina. „Da ist Euer Manteil, Mütterlein, kommt, kommt! Auch mich duldet es hier nicht mehr; draußen scheint wenigstens die Sonne, kommt, laßt uns schnell gehen."

Aus dem Hause eilten die beiden Frauen, und bereitwillig schlossen sich ihnen die beiden Männer an zur Begleitung.

„Noch immer keine Nachricht?" fragte Frau Margareta Horn den Illyricus. Dieser zog die Achseln auf.

„Seltsame, unbestimmte Gerüchte durchfliegen die Luft gleich verschüchterten Vögeln. Man kann sie nicht greifen, man weiß nicht, woher sie kommen, wer sie gebracht hat. Sie sind da, werden widerrufen, werden bestätigt; - es sind abscheuliche Stunden, diese Stunden des Harrens, sie zerrütten den Geist, sie ertöten den Körper. Setzt Euch nieder, es treibt Euch in die Höhe - geht umher, es treibt Euch zum Laufen - hierhin, dorthin, ohne Zweck, ohne Absicht. -"

„Und die einzige Ruhe ist zu Gottes Füßen, ist im Gebete!" sprach feierlich mit klangvoller Männerstimme Herr Johannes Pomarius, der junge Pfarrherr zum Heiligen Geist, der Vater jenes Elias Pomarius, welcher im vorigen Kapitel angeführt wurde als Chronist und Pastor zu Sankt Peter in der Altstadt Magdeburg. Herr Johannes Pomarius oder Baumgarten, damals eben aus dem Jünglingsalter heraustretend, hatte großen Ruf in der Stadt als ein begeisterter, trefflicher lutherischer Kanzelredner und verdiente diesen Ruf mit vollem Recht. Sein ältester Sohn schrieb die Aufzeichnungen nieder, welche im Jahre 1622 sein jüngerer Sohn Elias vermehrt und verbessert als: „Warhafftige, grundtliche unnd eygentliche Beschreibung der uberjärigen Belagerunge der kaiserlichen freyen Reichsstadt Magdeburg " aufs neue im Druck erscheinen ließ.-

Sittsam neigte sich der junge Pfarrherr vor den beiden Frauen, dem Faktor und dem Magister und sprach:

„Verzeihet, Herr Flacius, daß ich Euch also in Eure Worte eingefallen bin; aber wessen das Herz voll ist, dessen gehet der Mund über. Wie Eure Seele ist die meinige unruhig und in großen Ängsten; im Knien vor Gott aber wird das Herz leicht und stille. Des Herrn Name sei gepriesen zu jeder Stund!"

„Amen!" sprachen alle nach, und der Pfarrer schloß sich den vieren an und schritt mit ihnen weiter über den Breiten Weg gegen das Krökentor. Über den Breiten Weg schritt eben Herr Nikolaus Hahn mit dem Doktor Erasmus Alberus heran und vorüber. Der Herr von Heideck jagte mit Kaspar Pflugk zu Pferd aus dem Tor auf Nachricht aus, manch anderer wohlbekannter Mann, den sonst um diese Tagesstunde nichts in der Welt von seiner Arbeit, seinen Amtsgeschäften weggetrieben hätte, schritt jetzt ruhelos

unter der Mauer der Neustadt auf und ab. Da war der gelehrte Stadtschreiber Merkel, da war manch anderer Mann vom Rat, manch ehrbarer Innungsmeister, mancher Kriegsmann von der zurückgebliebenen Besatzung. Herr Hans von Kindelbrück, der Hauptmann, unterhielt sich mit dem Stadtleutnant Hans Winkelberg von Köln auf der Zugbrücke.

Alles wartete, alles harrte. Es war zehn Uhr morgens. Hell und freundlich schien auch an diesem Tage die Sonne; aber es gelang ihr nicht, alle die trüben, ängstlichen Gesichter zu erhellen. Von der Erscheinung von Barleben, von der warnenden Rede des geheimnisvollen Alten, der das Heer aufgehalten hatte, hatte man gestern Abend schon erfahren. Manche einer war nach der Johanniskirche gelaufen und hatte die Tafel, auf welche der Warner hingedeutet hatte, angesehen und kopfschüttelnd gelesen.

Neben der Frau Margareta und Reginen gerieten ins Gespräch über dieselbe Tafel in der Johanniskirche die begleitenden Herren und vorzüglich Ehrn Johannes Pomarius und der Doktor Heinrich Merkel, der Sekretarius, welcher letztere später auch seine Bemerkungen über den zweiundzwanzigsten September, den Tag des heiligen Moritz, den Unglückstag der Stadt Magdeburg seit Jahrhunderten, der Nachwelt schriftlich überlieferte.

„Es ist ein unanrührbar Ding, diese Erscheinung vor Barleben. Jedem christlichen Gemüt ist's anheimzustellen, was es davon halten mag. Der allmächtige Gott kann seine Engel senden, wohin er will. Nicht das geringste haben alle eifrigen Nachforschungen nach diesem wunderlichen Alten herausgebracht. Wer kann sagen, was es darum gewesen ist? Ob heiliger Bote Gottes, ob Spuk und Äfferei des Teufels, eines steht immerdar fest, Gott wird die Seinen nimmer verlassen, daran sollen wir halten in jeder bösen Stunde."

Also sprach der Pfarrherr, und es antwortete ihm der Stadtschreiber: „Anno dreizehnhundertfünfzig ist die Schlacht geschehen, von welcher der Mann vor Barleben sprach und über welche die Tafel in der Johanniskirche hänget. Haben die Magdeburger sie verloren gegen ihren Stiftsadel unter dem Landgrafen Otto zu Hessen und Erzbischof Otto. Im selbigen Jahre kamen die ersten Geißelbrüder von Pirna an, am Freitag vor Ostern. Sie gingen um von wegen der großen Pest, so damals durch die ganze Welt herrschte, trugen Kreuze an den Kleidern und Hüten, hinten und vorn, und peitschten sich mit Knoten und Geißeln bis aufs Blut, um das Sterben damit abzuwenden.

Schreibt ein alt Verzeichnis, daß an dieser Pestilenz allein 124 434 Barfüßermönche sollen gestorben sein. Diese bemeldeten Flagellanten lagen zuerst auf dem Kloster Berge, bis ein ehrbarer Rat und das Kapitel sie in die Stadt ließ."

„Jawohl", sprach Ehrn Pomarius, „hab's auch vernommen; anfangs machte man viel aus ihnen, läutete die Glocken ihnen zu Ehren, lud sie zu Gaste; aber als die Neuheit vorüber war, Heuchelei und Betrug zutage kam, da war's aus, und zerging die Sekte von ihr selbst, wie Menschen-Gedichte pfleget."

„Der Menschen Treiben, Sinnen und Denken ist wunderlich und wird wunderlich bleiben. Lasset uns hoffen, daß wir über den heutigen Tag nicht ein solch Täfelein aufzuhängen brauchen wie jenes in der Johanniskirche, daß wir uns dieses Tages wegen nicht also zergeißeln müssen!" sprach der Stadtschreiber, und die andern sagten leise und laut Amen dazu.

In demselben Augenblick entstand unter dem Volk, welches auf dem Wege vor der

Zugbrücke lauerte und lungerte, eine Bewegung und ein Geschrei, welches bald von Gruppe zu Gruppe unter dem Tore, in den Gassen, auf der Mauer sich fortpflanzte. „Was war geschehen? Nachricht - Kunde vom Heer? Wo? Wie? Was? Wo ist der Bote? Dort! Nein dort! Es ist nicht wahr - Doch! Doch!"

III

Auf den ersten Lärm folgte eine tiefe Stille; alles drängte sich auf einer Stelle der Landstraße zusammen - vom Schlachtfeld an der Ohre war der erste Bote, war Fränzel Nothnagel, das Pfeiferlein, atemlos, halb tot, ganz betäubt, unfähig, zwei zusammenhängende Worte zu sprechen, angelangt.

Wenig brachte man aus dem armen Burschen heraus; aber schon das wenige war genug, übergenug, den allergrößten Schrecken durch die harrende Menge zu verbreiten. Um den kleinen Pfeifer drängten sich die hohen Befehlshaber, die Herren vom Rat, die Geistlichen mit hundert Fragen; aber ohnmächtig sank Fränzel Nothnagel zusammen und geriet in die Hände der Weiber, die sich seiner mit Kraftwassern und Riechfläschchen annahmen und ihn in die Pfarrwohnung von Sankt Katharinen brachten, damit er daselbst wieder zum Bewußtsein komme.

Aus dem stumpfen, ängstlichen Harren war die immer mehr sich vergrößernde Menge in das Stadium peinigender, qualvoller Ungeduld gelangt. Noch hatte man nichts Bestimmtes erfahren, noch war es möglich, daß die wirren, halb sinnlosen Worte des Knaben nichts zu bedeuten hatten; - aber unerträglich war dieser Zustand geworden: „Kunde! Kunde! Im Namen Gottes, Kunde!"

Mit gerungenen Händen lief man hin und wider, man zerstampfte den Boden; Weiber lagen auf den Knien und zogen ihre Kinder ebenfalls neben sich nieder; viele drückten im krampfhaften Weinen ihre Stirnen in den Staub - da - endlich - endlich - endlich ein Geschrei - ein wildes Rufen -

Schnaufende, abgejagte, keuchende Rosse - Reiter, Blutig und bestäubt -

„Verloren! Verloren! Alles verloren! Aus! Aus!"

Wieder Reiter! Einzeln - in Trupps! Keuchende, zusammenstürzende Fußgänger.

„Allverloren - der Feind! Der Feind, hinter uns der Feind! Rette, rette, Magdeburg rette! Verloren! Verloren!"

Nun Haufen auf Haufen, waffenlos, totenbleich, geschwärzt vom Pulverdampf, staubbefleckt, mit zerfetzten Kleidern, zerstoßenen, zerschlagenen Harnischstücken, überklebt von geronnenem Blut!

Den Ehrenuesten Er-
barn / Hoch / vnd wolweisen Herrn /
Heinrichen Westualen/vnd Hans Moritz Alman Bürgermeistern auch Rathmanne vnd Innungsmei-
stern/der Altenstadt Magdeburg/vnd gemeiner Burgerschafft daselbst / meinen gebietenden vnd
Großgünstigen Herrn.

Ach vorpflicht williger
dienstbietung ist einer Eh-
renuest vnd E. W. vnd dem
mehren theil von Bürgern
wol bewust / wie ich etwa /
Anno 1547. (als ich zuuor
etlich Jahre zu Wittemberg
studiret) zu einem Secreta-
rien bin beruffen / bestellet / vnd angenommen
worden/ vnnd das ich dasmals Sontag nach
Quasimodogeniti: an dienst angezogen binn.

Nu ist zu der zeit die Altestadt Magdeburg
mit den löblichen Chur/vnd Fürsten Sachssen/
vnd Hessen / auch andern mehr Fürsten/Stet-
den/vnd Stedten/in einer Christlichen vorsten-
dnus gewesen/da es viel Conuentus/ vnd tageleis-
)•(stungen

„Verloren, Verloren! Alles verloren! Hilf, Magdeburg, hilf!"

Wie schreit das Volk auf, wie irren die Augen der Weiber, der Freunde, der Verwandten! Wer kann den Klang der Stimmen beschreiben, mit welchem man die Namen der ausgezogenen Lieben ruft?

Vom Krökentor aus geht es wie ein elektrischer Schlag durch die ganze große lutherische Stadt; binnen fünf Minuten sind alle Gassen überschwemmt; die verworrensten Gerüchte durchkreuzen sich, verschlingen sich; die überspannte Phantasie malt alles ins ungeheuerlichste. Am Brücktor, an der Hohen Pforte glaubt man, der Feind stürme schon auf der andern Seite der Stadt. Auf Sankt Johann und Sankt Jakob setzen sich die Sturmglocken in Bewegung, und eine Glocke zieht die andere in den wildhallenden Alarm hinein. Von Sankt Ulrich tönt es wider, dumpf und schwer hallt es zuletzt vom Dom, und nur die Glocken der Sankt Katharinen, die am besten Bescheid um die Sachlage wissen können, schweigen und fallen nicht ein in den Angstruf der klingenden Genossinnen.

Vom Rathause stürzen die Bürgermeister und die daselbst anwesenden Ratmänner, die vom Heereszuge zurückgebliebenen Landsknechte und Bürger greifen nach ihren Waffen und durcheilen bereits einzeln oder in Haufen die Gassen. Am Krökentor wird das Gedränge immer heftiger, und die vom Schlachtfelde an der Ohre Heranstürzenden finden kaum einen Weg hindurch.

Von ihren Begleitern abgedrängt, werden die Frau Margareta Horn und Regina Lottherin, die sich fest umklammert halten, von der wogenden Menge hierhin und dorthin gezogen. Sie sehen nicht mehr, sie hören nicht, alles schwimmt vor ihren Augen und Sinnen, bis sie endlich von starken Armen gefaßt und auf einen Steinhaufen gehoben werden, von welchem sie über die Köpfe der Menge hinwegschauen können. Der schweigsame Büchsenschütze Andreas Kritzmann ist's, der sie aus dem Gedränge errettet; er bleibt neben ihnen stehen und sorgt, daß die Flut sie nicht wieder von dieser Stelle herabreiße. Ein armes Weib, das auch seinen Mann vom Schlachtfeld heimerwartete, ist bereits zu Tode gedrückt; und mehrere unglückliche Kinder sind unter die Füße der Menge getreten.

Wir wollen im gewohnten Ton unsere Erzählung fortsetzen und uns nicht fortreißen lassen von dem allgemeinen Jammer und Entsetzen.

Heran ritt jetzt von Hillersleben Herr Heinrich Müller der Kämmerer, an seinem Körper, an seiner Rüstung böse Spuren des Kampfes tragend. Herabgehauen war sein Helmbusch, eine blutige Binde trug er um die rechte Faust gewunden. Durch die Gassen trabte er auf seinem müden Gaul nach dem Rathause, daselbst vorzutragen, was geschehen war.

Dem Kämmerer folgten Hans Springer der Hauptmann und Adam Schwartze der Leutnant, welche beide Leib und Gewaffen in unversehrtestem Zustande heimbrachten, was das scharfe Auge des Volkes bald genug herausfand. Als der Leutnant vor dem Steinhaufen ankam, auf welchem die Frau Margareta und die Tochter des Buchdruckers standen, stieß letztere einen Schrei aus:

„Adam, Herr Leutnant! Herr Vetter!"

Der Bamberger hielt seinen Gaul an; doch erwiderte er, getrennt von den beiden Frauen durch das dazwischen sich drängende Volk, den angstvollen Blick Reginas nur durch ein melancholisches Kopfschütteln.

„Mein Vater! Mein Vater!" rief Regina, die Hände gegen den Landsknechtführer ausstreckend. „Wo habt Ihr meinen Vater gelassen, Herr Adam?"

Wieder schüttelte der Leutnant das Haupt. Er wußte eigentlich nicht, was er der ängstlichen Tochter erwidern sollte. So schlug er nur die Hand im Stahlhandschuh auf den Brustharnisch und war herzlich froh, als ihn das Gedränge weitertrieb, dem Hauptmann Springer nach.

„Er ist tot, o Gott, er ist auf dem Feld geblieben! Ich werd ihn nimmer wiedersehen!" rief Regina; und die Frau Margareta, deren Mutterherz ja auch im heißesten Bangen schlug, wußte dem armen Mädchen nicht den geringsten Trost zuzusprechen. Manch eine Persönlichkeit, welche wir im Lauf dieser Geschichte kennengelernt haben, fand sich vom Walplatz allmählich zu den schützenden Mauern der Stadt Magdeburg zurück. Im vollen Trage, mit seinen langen Beinen gewaltig ausstreichend, kam Meister Heinz Bückling und wurde mit großem Geschrei von der Torwache und den daselbst anwesenden Knechten begrüßt.

Über die Schulter drohte der lange Kerl mit geballter Faust zurück:

„Die Ratsäcke! Die Schnappsäcke! Die Schubsäcke!" schrie er, mit einem ganzen Sack voll anderer weiterer Säcke seine Wut gegen die sieghaften Feinde ausleerend.

Heran tänzelte Jochen Lorleberg, auf welchen die Niederlage an der Ohre durchaus nicht einen niederschlagenden Eindruck gemacht zu haben schien. Er hatte einem gefallenen mecklenburgschen Ritter, den der übrigens nicht erschlagen hatte, die goldene Halskette und einen gut gespickten Geldbeutel abgenommen und brachte einen frisch gefüllten Beutel ungeheuerlicher Lügen obendrein nach Haus.

„Ich sage Euch, Wachtmeister", sprach er zu dem Befehlshaber der Torwache, „ich versichere Euch, so war lebt nicht wieder; hing an einem Haar die Viktoria, und ich - ich hätte sie gewonnen, hätt nicht der leidige Teufel sich dreingemischt. Kömmt im dicksten Haufen der Mecklenburger Jörg heran - ich kenn ihn an den Ochsenhörnern auf dem Helm - halt, denk ich, jetzt gilt's, kriegst du den herunter, so kann dich die Stadt Magdeburg in Gold fassen lassen. Auf dem Wagen steh ich, müßt Ihr wissen, die Büchse halt ich geladen, ziel - blautz, hat es Jürgen Gaul die Kugel im Magen, steigt, überschlägt sich und schleudert den Herzog im vollen Kürisser, will ich sagen, zwölf Schuh hoch in die Luft. Nun denkt Ihr, er fällt zwischen die Pferde und wird zu Brei trotz Stahlhelm und Eisenpanzer? Proste Mahlzeit! Dreimal schlägt er Rad in den Lüften, kommt mit Schwert und Lanze, mit ausgespreizten Beinen herunter und fällt einem ledig laufenden Roß regelrecht in Sattel und Bügel und auf mich los wie das Wetter; da gab ich's auf, und weil ich jetzt sah, daß sich alle andern davongemacht hatten, so dacht ich, was du tun konntest, Jochen, hast du getan. So lief ich den andern nach, und hier bin ich. Was meint Ihr dazu?"

„Daß dort immer noch welche kommen, welche doch hinter dir gewesen sein müssen!" brummte der Wachtmeister, und Jochen Lorleberg beeilte sich, sein Losament in der Stadt zu erreichen, daselbst seinen Wirtsleuten seine Taten in der Schlacht auf seine Art zu erzählen.

Heran kam Peter Rauchmaul der Dickwanst, mit lang vorhängender Zunge und vorquellenden Augen, schnaufend, blasend, prustend. Im eiligen Lauf hatte er's sich allmählich so bequem als möglich gemacht. Erst hatte er das zweihändige Schwert, dann die Sturmhaube, dann den Brustharnisch weggeworfen. Dann hatte er das Wams abgeschleudert, und jetzt kam er im Hemd und Hosen vor dem Krökentor an unter den einzelnen, die den größeren Haufen folgten.

Die größeren Haufen zu Roß und zu Fuß, die sich von der Walstatt errettet hatten, die Schnellfüßigen, diejenigen, welche der panische Schrecken und die Angst der Flucht am meisten befallen hatten, waren um diese Zeit so ziemlich alle unter den Mauern der Stadt angelangt. In immer größeren Zwischenräumen kamen jetzt nur noch vereinzelte Kämpfer zurück, Verwundete, sich langsamer als die Gesunden fortschleppten, niedergeschlagene mutige Streiter, welche mit solcher Last der Niederlage auf der Seele am liebsten gar nicht wieder in die Vaterstadt heimgekehrt wären.

Immer trostloser wurden die Mienen des wartenden Volkes, welches bis jetzt seine Verwandten und Freunde unter den Zurückgekehrten noch nicht gefunden hatte. Wohl klang von Zeit zu Zeit noch ein heller Freudenschrei in der Menge auf, und ein zitterndes, halb ohnmächtiges Weib sank in die Arme des Gatten, eine Schwester in die Arme des Bruders, ein Sohn in die Arme der Eltern; aber das Schluchzen, das laute Weinen nahm immer mehr überhand, und die geistlichen Herren, die alle ihre Chorröcke übergeworfen hatten, die fremden Prediger und Prädikanten wußten fast nicht mehr, wohin sie sich mit ihren Trostworten, ihren Ermahnungen und geistlichen Ermunterungen zuerst wenden sollten.

Über die Häupter der Menge erhob sich wieder die hagere schwarze Gestalt; erschienen wieder das bleiche Gesicht, die glühenden Augen des Gassenpredigers Wilhelm Rhodius.

Mit gellender Stimme redete er nach seiner Art. Wehe, dreimal Wehe rief er herab auf das sündige Volk, auf das laue laodicäische Wesen der Stadt, das solches Geschick über und über verdient habe. Dazwischen warf er die zerrissenen Blätter seiner Bibel herum und vermischte seinen halb wahnsinnigen, halb begeisterten Sermon mit den Schriftstellen, die ihm in den Wurf kamen. Wandten sich auch die Verständigen, die Ruhigeren mit halbem Widerwillen von dem Mann ab, im großen Haufen fand er um so mehr zu dieser Stunde den gewohnten Anklang. Die Trauernden, die Betrübten des niederen Volkes, die zerlumpten Weiber und Greise umdrängten ihn mit den Zurufen:

„Segen Gottes über Euch, Herr Magister! Der Herr rechne uns unsere Stünde nicht zu! Der Herr spende uns seine Gnade! Wehe, wehe, wehe! Der Tag der Rache ist gekommen. Der Tag, da der Herr das Korn sichtet, ist vorhanden!"

Dazwischen schrie der Prädikant wieder einige Verse aus dem Psalter herab: „Erwecke dich, Herr; warum schläfst du? Wache auf und verstoße uns nicht gar. Warum verbirgst du dein Antlitz, vergissest unseres Elends und Dranges? Denn unsere Seele ist gebeuget zur Erden, unser Bauch klebet am Erdboden. Mache dich auf, hilf uns und erlöse uns, um deiner Güte willen."

Nur die, welchen ihre Verwandten und Freunde glücklich wiedergegeben waren, nur die, welche niemanden vom blutigen Unglücksfeld an der Ohre zurückzuerwarten hatten, verließen das Krökentor und die Landstraße davor. Hundert und aber hundert trostlose Seelen blieben aber harrend - immer noch hoffend zurück.

Die bis jetzt Vermißten konnten ja endlich doch noch kommen. Welche Mutter, welche Gattin, welches Kind gab die Hoffnung auf? Noch lange, lange Jahre nach dieser schrecklichen Stunde saß unter der Torwölbung auf dem Eckstein eine verhüllte Frau, die wahnsinnig geworden war über das Harren am Morgen des zweiundzwanzigsten Septembers eintausendfünfhundertundfünfzig. Bis zum Tod erwartete dies Weib den Mann, der nicht heimkehrte aus der Schlacht; und wie der Gatte nicht kam, so schien ihr auch der Tod nicht kommen zu wollen.

Gründtlicher Bericht/ des Magdeburgischenn Kriegs/ Schlacht/ Belagerung/ vnd fürnemsten Scharmützeln/ Vnd alles was sich von beyden teylen/ Innen vnd ausserhalb der Stadt/ Vom anfang bis zum ende/ zugetragen hat. Auffs kürtzste/ warhafftiger verfasset/ denn zuuor mit vnfleiss Im Druck zu Basell/ ausgangen ist.

Durch Sebastian Besselmeyer Burger zu Magdeburg/ so in solchen hendeln bey vnd mit gewesen.

I

Vorred der Histori des Magde-
burgischen Kriegs.

Jese Histori vnd Geschicht des Magdeburgischen Kriegs zu beschreiben hat mich erstlich verursacht vnsere nachkomen vnd kinder/ so hinter vns bleiben vnd leben möchten/ damit sie solches zu hertzen nemen/ gedencken/ vnd auch wo die nodturfft das wurd erfordern/ Dar von reden könten. Darneben/ das sie auch erkennen lernen Gottes erschrecklichen zorn vnnd straff/ damit er ein Landt oder Stadt strafft/ Andern zu einem exempel/ Sie aber zur Buss vnd besserung zureytzen vnd zu beruffen.

Zum Andern/ das man die grosse falscheit vnd vntrew dieser Bosshafftigen Welt/ die wider glauben noch trew helt/ Lerne erkennen/ vnd jtzund hieher/ dann dort hin fellt/ vnd nach dem der windt geht/ den mantel henckt.

Zum Dritten/ Wie gar nichts auff Menschen zu bauwen vnd zu trauwen sey/ Darumb wol Dauid spricht Verlasset euch nicht auff Fürsten/ dann sie sind menschen die können ja nichts helffen. Wie dann dieser Stadt geschehen/ welche ein lange zeit gantz hilfflos gestanden/ vnnd gewesen ist.

Zum Vierden/ das man sehe wie grausamlich ohn alle Barmhertzigkeit/ die menschen vnter vnd gegen eynander wüten/ als werens lauter Teuffel/ nicht allein die offentliche seind/ Sondern auch die als freunde schutz fur

A ij   geben/

II

gebett/Derhalben sich Dauid viel lieber inn Gottes denn
in der menschen hende ergab/ da er ein straffe wehlen
muste.

Zum funfften/ das wir gleichwol auch sehen vnnd
gedencken/ das Gott alzeit so gütig/gnedig vnd Barm=
hertzig sein kan/ als zornig er ist/jm fall/ ob er gleich bey
ihm beschlossen/ vnd jhm gentzlich fürgenomen hat zu
straffen.Wie wir denn ein herrlich exempel haben im Pro
pheten Jonas von der stadt Niueue/ ja so fern wir auch
den Nineuitern nachfolgen/Buß thun/ vnd Gott trew=
lich bitten/das er vns vnser sünd vergebe/ vnd ein gnedi=
gen frieden schaffen/vnd von solchem jamer erlösen wöll/
Das wir jhn auch fürchten/lieben vnd jm vertrawen/ als
dem der alle ding in seiner macht vnd hand hatt/ der die
stoltzen wunderbarlich herab sturtzet/ vnd die niedrigen
widerumb erhöhen vnd auffrichten kan. Werden wirs
aber verachten/ vnd aus farlessiger sicherheit in windt
schlagen/vnd jmer in solchen groben Sünden fort fahren
(wie bisher geschehen/ vnd noch teglich geschicht) so wird
vns Gott gewislich auch straffen/ wie er den vndanck=
barn Jüden zu Jerusalem gethan hatt. Das auch/ hab
ich sorg/ noch vnsere eyggene Landsknecht vns martern
vnd fressen werden/vnterm scheyn als beschützten sie vns.
Sölcher vnd ander vrsach halben/ hab ich diese Histori
vnd belagerung/ so viel mir müglich gewesen/ gemerckt
vnd auffgezeychnet/ vnnd von anfang beschrieben/ wie
hernach volgen wirdt.

Es möcht aber einer/ vnnd sonderlich der jtzt vor
der Stadt ligt/ hernachmals sagen/ ich hett geschrieben
vmb rhums willen/ oder was mir gefiel (wie denn nach
dem sprichwort offt geredt wirdt/ Ein jeder hird lobet
seine

seine keule) Hierauff sag ich bey meinem gewissen/ vnnd
der höchsten warheit/ das ich solchs nicht gethan / Son=
der alles mit gutem grundt vnd warheit/niemand zu lieb
oder zu leid gethan habe: Welchs ich alles mit meinem
sichtlichen augen gesehen/vnd zum offternmall mit vnd
bey bin gewesen.

Derhalben diese History nicht einem jeden lieblich/
sondern verdrislich wird sein zulesen/ Ich mein aber alleit
die(wie oben vermelt) welche itzt draussen ligen/vnd vn=
ser feind sindt/vmb welcher willen ich dis nicht zu samen
gefast vnd auffgeschrieben habe/Sondern vmb der an=
dern willen/ wie ich oben gnugsam zuuerstehn hab geben:
Welchs ich derhalben deste fleissiger vnd weitlaufftiger
geschrieben hab/ auch tag/stund/ ort vnd platz zu was=
ser vnd zu land vermeldet habe / damit hernach=
mals die warheit deste besser zu erhalten/vnd
zu bezeugen sey/Welchs ein yeder besser
verstehen mag/ wider ichs an tag
kan bringen.
A M E N.

Kurtzer Bericht/was nach der Be
lagerung Braunschwig/ als die selbige ein endt gehat/
sich volgens vor Magdeburg vnd der selbigen Belagerung zugetragen vnd vorlauffen hat/Auch von den
vornehmesten Scharmützeln / thatten vnd
angriffen/ zu beyderseyt geschehen/Im
Jar der myndern zall 50. vnd 51.
Vnd Erstlich von der Sch-
lacht vor Hildesleben.

N. D. L. Im September.

Den 16.Septembris ist Hertzog Jorg von Mecheln
burg/ wie man das richtige kundtschafft gehat/ vngeferlich etwan mit 3000.vnd etwas drüber/guttem kriegs
volck zu fus/vnd bey 200. Pferden Reissigen in das Stifft
Magdeburg komen/ Vnd anfenglich/hat er den Flecken
Wantzleben eingenomen/Geplündert vnd ausgebrandt/
Auch das Schlos daselbst angefallen/ welches Bartelt
Eckelbaum/ von wegen der Alten Stadt Magdeburg/
sampt dem kriegsvolck/so jm aus der Stadt zu hülff ge-
schickt/erhalten/ Derhalben Hertzog Jorg von Mechelnburg auff dis mal abgezogen vnd/nichts ausgericht.

Den 18.Septembris/Sind die von Magdeburg mit
ihren Burgern vnd Kriegsvolck auch etlichem Geschütz
vnd der Wagenburg/zu feldt nach Wantzleben/ Hertzog
Jorgen vnd seinem Kriegsvolck vnter augen gezogen/
Als jn aber der Feindt in dem ansehen vnd kuntschafften
noch zustarck/ auch die Sonne/Windt vnd Staub/ zum
vorteyl gehabt/Sindt sie auff der Herrn vnd Kriegsver-
verstendigen

V

ſtendigen Radt zu dieſem mal wider ab/vnd durch Deſz
dorff zu haus vnd in die Stadt verruckt.

Vnter des iſt Hertzog Jorg mit ſolchem Kriegs
volck vortgetzogen/ die vmbligende Flecken vnd Dörffer
gebrandtſchatzt/daraus daſ̃ viel klagens vnd anlauffens
an ein Radt zu Magdeburg erfolget/vnd nicht allein die
dörffer/ ſondern auch ander Flecken vnd Stedtlein/ be
ſondern aber Haldeſleben/ hülff vnnd entſetzung von der
Stadt Magdeburg geſucht vnd erbeten/Darauff ſich die
von Magdeburg gerüſt/vnd des Capittels Pflegen vnd
Dörffer/ auff den Sontag am tage Matthei/ mit jrer
beſten wehr vnd rüſtung in die Stadt gefordert/vnd auff
jre antzeigen/welchem ſie gegleubt vñ auch verfurt wordẽ
wieder mit dem Landvolcke auch Burgern vnd Krieges
volck/ſampt der Wagenburg vnd etlich Feltgeſchütz dem
Feindt nach/vnd des tages bis gen Wolmarſtedt getzo
gen/alda vor dem Stedtlein die ſelbige nacht im Felde
ſtill gelegen.

Auff den Montag frü/den 22.Septembris/am tage
Mauritij/ſeind die von Magdeburg bey Hyldeſleben an
der Ohr/durch Hertzog Jorgen võ Mecheſnburg ge
ſchlagen/vnd vngeferlich bey 1200. perſonen Burger vnd
Knechte/aber am meiſten Bauren vmb komen/vnd auff
der wahlſtat bliben/auch bis in die 300.gefangen/11.ſtuck
Feltgeſchütze/beneben den Rhenwagen vnd Wagenburg
verloren.Was aber der Feind dargegen verloren/iſt noch
vnwiſſent/welches ſo gar ohn ſchaden nicht abgangen/
ſondern der jren viel auff der wahlſtad/vnd die nachvol
gendes tages im Lager vergraben han.

Im October.

Nach solcher niederlage/den 26.Septembris/Ist der
Feindt von Hildesleben vor der Stadt vber/nach Schön
beck gezogen/Darauff den 2 Octobris Hertzog Moritz zu
Sachsen/Marggraff Joachim Churfurst/auch Marggraff Albrech von Brandenburg/Graff Hans Jorg von
Manssfeldt/auch die Magdeburgischen Thumbpfaffen
vnd Stifft Junckern/ auch zugeschlagen/ vnd bey dem
hauffen vor der Stadt ankomen/die Stadt zubelegeren/
beradtschlaget vnd vorgenohmen.

Den 4. Octobris/ist der hauffe von Schönbeck/herab
geruckt/die Stadt etlicher massen berandt/vnd das erste
Leger genn Fermersleben/ an die Elbe geschlagen/ aldo
ein Schantz vnd tieffen graben/vor dem Leger gegen der
Stadt auffgeworffen/welchs man inn der Stadt ver-
nam/ vnd von stunden an etliche schutzen aus der Stadt
lauffen lies/mit dem Feint zu scharmützeln/wart derhal
ben diesen tag/ ein grosser vnnd der Erste Scharmutzel/
oberhalb Bukaw mit dem Feindt gehaltenn/aber nicht
sonderlich schaden daraus erfolget.

Freytages nach Burckhardi den 10.Octobris/ Jn der
nacht/ lieff der Feindt mit gewalt vnd einem grossen ge-
schrey/heran vor S. Vlrichs Thor/ ich acht/ vns damit
zu versuchen/wie wir vns darzu stellen oder zur wehr setz-
en wolten/steckten darzu den Siechenhoff vnd 6.Windt-
mühlen/zu jrem eigen vngluck an/ von welchem sie deste
besser zu sehen/vnd mit dem geschütz/ zu treffen waren.

Sonnabents darnach den 11. Octo:vor mittage wart
aber ein Scharmützel hynter Berga zusamen gehalten/
aber ohn grossen schaden abgangen.

Darnach den 12.Octobris/ ist der frome Furst Wolff
von Anhalt

von Anhalt in Magdeburg komen/ vnd ein blinder Lerman in der Stadt worden. Der Furst aber/ hat die güthe handelen sollen/ volgents sein D. Johan Scheyring ein Magdeburgisch Stadt kind/ jtzt aber Mechelburgischer Cantzler/ dan auch D. Johan Holstein Mechelburgischer vnd Lüneburgischer Fursten Cantzler/ mehrmal auss vnd ein geritten/ vnd die güte handelen sollen/ doch nach dem die mittel vnd wege vntreglich/ ist es one frucht abgangen. Gleichwol ist hernach imer gütliche handelung/ als den 18. Octobris von Hertzog Moritz C.F. zu Sachsen dann auch Graff Christoff von Oldenburg/ vnd Claws Berner/ so auff den 28. hierin gewest/ gesücht worden.

Montags nach Galli den 20. Octobris/ zog Marggraff Joachim C.F. zu Brandenburg/ von dem hauffen ab/ vnd vor der Stadt vorvber nach Wolmarstet/ nach dem aber eine rodt hackenschützen/ neben dem puluerhoff der Stadt zu zogen/ welche von Goslar kamen/ worden sie doselbest von den Marggreffischen reutern der mehren teil erstochen vnd vmbgebracht/ 2. aber welche nicht gar todt/ wurden von den vnsern herein gebracht/ vnnd verbunden.

Am abent Simon vnd Jude den 27. Octobris/ ward aber ein grosser Scharmützel/ mit dem Feindt im acker/ vnd freiem Feld oberhalb Bukaw gehalten/ dissmal trieben die vnsern den Feindt zu rucke/ das sie mit etlichen kleinem geschütz den jeren zuentsetzen herauss rückten.

Im Nouember.

An Allerheiligen tag/ 1. Nouembris/ gaben sich vnser reuter etwas bloss vnd weith ins Feldt/ vermeindten etliche der Feinde Reuter zuereilen/ worden aber von dem

·B   Feindt

Feindt/ welcher sich gesterckt/ gewaltig wider zu ruck/
heran bis an die nehesten Wyndtmülen getrieben/ vnd
der vnsern zwen erlegt.

Den 5. Nouembris/ warff der Feindt bey der Elb
vberhalb Bukaw jm acker/ auff der höhe/ eine gewaltige
feste Schantze vnd Blockhaus auff/ besetzt das anfenck=
lich mit zwey Fenlein knechte vnd etlich pferden/ das
ander kriegsvolck vnd gröste leger aber bleib zu Fermers=
leben beliegen/ bis die Schantz zum teyl beuestiget vnd
auffgebracht wardt.

Des tages ward aber ein Scharmützel/ bey dem Rot=
tersdorffer Teyche zu beyderseidt aber baldt abgezogen/
auch die vnsern kein schaden erlitten.

Donnerstags nach Martini/ den 13. Nouembris/
ward aber ein starcker Scharmützel/ an dem garten der
Schrott angefangen/ welcher sich hynumb nach dem
Siechenhoff erstreckt vnd da geendet/ aber on schaden
nicht abgangen/ Sonderlich aber ist vnter andern/ ein
namhafftiger vom Adel/ vom Feindt/ ein Arnstedt/ er=
schossen/ Vnd neben dem Sichenhoff/ von den Magdeb.
Knechten geplündert vnd begraben/ Bey welchem ein
Brieff gefunden/ der von seiner Schwester geschrieben/
vnd in das Leger vor Magdeburg geschickt/ dorin sie jn
bit vnd vermanet/ von Magdeburg wieder ab/ vnd noch
haus zu ziehen/ Denn sie sich eines grossen vnglücks be=
forcht/ so jm begegenen möcht/ vnd ist in dem also seine
Prophetin gewest.

Montags nach Martini/ den 17. Nouemb. Brach
das Leger zu Fermersleben auff/ zogen vnd schlugen das
Leger gen Desdorff/ nach 2. tagen huben sie an zu schantz
en vor Harschdorff ins feldt/ nach dem Puluerhofe der
Stadt

Stadt werts/machten da ein gewaltige feste Weher vnd Blockhaus/ anfencklich mit 2. Fenlein knechte besatzt/ das vornehmeste vnd gröste Leger aber bleib zu Deßdorff beligen.

Am tage Elisabet/den 19. Nouembris/wardt aber ein Scharmützel auff dißeit der Schrodt gegen der Stad gehalten/es hetten aber der Feindt Reuter/welche starck in der Steinkulen hielten/ein anschlag gemacht/ welcher nicht böß für sie gewest/ wo es jn angangen wehr/ dan nachdem die vnsern die garten vnd vorteyl daselbs innen hielten/vormeinten der Feindt füsvolck dürch die garten auff die vnsern mit gewalt zu drücken/ so wolt H. Jorg von Mechelnburg mit seinen Reutern/vber das Steinen Brücklein/vmb die garten herumb setzen/vnd die vnsern also zwischen sie zu bringen/als aber H. Jorg mit seinen Reutern/ gewaltig auff die vnsern zudruckt/ verliesen die vnsern den vorteyl der garten/namen hinder jn ein Mülberg ein/ von welchem sie den selbigen Reutern grossen schaden zufügten/wie man dan hin vnd wieder viel toder pferdt liegen sach/es waren aber dißmahl/vnser Reuter keiner im feldt/allein füsvolck/auch ohn befehl solchen Scharmützel angefangen/aber Godt lob/die vnsern kein schaden dauon genomen.

Sontags nach Maria Opferung/den 29.Nouemb. wardt aber ein Scharmützel mit dem Leger zu Deßdorff im blossen Feldt/zur lincken handt des Puluerhoffs gehalten/davon zu beyderseidt schaden genomen/ dann die vnsern etliche auff den morgen noch im Feldt gefunden/ vnnd begraben han/ dargegen vnser Hauptman Hans Springer vnd ein knecht beschedigt aber nicht tödtlich.

Negst volgenden Montag darnach/ den 24. Nouembris/ haben die Feindt den Zoll berandt/ auch Ge-

B ij   schütz

schütz daruor gebracht/denselbigen zu beschiessen/welchen die von Magdeburg selbst abgebrant/Auch etliche Joch an der langen Brucken abwerffen lassen/Aber der Feind hat das dorff darneben/Krakaw eingenomen/vnd volgents ein Schantz vnnd Blockhaus an die brücken gemacht/daraus in die Stadt vnnd auff den Marsch zu schiessen angefangen.

Freytags nach Katharine/den 28. Nouemb. nach mittag/erhub sich ein kleiner Scharmützel/neben S. Michel jm Weingartten/do litten die vnsern grossen schaden/dann die Feindt etliche löcher durch die wende doselbst gemacht/vnd der vnsern 9. knechte dardurch beschedigten.

Volgendes auff den abent vmb 8.schlege/zünten die Feindt ein haus zu S.Michel an/machten ein lermen vor der Südenburger Thor/wurden aber des orts balt wiederumb abgewiesen/vngeserlich aber 2.stund darnach vmb 10.schleg in der nacht/ist der Feindt in die Newstadt eingefallen/dieselbige erobert vnd eingenomen/dargegen auch der von Magdeburg kriegs volck zum teyl hinaus gefallen/vnd die Newstadt biss vber das Ratthaus doselbs abgebrant/vnd gegem tag/was sie der Feindt im Rathauss vnd sonst gefunden erstochen/vnd zum teyl gefangen herein bracht/der Feindt aber hat die Newstadt was vnuerbrant/zu jrem vorteyl vnd Vierden lager eingenohmen/sich gegen der Altenstadt beschantzt vnd vergraben/vnd mit 3.Basteyen vnd Katzen/darauff sie gros geschütz gebracht/versichert/letzlich mit zeunen vnnd Schantzkörben/durch aus verfestigt.

Negst volgenden Sonnabent/den 29.Nouembris/haben die von Magdeburg die Südenburg abgebrant/willens auch zu dem Feindt in die Newstadt zufallen/ist aber

aber von etlichen widerraten vnd nachgeblieben.

Sontags/ am tage Andree/ den 30. Nouembris/ wardt widder in beyden Vorstetten Fewr eingelegt/ dar= zu ein Scharmützel mit dem Feindt in der Newstadt ge= halten/ die vnsern aber/ wurden diesmahl widder ab vnd zurücke getrieben/ auch zumteyl in die Elben gejaget/ vnter andern auch 2. Befehlhaber geschossen/ der ein her= nach gestorben .

Im December.

Den andern nemlich Dinstags nach Andree/ haben semptlich Burger/ Reuter vnd Landsknechte/ zum Rath wiederumb auch der Radt/ neben Graff Albrecht von Manssfelt/ sampt Graff Carl/ zun Burgern/ Reutern vnd Landsknechten geschworen/ vnd also beyde Burger vnd Landsknechte mit jren Fenlein/ Rüstung vnd Wehr wieder von dem Marckt ab vnd von einander gezogen.

Darnach den 5. Decembris/ in der nacht/ haben die Feindt ein Lermen in der Newstadt gemacht vnd biss an den Stadtgraben geloffen/ der einer morgens im graben gefunden/ welcher angezeigt/ man hette jhm ein monadt soldt vorheischen/ das er die tieffe des grabens messen solt aber der Hirsch/ hette jn die nacht also jemerlich gestossen vnd zugericht/ das er/ wie die wacht in der streichwehr da= selbs von jm gehört/ hard zu Godt geruffen/ vnnd seiner sünden vorzeihung vnd wollfart/ deren so/ vest an Gottes wordt halten/ gebeten/ letzlich aber von dem grimigen stössen des Hirsches/ so gar math vnnd schwach worden/ das er nicht mehr reden noch leben hat können/ vnd von ein knecht/ welcher zu jm hinab gestiegen/ gar erstochen worden .

B iij   In diesen

Inn diesen tagen ist Lazarus von Schwendi/ als Rey.Mai.Krigs Commissarius/vor die Stadt vnd zum hauffen an komen.

Den 6.vnd diese tage vber/ist viel geschossen vnd gescharmützelt aber wenig ausgericht/ vnd damit den vnsern kein schaden gethan worden.

Den 11.Decembris/gaben sich Reuter vnd Knechte auß dem Blockhauss zu Dessdorff/ dargegen die vnsern wenig Reuter/vnd zum teyl Knechte hinauß gefalln/ jre Reuter wieder zurück an die Schantz/von jren Knechten abgetrieben/darüber jrer Knecht 68.gefangen vnd herein gebracht/auch etlich was sich zur wehr gesetzt erstochen.

Dato in der nacht/seint etlich vnser Knecht zu wasser ausgefallen/vnd zwischen beyden der Feindt Leger Crakaw vnd Buckaw/auff der Elbe durch gefaren/vnd zu Salpke eingefaln/ des Ingersleben Hoff daselbst geplündert/angesteckt vnd 8. Hakenschützen in die Stadt gebracht.

Den 12. Decembris/ sint die so zu Hildesleben in der Schlacht gefangen/hinauß in die Newstadt zu Hertzog Jorg von Mechelnburg gefordert/aber H.Moritz C.F. zu Sachsen/hat sich jrer angenomen/vnd sie nach Quedlenburg 14. tagelang betagt/ mit angehaffter zusag/sie nach Kriegs ordnung vnd gebrauch zuhalten/ ist aber nicht geschehen/dan sie sich in die 15. mahl gestelt/ aber noch nicht loss worden.

In diesen tagen zog Hertzog Moritz C.F.zu Sachsen/mit 6.Fenlein Knecht von Magdeburg ab/dem hauffen entgegen/welcher sich in den Seheseten vnd Landt zu Mechelnburg vorsamlet/von welchen er 4.Fenlein an sich gebracht/auch die andern zutrendt hat.

Sonntags den 14. Decembris/ Fielen der von Magdeburg Reuter/ sampt etlichen Schutzen herauß/ namen dem Feindt etliche wagen mit Bier vñ ander Prophant desgleichen Tuch vnd anders so darauff geladen/ darbey etlich Knecht vnd doppelsoldner auß dem Lager zu Buckaw gefangen vnd herein gebracht.

Den 16. Decembris ward der Zyggelhoff/ zwischen beyden Brucken abgebrochen/ vnd doselbst eine Pastey vnd veste weher/ vor die kurtzen Brucken gemacht/ welche zur befestigung des Bruckenthors/ vnd zur gegenwehr des Blockhauß am Zoll gebawet wardt.

Volgents den 19. Decembris/ sind der von Magdeburg Reutter vnnd Kriegsvolck/ so die nacht auff die wacht nicht bescheiden/ in der nacht zwischen 2. Legern oder Schantzen/ nemlich Buckaw vñ Deßdorff hindurch gezogen/ vnd haben das Dorff grossen Ottersleben/ ein kleine meylwegs von Magdeburg/ dorinne jre Feindt/ so zur belagerung von den Thumpfaffen zu Magdeburg gebraucht/ besoldet vnd bestelt waren/ gegen morgens vberfallen. Vnd als die vnsern hinein kamen vnd Lermen schlugen/ zündten sie das Dorff an etlichen örten an/ davon man den Feindt erkennen vnd sehn möcht. Die vnsern aber beyde Reuter vnd Knecht/ hetten alle weisse hembder vber die kleider vnd rüstung angezogen. Als aber der Feindt ab solchem lermen gantz erwacht/ vnd hyn vnnd wider lieff/ ward alles das sich zur wehr satzte/ erstochen vnd vmbgebracht/ Doch namen sie jrer zweyhundert vnd funff vñ zwentzig gefangen/ Darunter dreyssig vom Adel Vnd brachten eine gute beute/ bey zweyhundert drey vnd sechtzig gute Pferde/ desgleichen viel schöner rüstung von Harnisch/ pantzer/ sturmhauben/ büchsen/ ꝛc.

Es wardt XIV

Es wart auch der Pfaffen Heubthaner/ dorin Sanct
Moritz gestickt/herein gebracht.

Den 20. Decembris/ Am abent Thome Apostoli/
zogen Reutter vnd Knechte/ morgens frwe zu felde/ob
sich der Feindt heraus zu Scharmützeln begeben wolt/
Hertzog Jorg von Mechelnburg aber/ als ein freudiger
Kriegsman/seumete sich nicht lange/ welcher baldt aus
der Newstadt/mit etlichen Pferden/sich im felde zu schar
mützeln vermiercken lies/ on zweyffel/verhoffet den erlit=
ten schaden/der niederlag der Heubtfanen die vorgangen
nacht/ an den vnsern sich zu rechen/denn er gantz hefftich
auff die vnsern zusatzte/das er auch 2. schüss darüber ent=
pfing/vnd durch schickung Gots/mit dem gaul gestürtzt
vnd von den vnssern gefangen wardt/vnd neben jm etlich
vom Adel auch Reutter herein bracht worden/ der Her=
tzog aber/so von den vnsern vmgeben/vnd gantz vnd gar
vom Gaul gekomen war/wolt er sich nicht gerne gefan=
gen geben/ dann jn die knecht nicht vortbringen/ sönder
allerding empor heben vnd tragen musten/verhofft jmer
seine Reuter wurden sich wieder wenden/vnd jn mit ge=
walt entsetzen/wardt aber nichts drauss/sondern zogen
traurich wieder in das Blockhauss Dessdorff/ von dan=
nen wieder in die Newstadt/es wardt aber Hertzog Jörg
von stundan auff das Radthaus in die Kemerey gefürt/
vnd da geheilt.

Den 24.Decembris/am heiligen Christ abent/tedt
der Feindt 17.schüss nach S. Jacobs Thurn/on zweyffel
seine stercke damit zuversüchen.

In den heyligen Weynacht Feyertagen/kamen die
6.Roth knecht/so in der Schlacht gefangen/vnd den 12.
Decembris gen Quedlenburg betagt/ wieder in die Stat
dann sie

daß sie erfaren hetten/das H. Jorg in Magdeburg gefan
gen/verhofften derhalben jrer gefencknis vnd faust entle
digt vnd quitirt zuwerden/welchs hernach geschach/doch
mit dem bescheid/wie man besser hinden hören wirt.

Den 30.Decembris/ist Joachim Star auff Lazarus
von Schwendi Wagen selbander gefangen vnd in Mag
deburg gebracht worden.

M.D.Lj. Im Januario.

Den 1. Januarij/ist Hertzog Jorg vom Radthaus/
in Moritz Almans haus zum Lintworm gelegt worden.

Den 2. Januarij/ist Graff Albrecht von Mansfelt
eigener person/sampt der von Magdeburg Reuter vnnd
Kriegs volck/gegen der Steinkuln ausgefallen/ darge
gen sich der Feindt in der Newstadt/balt vernehmen hat
lassen/aus welchem ein sehr starcker Scharmützel erfolgt
Darüber Hans von Wolffen vnser Ritmeister gefangen/
aber von stundan von den vnsern wieder entsetzt/vnd dem
Feindt mit gewalt wieder genohmen/ dar neben auch in
solchem angriff/2.vom Adel dem Feindt abgefangen.

Den 7. Januarij/ward aber ein starcker Scharmütz
el/die gemeine sag/H. Philips von Braunschweig sey mit
gewest vnd schwerlich dauon komen.

Volgents den 11. Januarij wolten sich die von Mag
deburg/an der Newstad versuchen aber dieweil der nach
druck zurücken geblieben/worden die vnsern zumteyl vbel
abgeweist/vnd bey 20. personen beschedigt vnd todt her
ein gebracht/ dieweil aber der Feindt zu pferde heussich
aus der Newstad/vnd von allen örten zugefallen/ auch

C

Der Ratmann Horn - auf dem Rathause im Rat, beschäftigt, den Bericht des Kämmerers Müller, des Hauptmanns Springer, des Ritters Wulffen zu hören, zu vergleichen, in Anspruch genommen von der allgemeinen Not - durfte dem Ehegemahl kaum einen Gedanken widmen. Unter den vielen Geängsteten harrten fort und fort Frau Margareta und Regina Lottherin am Tore aus.

„O Mutter", rief plötzlich die letztere, „Mutter, dort kommt Herr Besselmeier! Mutter, vielleicht weiß der uns Kunde zu geben. Ich will ihn anhalten, ich will ihn fragen!"

Von ihrem Standpunkt sprang die Jungfrau herab und drängte sich durch die Haufen dem Geschichtsschreiber entgegen, welcher finster und traurig zwar, aber doch nicht gleich den andern Flüchtigen einherschritt. Der wackere Meister Sebastian gehörte zu den wenigen, welche in voller Bewaffnung heimkamen. Das Schwert trug er an der Seite, die Büchse, an deren Kolben Blut und Haare klebten, trug er über der Schulter; - da ihn in der Stadt weder Weib noch Kind erwarteten, so stand er der fragenden, flehenden Jungfrau, so stand er der Matrone bereitwillig Rede.

Von dem Buchdrucker wußte er nichts, den Rottmeister Horn aber hatte er noch in den letzten Augenblicken der Schlacht tapfer auf der Wagenburg im Kampf erblickt; das Getümmel hatte ihn jedoch selbst fortgerissen, und so wußte er nicht zu sagen, ob der junge Herr gerettet, ob er gefallen oder gefangen sei.

Alles Volk im Kreis horchte mit gespanntester Aufmerksamkeit den Worten des trefflichen Mannes.

„O Herr Besselmeier, Meister Besselmeier, Ihr seid der rechte Mann, gebet uns Bescheid, erzählet uns - gebet Ihr uns Bericht von der Schlacht!" rief man, und das Verlangen ward immer allgemeiner.

„So lasset jenen dort schweigen!" rief Meister Sebastian, auf den Prädikanten deutend, welcher eben mit neuer Gewalt und Macht der Lungen zeterte und Sinn und Wahnsinn durcheinandermischte.

Nach kurzem, aber heftigem Hin- und Widerreden wich der fanatische und fanatisierende Gassenprediger dem Willen und Wunsch der Menge und dem Worte des verständigen, ruhigen Bürgers. An des Magister Wilhelms Stelle erhub sich Meister Sebastian Besselmeier auf den Schutthaufen, von welchem herab jeder gepredigt hatte, und erzählte klar, bündig, niemanden anklagend und verlästernd, dem Volk der Stadt Magdeburg den Verlauf der bösen Unglücksschlacht an der Ohre.

Zum Schluß forderte er seine Zuhörer auf, nicht zu verzweifeln. Nichts sei verloren - sprach er -, wenn man den Mut nicht verliere. Gott habe durch dieses Unglück die, welche sich rühmten, sein Wort bis in den Tod verteidigen zu wollen, prüfen wollen. Jetzt gelte es erst recht, dem Feind zu zeigen, was es auf sich habe um die Kanzlei unseres lieben Gottes, um die feste Burg der Freiheit, um die Jungfrauschaft der treuen, stolzen, tapfern trefflichen Stadt Magdeburg. Jetzt gelte es, den grünen, blühenden Kranz der Ehren hoch zu halten auf den Mauern und im Felde. Wer gefallen sei vor Hillersleben, der müsse angesehen werden als ein Märtyrer Gottes; wer aber noch lebe, der müsse den Tod um solche Sache als ein köstlich Geschenk des Höchsten ansehen und dürfe ihm nirgends aus dem Wege gehen, wo Glaubensfreiheit und Bürgerfreiheit zu verteidigen seien.

Dann sprach der Redner, alle Spuren der schrecklichen Schlacht an sich tragend: er blicke in so viele weinende Augen der Frauen und Jungfern, und mit Recht weine und klage man, denn nicht hehlen wolle er es, manch treuer magdeburgscher Streiter liege bleich und blutig auf der Walstatt unter den Füßen der wüsten triumphierenden Sieger; aber die weinenden Augen solle man zum Himmel emporheben, da sei immer der rechte Trost zu finden.

Und als ein alt verkümmert Weiblein rief:

„Ach Meister Sebastian, unbegraben liegen sie, und die Raben hacken ihnen die Augen aus, und der Feind spottet ihrer, und mein Enkelkind, mein schöner Fritz, wird nun auch unter den Toten ungewaschen und ohne Leichenhemd, Sarg und Gefolge vermodern!" Da sprach der fromme Meister:

„Großmütterlein, das köstliche Grabgepräng ist ein Tand gegen solch ein stolzes Grab auf dem Schlachtfeld. Wer für unsere Sach ehrlich gefallen auf dem Plan in solcher Grab liegt, der mag den Tag der Auferstehung in Ruh erwarten; kein König und Kaiser liegt in seinen herrlichen Gewölb so gut, so sanft, so köstlich bestattet."

Mit dem blutbespritzten Ärmel wollte der Redner den Schweiß von der Stirn wischen, da reichte ihm Regina schnell das weiße tränenfeuchte Sacktüchlein; und das Blut der Streiter und die Tränen der Frauen um die Schlacht an der Ohre fanden sich so zusammen.

Mit hülfreichem Arm unterstützte die Maid den vor Ermattung schier zusammenbrechenden tapfern Bürger, als er von dem Schutthaufen herniederstieg. Auf seinem Wege bildete das Volk in Ehrfurcht eine Gasse. Aller Lärm, welcher die Reden des Prädikanten begleitet hatte, war verstummt. Es zog ein jeder vor dem Meister Sebastian Besselmeier die Mütze und den Hut, und die Weiber zeigten den Mann ihren Kindern als denjenigen, der zuerst das Rechte von der Schlacht an der Ohre zu Hause erzählet habe.

Jetzt fanden sich auch wieder der Faktor Kornelius mit dem Magister Flacius Illyricus und dem Doktor Erasmus Alberus zu den Frauen. Die beiden Gelehrten teilten manche von ihnen gemachte Bemerkung mit, doch fanden sie weder bei den Frauen noch bei dem alten Faktor die rechte Aufmerksamkeit dafür.

Was half es diesen betrübten Herzen auch, wenn der Illyrier die Ohre mit dem Fluß Allia verglich; was half es, wenn der Doktor Alberus über die „fatales periodes" der Völker, Stämme, Regimenter und Geschlechter sprach und bewies, daß dem fürstlichen Hause Sachsen das siebende Jahr "fatalis" sei, und solches durch mancherlei Data und Fakta der jüngstvergangenen Zeit belegte. Fünfzehnhundertsiebenzehn habe die lutherische Lehre ihren Anfang genommen, sieben Jahre darauf sei Herzog Friedrich, der weise Kurfürst, gestorben; sieben Jahre später der Kurfürst Johannes, sieben Jahre später sei Herzog Georg abgeschieden. Sieben Jahre wiederum später, als 1546, habe der Schmalkaldische Krieg begonnen, und was abermal nach sieben Jahren kommen werde, das stehe noch dahin.

Ein sich erhebendes neues Geschrei unterbrach die ferneren Auseinandersetzungen des gelehrten Doktors. Wieder bewegte sich die gesamte Volksmenge am Tor und auf der Landstraße. Im fieberhaftesten Tumult regte sich wieder jedes wartende Herz. Noch einmal sollten alle Hoffnungen zu tödlichster Spannung aufgerüttelt werden. Nachdem bereits eine geraume Zeit hindurch keine Heimkehrenden sich mehr hatten blicken lassen, wälzte sich jetzt noch ein ganzer Haufen Streiter zu Roß und zu Fuß langsam daher.

Halb unterdrückte Freudenrufe erhoben sich im Volke. Mit der geretteten Reiterfahne ritt Christof Alemann, der tolle Fähnrich, heran. Wohl zwanzig bis dreißig Reisige begleiteten ihn, und dann kam ein Bauerwäglein, darauf lag ein wunder Mann, und neben ihm stand ein anderer hochaufgerichtet, ein blutiges Tuch um das Haupt. In der Hand hielt er ein zweites Banner, ein Bürgerfähnlein, und nahe an hundert müde, blutende, bestäubte Männer umschlossen den Wagen oder folgten ihm.

„Markus, Markus, mein Sohn, mein Kind, mein herzliebes Kind!" rief Frau Margareta Horn. Sie zerteilte die Menge, von dem Wagen sprang der Sohn herunter und hielt die Mutter in den Armen. Manch andere Arme öffneten sich und umschlossen lachende, weinende Mütter, Gattinnen, Schwestern, Kinder. Vollständig war der Zug gehemmt, durchbrochen von dem suchenden, findenden und - nicht findenden Volke.

„Regina - Jungfer Regina - auch - Euer Vater!" rief Markus. „Hier - auf dem Wagen - Mutter - Mutter! - Laßt, Regina - fürchtet nichts - er wird nicht sterben."

Auf das Wäglein, wo, auf Stroh gebettet, der vom Schlag der feindlichen Hellebarde noch immer betäubte tapfere Buchdrucker Michael Lotther ausgestreckt lag, hob Markus Horn mit seinen starken Armen die Tochter des Nachbars, die mit Küssen und Tränen das Gesicht des Vaters bedeckte und mit tausend Liebkosungen und süßen Worten, zwischen Angst und Jubel schwebend, ihn ins Bewußtsein zu rufen strebte.

Mit Küssen, Tränen und Liebkosungen bedeckte die Mutter das Gesicht des Sohnes, dem auch die Augen nicht trocken blieben.

„O mein Markus, mein Kind, nun

ist alles gut - ich hab dich wieder - Dank Gott, Dank Gott! Nun ist's gut - nun komm - kommt heim, heim!"

„Dran! Drauf! Nieder mit den Hunden! Alle für die Stadt, bum - bum! Alle voran, Reiter und Rosse, Fußvolk und Geschütz, voran, voran!" phantasierte der Buchdrucker im Fieber und suchte sich den Armen seiner Tochter zu entwinden, sank aber sogleich wieder zurück auf sein Lager.

„Ängstet Euch nicht, Jungfer Regina", rief Markus Horn; „das hat nichts zu bedeuten, es wird vorübergehen!"

Endlich konnte sich der Zug wieder in Bewegung setzen; durch die dunkle Wölbung des Krökentores schwebten die beiden allein aus der Schlacht an der Ohre geretteten Banner der Stadt, zogen die letzten der aus der schlimmen Niederlage geretteten Streiter der Stadt. Aber der schwarze Schatten dieses Torbogens fiel schwer über Markus Horns Seele; der Lichtschein, welcher sie erfüllt hatte, erlosch wieder. Wenngleich die Gunst des Augenblicks ihm erlaubt hatte, die Mutter in die Arme zu schließen und von ihr zu vernehmen, daß nichts ihn von ihrem Herzen losreißen könne, so erschien das, was er sonst noch verloren glaubte für ewig, um so unersetzlicher. Seit er den zarten Körper Reginens in seinen Armen gehalten, seit er die Jungfrau zu dem wunden Vater auf den Wagen gehoben hatte, war ihm zumute, als hätten seine Muskeln alle Spannkraft verloren; die Stärke seiner Arme schien dahin zu sein, kaum vermochte er, das Banner seiner Vaterstadt aufrecht zu erhalten und daneben seine alte Mutter, die sich auf seinen linken Arm stützte, zu führen.

An der Katharinenkirche, wo wieder Kopf an Kopf gedrängt das Volks stand, eilten den Ankommenden die Herren Ebeling Alemann, Hans Kindelbrück, Hans Winkelberg von Köln und Herr Galle von Fullendorf entgegen; mit Tränen in den Augen streckten diese Kriegsmänner die Hände gegen die beiden heimgebrachten Fähnlein aus. In die Arme schloß der Stadtoberst Alemann seinen tapfern Neffen, in die Arme schloß Herr Hans von Kindelbrück, der Hauptmann, seinen Rottmeister.

„Lueg, lueg, i ha's gesagt", rief der Schweizer, Herr Galle. „I ha's gesagt, Hänsel Kindelbrück, daß ihr gut tätet, den Wetterbua zu nehma. Willkommne, willkommne, ihr andere Buebe zu Roß und ze Fuß, daheime! Dundersdüvel, das müsse mer die Kerle heimzahle doppelt und dreifach. Potz blutige Händ, Manne, i sag eu, das müsse mer auswetze. Dunderschieß, mer wulle es ina schon auf de Ärmel heften, nit wahr, ihr alle?"

„Ja, ja! Das wollen wir!" schrien die Bürger, Reiter und Knechte mit der letzten Kraft ihrer Lungen. „Sie sollen die Püffe, so sie uns heut gegeben haben, mit Zinsen wiederhaben. Keine Bange. Herr Hauptmann, der Teufel wird ja nicht immer seinen Schwanz uns in die Augen schlagen."

„Weshalb habet Ihr uns nicht geführt, Herr Fullendorfer!" schrie ein Landsknecht.

„Herr Hauptmann Kindelbrück, wäret Ihr mit uns gewesen, es wär nicht so ausgegangen!" rief ein Bürger.

„Und das Licht, so man gestern Abend am Turm zu Wolmirstedt gesehen hat! Der Böse hole den, der damit dem Feind winkte. Hat man nicht gesehen, wie zu Hillersleben als Antwort ein brennendes Strohbündel auf einem Spieß erhoben ist? Der Satan schlage alle Verräter zehntausend Klafter tief in den Boden hinein!"

„Kinder, Kinder, wir wollen alles wiedergutmachen!" rief Herr Ebeling Alemann. „Verlaßt euch drauf! Hoch lebe diese edle, fromme Stadt Magdeburg!"

„Vivat! Vivat! Vivat!" riefen die heimgekehrten Streiter.

„Vivat! Vivat! Vivat unseres Herrgotts Kanzlei!" rief alles Volk.

Das gerettete Bürgerbanner, welches Markus bis jetzt getragen hatte, gab er nun in die Hände Bernd Klodens, welcher es im Zuge nach dem Altstadtmarkt, nach dem Rathaus trug. Er aber trat mit seiner Mutter aus dem Haufen heraus und geleitete den Wagen mit dem verwundeten Buchdrucker in die Schöneeckstraße. Neben dem Wagen schritt auch der Faktor Kornelius einher, fort und fort in den Bart brummend:

„Das hat er davon! Hab ich's ihm nicht vorausgesagt? Solch ein alter, greiser Gesell - ein Jahr ist er älter als ich - will noch den jungen Kriegsmann spielen. Seht Ihr, Meister Michel! Haben sie Euch die Kolben gelaust, haben sie Euch den Buckel gebläuet! Recht ist Euch geschehen, alter Fürwitz - na ich mein, komme du mir nur erst zur Besinnung, ich will dir die Wahrheit schon sagen, ich will dir den Text schon lesen, du grauköpfiger Gelbschnabel, Michel Lotther."

Endlich, endlich hielt der Wagen vor der Druckerei; der tapfere Michael sollte seinen Laren und Penaten, seinen Pressen, Korrekturen, seiner Tochter und seinen Freunden wiedergegeben werden. Die Stadt Magdeburg hatte ihn für spätere Fährlichkeiten noch gar nötig.

Aus voller Brust atmete Regina auf, als das Bäuerlein, welches die zwei magern Gäule lenkte, die Zügel anzog.

In dem Augenblick, wo das Gepolter und die Bewegung des Karrens aufhörte, schlug der Verwundete die Augen auf und blickte mit wirren, stieren Blicken umher. Er erkannte seine Tochter, die sein Haupt im Schoß hielt, nicht; jemand anders schien er zu suchen, und als er ihn nicht neben sich fand, wimmerte er:

„Markus, Markus, wo - wo - bist du, Mark?"

„Mark - Herr Rottmeister, er ruft Euch!" hauchte Regina. „O tretet her, nehmt seine Hand - er hat Angst, verlaßt ihn nicht!"

„Heb du ihn vom Wagen, Markus, mein lieber Sohn!" rief die Frau Margareta. „Zeig dich ihm - er scheint wirklich dich zu suchen. Nimm seine Hand."

„Hier, Herr Lotther, hier ist Markus Horn!" rief der junge Krieger. „Ermuntert Euch, glücklich sind wir zu Hause angekommen. Besinnt Euch, da ist Euer Töchterlein - hier ist Eure Wohnung; die Fahne ist geborgen, es ist -"

„Das Banner, das Banner!" schrie der Buchdrucker im Wundfieber. „Hier, Adam, Vetter Adam Schwartze, her, her; alle heran!" Er richtete sich wieder empor und blickte wild umher. „Alle fort, wehe wehe, verloren die Schlacht - Hilf, Markus! Hilf Magdeburg, rette die Fahne, Markus! Rette, rette!"

Nach dem Arzt lief der Druckerjunge, der Quälgeist des Magisters Flacius Illyricus, aus - Markus aber hob den Verwundeten von seinem Strohlager und trug ihn sanft ins Haus und die Treppe hinaus in seine Schlafkammer, wo er ihn behutsam, immerfort beruhigend ihm zusprechend, niederlegte.

Der Arzt kam, legte kühlende Umschläge auf den Kopf des Kranken, zupfte ihm nach Art der Zeit eine gute Quantität Blut ab und empfahl nach der Art aller Zeiten tiefste Ruhe. Von den widerstrebendsten Gefühlen bewegt, stand Markus an dem Lager des Meisters Michael, während seine Mutter und die Jungfrau mit dem Verwundeten beschäftigt waren. Was drängte sich alles in dem Raum so kurzer Stunden zusammen! Blutige Schlacht - Rettung und Tod nur haarbreit voneinander geschieden - Flucht und Verfolgung und wieder Kampf - schnelles Eilen, langsames Hinschleppen über Felder und Wiesen, durch Gehölz, über staubige Landstraßen, durch entsetzte, angstbewegte Dörfer und Weiler! An schrecklichen Einzelheiten haftet der betäubte Geist, erinnert sich der verstümmelten, nackten Leichen am Wege, des wunden Freundes, welchen das scheu gewordene Roß den Abhang hinunterschleift; er erinnert sich des gierigen Trunks aus der Pfütze, aus welcher man mit dem schmutzigen Wasser Blut in die Sturmhaube schöpft. Das wirbelt und siedet und drängt durcheinander im schmerzenden Hirn, ein wüstes Chaos!

Ist das das fromme, treue Gesicht der Mutter? Ist das die schöne Maid, das holdselige Bild vergangener Tage? Ist das Regina Lottherin, welche den Leutnant Adam Schwartze freien will? Wo sind diese Gesichter, diese Gestalten hergekommen? Wo ist Markus Horn? Wo ist der Lärm, der Aufruhr, das Getöse plötzlich geblieben? Was ist geschehen? Ist das Traum, ist das Wirklichkeit?

Was will Markus in diesem Gemache, unter diesem Dach? Er greift nach der Stirn; wieder kommt der schreckliche Gedanke, daß hier seine Stätte nicht sei. Er will fort - sogleich fort. Er murmelt etwas von Pflicht, von zerstreuten Genossen, die gesammelt werden müßten; er will nach der Tür wanken; - die Mutter schreckt auf und streckt ihm die Hände nach. Regina erhebt sich halb von ihrem Sessel neben dem Kopfkissen des Vaters; der verwundete Greis öffnet wieder die Augen und scheint außer dem Rottmeister, der ihn aus der Schlacht rettete, niemanden im Gemach zu erkennen.

„Nicht fort, Mark! Nicht fort! - Alle, feldflüchtig - verloren die Stadt - das Banner, das letzte Banner, Mark! Hilf, Markus Horn, verlaß mich nicht! Nicht fort! Nicht fort!"

„Ihr dürft ihn nicht verlassen, wenn Ihr wollt, daß er gerettet werden soll!" sprach der Faktor Kornelius.

Das Auge Reginas haftete auf dem jungen Mann; sie faltete zitternd die Hände im Schoß.

„Markus, mein Sohn!" rief fragend und klagend die Mutter, und Markus Horn saß nieder am Fußende des Lagers des Buchdruckers Michael Lotther, fast ebenso betäubt, sinnverwirrt wie dieser, mit erblindeten Augen, summenden Ohren, klopfendem Herzen, als habe auch er mit einer Hellebarde des Herzogs Jürg von Mecklenburg zu tun gehabt, wie der tapfere Buchdrucker.

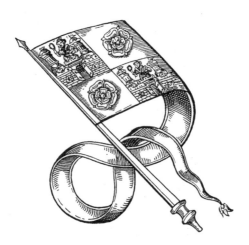

Das zehnte Kapitel

Hie hebet an der andere Teil.
Zeigt wie der ganzen Welt zum Heil
Der Jungfrau edle Burg und Stadt
Ihr Banner hoch gehalten hat;
Zeigt wie Verrat sie arg umspinnt,
Die Jugend hoch das Best' gewinnt.
Drei blut'ge Kreuze flammen auf,
Und Gott's Gericht hat seinen Lauf,
Durch alle Welt geht das Geschrei
Von unseres Hergotts Kanzelei.

Vollständig hatte das Jahr Schönheit und Glanz abgestreift; gleich einem irdischen Weibe hatte es eins der frischen, funkelnden Gewänder der Jugend nach dem andern fallen lassen; verwelkt waren die Veilchen des Frühlings, die Rosen des Sommers, die letzten Sternblumen des Herbstes. Alt, recht alt und mürrisch war das Jahr allmählich geworden. Todesgedanken bekam es und saß am Nachmittag des vierzehnten Oktober im christlichen Jubeljahr und magdeburgschen Trauerjahr fünfzehnhundertfünfzig wie ein mürrisches Mütterlein auf schwarzen, schweren Wolken, quirlte in einer Regensuppe und spann an einem grauen, düstern Nebelschleier, mit welchem es gegen Abend die Welt zudecken wollte.

Ehe dieser Schleier herabfällt und unsern Schauplatz verhüllt, führen wir den Leser vom Breiten Wege durch die Kaiserstraße, quer über die Bernausche Straße und durch die Hölle - die Gegend der Stadt Magdeburg, wo heute die Grüne-Arm-Straße, die Venedische Straße und die Blaue-Beil-Straße zu finden sind - nach der Jakobskirche und ersteigen mit ihm die Wendeltreppe im Turm dieser Kirche bis unter die Glocken. Da finden wir uns in einem Gemach, welches den ganzen innern Raum des Turmes einnimmt und nach allen vier Weltgegenden eine umfassende Aussicht durch die „Galmlöcher" gewährt. In einer Ecke ist ein kleiner Herd angebracht, auf welchem ein winzig Kohlenfeuer glimmt, in einer andern Ecke befindet sich ein Strohlager; ein hölzerner Tisch, einige Schemel sind ebenfalls vorhanden, Kleidungsstücke und Waffenstücke hängen an den Wänden; - ein langes Geschütz auf wunderlicher, aber leicht zu regierender Lafette blickt drohend über die Mauern, Türme und Dächer der Neuen Stadt ins Land hinaus. Ein Kugelhaufen ist neben diesem Stück aufgebaut, ein Fäßchen Pulver ist zur Hand sowie alles, was sonst zur Bedienung eines Geschützes gehört. Geschützmeister ist auf dem Jakobsturm Andreas Kritzmann, welcher vor dem Obersten Ebeling Alemann und den Hauptleuten Probe geschossen hat, zur Verwunderung gut bestand und hieher beordert worden ist. Die Gehülfen, die man ihm hat zugeben wollen, hat er abgelehnt zu ihrer geheimen Genugtuung. Schon geht auf den andern Türmen und auf den Mauern der Stadt manch bedenklich Wort an den Feuerstücken über den Meister Andreas vom Jakobsturm. Solche eine Kunst, solch ein scharfes Auge, wie sie der „Schütz vom Jakobsturm" besitzt, erscheint dem befahrensten Arkeleymeister übermenschlich. Des Schützen ungesellig, seltsames, finsteres Wesen füllt jeden, der ihm naht, mit demselben geheimen Grauen, welches vor Braunschweig in den Schanzen Heinrichs des Jüngern die Kameraden aus seiner Nähe trieb.

Zur Hand geht dem Andreas nur ein verwachsener, taubstummer, elternloser Knabe aus der Neustadt, der sich zu dem stummen Mann gefunden hat, man weiß nicht wie. Dieser Bub besorgt seine Ausläufe, Botschaften und Wege, der Schütz selbst scheint nicht wieder in die Gassen der Stadt hinabsteigen zu wollen.

In dem Augenblicke, wo wir durch die Öffnung im Fußboden in den Aufenthaltsort des Geschützmeisters gelangen, ist dieser beschäftigt, mit großem Eifer und fast peinlicher Sorgfalt den Lauf seines Stückes zu putzen. Friedel, der taubstumme Knabe, sitzt in einem Galm- oder Schalloch und läßt die Beine herabbaumeln und starrt blödsinnig auf den Jakobskirchhof hinab oder den Krähen, welche den Turm umflattern, nach.

Auf Stadt und Land blicken wir ebenfalls und erzählen, was um und in der alten Stadt Magdeburg geschah seit dem zweiundzwanzigsten September, dem Tag der Schlacht an der Ohre. Dann suchen wir nach den Leuten, mit welchen wir es in dem großen Schauspiel und Trauerspiel zumeist zu tun haben; dann - können wir wieder herniedersteigen in das bewegte Getriebe, die Herzen in Liebe und Haß, in Bangen und Hoffen näher klopfen zu hören.

Tief, tief zu unsern Füßen liegt Unseres Herrgottes Kanzlei, liegt die große, geächtete lutherische Stadt Magdeburg; tief unter uns rund um das letzte Bollwerk des reinen Glaubens liegen die Lager, die Linien, die Schanzen derer, welche des Reiches Acht und Aberacht zu vollstrecken gekommen sind. -

Nachdem Herzog Georg von Mecklenburg den Sieg an der Ohre gewonnen hatte, hielt er sich noch bis zum Donnerstag nach St. Mauritiitag im Kloster Hillersleben mit weidlichem Bankettieren und Jubilieren. Dann brach er auf mit seinen Scharen, die anschwollen gleich einem bergab sich wälzenden Schneeball. Weiter zog er seinen verwüstenden Strich durch das Stadtgebiet, bis er sein Hauptquartier zu Schönebeck aufschlug. Hier trafen nun die Nachbarn des Erzstiftes, die Herren des Kapitels, die Stiftsjunker und die Achtsvollstrecker zusammen. Es kam Kurfürst Joachim von Brandenburg und sein Vetter Markgraf Albrecht von Kulmbach, es kam Hans Georg von Mansfeld, welcher die gute Gelegenheit benutzte, sich des Schlosses zu Egeln, samt der Pflege, welche die Magdeburger daselbst innehatten - zu bemächtigen. Am neunundzwanzigsten September erschien die Seele des Ganzen, kam der feine, kluge Moritz, der „durchlauchtigste, hochgeborene Fürst und Herr, Herzog zu Sachsen, des Heiligen Römischen Reiches Erzmarschall und Kurfürst, Landgraf in Thüringen, Markgraf zu Meißen". Seine politische Waagschale hielt er dem Mecklenburger Jürgen unter die Nase und flüsterte ihm zu:

„Herr zu Mecklenburg, wie dürft Ihr's wagen, daß Ihr die frommen Leut von Magdeburg habt dürfen angreifen?... Habt Ihr die Kinder Gottes einmal getroffen?"

Wer doch den Zug hätte malen können, der bei diesen Worten um die Mundwinkel des Mannes spielte!

Die Jakobikirche mit den im Turm eingebrachten Geschützen (Stadtarchiv: 8094). Auf den Folgeseiten eine Ansicht von 1551 (aus: Hoffmann, Geschichte der Stadt Magdeburg)

Wer doch gegenwärtig gewesen wäre bei den Verhandlungen, in welcher der hochdeutsch meißnerisch lispelnde Sachse dem plattdeutsch aufbegehrenden, tobenden, brummenden, klein beigebenden Mecklenburger den Oberbefehl über den von ihm bis jetzt so gut geführten Haufen abnahm!

An diesem selbigen neunundzwanzigsten September, dem Tage Michaelis, kam ein Trompeter vor Magdeburg, blies sein Stücklein und forderte die Stadt zur Übergabe auf, wurde aber ohne ein gutes Wort zurückgeschickt.

Die aufgebotenen Lehnsleute ließ das Domkapitel zu dem Reichsheer stoßen; zu Augsburg saß immer noch Kaiserliche Majestät und „hielt heftig an" für das Interim und den Reichsabschied und gegen die Geächteten. 60 000 Gulden, zu 15 Batzen gerechnet, verwilligte das Reich monatlich zur Belagerung der Stadt Magdeburg. Aufgewendet wurde dazu des „Reiches Vorrath", der wider den Erbfeind, den Türken, und sonsten zufällige Not gesammelt worden war, so daß der Magister Flacius Illyricus durch Michael Lotthers Pressen mit Recht in die Welt hinausrufen durfte:

„Lieber Gott, wie in einen gar verkehrten Sinn sind die falschen Christen gerathen! Sie sehen, wie in trefflicher großer Gefahr die ganze Christenheit stehet, und sonderlich Teutschland der Christen Feind, des Türken

140 halben. Noch lassen sie ihn zufrieden, ja sie geben ihm noch Tribut, daß er zufrieden sei, auff daß sie ja, dem Antichrist zu gefallen, Christen gantz und gar außrotten und austilgen mögen. Es gehet jetzt zu, wie es immer gegangen ist damit. Die falschen Jüden müssen immer Barrabam, den Mörder, loßbitten, auff daß sie nur Christum ans Kreuz bringen. Die Papisten lassen den Türken zufrieden, auff daß sie nur mögen die Christen verfolgen, die Interimisten und Adiaphoristen erlangen Friede von den Gottlosen, wie sie nur mögen, auff daß sie können uns ihre Brüder, den Antichristischen zu gefallen, ermorden."

Immer ängstlicher schlugen die Herzen aller Glaubensgenossen durch die ganze

Welt der hartbedrängten Stadt wegen. Eine große Bestürzung war mit der Nachricht von der Schlacht an der Ohre über sie gekommen. Sie sahen schon im Geist die letzten Mauern und Wälle des evangelischen Glaubens niedergeworfen; sie vernahmen schon das Jubelgeschrei der Sieger, den Triumphruf „der Spitzhüte, des Mönchs- und Pfaffengesindels". „Kann ja" - wie Herr Flacius sagt, „der Teufel unsern schwachgleubigen Hertzen welche wilde Fantasey und Gespenst einbilden, daß wir offt nicht anders meinen, denn es sei große Noth vorhanden, so doch keine ist, oder die gegenwertige Gefahr viel größer machen, denn sie ist."

Fest stand die Kanzlei des lieben Gottes! Ihre Besatzung verstärkte sie auf

dreitausend Mann zu Fuß und dreihundert zu Roß. Jeder Bürger nahm die ihm zugeteilten Reiter und Knechte mit Freuden ins Quartier. Immerfort noch wurden Geschütze gegossen aus den Glocken der Stifter und Klöster. Rings um die Stadt hatte man Gruben aufgeworfen, dem Feind das Vordringen zu erschweren, Blendungen und Verschläge schützten auf den Mauern und Wällen die Streiter.

Alle Sehnen und Nerven spannte die Stadt nach der Niederlage im Feld vor Hillersleben aufs äußerste an, und mit blutigen Köpfen wichen die Feinde, die jetzt ihr Lager nach Fermersleben vorgeschoben hatten, zurück, als sie am zehnten Oktober, am Sankt-Burchards-Abend, in der Nacht zwischen elf und zwölf Uhr mit großem Geschrei, gewaltiger Macht gegen Stadtgraben und Tore anliefen.

Von den Wällen sprach das Geschütz des Bürgertums auf ganz andere Weise wie im freien Feld. Wie brachen die Gewerke vor aus dem Ulrichstor:

„Hie Magdeburg! Magdeburg hie!"

Wie wetterten die groben Fäuste der Stadt ein auf den bestürzten Feind!

Da dieser Feind in seiner Wut und aus Verachtung des Stadtvolkes wider allen Kriegsgebrauch sechs Windmühlen, den Holzhof und das Hintergebäude am Siechenhaus angezündet hatte, so konnte man desto besser sehen, wohin man schoß, stieß und schlug. Da ward „gar mancher grosser Hans und starker Held von Thürmen und Wällen erschossen".

Drei Rüstwagen voll Tote führten die Feinde aus dem Feld. Mit zwei Trommeln begruben sie zu Beiendorf wohl über hundert. Nach Salza und nach Halberstadt führte man gar vornehme Leichen, und Gefangene sagten späterhin aus, in dieser Nacht hätten sie einen Mann verloren, der ihnen nicht um tausend Gülden feil gewesen sei.

Das folgende Morgengrauen zeigte den Bürgern um die verbrannten Mühlen her eine recht blutige Walstatt. Da fand man ganze Arme in Panzern, ganze und halbe Schenkel, Pickelhauben mit ganzen und halben Köpfen, Zündröhren, Zäume, Schenkel von Pferden und dergleichen, und Herr Sebastian Besselmeier meinte fröhlich:

„Hei, schaut, sie können ihren Schaden nicht verbergen! Das ist die erste Abzahlung auf die Hillerslebener Rechnung."

Am folgenden Tage hielt man ein Scharmützel hinter dem Kloster Berge, und es kamen an diesem Tage, sehr gegen den Willen Herzog Heinrichs des Jüngern, noch viel gute Kriegsleute der Stadt von Braunschweig her zu Hülfe.

Am zwölften Oktober wurde Stillstand geblasen, und in die Stadt ritt Fürst Wolfgang von Anhalt mit den zwei Doktoren Johannes Scheyring und Johannes Holstein, zwei magdeburgschen Kindern, der erstere Kanzler zu Mecklenburg , der andere Kanzler zu Lüneburg.

Kurfürst Moritz blickte wieder angestrengt auf das Zünglein seiner Waagschale. Es zitterte und schwankte und wollte gar nicht zur Ruhe kommen. Weitbeinig stand Herr Mauritius zwischen den Parteien da, augenblicklichen Vorteils wegen hingezogen zu Kaiser, Reich und Katholizismus, künftigen Vorteils halber liebäugelnd mit der neuen Weltmacht, dem Protestantismus, dessen Bedeutung und Unbesiegbarkeit dem genialen Politiker klar vor Augen lag.

Sechs Artikel ließ der Kurfürst der Stadt vorlegen, ihr seinen guten Willen zu zeigen:

I. Die Stadt soll den beiden Kurfürsten Sachsen und Brandenburg und drei andern Fürsten und dem künftigen Erzbischof eingeantwortet werden und eine ziemliche

Besatzung, doch auf den Fürsten Kosten, einnehmen.

II. Dagegen sollen die Religion, Regenten, Kirchendiener und Bürger für ihre **143** *Person und Güter nicht angefochten und an dero habenden Privilegien und Festungen der Stadt nichts abgebrochen werden.*

III. Die Stadt soll dem Kaiser einen Fußfall tun, ihm 100 000 Gulden und sechszehn Stückbüchsen geben. Das Geld wollen die Fürsten der Stadt vorstrecken.

IV. Dem Erzbischof und dem Kapitel werden ihre Güter wieder eingeräumt.

V. Die gelittenen Schäden, desgleichen auch die Beywohnung und Ceremonien der Thumbkirchen sollen auf mächtige Unterhandlung gestellt werden.

VI. Kurfürstliche und fürstliche Gnaden wollen die Aussöhnung an Kaiserliche Majestät aufs förderlichste gelangen lassen, dieselbe verhoffentlich zu erhalten. Im Fall aber, da solches bei Kaiserlicher Majestät nicht zu erhalten, so wollen alsdann Ihre kurfürstlichen und fürstlichen Gnaden die Besatzung ohne einigen Schaden aus der Stadt wiederum abschaffen, und die Stadt, wie sie die empfingen, dem Rath wiederum einantworten. Alles getreulich und ungefährlich."

Am elften und zwölften Oktober wurde zwischen Belagerten und Belagerern, zwischen Rat und Gesandten über diese Artikel hin- und hergehandelt, am vierzehnten, in der Stunde, wo wir auf dem Jakobsturm stehen, befindet sich der Doktor Scheyring abermals auf dem Rathaus dieser Sachen wegen.

Wir lassen nun das Allgemeine und blicken aus nach dem Einzelnen.

Auf dem Alten Markt, vor dem Rathaus, schreiten vor der Front einer Abteilung Knechte, die daselbst aufgestellt ist - dem Doktor Scheyring zur Ehre und vielleicht auch ein klein wenig zum Schrecken -, Hans Springer, der Elsässer, und Adam Schwartze, der Bamberger, im leisen eifrigen Gespräch auf und ab. Beiden ist in den letzten Tagen viel des Unangenehmen begegnet.

Auf den Hauptmann hat sich von den Kanzeln ein wahrer Schwall von Anspielungen ergossen. Keine Buß- und Trauerpredigt ist nach der Schlacht an der Ohre gehalten, in welcher nicht Hänsel Springers und seines Lebenswandels mehr oder weniger verblümt gedacht wurde. Insinuationen sind wiederum dem Rat gemacht, die Schwelger, Ehebrecher und Blasphemisten, bei denen kein Glück sei, aus seinem Dienst, aus der Stadt zu entfernen. Der Hauptmann befindet sich in einer teufelmäßig ungemütlichen Stimmung; wäre die Frau Johanna nicht, in hellen Flammen wäre er aufgelodert gegen seinen Leutnant, der ihn abhielt, vor Hillersleben mit Sack und Pack zum Mecklenburger überzugehen.

Auf dem Geiste Adams lasten nicht weniger schwere Wolken; aber er weiß seine Gemütsbewegungen besser als der Elsässer zu verbergen, steigt für ein unbefangen Auge wie gewöhnlich putzig einher, lächelt wie gewöhnlich. Einem schärfern Beobachter aber entgeht eine wunderliche Veränderung im Wesen des Mannes nicht. Ein genauerer Beobachter erkennt, daß der feste Schritt, das sichere Auge Adams nur noch Maske ist. Seit der Schlacht an der Ohre ist des Leutnants Stellung im Hause Michael Lotthers eine ganz andere geworden; der wieder zur Besinnung gekommene Buchdrukker empfängt den Vetter aus Franken lange so begeisterungsfroh nicht mehr wie früher. Er ist zwar nicht kalt gegen ihn; aber er schwört nicht mehr auf seine Worte, sondern beruft sich bei kriegerischen Erörterungen viel lieber auf die Meinung des Rottmeisters Horn. Er stellt den Leutnant nicht mehr als Muster auf; er nimmt sich sogar die Freiheit, ihm allerlei vorzurücken, was er tadelnswert findet. - Regina hat in ihrem Betragen gegen den Vetter eigentlich nichts geändert; aber darüber ist nicht viel zu sagen, der Vetter hat sich nie eines herzlichen Entgegenkommens ihrerseits rühmen können. Doch das ist das wenigste, damit würde der Leutnant schon fertig werden; aber noch etwas gar Sonderbares ist ihm begegnet.

Am Abend des vierten Oktobers hat er, in sein Quartier zurückkehrend, an seiner Tür eine Abschrift eines peinlichen Erkenntnisses der freien Reichsstadt Ulm vermittelst eines im Griff feststehenden Messers festgenagelt gefunden. Datiert ist dieses Erkenntnis vom zweiundzwanzigsten September 1544 gewesen, und Urteil wurde darin gesprochen nach den Rechtsworten der Karolina, der hochnotpeinlichen Halsgerichtsordnung Kaiser Karls des Fünften und des heiligen Reiches über eine Kindesmörderin, genannt Anna Josephina Agnese Scheuerin. Auf Ersäufung im Sack lautete der Spruch der ulmschen Richter, und hatte die unglückliche Verbrecherin den Sack, in welchem sie ertränkt werden solle, selbst zu nähen.

Der Abschrift dieses Urteils sind aber die Worte hinzugefügt gewesen:

> **Ist vollstrecht dieß Urthel 26. Septembris Anno 1544.**
> **Gott erbarmb der Seelen gnediglich. Gott wend ab sein**
> **Aug vom Mörder und geb ihn dem Rächer.**
> **† † † im Läger vor Magdeburg**

Ob aber diese letzten Worte und diese drei Kreuze mit Blut oder mit roter Tinte gezeichnet waren, konnte der Leutnant Adam von Bamberg nicht herausbringen. Doch er sah jetzt dies schreckliche Blatt überall, wo er ging und stand, vor sich an der weißen Wand wie auf der schwarzen, am Himmel über ihm und am Erdboden unter ihm. Wie er auch über die Augen wischen mochte, überall erblickte er vor sich die drei roten Kreuze und das Messer. Er fing an, die Dunkelheit und die Einsamkeit zu fürchten; er blickte bei jedem Schritt, den er hinter sich vernahm, schnell und scheu über die Schulter und hielt sich am liebsten mit dem Rücken gegen eine Wand gelehnt. -

Auf dem Altstadtmarkte vor dem Rathaus zählt der Hauptmann, mit den gewöhnlichen Flüchen und Pfaffen, Rat und Bürgerschaft, während der Doktor Scheyring im Sitzungssaal des Rats verhandelt, seinem Leutnant die Einzelnen, die Rotten und Haufen, deren er unter den städtischen Knechten sicher ist, an den Fingern her und behauptet, jetzt sei die Gelegenheit wiederum günstig, durch den Doktor Johannes den Herren vor der Stadt einen Wink zu geben. Er weiß für gewiß, daß des Kurfürsten Vorschläge heute von Rat und Bürgerschaft verworfen werden, und glaubt, eine noch bessere Stunde, das Besprochene ins Werk zu setzen, werde nimmer kommen.

Das Sudenburger Tor und die Sudenburger Vorstadt sind heute von den Leuten Springers besetzt und somit beide ganz in der Gewalt des Hauptmanns. Johanna von Gent hat bereits einen Wink bekommen und wird sich jetzt mit Geldsack und Schmuckkästchen auf der Wacht am Sudenburger Tor befinden. Geleitsmann des Doktor Scheyring zwischen dem Lager zu Fermersleben und der Stadt ist der Leutnant Schwartze, er mag sein Wort bei dem Doktor, er mag es beim Kurfürsten anbringen - alles findet sich ganz herrlich zusammen.

„Adämle, Adämle", flüstert der Hauptmann, „jetzt hat's e Schick. Dunder und Wetter, los die Würfele! Trumpf und gewonnen! Hüt wolln mer den Vogel abschieße.

Hüt Obend wolln mer uns guet gebettet han im Lager vor der Stadt!"

Im Lager vor der Stadt! Was blickt der Leutnant plötzlich auf und um sich? Was der Hauptmann sagt, hat Kopf, Hand und Fuß; Zeit und Gelegenheit, den verwegenen, gewinnbringenden Plan des Verrats ins Werk zu setzen, sind wirklich so günstig wie nur möglich. Ein kühnes Herz, ein kalter Kopf, eine Hand, die vor nichts zurückschreckt, mögen heute dem Kais und dem Reich die rebellische, geächtete lutherische Stand, die Kanzlei unseres Herrn Gottes, wehrlos, gebrochen zu Füßen legen. Millionen im Reich und den „angrenzenden Provinzien" werden dem kühnen Mann, der solche Tat, sei es auch durch Verrat, tun wird, zujauchzen; fernste Geschlechter werden seinen Namen mit Schauder und Bewunderung nennen. Die höchsten Wünsche wird er erfüllen dürfen, Ehren und Rechtum werden ihm zufallen; die schönsniedergeworfenen lutherischen Stadt wird er aus Blut und Flammen reißen und als herrlichste Beute führen dürfen in das - Lager vor der Stadt; - zusammenstürzt vor Adam Schwartzes Augen das glorreiche Gebäude von Ruhm, Glanz und Glück, das sein schlau verwegener Geist aufbaute und in welchem der Hauptmann Springer nur ein schlechter Eckstein ist. Dahin ist der tollkühne Mut, verwirrt sind die klaren Gedankenreihen, die logischen Schlußfolgerungen. Eine Wolke legt sich vor den Blick, der fast so scharf sieht im Getriebe der Zeit wie sein großer Lehrmeister, Herr Mauritius von Sachsen. Zu einem armen, schwachmütigen Menschen ist Adam von Bamberg, der Bewunderer und Nacheiferer des Kurfürsten Moritz von Sachsen, geworden. Er fürchtet das Messer, welches die Abschrift des ulmschen Richterspruchs an seine Tür nagelte. Im Lager vor der Stadt, wo das Glück liegt, harrt auch der Rächer der Anna Scheuerin, die im Jahre fünfzehnhundertvierundvierzig ertränkt. „gesäckt" wurde in der Donau und in ihren Sterbesack ihre Flüche und Segenswünsche hineinvernäht hat. Das Wahrzeichen an der

Das alte Sudenburger Tor (aus: Magdeburger Kultur- und Wirtschaftsleben)

Tür ist schuld daran, daß die günstige Stunde, den großen Vorsatz auszuführen, ungenutzt vorübergeht, ist schuld daran, daß der Hauptmann Hans Springer seiner „Cortesana" Befehl schickt, mit Geldsack und Schmuckkästchen wieder heimzukehren in die Wohnung; denn - „das Wetter sei zu trübe zum Lustritt unter den Mauern".

Der Franke weiß den Elsässer ebensogut zu überreden und zu seiner Meinung hinüberzuziehen wie der Obersachse Mauritius den Niedersachsen Jürgen von Mecklenburg.-

Auf dem Jakobsturm ist der Büchsenmeister mit dem Glanz seines Geschützlaufes zufrieden; er richtet sich von seiner Arbeit auf, winkt dem taubstummen Friedel, und beide setzen sich zu einem kärglichen Vespermahl nieder.

Wir blicken nach einer andern Gegend.

An der Brüstung der Stadtmauer, der Michaelisvorstadt gegenüber, lehnt der Rottmeister Horn im Gespräch mit dem Fähnrich Christof Alemann.

„So bist du also ziemlich so weit wie vorher?" fragt Christof den Freund, und dieser nickt trübsinnig und spricht:

„Es ist ein traurig Ding um solch ein Hin- und Herreißen. Da wirst du gezogen hier und dort, da wirst du weggestoßen dort.

Ich wollt lieber, es wär geblieben, wie es zuerst war, wo der harte Vater mir ganz und gar den Eintritt in sein Haus verboten hatte. Jetzt darf ich kommen; aber was find ich daheim? Von Tag zu Tag wird das arme Mütterlein betrübter, kümmerlicher, bleicher; der strenge Mann aber spricht kein Wort zu mir, reicht mir nicht die Hand beim Eintritt, antwortet meinem Gruß nicht beim Weggehen.

Ich bin wie ein Fremder im Vaterhaus und darf doch nicht daraus fortbleiben, denn die Mutter überlebt's nicht. Und Unfrieden bringe ich auch über die alten Eltern, die Frau zürnt stumm über den Mann des Sohnes wegen. Das Mutterherz hat des Kindes Schuld lang vergessen, nun begreift sie nicht den Vater, der nicht so schnell vergessen kann. O ich begreif ihn wohl, Christof. Ich sage dir, niederknien könnt ich vor diesem strengen, richterlichen Greis; - ob er mir zürne, stolz bin ich drauf, daß solcher Herr und Meister mein Vater ist. Würd ich's nicht ebenso machen? Ach, ich vergeß auch nicht so leicht in Lieb und Haß. Mein Herz ist ein tiefer Brunnen voll dunkeln Wassers, und was da drein fället, das behält er. Es liegt manch häßliche Ding drin; aber auch ein Karfunkel liegt unten, der gibt bei aller Not und allem Schmerz allem einen goldigroten Schein. Die Regina lieb ich -"

„Hab's gemerkt und weiß es wohl, und der Teufel soll mich holen, wenn der stadtfremde Söldner solch magdeburgschen Edelstein an seinem Schwertgriff davontragen soll. Leid's nicht, leid's nicht, Markus Horn!"

„Was ist da zu leiden? Was ist da nicht zu leiden?" rief der Rottmeister, in düsterer Aufgeregtheit die Hand des Freundes fassend. „In ihre Nähe bin ich gebannt und möchte doch bis an der Welt Ende wegfliehen. Sie spricht so sanft, so milde zu mir, und doch ist es, als läge ein kaltes, haarscharf Schwert zwischen uns. Manchmal denk ich, es muß noch ein Fünklein in ihr leben, so zur Flamme werden kann; doch dann ist gleich alles wieder erloschen, tot, schwarz, kalt. Ich möchte diesen Adam Schwartze vor ihren Augen niederstechen, und doch würd ich es nimmer können; sie möchte ihn doch lieben, und sein Tod könnte sie betrüben."

Der Fähnrich lachte:

„Mark, was das anbetrifft, so probier's nur; gib ihm einen tüchtigen Puff. Auf mein

Wort, ich sag dir, sie wird nicht das geringste dagegen haben. Ihr närrischen Verliebten seid doch ein toll Völklein, sehet den Wald vor lauter Bäumen nicht. Ich sag dir, Bruder, 147 es ist noch lang nicht fest, daß der Leutnant Schwartze die schöne Regina heimführe, und seit der Schlacht an der Ohre - der böse Feind stampfe den Ort fünftausend Klafter tief in den Erdboden -, seit der Schlacht vor Hillersleben nun gar nicht. Alle Teufel, was ist das? ... Nennen die falschen Hunde solches Waffenstillstand? Auf! Auf! Zu den Waffen! Der Feind! Der Feind!"

„Auf, auf! Der Feind! Der Feind ist da! Stillstand gebrochen! Stillstand gebrochen!" ruft auch Markus Horn, und Hunderte von Knechten und Bürgern, die auf die Mauern und an die Geschütze springen, rufen es nach.

Von den einzelnen Häusern her, welche die Michaelisvorstadt neben der Sudenburg bilden, erknattert Büchsenfeuer und wirbeln Trommeln; man stürmt auf dem Domturm und Sankt Sebastian; Rauchwolken erheben sich aus der Vorstadt Sankt Michael. Der Feind hat dorten mehrere Häuser in Brand gesteckt und dringt in immer dichtern Haufen heran. Rund um die Stadt lassen sich bedenkliche Scharen sehen; von den Wällen und Türmen kracht das große Geschütz. Auf dem Neuen Markt rufen die Reitertrompeten zum Sammeln, und Christof Alemann stürzt die Stiegen vom Wall herunter, wirft sich auf sein unten angebundenes Roß, um zehn Minuten später an der Spitze einer Schar vom reisigen Zeug aus der Stadt auf den wortbrüchigen Feind loszubrechen.

Festungsidyll auf dem Hof der Venedischen Str. 17 - eine der Straßen, die durch den Bau des neuen Nordabschnitts des Breiten Weges nach dem 2. Weltkrieg wegfiel (aus: Kultur- und Wirtschaftsleben Nr. 20)

Aus einer Ausfallspforte stürzt auch Markus Horn mit seiner Rotte, und Hans Kindelbrück drückt nach mit aller Macht. Der heftigste Kampf entbrennt in Sankt Michael; aber endlich, als auch die Leute Hans Springers aus der Sudenburg vordringen, muß der Feind doch weichen. -

Auf dem Turm von Sankt Jakob beugt sich der Schütz halben Leibes aus dem Schalloch; seitwärts der Neuen Stadt durchforscht sein Blick das Feld. Seine Augen scheinen Feuer zu sprühen, eine fliegende Röte hat sich, seit das Feuern begonnen hat, über sein sonst so bleiches

Gesicht verbreitet. Der lahme Friedel bläst mit Macht eine Lunte an und kaut dazu mit vollen Backen. Des Meisters Andreas Kritzmanns Hand liegt auf dem Lauf der Kartaune, jetzt zieht er das Haupt aus dem Turmfenster zurück, langsam, bedächtig richtet er sein Geschütz. Ein feindlicher Reiterhaufe hält im Feld an der Neustadt. Die Lunte faßt der Büchsenmeister von Sankt Jakob, ein dumpfer Knall erschüttert den Turm, dröhnt in den Glocken nach. Ein dichter Qualm füllt das Gemach, in ihm herum tanzt Friedel wie ein Besessener, jauchzende, kreischende Töne ausstoßend; die Stimme solcher Kartaune ist der einzige Laut, welcher auf dieser Welt zu ihm dringt. Der Schütz steht hoch und wild aufgerichtet da und schwingt die Lunte um sein Haupt, daß sie in dem dichten Pulverdampf einen glühenden Kreis bildet. Eine ganze Reihe der feindlichen Reisigen hat die Kugel von Sankt Jakob im Feld an der Neustadt zu Boden gerissen, und Rosse und Reiter liegen übereinandergestürzt, während die unverletzt Gebliebenen in wilder Flucht auseinanderstieben.

Hinunter vom Turm! Hinab in die Wendelstiege! Wir haben genug gesehen.-

In der vierten Stunde nach Mittag, an diesem vierzehnten Oktober, saß in der Schöneeckstraße neben dem Bette des kranken Vaters Regina Lottherin. Der Buchdrucker, welchem mit der Besinnung die frühere Unruhe fast in doppeltem Maße wiedergekommen war, hätte in seinem Bette vor Ungeduld vergehen mögen. Auf dem Rathause wurde das Geschick der Stadt nun vielleicht entschieden, und dazu dieser Geschützdonner, dieses Sturmgeläut, dieser Kampflärm! Was war das? Was ging vor? O welche Qual, so festzuliegen, jetzt, wo man sich zerteilen möchte, um überall sein zu können!

Der alte Mann gebärdete sich wie ein recht eigensinniges Kind, welches das Bett hüten muß, während die Gefährten auf dem Spielplatz sind. Mehr als einmal rief er eine helle Träne in die Augen des doch so geduldigen Töchterleins. Das halbe Haus fast war nach Nachrichten aus, und der einzige Trost des Meisters Michael war der Lärm, das taktmäßige Klappen seiner Pressen, welche eine neue, äußerst giftige und boshaftige Schrift gegen den Kurfürst Moritz ans Licht der Welt förderten.

Jetzt trat der Faktor Kornelius mit verstörtem Gesicht herein, und der Prinzipal schrie ihn an:

„Nun, was bringt Ihr? Was hat's gegeben? Was soll das Feuer? Die Sturmglocken? Nun, so redet doch - bei allen Preßbengeln, redet!"

„O Meister, Meister", seufzte der alte Diener des Hauses, „nichts stehet mehr fest und sicher in der Welt. Nicht Wort, nicht Eidschwur gilt mehr; worauf soll man sich denn nun noch verlassen? Den Stillstand hat der Feind niederträchtiglich gebrochen, angegriffen hat er, während sein Gesandter auf dem Rathaus handelt. Sankt Michael haben sie angezünd't, und Unsere sind ausgefallen; und es geht ums Leben an der Sudenburg. Den Meister Meienreis, den Innungsmeister der Seidenkrämer, tragen sie eben vorbei. Er hat einen Stich in den Leib; er wird sein Haus nicht lebendig erreichen."

„Ich wollt, ich hätt auch solch'n Stich abgekriegt!" jammerte der Buchdrucker, mit der Faust auf die Bettdecke schlagend. „'S ist besser, als so dazuliegen."

„O versündigt Euch nicht, Vater!" rief Regina mit ängstlich gefalteten Händen.

„Halt den Mund, Mädchen!" schnauzte der Alte. „Erzählt weiter, Kornel, die Unsrigen halten sich doch gut? Wer leitet den Ausfall?"

„Hauptmann Kindelbrück! Man muß es ihm lassen, sie schlagen sich wacker. Das Knallen von den Wällen hat ja auch aufgehört. Sie haben die wortbrüchigen Fladenweiher durch die Michaelisvorstadt wie eine Hammelherde vor sich hergetrieben."

„Recht so! Das ist wacker! Vivat die Stadt! Regina, gib acht, der brave Jung, unser Mark, ist auch wieder dabei; 's ist ein Gottessegen, solchen Sohn zu haben und - der Teufel hole den Ratmann!"

Die Jungfrau hatte sich bei den letzten Worten des Vaters erhoben und war an das Fenster getreten, um eine aufflammende Röte der Wangen, die aber gleich darauf wieder in Todesbleiche überging, zu verbergen. Der Faktor Kornelius blickte dem Mädchen mit leisem Kopfschütteln nach.

„Der wackere Markus!" schrie der Buchdrucker. „Ich wollte - - sagt doch, Kornelius, habt Ihr nichts vom Vetter Adam, ich meine den Leutnant Schwartze - gesehen?"

„O ja, Meister. Der Herr Leutnant geht am Roland vor dem Rathaus spazieren."

„Der Teufel hole ihn! Auch eine schöne Beschäftigung zu solcher Stund!" schrie der Buchdrucker ärgerlich. „Ist da sein Platz? Ich wollte, ich könnte ihm zeigen, wo er hingehört!"

„Reget Euch nicht unnötigerweise auf, Meister", sprach der Faktor. „Der Herr Leutnant ist befehligt. Er soll dem Doktor Scheyring das Geleit vor die Stadt geben, so die Unterhandlungen sich zerschlagen."

„O heiliger Gott, dem das Geleit geben?" schrie der Buchdrucker, jetzt in heller Wut. „Dem Abgesandten - was Abgesandten? -, dem Spion solcher falschen, eidbrüchigen Gesellen! Säß ich im ehrbaren Rat, ich wüßt wohl, was ich für ihn vorschläge."

„Vater, der Herr Ratmann Horn tritt soeben ins Haus", sagte Regina, vom Fenster zu ihrem Sitz am Bett zurückkommend.

„Gottlob", murmelte Meister Michael, „der wird uns Bericht abstatten von dem, was auf dem Rathaus geschehen ist. Kornelius, Ihr könnt gehen. Bitt Euch, schaut nach, daß sie drunten mit des Doktors Alberi Bogen sich eilen. Kann der Michael Lotther keine Büchse gegen den Interimisten, den Fuchsschwänzer Mauritius abbrennen, so kann er ihm doch auf andere Weise einen Tort antun."

Der alte Faktor ging, und der Ratmann Ludolf Horn trat in das Gemach.

Mit zitternder Spannung richtete sich der Kranke auf seinem Lager hoch auf.

Landsknechte überfallen ein Dorf (aus: Hohenzollern-Legende)

„Da seid Ihr endlich, Nachbar! Wie ist's? Wie ist's? Sind wir zu Kreuze gekrochen, oder haben wir uns als deutsche Männer und echte Bürger der Kanzlei unseres Herrgotts gezeigt?"

„Die Vorschläge und sechs Artikel kurfürstlicher und fürstlicher Gnaden sind verworfen von Rat, Innungsmeistern und Gemeinde. Die Unterhandlungen sind abgebrochen, und unter sicherm Geleit wird der Fürsten Unterhändler und Gesandter Doktor Johannes Scheyring soeben aus der Stadt geführet."

„Vivat! Vivat! Vivat!" schrie Meister Michael Lotther, die Zipfelmütze schwingend und sie sodann gegen die Balkendecke werfend. „Gott segne Euch für die Nachricht, Ludolf! Das ist besser als zwanzig Gläser voll Arzneien, das ist besser als alle Schröpfköpfe, Aderlaßschnepper, als aller medizinische Hokuspokus. Wo sind meine Hosen? Meine Hosen her; ich will aufstehen! Meine Hosen! Meine Hosen sage ich!"

„Werdet Ihr verrückt, Michael?" fragte der Ratmann, den aufgeregten Nachbar wieder auf seine Kissen hinunterdrückend.

„Haltet Euch ruhig, oder Ihr erfahret nicht das geringste von mir."

„Jaja", seufzte der Buchdrucker, der doch wieder seine Mattigkeit fühlte, „ich will so geduldig sein wie ein Aal unter dem Messer. Erzählt nur, was vorgefallen ist auf dem Rathaus - ach, meine Hosen, meine Hosen!"

Die letzten Worte kamen so wehmütig kläglich heraus, daß selbst der finstere Ludolf Horn ein Lächeln nicht unterdrücken konnte. Er setzte sich am Bett des Nachbars nieder und gab Bericht von allem, was im Rat gehandelt war. Er erzählte, wie der Graf Albrecht von Mansfeld und der Graf von Heydeck nach dem Worte: Die mittaten, müssen auch mitraten - eingeladen wurden, an der Sitzung teilzunehmen. Er erzählte, wie sie erschienen und wie dann der Doktor Johannes Scheyring, der mecklenburgische Kanzler, vorgetreten sei, abermals seine „Handlung" anzutragen.

„Hat da", sprach der Ratmann, „der Doktor Johannes Scheyring nach nochmaligem Fürtrag der sechs Artikeln gesprochen und vorgewandt, er sei ja auch ein Bürgerskind, ein magdeburgisch Kind und seinem Vaterland vom ganzen Herzen geneigt, sei ihm auch zu dienen schuldig und habe sich gern als Mittler in diesen bösen Sachen gebrauchen lassen. Man möge doch nur seinen Herrn von Mecklenburg und die Kurfürstlichen Gnaden von Sachsen als Schutzherren annehmen, sie wären ja in allen Gnaden der Stadt wohlgeneiget und gewogen und durch sie könne alles zum Besten gewendet werden. - Hat sich aber auf solche Reden ein ehrbarer Rat mächtiglich beweget, gemurmelt und gemurrt, und der Graf Albrecht hat allen das Wort aus dem Mund genommen und dem Doktor geantwortet: ‚Herr Doktor, für Zeiten möget Ihr wohl Gottes Wort liebgehabt haben; aber habt Ihr's auch jetzund lieb? Wisset Ihr auch, mit was für Herren und Fürsten Ihr umgehet? Habt Ihr Gottes Wort lieb und meint's Eurem Vaterlande mit Treuem, wie kommt's denn, daß Ihr Euch zu Eures Vaterlandes Feinden haltet, da Euch doch bewußt ist, daß alle Feindschaft von Gottes Worts wegen uns zu Handen kommt?!' - Und indem der Graf so redet, hören wir plötzlich das Geschütz von Wall und Türmen krachen und knallen und die Sturmglocke läuten, und Nachricht kommt, der Feind überlaufe die Stadt mit Waffengewalt, habe den Stillstand gebrochen und Sankt Michael mit der Brandfackel angestoßen. Da könnet Ihr Euch vorstellen, Meister Michael, was das für einen Aufstand gab im Rat! Hob sich der Graf von Mansfeld wiederum von der Bank und rief den Doktor an: ‚Höret Ihr, Herr Doktor, höret Ihr? Was ist das? Sind das gute Nachbarn, sind das aufrichtige Kriegsleute, die gütige Handlung fürschlagen und uns unterdes überfallen?! Herr Doktor, merkt's wohl, wenn wir und ein ehrbarer Rat rechten Kriegsgebrauch mit Euch halten wollten, so wäre das Euer Recht, daß man Euch, Herr Doktor, Euch meine ich, aufhinge und Euch über die Mauer hinaussteckte!"

Der Buchdrucker Michael Lotther hatte während dieser Erzählung die seltsamsten Bewegungen auf seinem Lager gemacht; er hatte seine Nachtmütze zu einem Ball zusammengedreht, er hatte sie wieder aufgewickelt und den Zipfel heruntergepflückt, er hatte sie über das Kinn heruntergezogen und sie wieder abgerissen; jetzt schleuderte er sie mitten in das Gemach und schrie:

„Wo ist der Doktor Alberus? Schafft mit den Doktor Erasmus oder den Flacius oder sonst einen von den heidnischen Götzen Apollos Brüderschaft. In Reime will ich das gebracht haben; gesungen soll es werden zu ewigem Lob des Grafen von Mansfeld. Sowie ich wieder in meinen Hosen bin, will ich dreimal radschlagen vor dem Grafen Albrecht, wenn ich ihm dadurch eine Güte antun kann. Das ist ein Mann! Das ist ein Wort! He, he, he, Herr Doktor Scheyring - aufhängen - über die Mauer stecken - hi, hi, hi - wie gefällt Euch das, Herr Doktor? Recht wär Euch also gedient, Mann! Ich hoffe, Nachbar Horn, Ihr habt doch die Tat dem Wort nachfolgen lassen?"

„Das doch nicht, Michael!" sprach der Ratmann: „aber über die Maßen erschrak der Doktor Johannes Scheyring, rot und bleich wurde er und bekannte mit gerungenen Händen, nicht recht sei's, daß die Seinigen unter der Unterhandlung also einplatzeten. Vollständig erkenne er aber für Recht, was da über ihn ausgesprochen sei; aber er bitte doch von den Herren die Gnade, seine Person zu verschonen, er sei ja ein Bürgerkind und habe sich nur aus Liebe zu seinem Vaterland als Händler gebrauchen lassen."

„Der interimistische, adiaphoristische Pharisäer! Bist du's, der Israel verwirret?" murmelte Meister Michael. „Gedruckt will ich die Geschichte haben, daß nach dreihundert Jahren noch ein anderer sie nacherzählen kann. Wart, Doktor, ich will schon meine Magister hinter dich hetzen; deine Schande soll auch ein Blinder an der Wand greifen können. Ludolf, Ihr habt doch diesem Babylonier, diesem abtrünnigen Mamelucken ohne viel ferneres Disputicrcn aus der Stadt geläutet?"

„Die Unterhandlungen sind abgebrochen; der Feind mag sein Ärgstes versuchen. Gott schütze die Stadt!"

„Amen! Ich wollte, ich wäre in meinen Hosen!" sprach der Buchdrucker.

„Wenn Ihr Euch in Geduld fasset, Michael, und Euch ruhig verhaltet, so werdet Ihr bald wieder in euren Schuhen stehen", meinte der Ratmann.

„Es hat nicht jeder Euern Gleichmut, Ludolf; und das ist auch recht gut für die Welt. - Was ich sagen wollt, Euer Sohn ist auch wieder mit dem Kindelbrück draußen gewesen. Ludolf, Ludolf, ich sage dir, an dem Jungen handelst du nicht recht; ich sage dir -"

Der Ratmann erhob sich mit einer abwehrenden Handbewegung:

„Schweige davon, Michael; ich bin dem Knaben schon mehr gewichen, als ich sollte -"

„Kann er nicht in diesem Augenblick kalt und tot liegen? Was wirst du sagen, Ludolf, wenn sie ihn dir bringen als Leiche? Dem Toten wirst du dein Herz öffnen wollen; aber es ist zu spät dann, Ludolf, Ludolf, ein bißchen von meiner Art könnt dir nicht schaden."

„Jungfräulein, was ficht Euch denn an?" sprach der Ratmann zu Regina. „Ihr schauet so bleich! Ihr habet einen schlimmen Kranken zur Pflege. Kind, das merkt man auch Euch allgemach an. Nachbar Michael, nehmt Euer Töchterlein in acht, quält es nicht zu Tode; denn Ihr seid ein böser Betthüter und schlecht zu verwalten. Gott gebe Euch einen guten Abend, Jungfer Regina, und Euch auch, Michael."

Mit den Worten nahm der Ratmann Abschied, und der Buchdrucker blickte ihm nach und sagte:

„Da gehet er hin, träget sein eisern Herz von dannen, und sein wackerer Sohn liegt vielleicht auf dem blutigen Plan, gestorben für die Eltern, für die Vaterstadt! Aber was hast du, Regina, bist du wirklich krank? Mache ich dir in Wahrheit zuviel Beschwer mit meiner Hast und Ungeduld?"

„Nein, nein, mein Vater", murmelte die Jungfrau, das Haupt in der Bettdecke des Vaters bergend.

„Was zitterst du denn, Kind? Deine Hand ist so kalt! Regina!"

„Es ist schon vorüber, ängstet Euch nicht, Vater!" sagte die Jungfrau, das Gesicht wieder erhebend. „Es ist der Krieg in der Welt. Glaubt Ihr, ein armes, schwaches Mädchen kann in einer Zeit wie diese wie ein Mann alles tragen? Wir sind nun leider nicht so starkmütig wie Ihr Männer erschaffen, Vater."

„Na, na, nur ruhig, der Feind ist noch nicht in der Stadt: halte du nur den Kopf in die Höhe, Liebchen. Daran habe ich freilich nicht gedacht! Nun, wir wollen schon Mauer und Wall halten; es soll euch armen Weiblein niemand an die Kehle. Horch aber, wer kommt denn da?"

Ein schwerer Mannestritt erschütterte die Treppe; es wurde an die Tür geklopft.

„'S ist unser Mark; er hat versprochen zu kommen - herein!" rief der Buchdrucker, sagte dann aber sogleich ziemlich enttäuscht:

„Ach, Adam, seid Ihr es?"

Der Leutnant trat in das Gemach und begrüßte den Vater und die Tochter mit aller Höflichkeit. Regina zog sich nach ihrer Art scheu zurück, der Buchdrucker aber sagte:

„Setzt Euch, Herr Vetter! Habt Ihr Euern Doktor glücklich an seine Herren abgeliefert? 'S wär wahrlich ein großer Schaden gewesen, wenn ihm ein Unglück auf dem Wege begegnet wär."

„Befehl geht dem eigenen Wunsch vor, Meister Michael", antwortete der Leutnant. „Freilich wär ich viel lieber beim Ausfall mit gewesen, um den Feind aus der Michaelisvorstadt zu verjagen; aber gegen den Befehl war nichts zu machen."

„Recht, Adam, ein guter Kriegsmann muß seinem Vorgesetzten gehorchen, ebenso gut wenn er: Sturm! als wenn er: Ausreißen! schreit. Euer Hauptmann Springer, Vetter, hätte vor Hillersleben nur nicht so eilig das letztere brüllen sollen. Wir wären alle doch schon von selber früh genug gelaufen."

Der Bamberger zuckte die Achseln. „Ein böser Stern waltete an jenem Tage über uns allen. Die Schlacht war verloren, ehe sie angefangen hatte, und die Erscheinung vor Barleben -"

„Ich bitte Euch um alles in der Welt, Herr Vetter, schweigt mir von dieser Erscheinung. Erscheinung hin, Erscheinung her, ich habe nichts davon gesehen, und tausend andere, die mit mir im Zuge waren, haben ebenfalls nichts davon zu Gesicht gekriegt. Ich verlaß mich in Kriegssachen nur auf meine fünf gesunden Sinne und meinen gesunden Verstand, und die sagen mir alle, je mehr ich darüber nachdenke, die

Schlachtordnung, zu den Euer sauberer Hauptmann - nichts für ungut, Vetter - den Plan angegeben, war keinen roten Pfifferling wert. Wie schön hätten wir uns den Rücken decken können durch das Wasser, die Ohre. Der Jürg, der Ochsenkopf, brauchte wahrhaftig kein Alexander Magnus, kein Julius Cäsar zu sein, um einzusehen, wo er uns packen müsse und könne."

„Schlagt das Faß zu, Meister Michael", sprach der Leutnant. „Das nächste Mal wollen wir es besser machen, und Ihr sollt vor allen anderen und zuerst Euern Rat dazu geben. Schlagt das Faß zu!"

„Hat sich was! Zuschlagen!" brummte der Buchdrucker. „Jawohl, zuschlagen! immer brummt's mir noch im Kopf, als hätt ich tausend Hummeln drin summen vom Zuschlagen! Geht, geht, Vetter Adam. Ihr würdet einen schönen Schwiegersohn abgeben! Wär der Markus Horn nicht gewesen - ich wär jetzo draußen auf dem Feld vor Hillersleben im allerschönsten Verfaulen begriffen und läg nicht mehr lebendig in diesem - Satansbett."

„Aber, Herr Vetter Lotther, liebster Herr Vetter -"

„Ich bin ein grader Mann, Herr Vetter aus Franken, nehm nicht gern ein Blatt vors Maul und will Euch auch jetzt meine Meinung klar heraus sagen. Wer mein Kind heimführen will, der muß es durch eine stolze, eine tapfere, glorreiche Tat gewinnen. Es muß einer sein, von dem sich reden läßt auf der Lauenburg beim Becher. Auf den Tisch will ich schlagen können und sagen: ‚Mein Schwiegersohn hat das getan, mein Schwiegersohn hat den Mecklenburger Jörg bei der Nase in die Stadt geführt, oder - mein Schwiegersohn hat den Kurfürsten Moritz vom Gaul gerannt, daß er die Beine aufkehrte.' Hört Ihr, Vetter Schwartze, solches Querfeldeingaloppieren wie bei Hillersleben will ich nicht wieder haben, so wahr ich Michael Lotther heiße."

„Jungfer Regina, Euer Vater ist noch recht krank", rief der Leutnant, welcher während dieser Rede die herrlichste Gelegenheit hatte, seine Selbstbeherrschung zu beweisen. „Hütet ihn ja recht, teure Regina, und seid versichert, daß Adam Schwartze alles für Euch tun wird, was in seinen schwachen Kräften stehet. Meister Lotther, ich gehe von Euch und will nur Euern Leibesgebresten zurechnen, was Ihr gegen mich eben spracht. Nehmt mein Wort, mein Herzblut setz ich dran, ein Mann zu sein nach Euerm Sinn; aber bedenkt auch: nur ein Schuft tut mehr, als er kann."

Abschied nahm der Leutnant, und als sich die Tür hinter ihm geschlossen hatte, ächzte der Buchdrucker:

„Da geht er hin. Ein Schuft tut mehr, als er kann. Aber ein Schuft tut auch weniger, als er kann. Guten Abend, Herr Vetter ... ach, ich wollt, mein Markus wäre hier! Der steht aber draußen bis an die Knöchel im Blut, während dieser Fant falschzüngige Unterhändler umherführt und dann zierlich kommt und Besuch abstattet und Gesichter schneidet, wenn man ihm nicht höflich die Hand küßt. Tut mir leid um dich, Regina, wenn du dein Herzlein zu fest an diesen Vetter aus Franken gehänget hast; aber nimm mein Wort, du kriegst ihn nicht, wenn er sich anders ausweist, als ich dachte."

„O mein Vater, mein Herz hängt nur an Euch und meinen zweiten Mütterlein drüben!" flüsterte Regina, den Arm um den Hals des Vaters lebend, und dieser sagte:

„Das ist recht; du bist mein wacker Herzblättchen und verdienst einen ebenso braven Mann, als du einen guten Vater hast... Was ist denn das für ein verfluchtes Gequieke?"

Der Ton einer Querpfeife ließ sich schrillend im Hause vernehmen, und der Faktor

Kornelius steckte den Kopf in die Tür: „Meister, da ist ein Bengel - ein Kobold, ein Taugenichts, der Euch mit aller Gewalt sprechen will; - da ist er schon."

Hinter dem alten Faktor hervor drängte sich Fränzel Nothnagel, das Pfeiferlein, schlug ein Rad und stand neben dem Lager des Buchdruckers.

„Einen schönen Gruß von meinem Herrn, dem Herrn Rottmeister Horn, und er könnt nicht abkommen vom Wall. Schickt er mich für sich, und wenn Ihr ihm was Gutes zu essen und trinken zugedacht hättet heut Abend, ich möcht's auch, und er gunnt's mir schon."

„Teufelsjung, das hat er nicht gesagt!" schrie der Buchdrucker, den Bengel in höchster Verwunderung anstarrend.

„Er hat's aber gemeint, und dann sollt ich Euch dazu fragen, ob das die Schaumünze sei, so man Euch abgerissen hat neulich an der Ohre. Hier - he?"

Eine Kette mit dranhängender Schaumünze hielt der kleine Pfeifer dem Meister Michael unter die Nase, und dieser stieß einen Ruf der Überraschung und der Freude aus:

„Wahrlich, wahrlich, o Wunder, hab ich dich wieder, du Kleinod! Schau, schau, Reginchen, die Ehrenkett, so ein ehrbarer Rat Anno 1402 deinem Urgroßvater gab, als er sich in dem großen Aufruhr des Schusters Gerke von der Heide so wacker gehalten und das Rathaus errettet hatte! Bursch, wer gab dir das?"

„Nun, wer anders als mein Herr, Herr Horn, unser Rottmeister? Er hat's einem der Mecklenburger Knechte abgenommen bei Sankt Michel. Ich möcht Euch schön grüßen und sagen, als Knab hab er oft mit der Münz gespielt, wenn er Euch auf dem Schoß saß."

„Segen und Glück über deinen Herrn Jung! O könnt ich doch in meine Hosen; o könnt ich doch laufen, ihm selber Dank zu sagen. Wie heißest du, mein Sohn?"

„Fränzel Nothnagel, Euch zu dienen, Meister!"

„Nun, Fränzel Nothnagel, gefüttert und getränkt sollst du werden, und einen Anzug aus flandrischen Tuch sollst du auch haben. Reginchen, lauf hinüber zur Nachbarin und erzähl ihr, was ihr Markus vollbracht hat. Kornelius, Kornelius, laßt die gebratene Schöpslende von heut mittag raufbringen und einen Krug vom Besten. Ich hab auch einen Hunger wie ein Wolf. Du, Pfeiferlein, setz dich her; das beste Stück vom Schöpsen sollst du haben und erzählen sollst du mir von deinem braven Herrn. Da kommt der Trunk: ich bring's dir, Fränzel. Vivat der Rottmeister Markus Horn!"

Zur Nachbarin Margareta eilte Regina hinüber. An die Schöpsenkeule machten sich der Meister Lotther und das Pfeiferlein, und halb betrunken übergab eine Stunde später der Buchdrucker den Fränzel den Händen des Faktors Kornelius. Als Regina aus dem Hause des Ratmanns Horn heimkehrte, fand sie ihren Vater in einem tiefen, gesunden Schlaf, die gerettete Ehrenkette des Ahnherrn fest an die Brust drückend.

Das elfte Kapitel

HERR MARK HAELT WACHT AM KROEKENTOR.
DER MEISTER LOTTHER TRITT HERVOR.
DAS TOECHTERLEIN IHM FOLGEN MUSS.
HISTORIA KOMMT ZU · EINEM KUSS!
IN FLAMMEN GEHT DIE NEUSTADT AUF.
DER FEIND LEGT SEINE HAND DARAUF.

Diese Belagerung der Stadt Magdeburg von Tag zur Tag zu schildern wäre wohl ein höchst treffliches, aber auch äußerst schwieriges Unternehmen. Da müßte man in den Chroniken und den alten verstaubten, vom Wurm durchfressenen Schriftstücken dem Wege jeder einzelnen Kugel, welche der Feind in seiner Wut „hereinscheußt", folgen. Heut wird Peters des Unterschreibers Dachstuhl, morgen Schechtings Schornstein herabgeworfen. Heut wird Joachim Balke totgeschlossen, morgen Andreas Bürkicht, des Kaufmanns Bürkicht Junge. Heut schießt der Feind vom Zoll in Backmeisters Haus, morgen fällt während der Predigt ein „groß eysern Glötte" in die Johanniskirche mitten unter das Volk, ohne Schaden zu tun. Einmal hat der Doktor Erasmus Alberus kein Holz im Hause, ein Gericht Fische, so ihm ein guter Freund verehrte, dabei zu sieden; da kommt eine Kugel, trifft einen Balken über dem Schreibtisch des Doktors und wirft ihm die Späne um den Kopf, „raffet er dieselben Späne auf, traget sie in die Küchen und lasset die Fische dabey gar machen". Kinder und Jungfrauen werden durch einfallende Geschosse getötet und diese Unglücksfälle getreulich aufgezeichnet; getreulich aufgezeichnet wird selbstverständlich, wenn eine andere schwere Kugel das Dach der Johanniskirche zerschlägt, aber auf der Wölbung liegenbleibt und so „die Kirche das Interim nicht annehmen" will.

Dem Feuer des Feindes antwortete die Stadt durch fünfzehn Stück große Räder-geschütze vom Brücktor bis zum Sudenburger Tor, siebenundzwanzig Stück vom Sudenburger Tor bis zum Ulrichstor, dreizehn Stück vom Ulrichstor bis an das Schrotdorfer Tor, dreizehn Stück vom Schrotdorfer Tor bis ans Krökentor, sechzehn Stück vom Krökentor bis an die Hohe Pforte, dreiundzwanzig Stück vom Heideck bis ans Brücktor. Vierhundertdreiundvierzig Stufen hoch hatte man ein schweres Rohr auf den äußeren Umgang des Domturms - zur Verwunderung aller Kriegsleute - gebracht, um damit den Feind in Buckau erreichen zu können. Zwei andere Stücke standen ebenfalls auf dem Dom, aber niedriger. Zwei schwere Kartaunen befanden sich auf dem Turm von Sankt Sebastian, eine, wie wir bereits wissen, auf dem Jakobsturm. An Serpentinen und Doppelhaken waren auf den Walltürmen und der ganzen Streitwehr wohl über vierhundert während der Belagerung in Tätigkeit und bliesen dem Feind manch guten Mann aus dem Feld weg. Unseres Herrgotts Kanzlei wußte auch noch auf andere Art als nur durch die Druckerpresse Zeugnis zu geben; im Donnerton hallte ihr gewaltig, gewichtig Wort durch die Welt, und alle Völker und Potentaten horchten auf.

Vor der Stadt war nun, vom zwanzigsten Oktober ab, der Feind auch in vollster Tätigkeit und nahm sich der Sachen mit allem Ernst an, und „ist also die Belägerung in entstehender Güte vorgenommen worden, da Hans Alemann und Ulrich von Embden Bürgermeister waren".

Ein Wühlen und Graben hub an im Feld von Geächteten und Achtsvollstreckern. Gräben zogen die Städter, um der feindlichen Reiterei das schnelle Ansprengen zu erschweren; Schanzen, Gräben mit Blendungen, Katzen, Basteien und dreieckigen Wehren warfen die Belagerer auf.

Fünf große befestigte Blockhäuser entstanden allmählich zu großer Bedrängnis der Stadt.

Das erste erhob sich oberhalb Buckau auf der Höhe unter dem Befehl des Vertei-digers von Leipzig, Herrn Bastians von Walwitz, welcher unserm Freunde Markus Horn Anno siebenundvierzig den ersten Kriegssold zahlte. In diesem Blockhaus lag Markgraf Albrecht von Ansbach, der Graf von Leuchtenberg, Klaus von Oberg, Wichmann von Wulffen und andere vom Adel samt zehn Fähnlein Knechten und einem Geschwader fränkischer Reiter.

Das zweite Blockhaus wurde am Rottersdorfschen Teich errichtet, und der von Schwendi hielt es mit einem Fähnlein Knechte.

Das dritte befestigte Lager war zu Diesdorf auf der andern Seite der Stadt beim Pulverhof. Hier lag Georg Wachmeister, ebenfalls Hauptmann über ein Fähnlein.

Das vierte Lager und Blockhaus war an der Steinkuhle errichtet, darin lag zuerst Hauptmann Jülicher und dann der Oberste Wolf Tiefstetter oder Teufstetter mit zwei Fähnlein.

Das fünfte Lager entstand nach Eroberung und Niederbrennung der Neustadt in den Ruinen. Darin hatten die Kurfürstlichen Gnaden, Herr Herzog Mauritius, ihr Losament, „wann sie etwa im Läger gewesen, welches doch allein geschehen, wann Musterung, Handlung oder Meuterei fürgewesen". Hier lag auch Herzog Georg von Mecklenburg und überhaupt die größte Macht der Belagerer.

Eine letzte Wehr wurde der großen Brücke gegenüber auf dem Zoll errichtet, und schoß man von da nach dem Alten Markt herüber, Hans von Chemnitz, Hauptmann, lag hier mit einem Fähnlein Knechte. Zu Krakau war eine Reiterwacht bestellt; - Angeber und Baumeister sämtlicher Belagerungsarbeiten war Herr Hans von Dieskau.

Gescharmützelt wurde Tat für Tag, doch eines Sturmes „maßte sich der Feind nie an". Das Ulrichstor und das Brückentor standen stets bei Tage offen. Das Stadtvieh konnte immer zur rechten Zeit ausgetrieben werden, so wie man auch die Gärten vor der Stadt umgrub und besäete. An Proviant mangelte es nicht, nur Besen waren nicht zu bekommen, und wurde darüber die Stadt ganz kotig und unrein.

Ein Wispel Weizen oder ander Korn kostete zwölf Gulden. Ein Pfund Rindfleisch, Kuhfleisch, Schweinefleisch usw. einen Groschen, eine Kanne Bier galt drei Pfennige, ein Pfund Speck vierzehn Pfennige, ein Pfund Butter drei Groschen, ein Pfund Schmalz zwei Groschen. Ein Ei kostete zwei Pfennige, eine Gans sieben Groschen, ein Maß Honig drei Groschen.

Herr Matthias Flacius Illyricus machte eine schöne Erfindung und brauete aus Anis Bier, „welches sich wohl hat trinken lassen", wie der Herr Stadtsekretär Merkel, höchstwahrscheinlich den Mund verziehend, niederschrieb.

Das arme Volk in und aus den Vorstädten, wohl sechstausend Köpfe stark, hat man in der Stadt behalten und es nicht Not leiden lassen auf das Wort des Grafen Albrecht von Mansfeld, es möchten Leute darunter sein, die da beten könnten.

Pferdefleisch haben einige Knechte nur aus Vorwitz gegessen. Es soll „gar süß" sein, und „wann es zuvor wohl geritten oder getrieben und gepfeffert, sich wohl haben essen lassen".

Die Straßen und Gassen in der Stadt waren mit Ketten wohl versperrt, und gute Wacht wurde überall gehalten. Wann der Feind sich regte im Feld, steckten die Wächter auf den Türmen Fahnen aus, und nur bei großem Anschein von Gefahr schlug man die Glocken an. -

Am siebenundzwanzigsten Oktober, am Tag Simonis und Judae, trieben die

Zu Schanzarbeiten wurden zumeist Gefangene und Verurteilte herangezogen. In bösen Zeiten mußten aber per Ratserlaß alle Bürger mitmachen (aus: Hohenzollern-Legende).

Magdeburger die feindlichen Knechte, die zur Tagewacht und zum Schutz der Schanz-gräber ausgerückt waren, fast bis in ihr Lager zu Fermersleben zurück, so daß man von dort mit dem kleinen Geschütz ausrücken mußte.

Am ersten November, am Allerheiligentag, vormittags um acht Uhr, brach der Feind aus dem Lager mit siebenhundert Hakenschützen und dreihundert Reitern, und derer von Magdeburg Reiter unter Christof Alemann samt den Hakenschützen fielen heraus, erschossen und erstachen manchen Mann und fingen einen einäugigen Reiter, Lossau genannt.

In der Nacht vom dritten zum vierten November mußte der Feind aus seinem Lager zu Diesdorf laufen; des langen Regens wegen konnte er es vor Kot und Schlamm in seinen Schanzen nicht aushalten, und geschah ihm ganz recht.

In der folgenden Nacht kroch der Feind heran, hatte Fackeln an die langen Spieße gebunden und zündete zwischen drei und vier Uhr acht Windmühlen an.

Am sechsten November in der Nacht kam der Feind mit großem Geschrei vor die Stadt, „that aber mehr nichts, als daß er die Bürger und Gemeine wach machte". Man läutete Sturm zu Sankt Johannis, zu Sankt Ulrich und Sankt Katharinen.

Am siebenten November plünderten die Magdeburger das Nonnenkloster Plötzke und führten zweiundzwanzig Kähne voll Schlachtfleisch heim, welches doch beweist, daß diese Bräute Christi in der Zeitlichkeit ihren irdischen Leib nicht allzu hart kreuzigten.

Den Nonnen zu Sankt Agnes aus der Neustadt nahm der Feind dagegen alle Schafe, gab sie ihnen aber wieder, da sie heulten und jammerten, sie seien ja Freunde und nicht Feinde, dieneten dem heiligen Vater, dem Papst, und hätten auch das Interim angenom-men. Die Magdeburger rissen ihnen dafür ihr Kloster bald darauf nieder.

Vom Domturm schoß ein Bürger dem Feind in seinem Lager durch zwei Fässer Zerbster Bier.

Am dreizehnten November entstand ein „sehr großer Scharmützel". Reiter und Knechte gerieten so untereinander, und die Feldzeichen vermischten sich dergestalt, daß man das Feuer von Wall und Turm einstellen mußte.

Auf der Feinde Seiten blieb tot Albrecht von Arnstedt, welcher von den magdeburgschen Knechten am Siechenhof in einer Leimgrube gefunden wurde. Man nahm ihm einen Brief aus der Taschen, darin warnte ihn seine fromme Mutter und flehte ihn an, nicht gegen die frommen Leute von Magdeburg zu ziehen; würde er ihr nicht gehorchen, so werde ihn Gott strafen, daß er keines guten Todes sterbe.

Aus diesem Treffen stürzten die feindlichen Knechte voller Wut und Ingrimm in ihr Lager zurück, stießen ihre langen zweihändigen Schlachtschwerter in den Boden, fluchten, wetterten und schrien:

„Das sollen die Jungfernknechte sein? Der Teufel glaube das! Das sind bei Gott Kriegsleute! Echte, rechte Kriegsleute sein das!"

Geschlagen wurde im Feld am neunzehnten, zwanzigsten, einundzwanzigsten, vierundzwanzigsten und fünfundzwanzigsten November.

Am siebenundzwanzigsten traf man vom Wall den Krüger zu Krakau und einen Landknecht, welcher dem Krüger einen Krug Bier zutrank.

Am folgenden Tage hatte der Rottmeister Horn die Wacht auf dem Wall am Krökentor. Die Hände auf dem Rücken, schritt er seiner jetzigen Art nach still hinter der Mauerblendung auf und ab, von der Mauer des Torturms an bis zu dem nächsten

Geschütz, welches ungefähr zwanzig bis dreißig Schritt vom Turm auf der Mauer aufgestellt war. Auf diesem Gange hatte der Wandelnde nach der einen Seite hin über den Stadtgraben die Aussicht auf die Mauern und Türme der Neustadt, welche jenseits des Grabens stattlich im winterlichen Nebel sich erhoben und hinter welchen eine, wie schon bemerkt, auf die Altstadt ziemlich eifersüchtige Gemeinde und ein heut neugewählter Rat allzu leichtfertig und eigensüchtig sich dem Wahn hingaben, daß man sich durch die dem Herzog von Mecklenburg gezahlte Kriegssteuer gegen alles, was die Altstadt bedrohte, sichergestellt habe. Nach der andern Seite konnte der auf und ab schreitende Markus einen ziemlichen Teil des Breiten Weges überblicken und dem Getümmel darauf manch einen Blick widmen. Es war heute ein recht unruhiger Tag für die Belagerten; seit frühester Morgendämmerung hatte sich der Feind in allen Lagern, Schanzen und Gräben auf die bedenklichste Art gerührt und die Stadt in fortwährender Spannung erhalten. Bei Sankt Michael waren am Morgen mehrere der gewöhnlichen Scharmützel vorgefallen, in welchen sich die beiden Parteien hin und her gejagt hatten. Die Wächter auf den Domtürmen meldeten von einer außergewöhnlichen Bewegung zu Buckau, und die Wächter von Sankt Sebastian und Sankt Ulrich schickten ähnliche Nachricht über das Lager zu Diesdorf herab. Im Kriegsrat wurde auf einen Anschlag gegen die Sudenburg geschlossen, und man traf seine Maßregeln danach.

Es war gegen drei Uhr nachmittags und ziemlich kalt; einzelne Schneeflocken schwebten in der trüben Luft; eine verdrossen dumpfe Stimmung herrschte unter der Mannschaft auf den Mauern und Wällen. Am Krökentor war in der Rotte des Rottmeisters Horn selbst dem Schwätzer Jochen Lorleberg die Lust zum Reden vergangen. Trübselig zusammengekauert saß er da, die Hakenbüchse neben sich, stieren Blickes auf die langsam verglimmende Lunte starrend. Stumm saßen, lagen oder standen die Genossen um ihn her, und selten ging ein lautes Wort durch die Gruppen. Nur von Zeit zu Zeit kam etwas mehr Leben in die Leute; dann lief irdendeine mehr oder weniger entstellte Nachricht um die Wälle; ein halb oder falsch verstandenes Wort, welches am Sudenburger Tor gesprochen war, schickte die Hohe Pforte zum Krökentor, damit diese es dem Ulrichstor weitergebe. Wenn dann der, welcher am Sudenburger Tor das Wort ausgegeben hatte, es vom Ulrichstor zurückempfing, so erkannte er neunmal unter zehnmal das eigene Kind nicht wieder, sondern gab es als eine Funkelnagelneue Geburt seinerseits weiter. Ein großes Gefrage entstand, als von Sankt Ulrich die Nachricht kam, Kurfürst Moritz lasse sich selber im Felde sehen, nahe der Stadt im gelben Sammet und Wolfspelz auf einem apfelgrauen Gaule. Um ein Viertel auf vier zupfte der kleine Pfeifer, Franz Nothnagel, seinen Rottmeister am Ärmel und deutete grinsend auf die Holzstiege, welche am Krökentorturm auf den Wall führte, und Markus Horn blickte hin, schüttelte in demselben Augenblick alle kopfhängerische Lässigkeit ab und sprang vor gegen die Treppen. Auf den Arm einer verschleierten Frau gestützt, erkletterte ein ältlicher, etwas wackliger Herr mühsam, aber höchst eilfertig die Stiegen und winkte schon von unten dem Rottmeister zu, ausrufend:

„Da sind wir, Markus! Endlich wieder auf den Beinen! A-a-uf den Bei-nen!"

Mit vielem Händedrücken und freudigen Ausrufen nahm Markus den atemlosen, keuchenden Buchdrucker Lotther auf seiner Wacht in Empfang und tief und wortlos verneigte er sich vor der Jungfrau Regina, die errötend den Schleier ein wenig hob, um ihn schnell wieder sinken zu lassen. Wortlos verneigte sich auch Regina Lottherin vor dem jungen Kriegsmann. Der tapfere Buchdrucker redete für beide junge Leute, glücklich in dem Gefühl, wieder „in seinen Hosen zu sein".

„Da sind wir, Markus, da sind wir, mein Söhnchen. Hat das Mühe gekostet, die Dirn da mitzukriegen. Was hat sie alles vorgekehrt, um daheim bleiben zu können! - Ich sei noch zu schwach - den Teufel bin ich zu schwach! - der Faktor Kornelius könne mich geleiten - den Teufel kann er, was sollte da aus des Herrn Doktor Amsdorfs Relation werden? - Ich sage dir, Markus, freie in deinem Leben nicht; eine Frau ist einem Krieger noch ein ärger Impedimentum, als die Bauernlümmel bei Hillersleben der Magdeburger Armada waren. Gottlob, hier sind wir ... nun sagt, wie geht's bei Euch? Gut? Jawohl; ich sage es, wo Markus Horn steht, wird's immer gut gehen. Was gibt's Neues hier auf Eurer Wacht?"

„Nicht viel, Meister. Wir gucken die Neustadt an, hören ihrem Lärm zu, und - einige haben ihre eigenen Gedanken darob, Horcht nur!"

Lustige Musik erschallte vom Rathause in der Neustadt herüber. Man vernahm helles Vivatrufen und Gejauchze des Volkes zu dem Klang der Pauken und Trompeten.

Der Buchdrucker schob mißmutig das Barett hin und her. „Hör's wohl, Markus! Das leidige Volk; halb Lumpen, halb Hasen. Sind unsere Brüder von Gottes und Rechts wegen, sollten mit uns stehen und fallen, haben aber ihren heimlichen Jubel an unserer Not, die Mamelucken. Wär ihnen schon recht, wenn's dem Feind gelänge, nach seinem Wort aus der alten Stadt Magdeburg einen Fischteich zu machen. Da kriechen sie vor dem Feind, scharwenzeln und bringen ihre Geldsäcke, heißen die Feinde Gottes gnädige Herren' und kaufen ihnen wie erbärmliche Juden das ab, was sie stolz und frei, ihren Brüdern gleich, mit dem Schwert in der Hand retten sollten."

„Was treiben sie denn heut an solchem bösen Tage drüben?" fragte schüchtern Regina. „Das ist ja schrecklich - dort bei Sankt Michael blutiger Kampf und Tod und unser drohendes Verderben, und hier in der Neustadt Tanzmusik und lauter Jubel, als sei der tiefste Friede und die glücklichste Zeit!"

„Ihr Rat ist heute in der Wandlung, Jungfer Regina", antwortete ebenso schüchtern Markus. „Man hat dort heute Wahl, hat den Schoß aufgenommen und hält große Gasterei. Ich will wünschen, daß ihr Lustgeschrei nicht in Jammerruf verklinge, daß ihr Festgelage nicht untergehe in Blut und Brand." „Was meint Ihr, Markus?" rief der Buchdrucker. „Sprecht, versehet Ihr Euch etwas Bedenklichen? Sagt doch, sagt Eure Meinung, Ihr wißt, daß sie schwer bei mir wiegt."

Markus zuckte die Achseln und sagte:

„Ich will meinen Herren im Rat und Kriegsrat nicht vorgreifen; sie haben ausgemacht, der Feind solle seinen nächsten Angriff auf die Sudenburg tun, und so will ich wünschen, daß er sich nach dem Willen der Herren halte. Ich trau dem aber nicht; das Schwärmen um Sankt Michael, das Knallen von Buckau her kann Spiegelfechterei sein, kann blauer Dunst sein. Mein alter Kriegsoberster von Leipzig her, Herr Sebastian von Walwitz, pflegte zu sagen: ‚Alles sei man sich vom Feinde vermuten, nur nicht, daß er uns einen Gefallen tue.' Der Alte liegt jetzt zu Buckau und pafft und plauzt nach Herzenslust in die Sudenburg hinein; aber ich bin gar nicht sicher, daß er mir nicht noch in dieser Nacht dort in der Neustadt die Zeit biete."

„Markus, Markus, was saget Ihr da?" rief der Buchdrucker. „Der Feind hat doch das Geld der Hasenfüße und Fuchsschwänzer drüben genommen; sind sie denn sowenig seines Wortes sicher?"

„Meister", sprach der Rottmeister, „um diesen Handel ist's ein bös Ding. Solchen

Handel zu brechen wird meiner Meinung nach weder dem Kurfürsten Moritz noch den andern die geringsten Gewissensbisse machen. Sie brauchen die Neustadt, und sie werden sie nehmen, wenn sie die Hand darauf legen können. Sie brauchen die Nikolaikirche, um sie mit Geschütz zu spicken gegen uns. Laßt sie nur hineinkommen; Ihr werdet schon sehen, wie fest sie diese Neue Stadt halten werden. Sehen werdet Ihr, wie ihre Schanzmeister lustig ans Werk gehen werden und wie Herr Hans von Dieskau, des Römischen Reiches Obermaulwurf von Magdeburg, anheben wird zu wühlen und aufzuwerfen! Einen trefflichen Haufen wird er uns vor die Nase setzen!"

Während der Buchdrucker hin und her trippelte, nach der Brüstung lief und nach der Neustadt hinüberstarrte, sagte Regina:

„Ach, Herr Rottmeister, Ihr sprechet so sicher und fest, und ich hab so manche gute Bekanntin in der Neustadt, und eine Herzensfreundin, die - die Ihr auch noch kennen müsset. O könnt ich sie doch warnen! - Eure Worte brennen mir wie feurige Spitzen im Herzen, Herr Horn. Auch arme Kläre Trautvetter!"

„Kläre? Kläre Trautvetterin!" rief Markus. „O Jungfer Regina, die - die! - o wohl erinnere ich mich ihrer noch! Ach, es war eine viel schönere Zeit, als wir vor Jahren zusammen unsere Spiele trieben! Das blonde Klärchen, saget, o saget, Regina, Jungfer Regina, die wohnet jetzt in der Neustadt?"

„Ja, in der Pfaffengasse beim Laurentiuskloster; sie ist jetzt eine arme Waise; beide Eltern sind im Jahre achtundvierzig an der damaligen Pest abgestorben. Ihr wisset das Vielleicht nicht, ach es war schrecklich, und starben allhier in der Alten Stadt damals

Die alte Nikolaikirche in der Neustadt

in einem halben Jahr, von Margaretentag an bis Neujahr, schier dreitausend Menschen. Wir hatten viel Not und Angst; aber Ihr waret damals in die weite Welt gezogen."

„Ich war in die weite Welt gezogen", seufzte Markus Horn. „Ach, Regina, Regina, und als ich heimkam, ging der Wind über die Stoppeln, andere hatten geerntet, andere hatten gewonnen; so gehe ich einher, ein verlorener, geschlagener Mann - ach, lasset uns von der guten Kläre in der Neuen Stadt sprechen!"

Da stunden nun auf der Stadtmauer unter Spießen und glimmenden Lunten am kalten und winterlichen Tage der Rottmeister Markus Horn und die schöne Jungfrau Regina Lottherin zum erstenmal seit des Markus Heimkehr allein voreinander! Der Buchdrucker war längst zum nächsten Posten weitergehumpelt, mit dem Leutnant Franz Robin über das vom Rottmeister Horn Gehörte zu verhandeln. Er hatte längst vergessen, daß er sein Töchterlein mit sich auf den Wall geführt habe; von Überfällen, Ausfällen, Angriff und Verteidigung summte es ihm allzusehr im Kopf; und dem Markus Horn hätte er seit der Schlacht an der Ohre alles, alles anvertraut.

Das Haupt senkte die Jungfrau, eine zitternde Hand legte sie auf den Lauf des großen Geschützes, von welchem wir vorhin gesprochen haben; auf die Mauerbrüstung stützte sich Markus Horn; jedes der zwei Menschenkinder fürchtete, daß das andere das Klopfen des hochbewegten Herzens vernehmen möge. Wie hatten sich beide nach solchem Zusammentreffen gesehnt! Nun war der günstige Augenblick da, und nun wußte keiner ihn zu nützen.

Von Klärchen Trautvetterin sprachen Markus und Regina; wie sie so verlassen sei und bei bösen, harten Verwandten wohnen müsse; wie sie behandelt werde schlimmer als die schlechteste Magd, und wie das alles so traurig sei.

Den bösen Verwandten eine Warnung zu senden, schlug Markus vor; aber die Jungfrau wandte mit Recht ein, das werde bei den Verblendeten nichts helfen; ein ehrbarer Rat der Altstadt habe ja allen Neustädtern Aufforderung zugehen lassen, sie möchten mit allem, was sie liebhätten, herüberkommen. - Einige wären gekommen; aber dann hätte es der Neustädtische Rat den andern verboten; die draußen seien ihre Feind nicht, ihre Feinde seinen vielmehr die Altstädter.

Ratlos der armen verwaisten Jugendfreundin wegen standen Markus und Regina auf dem Wall am Krökentor; ratlos ihrer selbst wegen blickten sie vor sich nieder, verstohlen herüber zueinander, hinüber zu den Türmen und Giebeln der Neustadt. Da begann plötzlich das Feuer der Feinde, das seit Mittag vollständig geschwiegen hatte, von neuem. Von allen Schanzen und Basteien rund um die Stadt krachte es mit einem Male, als sollte die Welt untergehen. Mauerwerk, Dächer wurden zerschmettert; auch in das Dach des Krökenturmes schmetterte ein Geschoß und warf Staub und Splitter herab auf die Mauerwacht, auf Markus und Regina. So unversehens, so unvermutet brach das Wetter los, daß Regina Lottherin einen Schrei des Entsetzens ausstieß, und weder Markus noch die Jungfrau wußten nachher zu sagen, wie es kam, daß sie sich plötzlich Arm in Arm hielten, wie es geschah, daß sie sich umschlangen, daß sie Herz an Herzen lagen. Es war geschehen, was brauchte es mehr? Als der vortreffliche Buchdrucker Michael Lotther unter dem Donner des Geschützes sich seines Töchterleins erinnerte und so schnell als möglich zurückgehumpelt kam, da hielten Markus und Regina freilich sich nicht mehr in den Armen, aber ihre Augen „gingen hin und her" und leuchteten gar eigen.

„Laß uns heim, heim, Vater!" hauchte die Jungfrau, jetzt den Vater umfassend, und

Markus stand wie jemand, dem der Himmel sich geöffnet hat. Einer Seele, die den zu Tod gemarterten Leib auf der Folterbank zurückgelassen hat und eingeht in das Paradies Gottes, muß also zumute sein.

„Hast leider recht, Kindlein", sprach Meister Michael, „wir beide sind leider an dieser Stell nichts mehr nütz. Markus, mein Jung, ich hab's mit Euern Leuten abgemacht, einen Schinken will ich herschicken und ein paar Mandel Käs und ein Fäßlein Aschersleber Bier zur Stärkung von Leib und Seel. Laßt sie nur blaffen und bellen; stehet fest bei der Stadt; halb mein Hab und Gut wollt ich darum geben, könnt ich mit Euch stehen. Was die Neue Stadt anlangt, so hast du mir einen merkwürdigen Floh ins Ohr gesetzt, Markus. Ihretwegen möcht ich den Klotzköpfen drüben, den mißgünstigen Stänkern, schon wünschen, daß es ihnen auf die Kappen käme. Wenn wir nur nicht mit drunter leiden müßten. Komm, Regina, je länger ich zaudere, desto schwerer wird's mir, zu weichen. Komm, Kind, bring den Jammermann, den armseligen Krüppel heim. Gehab dich wohl, Markus; steht gut bei der Stadt, meine Gesellen!"

„Hoch Meister Michael! Vivat Meister Lotther!" riefen die Kriegsleute in freudiger Erwartung des Schinkens, der Käse und des Fäßlein Biers. Mit unbeschreiblicher Inbrunst drückte der Rottmeister die Hand des alten Buchdruckers, so daß dieser sagte:

„Keine Ursach um die Käse, Markus; ich geb's gern! Wollt ich könnt mehr tun. Laßt Euch sehen bei uns, Markus, so oft Ihr könnt; Ihr seid mein wackerer Sohn - lebt wohl!"

Auch Markus und Regina reichten sich noch einmal die Hand an der Mauerstiege, und der Buchdrucker sagte:

„Tu doch nicht so fremd gegen den Markus, Mädchen! Ich sollt meinen, Ihr wäret früher bekannt genug miteinander gewesen! Brauchst nicht so rot zu werden. Dirne!

Das mittelalterliche Krökentor mit dem Torturm, der später - halb abgetragen - zum Rondell Hessen wurde.

Brauchst nicht so die Augen niederzu - - -" der Meister unterbrach sich - „Hallo, kommt da nicht mein Vetter aus Franken den Breiten Weg her? Richtig, 's ist der Adam Schwartze. Wir wollen ihn doch fragen, weshalb das Geschütz drinnen und draußen jetzt wieder schweigt, nachdem es eben also lustig aufgespielt hat."

Begleitet von einem kleinen Gefolge von Hellebardieren, schritt der Leutnant Adam Schwartze auf das Krökentor zu, und der Buchdrucker rief ihn an und tat seine Fragen an den Vetter. Ehe dieser antwortete, warf er einen recht seltsamen Blick auf die kleine Gruppe am Fuß der Mauerstiege. Er faßte nach seiner Gewohnheit die Unterlippe mit den Zähnen, als er Markus und Regina begrüßte; mehr als gewöhnlich kostete es ihm diesmal Mühe, sich zu einer gleichmütigen Antwort zu fassen. Der Freund und Bärenführer des Hauptmanns Springer geriet von Tag zu Tag mehr in ein Labyrinth voll dunkler Schatten, voll Irrlichter und unheimlicher Gestalten. Noch war zwar sein Mut, die Kraft seines Geistes nicht gebrochen, noch verzweifelte er zwar nicht, den Ausweg zu finden, noch gab er keinen seiner hochfliegenden Pläne, seiner Träume von einer glänzenden Zukunft auf; aber er verlor allmählich jene Sicherheit, jenen klaren Überblick über die vorhandenen Mittel, jenen Glauben an sich im Guten und Bösen, welche so sehr die Bedingung jedes Gelingens sind. Der Abenteurer fing an, die Kaltblütigkeit zu verlieren, welche niemandem nötiger ist als einem Abenteurer. Adam Schwartze war oft nicht einmal mehr imstande, den Hauptmann Springer auf die gewohnte Weise zu beherrschen, und öfter als früher mußte er die schöne Frau Johanna von Gent als Bundesgenossin ins Feld führen, um den Hauptmann zur Ruhe zu bringen. Immer mehr drängte letzterer zum Losbrechen, und so weit war er bereits gekommen, daß er ohne Mitwissen seines Leutnants mit dem Herzog von Mecklenburg unterhandelte und so neben dem verabredeten Spiel noch ein allergeheimstes trieb. Freilich stand der „Leutenambt" dagegen seinerseits mit dem Kurfürsten Moritz in Verbindung, und der Kurfürst ließ den Mecklenburger Jürg nicht in alle seine Karten schauen. Hin und her liefen die Fäden zwischen der Stadt und den Belagerern, aber über das Muster ihres Gewebes waren die Weber nicht einig.

Am sechsten November fand Adam Schwartze abermals ein Blatt an seiner Tür. Wiederum war es durch ein Messer festgenagelt, und um dieses Messer war eine braune, seidenweiche Haarlocke gewickelt, und Messer, Locke und Papier ließ Adam mit allen Zeichen höchsten Schreckens fallen. Auf dem Blatt stand:

> **Dieße Haarflecht hat gekauft vom Meister Friedrich,**
> **Scharpffrichter ze Ulm,**
> ††† **im Läger für Magdeburg.**

Eine ganze Woche hindurch schritt der Leutnant gleich einem geistig Verstörten umher; dann bemerkten seine Bekannten eine übermäßige, gewaltsame Lustigkeit an ihm; dann fiel er zurück in ein verbissenes Brüten, hatte Verkehr mit allerlei unheimlichen Leuten, Diebshäschern des Rates, abgefeimten Gesellen vom Landsknechtfähnlein Springers. Diese Personen spionierten in seinem Dienste, brachten Nachrichten, welche ihn nicht befriedigen konnten, und durchbrachen den Ring von geheimem Grauen, welcher sich um den Leutnant schloß, nicht.

Dazu wuchs in Adams Gemüt die Eifersucht auf Markus Horn und trieb immer giftigere Blüten. Je mehr alles um den verlorenen Mann wankte, je mehr er allen Halt in sich selber verlor, desto fester klammerte er sich an diese Neigung zu der Tochter des Buchdruckers. Diese Neigung wurde jetzt zur wildesten Leidenschaft. Ein gräßlicher Trotz gegen die schrecklichen Warnungen, welche aus der Vergangenheit herüberdrangen, bemächtigte sich seiner mehr und mehr; - grade jetzt wollte Adam Schwartze hier gewinnen! Die Leidenschaft überwog, überbot sogar den Ehrgeiz. Seinen tollkühnen Plan, die Stadt Magdeburg dem Feind in die Hand zu liefern, hätte Adam Schwartze vielleicht unbewegt scheitern sehen können, der Verlust Reginas hätte geistige und körperliche Vernichtung für ihn bedeutet.

So stand Adam von Bamberg vor Markus Horn und Regina Lottherin am Krökentor und antwortete, im Innersten von allen Furien des Hasses und der Leidenschaft zerrissen, dem Buchdrucker auf die Frage desselben:

„Seltsame Geschichten, Meister Lotther! Der Feind hat sein Feuer eingestellt; 's ist, als habe er uns Valet sagen wollen. Er zieht mit seinem Volk aus Buckau, er zieht aus seinem Lager zu Diesdorf. Durch das Feld dreht er sich wie zum Abzug gen Wolmirstedt. Unter den Mauern der Stadt zieht er hin, und es ist auch unsererseits der Befehl gegeben, mit dem Schießen einzuhalten."

„Wer hat den Befehl gegeben?" rief Markus, der seinen Ohren nicht traute. „Wer hat solchen Befehl gegeben?"

„Ihr fraget in einem sehr hohen Ton, Herr Rottmeister", sagte der Leutnant. „Will Euch aber doch den Gefallen tun, Kundschaft zu geben. Da auf Mauern und Walle, denen jetzo der Feind zugekehrt ist, mein Hauptmann, Herr Johannes Springer, befehligt, so wird von dem der Befehl ausgegangen sein. Genügt's Euch, Herr Rottmeister?"

Markus antwortete der höhnischen Frage nicht. Er stieß zornig sein Schwert auf den Boden:

„Gott schütze seine Stadt!"

„Amen!" lachte der Leutnant. „Er wird's ja wohl! Jungfer Regina, ich empfehl mich Euch; Herr Lotther -", er vollendete den Satz nicht, ein einzelner dumpfer Knall erschütterte die Luft, und alle blickten um und auf. Eine weiße Rauchwolke umquoll den rechten Turm von Sankt Jakob; zu dem Schützen daselbst war also noch nicht der Befehl gekommen, das Feuer einzustellen, und seine Kugel hatte wie gewöhnlich getroffen.

Eine ärgerliche Bewegung machte der Leutnant Schwartze. „Gehabt Euch wohl, Meister und Jungfer", sagte er. „Ich trag eine Botschaft an den Rat der Neustadt und darf nicht zögern."

„Botschaft vom Hauptmann Springer?" fragte scharf Markus, und Adam blickte ihn vom Kopf bis zu den Füßen an und sagte:

„Ich werd Euch zu gelegener Zeit darüber Rede stehen, Herr Rottmeister. Für jetzt - gute Wacht!"

„Ich hoff auf jene Gelegenheit. Lebt wohl bis dahin!"

Mit seiner Begleitung schritt der Leutnant durch das Krökentor nach der Neustadt hinüber. Der Rottmeister, der Buchdrucker und Regina sahen ihm nach mit den gemischtesten Empfindungen.

Bei Markus war jetzt die Eifersucht in den Hintergrund getreten, seit einer Viertelstunde war seine Seele in dieser Hinsicht glatt wie ein stiller See; dagegen stachelte ihn jetzt der Eifer um die Vaterstadt um so mehr gegen den Leutnant auf. Innerhalb der Stadtmauern ging so manches böses Wort und Gerücht von Verrat, bösem Willen und Meuterei im Kreis der Bürger und der Kriegsgesellen, daß unwillkürlich alle, die es ehrlich mit der Stadt meinten, verdächtige Personen scharf im Auge behielten. Man wußte sicher, daß das Fähnlein des Hauptmanns Springer das unzuverlässigste sei, daß in diesem Haufen das meisterloseste Gesindel steckte. Der Hauptmann hatte wohl recht, wenn er anfing, sich immer unbehaglicher in der Stadt zu fühlen, und - wie der Meister, so der Knecht, sprach man in Unseres Herrn Gottes Kanzlei und hielt auch den Leutnant Schwartze zu allerlei fähig. In der Stimmung, den Mann zu verteidigen, war Markus Horn nicht.

Auch der Buchdrucker Michael Lotther hatte sein feines Ohr, sein leichtbeweglich Gemüt den bösen Worten und Gerüchten, die über seinen „Vetter aus Franken" umliefen, nicht verschließen können. Das Verhalten Adams in der Schlacht an der Ohre kam dazu; ganz ließ der Buchdrucker den Vetter noch nicht fallen; aber mißtrauisch war er bereits geworden und ward es immer mehr.

Von Reginens Gefühlen gegen Adam Schwartze ist nicht viel mehr zu sagen; seit einer Viertelstunde trug sie ihr beflügelt Herz so himmelhoch, daß sie die Bedrängnisse, die Not, die Wirrnisse der Gegenwart fast ganz vergessen hatte. Höchstens empfand sie jetzt ein dumpfes Bedauern um den Leutnant und warf sich vor, oftmals zu hart, zu abstoßend, zu unhöflich gegen den armen Vetter gewesen zu sein.

„Horcht, Markus, das klingt wirklich, als zögen sie! Horch, die Trommeln der Knechte! Da die Trompeten, das werden die fränkischen Reiter des Kulmbachers sein. Sie müssen dicht unter den Mauern hinziehen."

„Und man feuert nicht dazwischen! Befehl ist gegeben, nicht loszubrennen!" rief Markus Horn. „Gott schütze die Stadt gegen alle Verräter! Schmach und Schande über alle, welche eine Schuld an dem Kommenden auf sich laden. Wehe denen, die Ohren haben und nicht hören, Augen und nicht sehen! Gehet nach Haus, Meister; lebt wohl, lebt wohl, Regina; ich will an die arme Kläre in der Neustadt gedenken; vielleicht gibt mir Gott die Gnade, daß ich etwas für sie tun kann - in dieser Nacht - an diesem Abend."

Abschied nahmen Markus und Regina voneinander mit einem Blick, so beredt, so vielsagend, daß selbst der Buchdrucker, der doch an etwas ganz anderes zu denken hatte, sich darüber verwunderte. Er kam aber nicht dazu, seine Verwunderung auszusprechen; vom Sudenburger Tor her knatterte wieder Gewehrfeuer, und ein Ruf ging um die Wälle, der Feind habe sich in Sankt Michael festgesetzt auf dem Kirchhof, Schießlöcher geschlagen in die Leimenmauern und sei nicht zu vertreiben, tapferes Blut werde daselbst von neuem in Menge verstürzt.

Mit dem allergrößten Widerstreben gab endlich der Buchdrucker den Bitten des Rottmeisters und der Tochter nach und machte sich auf den Heimweg. Allein schritt Markus Horn wieder hinter der Mauerbrüstung auf und ab, aber nicht mehr trübsinnig mit gesenktem Haupt. Der dunkle, kalte Wintertag hatte sich ihm in den wonnigsten Lenz verklärt. Was Krieg, was Tod und Verwüstung! - Alles war jetzt gut, alles war Hoffnung; die süße Wonne der wiedergefundenen Heimat überströmte so warm, so überschwenglich selig das Herz des Kriegsmannes, daß es nicht auszusagen war. Eine helle Träne zerdrückte Markus in seinem Auge. Der alten Mutter gedachte er, des Vaters auch. Auch letzterer mußte verzeihen; - wie war es möglich, daß er noch zürnen sollte, wenn die Engel Gottes Verzeihung lächelten!

Sein übervolles Herz trug Markus in den dunkeln Abend hinein, während der Feind zwischen Buckau und Diesdorf und über Diesdorf hin und her zog und der Kampf um Sankt Michael heftig dortdauerte. Um acht Uhr stand endlich der letzte Rest dieser Vorstadt in Flammen, und die Städter mußten in die Sudenburg und das Sudenburger Tor zurückweichen. Alle Augenblicke erwartete man auf dieser Seite der Stadt einen Hauptsturm, und der Feind unterließ nichts, was diese Erwartung begründen konnte; gegen zehn Uhr aber machte er Markus Horns Wort und Sorge zur Wahrheit und fiel mit aller Macht auf die Neustadt. Die wenigen sorglosen Wachen auf den Mauern, denen nicht einmal eine Losung gegeben war, wurden leichtlich überwältigt, die

Sandpforte - man weiß nicht, ob durch Gewalt oder durch Verrat der Nonnen von Sankt Agnes - geöffnet; der Feind war mitten in der Stadt, ehe man sich's versah, und stach und schoß im ersten Anlauf auf den Gassen und in den Häusern alles nieder, Männer und Weiber, Jungfrauen und Kinder. Als man auf Sankt Nikolaus anhub, Sturm zu läuten, und das Geschrei von dem Überfall auf das Rathaus zu den trunkenen Herren drang, da lachten diese, des süßen Weines voll, und etliche krähten noch, über die Mauern könne der Feind nicht fliegen!

Er war aber doch über die Mauern geflogen, und der Kelch des Jammers ward im vollen Maße über die Neue Stadt ausgeschüttet. Während die Ratsherren noch die vollen Humpen an die Mäuler heben wollten, wurden in ihren Häusern ihre Weiber und Töchter mißhandelt, ihre Kinder erwürgt, und als endlich die Trunkenheit dem namenlosesten Schrecken wich und geisterbleich die Zechenden von ihren Sitzen sich erhoben, da drangen die Knechte des Mecklenburgers, die wilden Gesellen von Hillersleben, die erbarmungslosen Gesellen des wüsten Markgrafen von Kulmbach, die Haufen Sebastians von Walwitz schon gegen und in das Rathaus, dem hochedlen Rat die Ehrenketten, die Gewänder vom Leibe zu reißen, sie zu fangen und zu fesseln oder auch aus den Fenstern in die Spieße der Genossen zu stürzen. Vierzigtausendstimmig aber schrie die Altstadt auf; Sturmgeläut auf allen Türmen, Mann an Mann auf den Wällen vom Krökentor bis zur Hohen Pforte! Vor brach aus der Hohen Pforte Frank Robin, der Leutnant, vor stürmte als der erste an der Spitze seiner Rotte Markus Horn, und die Neustädter bedachten sich jetzt nicht mehr, den gehaßten Altstädtern die vom Feind noch nicht genommenen Tore zu öffnen. Eine blutige Schlacht begann in den Gassen der Neuen Stadt. Um das Rathaus wurde am bittersten gekämpft, in dem Festsaale floß das Blut in Strömen, mit stürmender Hand schlugen die Magdeburger den Feind aus dem Hause und drangen siegreich in der Pfaffenstraße gegen das Lorenzkloster vor. Schon stand hier und da ein Haus in Flammen; in die Häuser warf sich der Feind, in die Häuser warfen sich die Bürger der Altstadt und die städtischen Knechte; wie Verzweifelte wehrten sich die Bürger der Neustadt, während ihre Weiber, ihre Kinder gegen die Alte Stadt flohen und die Kranken, die Greise hülflos sich dahinschleppten. Schauerlich rächte sich der Eigennutz, der Neid hier; nackte Bettler, nicht stolze Hilfsgenossen und Mitstreiter, nahm jetzt die Kanzlei des lieben Gottes auf, um Gottes willen.

Die arme Kläre Trautvetter konnte Markus Horn nicht erretten. Ehrn Elias Pomarius, der Pfarrherr zu Sankt Peter, hat uns ihr traurig Schicksal aufbewahrt, und seine Worte wollen wir hierher setzen. Viel ergreifender, als wir berichten könnten, klingt die alte Erzählung aus dem fernen Jahrhundert zu uns herüber:

„In derselben Nacht, als der Feind in die Newestat gefallen, ist ein Landsknecht an eine hübsche und schöne Jungfraw gerathen, unnd nach dem er Alles im Hause ermordet, hat er Jhrer, wegen ihrer schönheit, wollen verschonen, doch daß sie seinen willen thete, als sie aber sich dessen auffs hefftigste geweigert, hat er jhr die Ehe angeboten. - Darauff sie geantwortet, sie sehe solchen Buben und Mörder nicht an, darauff hat er jhr den todt gedrewet. Sie aber darauff gesaget: Meiner Ehren will ich unberaubet sein, thue, was du nicht lassen kanst, darauff hat er sie mit einem Spieß erstochen.“

Als Markus Horn, begleitet von Bernd Kloden, in das ihm von Regina Lottherin bezeichnete Haus drang, züngelte bereits die Flamme darum, eine weibliche leblose

Gestalt sah der Rottmeister liegen; aber der Rauch trieb ihn wieder fort, fünf Minuten später brannte das Haus lichterloh, und nach einer halben Stunde stürzten mit Gekrach Dach und Gemäuer herab und begruben den reinen jungfräulichen Leib des armen Mädchens.

Auch auf seinen früheren Kriegsobersten, Herrn Sebastian von Walwitz, traf Markus Horn; keiner der beiden früheren Bekannten fand jedoch Zeit, den andern zu begrüßen. Der alte Herr war allzu eifrig dabei, das Gewonnene zu halten und immer frische Hilfe nach den Orten zu führen, wo die Altstädter das Übergewicht zu erringen droheten.

„Hie, hie, Herr Graf von Leuchtenberg!" schrie er. „Heran ihr Herren aus Franken, ihr Herren aus Niederland! Hie, hie, Herr von Mecklenburg, drauf und dran! Haltet fest, was Ihr habt, nehmt alles, was Ihr kriegen könnt!"

Herr Hans von Dieskau, des römischen Reiches hochbefahrener Festungskünstler, rückte auch bereits heran mit seinen Schanzgräbern, seinen sächsischen und böhmischen Bergleuten, seinen Schaufeln und Hacken.

Immer weiter wurden die Magdeburger von der Übermacht zurückgedrängt, obgleich sie Fuß für Fuß dem Feind teuer genug verkauften.

Eines feindlichen Hauptmannes Leutnant, Heinrich von Nürnberg genannt, ward von Markus zu Boden geschlagen und gefangen; aber es ward immer mehr zur Gewißheit, daß die Neue Stadt nicht mehr zu halten sei.

Da warfen auf ihrem Rückzuge die Altstädter auch ihrerseits die Brandfackel in die Häuser; der Wind half, und bald stand vom Rathaus an bis zum Stadtgraben und den Wällen der Alten Stadt alles in Flammen, und es ward ein Brand daraus, dessen Schein man drei Meilen hinter Braunschweig erblickte. Durch die Hohe Pforte zogen die Altstädter zurück; in der Neustadt aber machte sich Herr Hans von Dieskau sogleich ans Werk, zog einen Graben und warf eine Schanze auf über die Pfaffenstraße vom Lorenzkloster bis zu Sankt Agnes, baute vor und zwischen beiden Klöstern Basteien und Katzen, pflanzte Schanzkörbe und Geschütze drauf und schuf also, daß das Heilige Römische Reich nunmehr in die Stadt schießen konnte, „aber nur oben durch die Häuser und Dach".

Am folgenden Tage, als am Sankt Andreasabend, nahmen die Sudenburger ein Exempel an dem Schicksal der Neustadt. Mit Mann und Weib und allen beweglichen Gütern kamen sie in die Altstadt und wurden freudig und liebreich aufgenommen. Dann zündete man am Nachmittag zwischen drei und vier Uhr nunmehr auch diese Vorstadt an und brannte sie aus. Ihre Bürger sowie die geretteten Neustädter wurden „nothdürftig" wehrhaft gemacht und unter die Fähnlein verteilt und geschrieben.

So war die Alte Stadt Magdeburg voll und übervoll, und als ein hohes Zeichen des gütlichen Beistandes wurde es angesehen und von den Kanzeln angemerkt, daß nicht Seuche und Pest ausbrach unter dem zusammengedrängten Volke.

Das zwölfte Kapitel

Ein feiner Plan, gut ausgedacht
Und meisterlich zu End' gebracht!
Gen Ottersleben geht's hinaus,
Durch Schneegestoeber, Sturmgebraus.
Zum Feste will die Stadt sich laben,
Der Adel kommt zu schwerem Schaden;
In grossen Aengsten schwebt Herr Juergen.
Die Weiber wollen ihn erwuergen;
"Ungnaed'ger Herr, willkommen mir,
Wir haetten Euch schon laengst gern hier."

Der Winter war mit Macht gekommen. Der Schnee deckte die Dächer und Straßen der Stadt Magdeburg, deckte die Lager, die Schanzen, die Gräben der Feinde vor der Stadt, deckte manchen blutigen Fleck zwischen der Stadt und den Werken des Belagerungsheeres. Mochte aber die Kälte noch so grimmig, der Sturmwind noch so scharf sein, das weiße Gestöber noch so dicht hernieder wirbeln, in das schreckliche Spiel des Krieges kam keine Pause. Ausfälle der Städter und Anläufe der Belagerer wechselten wie gewöhnlich miteinander; und hatte der Schnee eine blutige Stelle auf den zertretenen Feldern um die Stadt zugedeckt, so konnte er im nächsten Augenblick an einem andern Ort sein verhüllend Werk beginnen. Die schwarzen Trümmerhaufen der Neustadt, der Sudenburg, der Michaelisvorstadt, die Ruinen der Windmühlen und einzelnen Gebäude ragten recht trostlos aus der winterlichen Landschaft hervor. Kurz, einen traurigern Anblick, als diese belagerte Stadt und ihre Umgebung zu dieser Zeit bot, kann man sich schwer vorstellen.

Am zweiten Dezember, dem Dienstag nach Andreas, versammelten sich Rat, Hundertmannen, Bürger und Landsknechte samt dem Grafen Albrecht von Mansfeld und seinem Sohn Karl auf dem Stadtmarkt, reckten die Schwurfinger gegen den grauen Himmel auf und schwuren, „bey einander zu stehen, lebendig und todt für einen Mann, und einer bei dem andern auff der Mawren, im Wall, auff dem Lande, auff dem Wasser festzuhalten, unnd wider den Feind biß auff den letzten Blutstropfen zu kempffen".

Einige wollen gesehen haben, daß der Hauptmann Springer während dieses Schwurs wie durch Zufall sein Schwert habe fallen lassen, dann es aufgegriffen und so die Finger nicht mit aufgehoben habe. Viele in seinem Fähnlein, und unter ihnen der „Leutnambt" Schwartze, sollen bei jedem Versprechen ein „nicht" eingeschoben, andere sollen wieder das Maul ganz gehalten haben.

Am siebenten Dezember, als am zweiten Sonntag des Advents, fielen die Magdeburger aus und nahmen dem Feind zwei Wagen mit Naumburger Bier samt dreizehn Pferden.

Am Tage Conceptionis Mariae, am achten Dezember, rückte abends zwischen sieben und acht Uhr der Feind aus seinem Lager in die Neustadt mit gewaltigem Lärm, mit Trommeln und Geschütz bis an den Graben der Alten Stadt und gegen das Krökentor, ward aber durch das Wallgeschütz mit großem Schaden zurückgetrieben.

Am elften Dezember fuhren die Städter zu Schiff gen Salbke. Es war ihnen Kundschaft gekommen, der Herzog Moritz sei allda auf Ingerslebens Hofe zum Kindelbier. Man gedachte einen guten Fang zu tun; es wies sich aber aus, daß die Kundschaft falsch war. So fing man nur acht Landsknechte, die man aus den Betten im bloßen Hemd nahm, plünderte den Hof und führte die Betten, die Landsknechte und viele gewürgte Schweine als Beute davon. Am zwölften Dezember fuhr Herzog Moritz in einer „Kutzgen" aus der Neustadt nach Buckau, und die Städter fielen aus einem Hinterhalt auf ihn. Den Wagen und des Fürsten Spießjungen nahmen die von Magdeburg, doch der Kurfürst entrann zu Pferde.

Der Herr von Heydeck war um diese Zeit mit anderen Herren von Magdeburg zu den Seestädten um Hülfe ausgezogen. Da sammelte sich wirklich ein Heer, und über das Meer leuchtet in diese große Magdeburger Tragödie ein heller Schein aus einem andern, aber kürzern Trauerspiel hinein: Johanna Grey, die einen Tag lang Königin von England sein wird, gedenkt, ehe sie das schöne, unschuldige Haupt auf den Richtblock legt, der bedrängten Glaubensgenossen in Deutschland und sendet Hülfsgelder für dieses Unternehmen, die Kanzlei des Herrgotts zu entsetzen.

Am dreizehnten Dezember zog Kurfürst Moritz mit sechs Fähnlein Knechten gen Verden, dem gesammelten Haufen entgegen; es kam aber um diese Zeit in das Lager in der Neustadt Herr Lazarus von Schwendi, des Heiligen Römischen Reiches Kriegskommissarius in dieser Belagerung.

Am sechzehnten Dezember erließ Kaiserliche Majestät von Augsburg aus wiederum ein gar böses Schreiben gegen die von Magdeburg und verbot darin mit Ernst allen Ständen des Reiches, sich der geächteten Stadt anzunehmen.

Am siebzehnten Dezember, Mittwoch, wurde über Diesdorf, wo damals Herzog Jürgen von Mecklenburg lag, ein heller glänzender Stern mit einem großen Ringe erblickt. Dieser Stern „hat eine Flamme von sich herausgegeben und die wieder zu sich gezogen, das hat eben lange gewehret, darnach ist er verschwunden."

Was dies Zeichen bedeutete, das sollte allem christlichen Volk bald klarwerden.

Im Abendschimmern des neunzehnten Dezembers konnte Regina Lottherin der mütterlichen Freundin, Margareta Horn, das übervolle Herz nicht länger verschlossen halten und schuf dadurch der alten Frau den ersten lichtvollen Augenblick seit der Heimkehr des Sohnes.

In der Dämmerung saßen die beiden Frauen zusammen im Hause des Ratmanns; nur das Schneeleuchten von der Gasse erhellte ein wenig das Gemach. Es war so recht die Stunde, ein in Schmerz und Wonne beladenes Herz auszuschütten; und allen Segen Gottes rief die Mutter auf das Haupt der Jungfrau herab. Nun wollte sie aber auch alles wissen, was zwischen Markus und Regina geschehen, gesprochen, gedacht worden war, sie sich die beiden wiedergefunden hatten. Beredet mußte werden, was nun geschehen sollte, wie man sich gegen die beiden Väter zu verhalten habe. Einen kurzen Augenblick hindurch erschien der entzückten Mutter alles leicht, alles geebnet, alles ausgeglichen und versöhnt. Da ihr einer ihrer teuersten Lebenswünsche jetzt doch noch in Erfüllung gehen zu wollen schien, so kam ihr nun mit einem Male der fast verlorene Glaube an eine ruhige, glückliche Zukunft wieder. Sie sah sich als Großmutter, umgeben von einer Schar lieblicher Enkel und Enkelinnen; sie sah ihren Markus als den Stolz seines Vaters, sah ihn aufsteigen zu den höchsten Ehren der Stadt. Zwischen Lachen und Weinen immer wieder von neuem das Nachbartöchterchen in die Arme schließend, tat sie verworrene Fragen und erhielt verworrene Antworten.

„Also an dem Tag, wo die Neustadt überging und ausbrannt, geschah's? Auf dem Wall, auf der Mauer geschah's, daß ihr euch wiederfandet, ihr bösen, lieben Kinder? In so schrecklicher Stund! Ihr armen Kindlein - solch schreckliche, solch glückselige Stund! Komm, küß deine alte Mutter, meine Tochter - und hast so lang geschwiegen?! Hab ich das um dich verdient, die Böse, du Liebe?"

„O Mutter, Mutter, ich bin ja diese ganze Zeit im eigenen Vergessen einhergegangen. Rings um mich her ist Nacht gewesen und nur in mir Licht. Wir haben auch seit jener Stund auf dem Wall am Krökentor kaum ein Wörtlein wieder miteinander gewechselt, haben uns nicht die Hand berühren können, haben kaum gewagt, uns anzublicken. Und ich hätt ihm doch soviel zu sagen gehabt und er mir gewißlich auch; aber immer ist etwas dazwischengekommen, oder wir haben es nicht gewagt. Es ist mir, als sei er seit jener Stund noch häufiger im Feld als sonst; und immer kommt mir ein blutig Grauen, jetzt bringen sie ihn erschlagen oder mit tödlicher Wund zurück. Dann aber gedenk ich wieder, so grausam kann der liebe Gott nicht sein, kann nicht also scheiden zwei Herzen, die er also hat sich zusammenfinden lassen, die er also geführt hat. So wechselt Hoffen und große Angst immerfort, und bei Nacht träume ich schlimm süßeste Träume und lieg wachend und ringe die Hände, und als neulich um Mitternacht wieder zu Sturm geschlagen ward und der Feind gegen die Wälle lief, da bin ich aus dem Bett und in die Kleider gefahren wie eine Unsinnige und bin mit hellem Schrei auf die Gasse gestürzt - leibhaftig sah ich den Liebsten in seinem Blute liegen im Graben. Auf der Gasse im kalten Schnee erst hab ich mich besonnen, daß ich geträumt hatte, und gottlob hat keiner davon gemerkt, und ich hab den übrigen Teil der Nacht unter dem Kampflärm und Krachen und Sturmgeläut auf den Knien gelegen und heiß gebetet für den Liebsten und alle bedrängten Seelen."

„Du armes, armes Kind", schluchzte die Frau Margareta. „Hättest ja lang, lang zu mir kommen können. Doch sei nur still, nun ist's gut, nun mußt du mir immer alles sagen, bin ich doch jetzt dein rechtes Mütterlein worden."

„Das seid Ihr ja immer gewesen!" rief die Jungfrau. „Hätte mich Euer Schoß geboren. Ihr hättet nicht mehr an mir tun können, als Ihr getan habt."

„Still, still", sagte die Matrone. „Nun sag aber, Kind, wie ist's denn mit dem Leutnant, dem Adam Schwartze, dem Vetter?"

Regina Lottherin fuhr zurück und hob sich halb von ihrem Sessel.

„Mutter", rief sie. „Mutter, wenn Ihr wüßtet, wie's mich überläuft, wenn der mir nahe tritt! Ich kann's nicht mit Worten sagen. Er hat mir ja doch nichts zuleid getan, und bis zum Brand der Neuen Stadt hab ich mir meinen Abscheu gegen ihn auch vorgeworfen und gedacht, ich braucht ihn darum noch nicht zu hassen, weil ich ihn nicht liebe. Seit dem Brand, seit dem Tode der armen Kläre aber schäm ich mich nicht mehr, daß ich ihn im Innersten nicht mehr mag, daß ich ihn hasse. Er stand dabei, als Markus mit Tränen uns von meiner Kläre in der Neustadt erzählte; ich hätt sterben mögen vor Schmerz, und der Vater weinte laut auf; Herr Adam aber stand und hielt auch die Hand über die Augen wie vor Wehmut, doch einen Blick hab ich gesehen, der machte mein Blut erstarren in den Adern. Ich weiß jetzt, dieser Adam Schwartze ist ein schlechter Mensch; seinen Mund hat er verzogen und gelächelt und nicht gedacht, daß einer von uns im Schmerz um meine Kläre es sehen könnt. Ist mir aber zumut gewesen, als ob der liebe Gott selbst mir dieses Lächeln gezeiget habe."

„Recht, recht!" rief Frau Margareta. „Ich hab ihm schon lang kein gutes Wörtlein bieten mögen. Längst hab ich gewußt, daß dieser hergelaufene fremde Landsknechtführer, den dein Vater nur allzu schnell als Vetter anerkannte, falsch ist, falsch durch und durch. Ein Grauen hab ich um dich gehabt, Mädchen, wenn ich gedacht, daß du sein werden könntest. Hatte doch dein Vater schier einen Narren an diesem Adam Schwartze gefressen. So sind die Männer, entweder toller, blinder Zorn oder ebenso tolle, leichtfertige Zuneigung! Diesen Leutnant Schwartze ließ mein Ludolf in sein Haus; seinen Sohn verstieß er! Wirst auch deine Not einstmalen mit deinem Markus haben, glaub mir, Töchterlein!"

„O Mütterlein, so weit laßt uns nicht vorausdenken. Horch, da gehet die Haustür; der Herr Ratmann wird heimkommen. Ich will schnell das Licht anzünden, daß er nicht schelte. Ach, Mütterlein, redet nicht von mir und dem Markus, weil ich dabei bin; ich müßt vergehen, wenn ich wieder so böse Worte auf den Liebsten hörte!"

„Sei still, Kind, laß mich machen! Will der Schwefelfaden nicht fangen? So - da haben wir Licht - still, still, Kind, es wirbelt so im Kopf, daß ich keinen Gedanken fassen kann; was braucht's der Mann heut auch zu erfahren, sein Sohn kümmert ihn ja doch nicht."

Die Lampe brannte, der Ratmann Ludolf Horn trat ein, nachdem er den schneebedeckten Mantel und Hut vor der Tür abgeschüttelt hatte. Nachdem Gruß und Gegengruß abgetan war, der Mantel an den Nagel gehängt war und der Hut ebenfalls, hatte die Matrone ihren Vorsatz und die scheue, schüchterne Bitte der Jungfrau um Schweigen längst vergessen, das Herz quoll ihr auf die Zunge. Margarete Horn legte den Arm dem Gatten um die Schulter und flüsterte:

„Ludolf, ich hab dir etwas zu sagen; o höre, höre, was Regina -"

Die Jungfrau erhob tief errötend, flehend die Hände, der Ratmann machte sich sanft los aus den Armen seiner Gattin:

„Ein andermal, Margareta, ein andermal. Hab jetzt keine Zeit, auf Weiberwort und Weiberrat zu hören. Geht heim, Jungfer Regina. Frau, meine schweren Schuhe und mein Schwert! Ich muß im Augenblick wieder von dannen. Geht heim, Regina, und halte Euch nicht auf in der Gasse, die Stunde und das Wetter sind nicht dazu angetan. Mein Schwert, Margareta, es hängt oben im Gemach hinter dem Ofen, meinen andern Mantel bring auch, aber schnell, ich hab keine Zeit zu verlieren!"

Die Matrone starrte den Greis mit offenem Munde an, dann ließ sie die Arme sinken und rief:

„Dein Schwert? Deinen Reitmantel, Ludolf? Um Gottes willen, Ludolf, was willst du? Wohin willst du? Was ist im Werke?"

„Soll ich selber gehen, Weib? Tu, was ich dir sage, und frage nicht lange! Betet, Regina, in Eurem Kämmerlein. Redet sowenig, ihr Weiber, als euch möglich ist. Es ist keine Zeit zum Reden. Erzählt auch Eurem Vater nicht, Regina, daß der Ratmann Horn heute Abend mit seinem Schwert das Haus verlassen habe. Behüt dich Gott, mein Kind!"

Erstaunt und bestürzt küßte Regina dem finstern Greise die Hand und verließ das Haus. Frau Margarete, von einem mahnenden Blicke des Gatten getrieben, stieg in das obere Gestock des Hauses, den dichtern Mantel und das Schwert des Ratmanns zu holen.

„Will er zu mir nicht sprechen, so soll er auch von mir nichts erfahren!" murmelte sie und fügte kopfschüttelnd und seufzend hinzu: „O diese Männer, diese Männer!"

Eine Viertelstunde später verließ der Ratmann Ludolf Horn sein Haus wieder, nachdem er sich durch Speise und Trank ein wenig gestärkt hatte. Hoch lag der Schnee in den Gassen der Stadt Magdeburg, und unaufhörlich fort schneite es. Sein gewichtiges Schwert, das er einst so leicht geschwungen hatte, welches ihm jetzt aber fast zu schwer war, gebrauchte der Greis als Wanderstab, als er mühsam den Breiten Weg hinab gegen das Gestöber seinen Weg, dem Domplatz zu, erkämpfte. Den ganzen Tag schier hatte er auf dem Rathaus zugebracht; seine Kräfte wollten ihn beinahe verlassen; aber die Not der Vaterstadt, der Gedanke, ein Kämpfer zu sein in unseres Herrn Gottes Kanzlei, erhielten ihn aufrecht und wie ihn manch andern wackern Greis in der tapfern alten Stadt Magdeburg. Durch die Gassen und den wehenden Schnee glitt manch ein anderer Schatten nach dem Domplatz, allwo in der Kapelle des heiligen Gangolf - vom Volk die Kaldaunenkapelle genannt, weil man daselbst die Eingeweide der abgestorbenen Erzbischöfe beizusetzen pflegte - sich Bürgermeister, Ratmannen, Kriegsoberste und Hauptleute geheimnisvoll zusammenfanden, nicht um zu ratschlagen, sondern um gepflogenen Rat ins Werk zu setzen. Eine uralte Hängelampe

Kaufmann um 1530, Holzrelief

erhellte trübe den Raum und die ernsten, bedenklichen Gesichter der Versammelten.

Man begrüßte sich stumm, man unterhielt sich nur im Flüsterton; von Waffen erklirrte das kleine Gebäude, denn ein jeder der Anwesenden trug wenigstens sein Schwert, und Ebeling Alemann, Hans von Kindelbrück und der Ritter Wulffen waren im vollen Harnisch zugegen. Ein Losungswort wurde jedem der neu Eintretenden abgefordert, nicht jedermann sollte Bescheid wissen um das, was im Werke war; eine einzige böse oder unvorsichtige Zunge konnte das Gelingen hindern, konnte die Stadt ins Verderben stürzen. Niemand der Versammelten ahnte, daß in diesem Augenblick ein geheimnisvoller Dolchstoß vor den Mauern einen Boten Adam Schwartzes an den Markgrafen von Kulmbach niederwarf.

Auf dem Wall hinter dem Dom hielt, während man sich zu Sankt Gangolf zusammenfand, Markus Horn die Wacht bis Miternacht. An der Brüstung lehnend, blickte er in die Nacht hinaus; es war gegen elf Uhr, und augenblicklich hatte das Schneien aufgehört. Über den Lagern des Feindes zu Buckau und zu Diesdorf lag ein roter Feuerschein; geisterhaft schimmerte das weiße Feld, und nur auf der Stelle der verbrannten Sudenburg hoben sich die schwarzen Schattenmassen der Ruinen. In diesen Ruinen hatte auch der äußerste Posten der Belagerer sein Wachtfeuer angezündet, und dunkle Gestalten bewegten sich von Zeit zu Zeit durch den aufflammenden und niedersinkenden Schein dieses Feuers. Wenn auch die Augen des jungen Rottmeisters an dieser Stelle hafteten, seine Gedanken, schwebten über den schneebedeckten Türmen, Giebeln und Dächern der Vaterstadt hin um das dunkle Gemäuer, vorüber an erhellten und dunkeln Fenstern, bis sie das Haus der Geliebten erreicht hatten. Jeder Stein in den Gassen und in dem Mauerwerk von Turm, Haus und Wall, jede Straße und Straßenecke, jeder Markt und Kirchhof rief dem vorbeieilenden Geist etwas zu. Bilder der Vergangenheit, Mahnungen der Zukunft griff der Geist im blitzschnellen Schweifen auf, trug sie fort und bildete einen Kranz daraus, in welchem die Geliebte in holdseliger Schöne stand und winkte. Was die Steine, was die lebendigen Wesen, die sorgenvollen Greise, die ängstlichen Mütter, die kleinen Kinder, die jungen Mädchen dem Geiste Markus Horns zuriefen, in dem Gedanken an die Geliebte schloß es sich alles zusammen. In diesem Gedanken wurde Markus Horn ein anderer, ein besserer Mensch. Die Schlacken, welche die wilde, verworrene Zeit auf seinem Herzen und um sein Herz hatte entstehen lassen, fielen ab; er wurde weicher und doch immer stärker in seiner Liebe. Sonst war er nur verwegen gewesen, hatte sein Leben um jeden tollen Einfall aufs Spiel gesetzt; opferfreudig wurde er jetzt. Eine Narbe, die er aus früherer toller Zeit auf der Brust trug, auf welche er einst stolz gewesen war, erschien ihm jetzt fast gleich einem Brandmal. Sein bestes Herzblut hätte er nun verstürzen mögen zum Zeichen seiner Umwandlung, zum Zeichen seiner Liebe; und eine Lebensfreudigkeit, die er sonst nie gekannt hatte, erfüllte ihn zu gleicher Zeit trotz manchem Druck, der noch auf ihm lag.

„Steht und gebt's Wort!" schrie Jochen Lorleberg, auf seinem Posten den Spieß fällend. Vom Sudenburger Tor marschierte der Rottmeister, welcher die Wachen abzulösen hatte, mit seiner Rotte heran. Markus Horn wurde emporgerissen aus Traum und Sinnen; die harte Gegenwart trat wieder in ihr Recht. Der Dienst des Abgelösten war noch nicht zu Ende; geheimen Befehl hatte Markus erhalten, um Mitternacht von seinem Posten seine Schar nach dem Domplatz zu führen, und diesem Befehl kam er jetzt nach. Ein anderes wunderliches Gebot, beim Abmarsch vom Wall ein Hemd über

Harnisch und Wams zu werfen, erfüllte man mit Verwunderung und geheimem Lachen und zog nun daher weiß im weißen Schnee gleich einer Gespensterschar. Auf dem Domplatz oder Neuen Markt fand man bereits das Fähnlein des Hauptmanns Kindelbrück fast vollständig zusammen, und die letzten Rotten rückten eben von ihren Sammelplätzen heran. Auch die Reiter hielten vor der Domprobstei - Reisige und Knechte mit übergeworfenen Hemden. Noch wußten wenige, um was es sich handle, und mancherlei Vermutungen wurden aufgestellt, bis gegen ein Uhr gerufen wurde, daß man den Ring bilden solle. Solches geschah, und neugierig reckte Reiter und Knecht den Hals und spitzte das Ohr, als Ebeling Alemann mit Hans Kindelbrück, Ritter Wulffen und Christof Alemann in den Kreis ritten und die andern Hauptleute samt dem Rat von der Kaldaunenkapelle her ebenfalls hereintraten.

Nun hob sich der Stadtoberste, Herr Ebeling, im Sattel und redete die versammelten Kriegsleute an. Erst strich er weidlich ihre Tapferkeit und Verdienste um die Stadt heraus, dann sprach er von dem geleisteten Schwur, miteinander auszuhalten bis in den Tod; dann redete er von Belohnungen, großer Beute und dergleichen, und zuletzt rückte er mit dem Hauptpunkt heraus, als zustimmendes Gemurmel und verhaltenes Vivatrufen ihm die Stimmung günstig erscheinen ließ. Jetzt sei der Augenblick gekommen, sprach er, wo man Manneskraft und Mannesmut beweisen und ewige Glorie und die reichste Beute gewinnen könne. Erfahren habe man, wie in Großottersleben die Stiftsjunker mit ihren Dienstleuten sorglos in ihrem Lager lägen, nichts fürchteten, Tag und Nacht toll und voll wären und leichtlich ohne große Gefahr aufgehoben werden möchten. Beschlossen habe man, nach eingeholtem Rat aller versuchten Kriegsleute in der Stadt, solches zu unternehmen. Alles sei vorbereitet, günstig sei das Wetter, ein Ausfall auf die Neustadt solle den Feind täuschen und abziehen - nun frage es sich, ob der Stadt Kriegsvolk mit den Bürgern Herz und Hand daran setzen wolle. Gezwungen solle niemand werden, wer nicht mit ausziehen möge, der könne zurücktreten; man verhoffe aber, daß niemand also feiglich hinter den Ofen kriechen werde, während die Genossen die Hand auf die reiche Beute, auf die Ritter und die Dompfaffen legten. Frei sei der Weg; ziehen werde man zwar zwischen zween feindlichen Lagern, zwischen Buckau und Diesdorf, aber das sei nur ein Spaß. Wer mit dabeigewesen sei, wer das Pfaffen- und Adelsnest mit aufgehoben haben werde, der möge künftig kühnlich sich überall oben an den Tisch setzen. Ein Stücklein werde es sein, wie die tapfersten Kriegsleute es nimmer noch ausgeführt hätten.

Da gegen Schluß dieser vortrefflichen Rede ein allgemeines begeistertes Geschrei auszubrechen drohte, so fügte Herr Ebeling Alemann noch hinzu: Brüllen solle man nicht, daß der Feind nicht Unrat merke; wenn man mit den Waffen klirre und die Spieße aneinanderschlage, so wolle er das zum Zeichen nehmen, daß man einverstanden sei, daß man den Einsatz wagen und die an der Ohre aufgenommene Schuld abzahlen wolle.

Ein nicht zu Ende kommen wollendes Rasseln und Klirren erhob sich nun; man stampfte und sprang im Schnee umher und biß sich fast die Zunge ab, um nicht doch noch seinen Mut, seinen Jubel laut hinauszuschreien.

Nach dem Stadtobersten redeten noch der alte Graf von Mansfeld und der Bürgermeister Hans Alemann. Ersterer meinte, wenn gute Kundschaft halber Krieg sei, so könne es diesem Unternehmen gewiß nicht fehlen - und letzterer schwur, während des Zuges auf den Knien liegen zu wollen wie Moses in der Schlacht der Amalekiter, und

Gott werde mit seiner Stadt Magdeburg und seinen Streitern sein und die Stolzen und die Verächter seines heiligen Namens in ihre Hände geben.

Auch auf solche Worte schlug man die Wehren wieder klirrend zusammen, und jeder festigte sich nach seiner Art zu dem großen Werk. Um zwei Uhr wurde der Feind in der Neustadt auf das Jäheste geweckt. Auf dem Wall vom Krökentor bis zur Hohen Pforte donnerten die städtischen Geschütze, Mauerbrecher und Serpentinen ohne Aufhören gegen seine Werke. Ausfall auf Ausfall hatte er zurückzuschlagen. Der Schneesturm brach mit doppelter Gewalt los; er und der Stadt Feuer verblendeten, verwirrten den Feind auf's trefflichste und halfen, den Auszug aufs herrlichste zu verbergen. Zwischen dem Krökentor und der Hohen Pforte, im Aufleuchten der Geschütze, im wirbelnden Gestöber lagen auf den Knien der alte Hans Alemann, der Ratmann Horn und viele, viele andere Bürger, Gott um Hülfe und Beistand und Gelingen anrufend. Aus dem Sudenburger Tor ging im tiefsten Schweigen der Zug der zum Überfall des Stiftsadels ausziehenden Reiter und Knechte. Im wehenden Schnee wand er sich vorsichtig dahin, und die übergeworfenen Hemden taten das Ihrige dazu, daß keine feindliche Wacht die Hakenbüchse abschoß und den Alarmruf gab. Ein Teil der Posten war erblindet im Schnee und Sturm; an anderer Teil glaubte Gespenster und Teufelsspuk vorbeischweben zu sehen und sprach zitternd sein Stoßgebetlein, aber hielt sonst das Maul. - Ein Zeichen soll diesem Zuge vorangegangen sein, gleichwie der Schlacht vor Hillersleben. In dem Augenblick, wo die Zugbrücke des Sudenburger Tors fallen sollte, hat man drei Schläge davor gehört, als stoße jemand mit aller Kraft das Stabende eines Spießes dagegen, daß es fast klang wie eine Aufforderung zu diesem Zuge. Als die Zugbrücke über dem Graben lag und die Spitze des Zuges drüber hinschritt und um sich schaute, erblickte man jedoch nicht das geringste. Viel wurde darüber gesprochen, und wir lesen seltsamerweise in einer Chronik:

„Etliche haben wollen ausgeben, als habe solches Hertzog Moritz selber gethan."

Die Volksmeinung über die politische Stellung des Mannes liegt nirgends besser als in dieser wunderlichen Notiz zutage. Freilich wollten die meisten meinen, nicht der Kurfürst Moritz von Sachsen, sondern der heilige Herr und Ritter Mauritius habe dergestalt der Stadt die Anmahnung und Vertröstung zu dieser trefflichen Tat zukommen lassen.

Noch wollen wir anführen, wie Herr Georg Rollenhagen ungefähr fünfzig Jahre später diesen Zug gegen das Reiterlager zu Ottersleben poetisch und humoristisch verwertete. In seinem „Froschmäuseler" erscheint vor Beginn der grausamen Schlacht zwischen den Mäusen und Fröschen auf seiten der erstern der Hauptmann Friedlieb „vom Magdeburger Sachsen Stamme", der Repräsentant der bedächtigen Tapferkeit, die so lange als möglich vom Krieg abrät, totgeredet und verspottet wird von den Eisenfressern und der heißblütigen Jugend und zuletzt doch das Beste tun muß, wenn alle andern zuschanden geworden sind. Des Fürsten Friedlieb und seiner Scharen Fahn und Aufzug wird beschrieben:

> **„Eine Roteburgk war jhr Heubtfahn,**
> **Darauff sahe man erhoben stahn.**
> **Ein Jungfraw in eim grünen Kleid.**
> **Die zeigt ein Krentzlein wol bereit**
> **Von Blümlein je lenger je lieber,**

Bringen manchem ein heimlich Fieber;
Es ward mit Buchstab'n auch bedeut:
Umb Diese Meyd Ist All Erbeit.

Damit man auch an allem End
Seine Krieger für ander kent.
Bey Finsternach in sonderheyt,
Wenn die erreicht der spethe Streit,
Fürst Friedlieb in sonderheyt wollt,
Das jeder ein Hembd führen solt
Ueber die Rüstung angetan,
Daß sie all wurden weiße Mann."

Nun müssen diese weiß angetanen tapfern Kriegsleute viel Lachen und Höhnen und großen Spott anhören, und man ruft:
„Siehe die Jungfrawe Knecht, sind nur zu Tantz und Bett gerecht." Herr Friedlieb aber und seine Scharen halten es unter ihrer Würde, dem zu antworten, ziehen ruhig weiter und denken:

- ihr sollt erfahren recht,
Ob wir sein Mägdlein oder Knecht. -

Hohe Pfort

Die Hohe Pforte, im Blick darunter das Fischertor zur Elbe hin und rechts die Neustadt mit eigener Umwallung.

Glücklich langte der Stadt mutiges Kriegsvolk vor dem Dorf Großottersleben an und fand hier gar keine Wachen ausgestellt. Die Junker hatten bis Mitternacht nach ihrer Art wieder herrlich bankettiert und lagen jetzt schnarchend auf dem Stroh. Ihre Dienstmannen waren ihrem Beispiel treulich gefolgt, und niemand im ganzen Reiterlager merkte, wie die Magdeburger das Dorf umstellten.

„Heut nacht gilt's für Hillersleben, Markus!" flüsterte Christof Alemann dem Rottmeister Horn zu, und dieser ermahnte seine Leute, sich wacker zu halten; man wolle diesmal anders heimkommen als aus der Schlacht an der Ohre.

„Laßt uns nur los, Rottmeister", brummte der lange Heinz Bickling. „Ihr sollt Eure Freude an uns haben; ich wünsch mir weiter nichts, als solch einen fetten Dompfaffen beim Wickel zu fassen."

„Laßt uns nur dran!" flüsterte Jochen Lorleberg. „Wir wollen sie schon kitzeln. Da ist ein Fricke von Veltheim - hat mir vor Braunschweig einen Tritt geben, als ich ihm in der Trunkenheit in den Weg kam - o heiliger Strohsack, den möcht ich im Bett fassen, wollt ihm schon die Deck vom Leibe ziehen!"

„Laßt's gehen! Laßt's los! Laßt uns dran!" grollte es im Heer, und die Reitertrompete klang zum Angriff. Hui drauf und dran mit gellem Schlachtruf und Weckruf! Berannt und erbrochen war im selbigen Augenblick das Tor des ummauerten Dorfes. Vollständig gelang die Überrumpelung der Stiftsjunker. Von ihren Lagern fuhren die so jach, so schrecklich Geweckten; hin und wider liefen sie samt ihren Dienstleuten, manche halb nackt und ohne Wehr, alle sinnlos, ratlos, verzweifelnd. Wer sich wehrte, ward ohne Gnade niedergestochen; in Flammen gingen mehrere Gehöfte auf, und manch guter Ritter und manch gutes Roß ging elend darin zugrunde. In allen Häusern floß das Blut stromweise; in die Keller flüchteten viele stolze Herren; aber auch dahin drang man ihnen nach, erschlug sie oder fing sie. An Herrn Fricke von Veltheim legte Jochen Lorleberg wirklich die Hand und riß ihn gefangen auf die Dorfgasse. Gefangen wurden Asche von Kramme, Busso und Kaspar von der Schulenburg. Balthasar von Warstedt, zwei Edle von Platen, zwei Herren von Arnim, Christof von Schleinitz samt dreiundzwanzig andern vom Adel und hundertdreiundneunzig Dienstmannen. Siebenundzwanzig andere Edelleute hatten sich im Dorfe befunden, davon retteten nur wenige ihr Leben durch die Flucht, und zogen somit die am meisten Begünstigten gar schlechten Lohn aus der Pfaffen Dienst. Im Hemd floh Herr Johann von der Asseburg, der Rittmeister, über die Dorfmauern und das Schneefeld.

Zweihundertdreiundsechzig Pferde erbeutete das Magdeburger Kriegsvolk, und wie Herr Sebastian Besselmeier sagt, „kam dißmals mancher Landsknecht wieder in die Stadt geritten, welcher vor zu Fuß hinausgegangen war!" Manch armes Knechtlein stülpte in dieser Nacht einen ritterlichen Helm auf das Haupt und vertauschte seinen schlechten Harnisch mit einem köstlich ausgelegten und geätzten. Des Erzstiftes Hauptfahne, das uralte Banner des heiligen Mauritius, welches der heilige Kriegsmann selbst vom Himmel herabgeschickt haben sollte, riß Meister Balzer Grünenberg von Salza, seines Zeichens ein Kleinschmied, aus ritterlicher Hand und trug es im Triumphe heim zur Stadt.

Nur einen Ärger hatten die Magdeburger bei diesem Sieg; ihre beiden Hauptfeinde, die Domherren Albrecht von Cracht und Johann von Walwitz, entgingen ihnen. Gezecht hatten sie zwar mit den Rittern zu Ottersleben, waren dann aber, um die „Ungelegenheit" des Lagers zu vermeiden, nach Wanzleben heimgekehrt. Hätte man diese beiden Herren auch gefangen, so wäre das der Stadt „sonderlich nütz und gut gewesen".

Innerhalb dreier Stunden war das treffliche Unternehmen angefangen, ins Werk gesetzt und glücklich zu Ende geführt, ohne daß ein Schuß gefallen wäre aus den Lagern zu Buckau und Diesdorf. Es kam der siegreiche Heereszug gegen fünf Uhr morgens wieder vor dem Sudenburger Tore an.

Das war eine andere Heimkehr als die nach der Schlacht an der Ohre!

Jauchzen und Frohlocken erfüllte unseres Herrn Gottes Kanzlei; denn das Gerücht von dem Unternehmen hatte sich zuletzt doch ausgebreitet, und alle Gassen am Sudenburger Tor waren dichtgedrängt voll von ängstlich harrendem Volk. Man hatte den Feuerschein des brennenden Otterslebens gesehen; in Hoffen und Bangen waren die Stunden vergangen. Mißlang dieses Unternehmen, so konnte leichtlich die ganze Stadt mit in das Verderb en geraten. -

Sieg! Sieg! Sieg!

Wir treffen hier am Sudenburger Tor zu dieser Stunde alle unsere alten Bekannten wartend, im Schnee bis an die Knie. Da war der Magister Flacius Illyricus, da war der Doktor Alberus, da war der Buchdrucker Lotther, gestützt auf den Arm seines Faktors Kornelius. Der ganze Rat war am Tor versammelt, es fehlte nicht Herr Albrecht von Mansfeld, es fehlte nicht der Gassenprediger Magister Rhodius. Die ganze Geistlichkeit außer einigen hochbetagten Greisen war vorhanden. Herr Hans Springer mit seinem Leutnant Adam Schwartze stand unter der Tür der Wachtstube, und mit ängstlichem Grimm zerbrach sich letzterer den Kopf über die Frage, was aus seinem Boten geworden sei! Ein wunderlicher Unstern schwebte über allen seinen Sendungen dieser Art; überall fand der Leutnant eine geheimnisvolle hindernde Macht auf seinen dunkeln Wegen.

Alle nahen und fernen Fenster den ganzen Breiten Weg entlang waren hell erleuchtet, Pechpfannen waren am Tor aufgepflanzt und warfen ihr flackernd Licht über die Harrenden und färbten den Schnee blutigrot. Frauen waren an diesem Morgen nicht so viel unter der Menge wie am Morgen des Tages der Schlacht an der Ohre. Viel Bürgerinnen erwarteten diesmal nicht Bruder, nicht Ehemann und Vater aus dem Felde zurück; nur die Söldnerweiber drängten sich diesmal ebenso wie an jenem Septembermorgen heran, unruhig, aber doch nicht außer sich vor Angst. Ihr Leben brachte einmal diese Aufregungen mit sich, und sie mußten sie nehmen, wie sie kamen. Es war eine gehobene, doch nicht laute Stimmung im Volke. Den Magister Rhodius, welcher den Versuch machte, sich auf einen Eckstein zu schwingen, die Macht seiner Rede zu zeigen, zog der alte Graf von Mansfeld eigenmächtig wieder herunter und sprach zu ihm:

„Meisterlein, gebet Euch keine Mühe, 's ist noch allzufrüh am Tag und auch zu kalt. Die Kinder schlafen noch in ihren Bettlein, und 's tut nicht not, daß Ihr sie erwecket durch Euer Geschrei. Herr Prädikante, ein Schnabel gleich dem Eurigen ist mir in meinem ganzen Leben nicht vorgekommen."

„Es stehet geschrieben und passet auf Euch, Herr Graf: Dein Maul lässest du Böses reden, und deine Zunge treibet Falschheit!" rief ärgerlich der Gassenprediger.

„Und es stehet auch geschrieben: Ihren Rachen sperren sie wider mich auf!" sprach gelassen der alte Graf.

„Und geschrieben stehet: Siehe, sie sollen zu Spott und Schanden werden alle, die dir gram sind, sie sollen werden als nichts, und die Leute, so mit dir hadern, sollen umkommen!" zitterte kreischend der Magister.

„Geschrieben stehet aber auch: Die Narren haben ihr Herz im Maul; aber die Weisen haben ihren Mund im Herzen!" lächelte der Graf und fügte hinzu: „Geschrieben steht auch: Des Narren Herz ist wie ein Topf, der da rinnt und kann keine Lehren halten."

Es war ein Glück, daß die beiden bibelfesten Herren im Gedränge voneinander kamen, sie würden mit ihren Zitaten aus dem Psalmisten, dem Jesaias und dem Jesus Sirach sonst so bald nicht zu Ende gekommen sein.

Gewonnen! Gewonnen! Heran wogte es schaffenhaft - Rosseshufe und Männertritte - und nun, nachdem glücklich das feindliche Lager zu Buckau passiert war, ein Jubelgeschrei im kommenden Heer, ein Lustgebrüll von vierzehnhundert Landsknechtkehlen! Und nun - ebenso wild jauchzend der Antwortruf der Kanzlei unseres Herrn Gottes:

„Gewonnen! Gewonnen!"

Von der Spitze des nahenden Heerzuges lösten sich einzelne Reiter ab und sprengten im Galopp vorauf. Heran jagte der Rittmeister Wulffen:

„Viktoria, Viktoria! Gelungen, gewonnen, ihr Herren von der Stadt!"

„Dank Gott! Gott sei die Ehre!" rief der alte Bürgermeister Hans Alemann, die Hände in die Höhe reckend.

Näher und näher schmetterten die Trompeten der Reiter ihren lustigen Marsch, näher und näher wirbelten die Trommeln des Fußvolks, näher und näher klang das Jauchzen und Singen der sieghaften Männer. Unter dem Stadttor aber hob sich in der Menge Herr Nikolaus Hahn, der Pfarrherr von Sankt Ulrich, und stimmte klangvoll an:

„Herr Gott! Dich loben wir!
Herr Gott! Wir danken Dir!"

Und ein fiel das Volk, und ein fiel das Heer; unter dem Fallgatter des Sudenburger Tores neigte sich in den Händen Balthasar Grünenbergs von Salza das gewonnene heilige Banner des Erzstiftes, die Fahne des heiligen Moritz.

Dreihundert Reiter hatte die Stadt ausgesandt; nun ritten über die Zugbrücke wohl sechshundert zurück. Auf den Spitzen der Spieße trug man manch schönes Beutestück, manch kostbaren Panzer, manch anderes wertvolles Harnischstück heim. Treffliche Büchsen und Reiterschwerter waren in Menge aufgegriffen worden. Trübselig schleppten sich die gefangenen Ritter im Siegeszug einher, ließen mit verhaltenem Geseufz die Köpfe hängen und beneideten von Herzen die Itzenplitz, die Bismarck, die Gevettern von der Schulenburg, die Möllendorf, die Alvensleben, die Marenholtz, die Lossow, die Bülow, welche erschlagen in den Gassen oder Häusern von Ottersleben lagen. Trübselig genug trottelten auch die Dienstleute daher, obgleich dies Mißgeschick ihnen nicht so an die Ehre griff wie ihren Herren. Bei Mannsgedenken war „der Adel nicht in solchen Schaden geraten", -

Als Markus Horn an der Spitze seiner Rotte, die ebenfalls manchen guten Griff getan hatte, unter dem Tor vormarschierte, erblickte er seinen Vater in der vordersten Reihe des Volkes. Dicht schritt der Sohn an ihm vorüber, nahm demütig das Barett ab und beugte sich tief; da neigte auch der Alte das Haupt, und Markus nahm's für ein glücklich Zeichen, obgleich der Vater die vorgestreckte Hand nicht zu sehen schien.

Sein Te Deum laudamus unterbrach aber der Buchdrucker Michael Lotther, als der Rottmeister vorüberzog.

„Vivat, Markus!" schrie er. „Vivat, das ist ein Streich! Vivat, Markus, das wiegt das Feld an der Ohre doppelt auf!"

„Eine kühne, männliche Tat habt ihr allesamt vollbracht, Herr Rottmeister!" rief der Doktor Erasmus Alberus, welcher in das „Herr Gott, Dich loben wir!" nicht einstimmte, da er sich erkältet hatte und an Heiserkeit litt. „Man mag Euch aus vollem Herzen Glück dazu wünschen, Herr Horn!"

„Wenn Ihr mich heut auf einen Becher Anisbieres besuchen wollt, so sollt Ihr hochwillkommen sein, Herr Rottmeister!" rief der Magister Flacius. „Auf eine gute Tat gehört ein guter Trunk!"

„Brr!" machte der Doktor Alberus und schüttelte sich und lachte, und Herr Flacius Illyricus zuckte, bedauernd den Doktor anblickend, die Achseln.

Wir lassen jetzt die Stadt Magdeburg in ihrem Jubel und werfen einen Blick in die Lager des Belagerungsheeres. Da jubelt und jauchzt man nicht; aufgejagt durch die Nachricht von dem Geschehen, stand man anfangs betäubt, als habe man einen Schlag vor die Stirn erhalten. Dann brach die helle Wut aus, sowohl bei dem höchsten Befehlshaber wie beim geringsten Troßknecht, beim Reichs- kriegskommissarius Lazarus von Schwendi wie beim Sudler Martin Pust. Dem wilden Markgrafen von Kulmbach, dem heißblütigen Jürg von Mecklen- burg schossen helle Zornestränen in die Augen, die Haare rauften sie, zerschlugen in ihren Quar- tieren alles, was ihnen zuerst in die Hände fiel. Nach ihren Gäulen schrien sie, nach ihrer Rüstung, nach ihren Schwertern.

Überall ein Rennen und Laufen, ein Fluchen und Toben - dazwischen die Trom- peten, die Lärmtrommeln, die zu den Waffen riefen - es war ein heilloser Morgen für des Heiligen Römischen Reiches Belagerungsheer!

„In Weiberröcken, auf Eseln, ei- nen Federwedel in der Hand, müßten wir ausziehen, das haben wir ver-

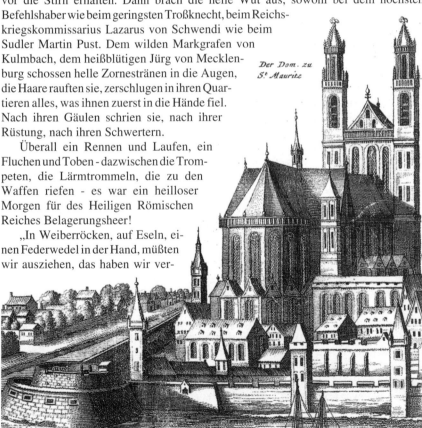

Der Dom. zu
St. Mauritz

dient!" schrie der Kulmbacher im Lager zu Buckau. „Aller Welt zum Kinderspott sind wir worden in dieser Nacht!" heulte zu Diesdorf Herr Jürgen von Mecklenburg. „Heraus, ihr Hunde, auf die Gäule!" schrie er einige Reisige an, die ihm nicht schnell genug in den Sattel kamen.

„O Herr von Kotze, wenn wir das nicht rächen, ehe es Mittag worden ist, so verdienen wir, daß uns die Bürgerweiber mit Kochlöffeln aus unsern Schanzen schlagen. O Herr Levin von Winterfeld, hinaus, hinaus auf die Hunde, die schäbigen Hunde! O hört nur, wie sie Triumph schreien bis hier herüber; o könnt ich ihr Geschrei doch ersticken in ihrem Blute!"

„Sie schreien nicht bloß, gnädiger Herr", sprach Kaspar Flans; „sehet nur, sehet nur, da fallen sie schon wieder vor aus der Stadt. Ist denen der Kamm geschwollen!"

„Herunter mit ihnen! Gottes Tod, herunter mit ihnen! Auf die Gäule, ihr Herren! Einen blutigen Thomasabend wollen wir ihnen heut machen; roten Schnee soll's heut geben. Hinaus! Hinaus auf sie!"

Rasselnd schwangen sich die edlen Herren, den Tod, die Gefangenschaft, die Schmach der ritterlichen Genossen zu rächen, auf die gepanzerten Rosse. Die jauchzenden Scharen der Städter schwärmten bereits gegen die Schanzen bei Diesdorf heran. Es war sieben Uhr; das Schneien hatte ganz aufgehört, es wurde ein klarer, frischer Wintermorgen.

Aufeinander stießen die Haufen. Wacker tummelten sich die städtischen Reisigen und Knechte und die Bürger, angespornt durch das herrliche Gelingen des nächtlichen Überfalls, mit den Reisigen des Mecklenburgers. Hin und her wogte der Kampf, und mancher Streiter färbte den Schnee mit seinem Blute rot. Am Siechenhof kam das Gefecht zum Stehen. In drei Haufen teilte sich der Feind, die Magdeburger einzuschließen, und auf den Wällen und Mauern der Stadt hatte das Volk einen Augenblick durch große Angst und sah, daß der „Feind es ganz böse im Sinne" hatte. Um den Siechenhof her „sommete es im Felde wie ein Schwarm Bienen"; aber die Bürger und städtischen Hakenschützen pfefferten tapfer in die ansprengenden Reisigen, so daß diese erst sich in sich selbst wandten, dann zurückwichen und unter das große Geschütz der Wälle gerieten. Sechs grobe Stücke wurden im richtigen Augenblick von Türmen und Mauern auf den erschreckten Feind, der nicht wußte, „wo er bekehret war", losgebrannt, und jeder Schuß erhöhte die Verwirrung. Vom Siechenhof stürzten im vollen Lauf Bürger und Hakenschützen vor, „truckten mit Gewalt hinter dem Feind her und jagten ihn mit ihren halben Hacken biß auff's hohe Feld hinan, trieben den Feind für ihnen hin und schoßen in ihn gleichsam in eine Heerde Viehes".

Wie ein Rasender tobte Herr Georg von Mecklenburg im Feld; „warlich mit hefftigen Zorn" kam er eilends, die Seinigen zum Stehen zu bringen. Der Schaum stand ihm vor dem Mund, und sechsmal sprengte er mit aller Macht gegen die Magdeburger an. Diese aber standen fester als in der Schlacht an der Ohre. Mit Spießen und Büchsen, mit Schwertern und Faustkolben stach, schoß und schlug man aufeinander ein. Ein übel Weihnachtsfest sollte dem Herrn Jürgen und den Seinen bereitet werden. Wiederum wichen die Reiter des Belagerungsheeres; umringt wurde der Herzog von den ergrimmten Städtern. Er bekam einen Schuß in den linken Arm und in das rechte Bein, mit einem „Dreiecker" wurde er in die Lende gestoßen; aber gleich einem Wahnsinnigen schlug er immerfort um sich, und sein bissiger Gaul, ebenso toll wie der Reiter, biß, schäumte und schlug aus und kämpfte ebenso tapfer.

„Auf ihn! Auf ihn! 'S ist der Mecklenburger!" schrie ein städtischer Rottmeister, dem Pferde des Herzogs in die Nüstern greifend und es mit gewaltiger Kraft niederreißend auf die Vorderknie. Dieser Rottmeister war Markus Horn, und neben ihm führte Sebastian Besselmeier einen neuen Streich gegen den Fürsten, rufend:

„'S ist Herzog Georg! Haltet ihn fest! Herzog Georg, der Rechtschuldige! Haltet ihn, verwahret ihn wohl!"

Und wieder griffen alle Fäuste der Bürger und städtischen Knechte zu und rissen den Herrn von Mecklenburg zu Boden; aber gefangen wollte er sich nicht geben, er sperrte und spreizte sich, wollte sich auch nicht heben und tragen lassen - ließ „sich also wohl Gassen lang schleppen und trecken"; und Püffe, Stöße und Knüffe regnete es im Überfluß auf ihn herab. Schwert, Büchse und Wehr ward ihm eins nach dem andern entrissen.

„Schlage tot! Schlage tot!" schrien die wütenden Bürger. „Das für Hillersleben! Das für meinen Bruder! Schlage tot! Schlage tot!"

Vergeblich suchte Markus Horn diesen Mißhandlungen Einhalt zu tun; da der Fürst sich nicht gefangengeben wollte und immer noch der Meinung war, die Seinen könnten ihn noch befreien, so war auch nicht viel zu machen gegen die Wut der Leute. Die Rüstung, das Sammetkoller, das Wams wurden dem Gefangenen in Stücken vom Leibe gerissen.

„Schlage tot den Hund! Schlage tot!" schrie man immer wilder, und eine spottende Stimme kreischte gellend in grimmigem Spott:

„Schlage Ritter und Fürsten tot; laß Bauer und Bürger leben!"

So ward das böse Wort aus der Schlacht an der Ohre dem Herzog von Mecklenburg schrecklich, aber wohlverdient heimgegeben, und ein neuer Schlag, den er mit einem Haken ins Gesicht erhielt, brachte ihn endlich doch dazu, um Gnade zu bitten. Dem Reiter Kilian von Altenburg, welcher ihn zuerst durch den Schuß ins rechte Bein verwundet hatte, gab er sich gefangen. Da wurde er aus dem zertretenen Schnee und dem Blut aufgehoben und betäubt und halb von Sinnen auf ein weißes Roß gesetzt und unter Triumphgeschrei der Stadt zugeführt, ein Bild des Jammers und Elends. Die wilden, drohenden Augen ringsumher, die immerfort noch bedenklich gegen ihn gerichteten Waffen brachen seinen Mut gänzlich, und flehentlich bat er die ihn umgebenden Landsknechte, ihn doch vor den Bürgern zu schützen. Durch das Sudenburger Tor wurde der Herzog in die Stadt geführt, wohin schon Nachricht von dem neuen herrlichen Fang gekommen war. Und als er unter der Torwölbung hervorreiten mußte, da brach der letzte Rest seiner Standhaftigkeit zusammen. Ihm schwindelte, es schwamm vor seinen Augen; auf ein wogend, drohend Meer von Gesichtern blickte er wirr herab, und es war ihm zumute, als müsse er darin untergehen.

„Ungnädiger Herr, willkommen!" rief der Oberste Ebeling Alemann, dem Gefangenen entgegentretend: „Euer Ungnaden soll uns ein lieber Gast sein, wir hätten Euch dergestalt gern längst bei uns gesehen!"

Aber der Herzog vernahm diese Worte kaum; er griff in die Mähne seines Schimmels, um sich aufrecht zu erhalten. Auf ihn ein drangen in hellen Haufen mit kreischendem Geschrei die Weiber, deren Verwandte in der Schlacht an der Ohre gefallen waren. Mit Äxten, mit Standen, mit Schwertern und Spießen, die sie den Männern entrissen, wollten sie Rache an dem Gefangenen nehmen, und unzweifelhaft wäre er ihrer Wut auch zum Opfer gefallen, wenn die Bürgermeister ihn nicht errettet und die Begleiter einen Wall um ihn her gebildet hätten. Halb ohnmächtig wurde der Gefangene in Peter Märtens Haus geführt, daselbst seine Wunden notdürftig verbunden und ihm würziger Wein zur Stärkung gegeben. Eine Wache hielt das Volk vom Hause ab, denn immer von neuem suchte die erbitterte Menge den Eingang zu erzwingen, und das schreckliche: Schlage tot, schlage tot! tönte immer fort.

Nachdem der Gefangene sich ein wenig erholt hatte, führte man ihn den Breiten Weg hinunter über den Alten Markt zum Rathaus, und mit matter, kläglicher Stimme hat der Herzog auf diesem schweren Gange mehr als einmal gerufen:

„Wo kommt solch Volk all her? Meint ich doch, sie wären all umgekommen in der Schlacht vor Hillersleben! Welch Volk! Welch Volk!" - -

Die Frau Margareta Horn und Jungfrau Regina Lottherin waren nicht gleich den andern Frauen und Mädchen in die Gassen gestürzt, den Einzug des unglücklichen Feindes zu schauen. Aber Jubel und Hoffnung war auch in ihren Herzen. Zum erstenmal seit Beginn der Belagerung ließ der Rat die Turmuhren wieder schlagen, zum erstenmal seit der Schlacht an der Ohre riefen die Glocken etwas anderes als Sturm. Auch die große Domglocke, die man seit drei Jahren nicht angezogen hatte, ließ ihre feierliche Stimme erklingen, zum Zeichen, daß Freude sei in unseres Herrn Gottes Kanzlei, in der alten, treuen, tapfern und so schwerbedrängten Stadt Magdeburg.

Vom Rathause wurde der Herzog Georg in Moritz Alemanns Haus auf dem Breiten Weg, zum Lindwurm genannt, geführt und daselbst zwar fürstlich gehalten, aber doch von bewaffneten Bürgern in einem mit eisernen Standen und Türen wohlverwahrten Gemach bei Tag und Nacht bewacht, und wurde er dieser Haft erst mit Ende der Belagerung ledig. Mit dem Herzog gerieten in der Magdeburger Hände Herr Hans von Kotze, Herr Levin von Winterfeld, Herr Kaspar Flans, Herr Dietrich von Trotha, Herr Albrecht von der Schulenburg. Jeder Bürger der Alten Stadt zog in seinem Kalender einen roten Strich unter dem neunzehnten und zwanzigsten Dezember. Ein voll gerüttelt und geschüttelt Maß hatte der Feind für seinen Sieg an der Ohre wiedererhalten:

**„Ach Gott, desselben nicht vergiß,
Der dieses Elends Ursach ist!"**

Das dreizehnte Kapitel

In diesem Hauptstueck ist zu lesen
Von Meuterei und falschem Wesen; -
Die roten Kreuze gluehn und flammen,
In Schwachheit Adam sinkt zusammen.
Um blutige Haende blutige Bande,
Bringt boeses Werk er nicht zu Stande;
Die schoene Fraue ab sich wendet,
Der Kaiser seinen Herold sendet.

Es waren nicht grüne, sondern recht weiße Weihnachten im Jahre fünfzehnhundertfünfzig, und doch gab es gar „fette" Kirchhöfe in der Stadt Magdeburg. Mancher gute Bürgersmann, welcher auf den Wällen oder im Feld für Altar und Herd rühmlich gefallen war, wurde neben den Kirchen in allen Ehren beigesetzt. Die Arbeit um die Kanzlei des lieben Herrgotts ruhte keinen Augenblick. Am dreißigsten Dezember verlegten die Magdeburger Herrn Lazaro von Schwendi den Weg, fingen aber auf dem Wagen des kaiserlichen Kommissarii nur den Sekretarius Herrn Joachim Stein, der also sehr wider Willen den Silvesterabend hinter Schloß und Riegel feiern mußte.

Das Jubeljahr fünfzehnhundertfünfzig schied aus der Welt, das Jahr fünfzehnhunderteinundfünfzig trat ein, und mit schwerem, bänglichem Herzen wünschte sich die belagerte Stadt Glück dazu.

Gescharmützelt wurde am zweiten Januar heftiglich. Mit sieben aufgerichteten Fähnlein zog man zum Schrotdorfer Tor hinaus. Heftig schoß der Feind von Diesdorf herüber, traf aber nur unter dem Ulrichstor einen Knecht von hinten in die Waden.

Tapfer schlug man sich im Schnee herum am Mittwoch nach den Heiligen Drei Königen und am elften Januar, einem Sonntag, ward die belagerte Stadt in Bewegung gebracht durch ein gewaltiges Freudenschießen, welches in allen Lagern des Feindes anhub. Der Schlaukopf, Herr Mauritius von Sachsen, hatte dem Volk, welches sich in den Seestädten der alten Stadt Magdeburg zur Hülfe versammelt hatte, mehr als eine schöne Rede gehalten und mit List und feinen Praktiken den Haufen teils auf seine Seite herübergezogen, teils zertrennt. So schoß man denn auf solche jubelhafte Nachricht im Belagerungsheer zwei Doppelhaken ab; dann wurden mit den Zinken drei Gesätz gepfiffen; darauf wurden drei große Stücke losgebrannt, dann vier, dann fünf. Darauf hat abgeschossen, wer zu schießen hatte, klein Geschütz, Doppelhaken, halbe Haken. Dann ward ein laufend Feuer auf allen Schanzen und Blockhäusern gemacht, und dann - reibt sich Herr Sebastian Besselmeier abends neben seinem Kaminfeuer behaglich die Hände, wirft von seinem Manuskript weg einen Blick nach der im Winkel lehnenden Hakenbüchse und erzählt:

„Damit sie aber hören sollten, daß wir auch Pulfer und Stein in der Stadt hetten, ward von Wall und Thürmen wieder zu jhnen in die Newstadt geschossen, biß wie wieder still wurden."

Zwei Stunden später, „als die Frewd zergangen und solch Schießen vom Feind ein End hat", fuhren die Städter mit ihren beiden Kriegsschiffen, die Bunte Kuh und die Wilde Sau genannt, wohlgerüstet mit Riemen, Rudern, Doppelhaken, behängt mit Tartschen wie ein Raubschiff - aus gen Pechau und plünderten, um sich gleichfalls eine kleine Freude zu machen, daselbst der Mönche Hof und kehrten am folgenden Tage glücklich heim.

Am fünfundzwanzigsten Januar kam Kurfürst Moritz von seinem Zug nach Verden ins Lager vor Magdeburg zurück und brachte den Herrn von Heydeck mit, welchen er in seine Dienste genommen hatte und welcher der Stadt, die ihn früher so gut geschützt hatte, jetzt sehr gute Dienste leistete.

Am vierzehnten Januar, abends zwischen sieben und acht Uhr, Christof Alemann zu seinem großen Gaudium den dicken Bürgermeister von Schönebeck samt zwei ebenso wohlgenährten Herren vom Rat, und Georg Myhe, ein Ackerbürger aus der Stadt, hätte ums Haar den Kurfürsten gefangen, wenn ihm nicht das Roß gestrauchelt wäre. Des Fürsten Stallmeister blieb tot auf dem Felde. Am selbigen Tage wurden zwölf heulende böhmische Schanzgräber in die Stadt gebracht und sagten aus, der Hunger habe sie aus dem Lager getrieben. Einen Sturm wollte der Feind unternehmen in der folgenden Nacht um zwei Uhr, wenn der Mond aufginge. Die Knechte meuterten aber und schrien nach Sold, beruhigten sich jedoch, als man ihnen ein gutes „Stormgeld" versprach. So machten sie denn wirklich einen verlorenen Haufen von Bauern und warfen die Würfel drum, wer von ihnen selber der erste sein sollte. Es fiel aber eine so „geschwinde" Kälte ein, daß nichts aus der Sache wurde.

Diese große, bittere Kälte dauerte fort bis in die Mitte des Februars, da gab's viel erfrorene Nasen, Finger, Füße und Ohren, und viele Kriegsleute in der Stadt und vor der Stadt erfroren auf der Wacht ganz. -

Es war am Spätnachmittag des fünften Februars; trübe und dunkel war der Himmel, der Schnee knirschte unter den Füßen der Wanderer in den Straßen von Magdeburg. Den ganzen Tag über war kein Schuß gefallen und hatte das Echo in den engen, winkligen, dunkeln Gassen der Stadt geweckt. Mit hereinbrechender Nacht wurde des Volkes außerhalb der Häuser immer weniger; wer irgend konnte, suchte sein Heimwesen, seinen Feuerherd auf und bedauerte fröstelnd die, welche ihre Pflicht auf den

Mauern festhielt. Gegen fünf Uhr traf ein einzeln durch die Dämmerung Herschreitender kaum auf einen Begegnenden. Dieser einzelne Wanderer war der Leutnant Adam Schwartze, welcher nach einem gar geschäftig verbrachten Tage ging, den Hauptmann Springer und seine holde Freundin in ihrem Quartier aufzusuchen. Wir wollen letzteres bei dieser Gelegenheit ein wenig genauer beschreiben.

Der Hauptmann Springer bewohnte ein Haus hinter der Barfüßerkirche, welches ihm von einem ehrbaren Rat eingeräumt worden war, ein ziemlich großes Gebäude, vor dem ein Landsknecht von dem Fähnlein des Hauptmanns Wache hielt.

Schreiten wir mit dem Leutnant Schwartze an dieser Schildwacht vorbei, so gelangen wir in einen dunklen, weiten Flur, wo allerlei Kisten und Kasten, gefüllt mit aller Beute, allen Habseligkeiten eines herumziehenden Kriegsmannes, standen. Aus einem offenen Gemach, einer Küche zu ebener Erde, fällt Feuerschein; um einen mächtigen Herd sitzen und stehen bärtige, wilde Kriegergestalten, die Botschaft an den Hauptmann gebracht haben oder Befehle holen wollen; für einen Trunk ist gesorgt, denn Hans Springer weiß, daß er seine Leute nicht dursten lassen darf. Des Hauptmanns Dirnen sind beschäftigt, die Abendmahlzeit zu bereiten, und Bratendünste steigen in unsere Nase. Steigen wir mit dem Leutnant die alte Eichentreppe hinauf, so befinden wir uns bald vor der Tür der Frau Johanna. Treten wir ein, so finden wir uns in dem wüsten und liederlichen Gemache, welches wir schon einmal betraten. Kein Gerät paßt zu dem andern. Waffenstücke, vermischt mit Frauenkleidungsstücken, bedecken die Sessel und den Fußboden, zwei mächtige Windhunde liegen an dem glühenden Ofen. Ein uralter Ratsherr von Magdeburg, der mit den jetzigen Bewohnern seines Hauses nichts zu tun hat, blickt von der Wand aus seinem Rahmen böse herab auf das schöne Hannchen. Ein Tisch trägt wie gewöhnlich seine Last von vollen und leeren Flaschen und silbernen Bechern, unter welchen letztern einer ist, der jedenfalls aus einem Kirchenschatze stammt. Der Teufel mag wissen, woher ihn Hänsel Springer hat!

Bei aller Unordnung ist das Gemach doch nicht unbehaglich; es ist gut durchwärmt, und an bequemen Sitzen fehlt es nicht. Der Leutnant Adam darf dreist in der Gegenwart der Frau Johanna sich auf einen Lehnstuhl werfen und die Füße auf einen andern legen. Er darf das Schwert losschnallen und es in den Winkel werfen. Er darf noch mancherlei sich herausnehmen, was ihm anderwärts nicht gestattet werden würde. -

Da der Hauptmann noch nicht heimgekommen war, so hatten Adam und Johanna von Gent die beste Gelegenheit, ihre Gedanken gegenseitig auszutauschen, und es gab vieles, was sie nur in der Abwesenheit des guten Hänsels verhandelten. Nachlässig lag die Frau in ihrem Sessel, spielte mit den Schnüren, die ihr Gewand um die Hüften zusammenhielten, spielte mit den üppigen blonden Locken, die ihr über die Schultern herabfielen, spielte mit den beiden Windhunden Geisel und Daus, indem sie dieselben mit den Füßen stieß. Die blonde Frau Johanna, ein wenig zur Wohlbeleibtheit geneigt, bildete in ihrem behaglichen Sichgehenlassen einen seltsamen Gegensatz zu dem ebenfalls blonden Adam, welcher wie von einem innerlichen Feuer verzehrt schien. Der Leutnant war in den letzten Zeiten hager und gelb geworden. Sein früher so hübsches Gesicht hatte sich ganz seltsam verändert; man las jetzt manchen Charakterzug des Mannes, der früher durch Lächeln und Wangenfrische verdeckt worden war, klar und scharf. Haar und Bart, ehedem so wohlgepflegt, waren wirr und zerzaust; die Stutzerhaftigkeit in seiner Kleidung war verschwunden; ein unförmliches, schweres Lederwams und darüber einen Brustharnisch trug der Leutnant, das Dolchmesser war stets griffgerecht zurechtgerückt. Müde und Abgespannt erschien Adam Schwartze und doch fieberhaft lebendig und aufgeregt, unstet irrte sein Auge umher und haftete selten lange an einem Gegenstande. Die Frau Johanna sagte auch an diesem Abend, unter den halbgeschlossenen Augenlidern weg einen Blick auf den Besucher werfend:

„Adam, ich sag, endlich müsset Ihr mir doch vertrauen, was Ihr habt, was Euch ist. Adam, ich mein oft, Ihr fürchtet Euch vor einem Geist. Starrt mich nicht so an - haltet Ihr mich auch für ein Gespenst?"

Schon öfters hatte die Frau solche Reden geführt; aber der Leutnant hatte immer ausweichend darauf geantwortet und mit einem Scherz das Gespräch auf etwas anderes zu lenken gesucht. Er versuchte das auch heute wieder; aber es wollte noch weniger als sonst gelingen.

„Ihr würdet immer ein recht hübsches Gespenst sein, Johanna, zu welcher Stunde der Nacht auch Ihr mir erscheinen wolltet. Übrigens hast du recht, Schatz, ich bin in Sorgen und hab auch allen Grund, es zu sein."

Das Weib blickte wiederum den Leutnant eine Weile an, dann ging eine merkwürdige Veränderung in ihrem ganzen Wesen vor. Alle Trägheit und Gleichgültigkeit schien die Frau Johanna abzuwerfen gleich einem Mantel. Sie erhob sich halb und rückte ihren Sessel zu dem Adams. Sie neigte sich gegen den Leutnant und flüsterte mit einer Stimme, die nichts mehr von Schläfrigkeit an sich hatte:

„Hört, Adam, ich habe dieses verdeckte Spiel jetzt satt. Werft Eure Karten auf den Tisch; ich will klarsehen, und das in diesem Augenblick. Wo stehet Ihr mit Euerm Plan? Ich lese manches auf Eurer Stirn, was mir nicht gefällt - habt Ihr Euch irgendwie verrechnet? Redet doch! Weiberrat ist auch ein Rat. Des Mecklenburgers Kammermeister, vom Kaiser gesendet, ist heut in der Stadt gewesen, und Ihr waret unter jenen, welche ihn zu dem Herzog einführten. Was ist da geschehen? Wie stehet Ihr mit dem Herzog?"

„Ihr sollt alles wissen, Johanna", sagte der Leutnant. „Euer trunkener Eber wird wohl so früh nicht heimkommen. Wißt Ihr, was mit diesem Kammermeister ist?"

Die Frau zuckte die Achseln: „Man spricht allerlei darüber. Man sagt, Kaiserliche Majestät hab ihn geschickt, Kundschaft einzuziehen, ob der Fürst tot oder lebendig sei. Die Dompfaffen, die Herren vom Kapitel, sollen den Rat und die Gemeinde beim Kaiser verklagt haben, der Herr von Mecklenburg sei gar nicht mehr am Leben, man habe ihn unter dem Tor in Stücke gehauen, und es sei nur ein Gerücht, daß er im Lindwurm gefangengehalten werde. Andere meinen dagegen, die vom Adel hätten dem Herzog Johann Albrecht von Mecklenburg Bericht gegeben, sein gefangener Bruder sei von den Bürgern in Ketten gelegt, werden gar übel gehalten und sei darob in die Schwindsucht gefallen."

Der Leutnant lächelte matt und sagte: „Jawohl, wir haben auch dem Kammermeister seinen Herrn gezeigt, frisch und gesund, beim Brettspiel und vor dem vollen Humpen. Was aber sonsten vorgegangen ist, davon hat ein hochweiser Rat und eine gute Bürgerschaft nicht so klare Kenntnis!"

Adam Schwartze warf einen schnellen Blick um sich und flüsterte dann der Frau ins Ohr:

„Johanna, der Kammermeister war auf mein Werk und Wort in der Stadt. Noch einmal laufen die Fäden zusammen in meiner Hand, und günstiger hat niemalen das Schicksal über sich einem großen Plan gewaltet. Johanna, wäre das Mädchen in der

Schöneeckstraße nicht, und wäre ein anderes nicht, so"

„Davon wollen wir später reden", fiel die Frau Johanna ein. „Erst bleibt bei Eurer Red und berichtet, was zu tun ist, Euch und uns hochzuheben."

„Ihr wisset schon einen Teil davon und sollt alles übrige ebenfalls erfahren. Einen größern Glücksfall als diese Gefangennehmung der Ritter zu Ottersleben und Herrn Jürgens von Mecklenburg konnte es für uns nicht geben. Seit dem Überfall von Ottersleben, seit dem Fang des Herzogs ist der Stadt Kriegsvolk durch Schuld und Geiz des Bürgerpacks zum allergrößten Teil blind in die Hand des ersten kühnen Mannes gegeben, der zur rechten Zeit das rechte Wort spricht und den Zünder an das Pulverfaß halten will. Laßt Euch nur von dem Springer berichten, was umgeht unter den Knechten. Lieber heut als morgen schlügen sie zum Aufruhr um, lieber heut als morgen rückten sie mit mordlicher Wehr dem Rat und den Obersten und Hauptleuten vor die Quartiere. Da ist großer Unwill bei Reiterei und Fußvolk ob der Beute und des Geizes der Stadt. Da ist so viel Murren und Grollen, daß man kaum noch etwas dazu zu sagen hat. Vier Gulden hat der Rat jedem Knecht zugebilligt; aber das doppelte verlangt das Volk und will sich nicht zufriedengeben. Vor der Stadt wartet auf uns der Sachse und der Kulmbacher, mein Landsmann; vor der Stadt wartet der Kaiser. Schaut her, Johanna, da ist ein Brief des Kurfürsten; - er bietet hoch und wird uns kaufen um jeden Preis."

Der Leutnant reichte das Papier der Frau, und diese las, und ihre Augen fingen immer mehr an zu funkeln.

„Los, los!" flüsterte sie. „Brecht los, Adam! Was zögert Ihr? Soll euch sogar mein feister Hans, das armselig Geschöpf, den Rang abgewinnen? Ihr wisset doch jetzt, daß er vor der Gefangennahme des Mecklenburgers ohne Euch mit ihm unterhandelt hat?"

Der Bamberger nickte spöttisch und verächtlich. „Hab's bald genug erfahren. Einen Knochen soll der Springer haben, aber nicht mehr. Schönste Fraue, morgen wird ein kaiserlicher Herold vor der Stadt erscheinen, ein kaiserlich Mandat wird er bringen, und drin wird Kaiserliche Majestät das Kriegsvolk aus Magdeburg abfordern und allen zu Roß und zu Fuß im Dienst der Stadt gebieten, binnen vierzehn Tagen abzuziehen bei Acht und Aberacht! Die Nachricht hat mir des Herzogen von Mecklenburg Kammermeister gebracht!"

Das Weib war in die Höhe gesprungen und schritt aufgeregt im Gemache hin und her; dann blieb es vor Adam stehen und faßte seinen Arm:

„Was zaudert Ihr denn? Was blickt Ihr so jämmerlich? Los, los, Adam Schwartze! Hinaus in den Ring und das Wort gesprochen! Schlagt nieder, was Euch in den Weg tritt! Schreitet durch Blut und Flammen, wenn's sein muß. Ergreift den Kranz, den diese magdeburgsche Wappenjungfer so hoch hält! Reißt ihn herab und werft ihn dem Kaiser und dem Kurfürsten vor die Füße, daß Kaiser und Reich auf den Knien Euch dafür danken müssen. Auf den Knien will auch ich Euch danken; o hättet Ihr nur Begriff von der Wut, die in meinem Herzen gegen diese pfäffischen Bürger, diese schimpfenden schwarzröckigen Prediger, diese ehrbaren Weiber, diese ganze fromme, tugendhafte, salbungsvolle, pharisäische Stadt kocht! Reitet, reitet, Adam! Am Schweif Eures Gauls sollt Ihr mich nachschleppen; aber schleift mich nur durch das Blut dieser Frommen und Reinen, die auf Straßen, Plätzen, Kanzeln überall, überall Schmutz und Kot geworfen haben auf das liederliche Weibsbild, die Beiläuferin des Hauptmanns Springer!"

So schön war die flandernsche Frau Johanna in ihrem Zorn über die Kanzlei unseres lieben Herrgottes, daß der Leutnant Schwartze sie mit Staunen ansah. Sie sprang nach der Ecke des Gemaches, holte das dort hingeworfene Schwert des Landsknechtführers, drückte es ihm in die Hände und rief:

„Was sitzest du hier mit dem gelösten Wehrgehäng? Hinaus mit dir! Das Mädchen aus der Druckerei magst du auch mitnehmen auf deinem stolzen Ritt, wenn du den Mut dazu hast. Reiße sie hervor aus ihrer Kammer, reiße sie in die Gasse, in das Lager! - Was hat sie unschuldig und täubchenhaft zu sitzen im Stübchen, was hat sie mitleidig mich anzublicken, wenn ich ihr begegne in den Gassen? Nimm sie, nimm sie, Adam Schwartze, sie ist ja dein, Adam Schwartze, wenn du nur willst! Hab ich mich nicht auch einst hingegeben und war doch ebenso unschuldig und scheu und stolz wie sie. Reiß sie in den Kot, reiß diese ganze Stadt in den Schmutz! Wäre mein Hassen ein Wasser, es würde himmelhoch über die Domtürme gehen; wäre mein Hassen ein Feuer, die härtesten Steine würde es schmelzen. Greif zu, greif zu, Adam Schwartze, alles ist feil in dieser Welt, alles magst du erkaufen oder erzwingen. Bin ich nicht feil gewesen? Bin ich nicht feil und ein ekel Gewürm zu den Füßen dieses niedrigen, elenden Tropfes, dieses Hauptmanns, der mich aufgenommen hat, wie man im höchsten Hunger einen angebissenen Apfel am Wege aufnimmt! Greif zu, Adam Schwartze, nimm die Stadt, nimm diese Regina Lottherin, die große, ewige Glorie samt dem hübschen Lärvchen, da einen kurzen Augenblick dauert. Was zauderst du? Hinaus, hinaus! Wirb, stachle auf, daß sie dir morgen mit Jauchzen zufallen, daß du morgen der Mann bist, welcher das Schicksal dieser Stadt mit allem, was drinnen ist, in seiner Hand wiegt! Führ du das Volk zum Kaiser!"

Die Augen des Leutnants glühten.

„Ja, so soll es sein!" rief er. „Recht hast du, Weib; Gespenster haben mich gejagt; aber ich will sie nicht mehr fürchten. Was ist's auch, ob ich eine Stunde nach dem erreichten Ziel falle? Ja, wenn's sein muß, will ich den Becher des Lebens auf einen Zug leeren. Morgen, morgen! Tod und Verderben dir, Markus Horn, nieder in den Staub deine Hoffnungen! Was treibt dich Toren dem Adam Schwartze in seine Bahnen? Ja, Johanna, auch da sollst dein Mütchen kühlen an diesen Frommen und Ehrbaren, diesen guten Bürgern und Bürgerinnen; - ich will -"

Dem Leutnant erstarrte das Wort im Munde, die Frau Johanna fuhr erschreckt in die Höhe. Draußen vor dem Fenster erklang durch den stillen Winterabend ein Schrei, so scharf, so gellend, so unnatürlich schrill, daß man nicht wußte, ob eine menschliche oder tierische Kehle ihn ausgestoßen habe. Zugleich zerbrach klirrend eine Fensterscheibe, ein Strom eisiger Luft drang in das warme Gemach, und ein harter Gegenstand fiel dem Leutnant zu Füßen nieder. Es war ein Stück von einer schweren eisernen Kette, und ein Streifen Papier war daran befestigt. Mit zitternder Hand hob Adam Kette und Papier auf und las:

> **Drei Ring von dreißig Ringen,**
> **so hielten im Thurm zu Ulm Annen Josephen.**
> **Soll sterben dreimal dreißigmal den Tod**
> **Adam Schwartze von Bamberg, nun Leutenambt zu Magdeburg.**
> **††† ein armer Diener Gottes in Gotts Kanzlei.**

Es war, als ob die Hand des Bluträchers den Leutnant im innersten Herzen tödlich berühre. Vorbei war das mutige Aufflammen der Seele. Körperlich und geistig sank

Adam in sich zusammen; er mußte sich auf die Lehne eines Sessels stützen, um nicht zu Boden zu sinken. Mit Schrecken und Staunen beobachtete Johanna die Veränderung, die so plötzlich mit ihrem Freund und Bundesgenossen vorging. Auch sie las die Worte auf dem Papier und mühte sich, einen Sinn dareinzubringen.

„Adam, was ist das? Weshalb erschreckt Euch dieser Zettel also?" fragte sie; aber der Leutnant schüttelte nur stumm das Haupt. Er antwortete auch nicht auf wiederholte Fragen; und alles Bitten und Beschwören Johannas half nicht das mindeste. Sie ließ die Wache heraufkommen; aber der halberfrorene Landsknecht wußte wenig zu sagen zur Aufklärung des Geschehenen. Den Schrei hatte er natürlich auch gehört, aber niemanden erblickt; als er sich umwandte; der Abend war zu dunkel, der Täter zu schnell.

„Also das sind die Gespenster, welche Euch verfolgen, Meister Adam von Bamberg?!" rief die Frau. „Habt Ihr schon mehr solcher geheimnisvollen Botschaften, solcher bösen Drohungen erhalten? Armer Knab - diese Anna Josepha, so mit dieser Kette gefesselt lag, war wohl auch eine schöne Dirn gleich der kleinen Lottherin? Und Ihr seid schuld daran, daß man sie also im Turm anschmiedete?"

Wild sprang der Leutnant auf.

„Schweige, schweig, Weib! Bring mich nicht ganz zum Wahnsinn. Wollen die Weiber auch mit mir spielen?... Ja, Johanna, ich fürchte diesen dunkeln Drohenden; ich bin feig, feig, feig vor dieser Gefahr, der ich nicht ins Gesicht sehen kann!"

„Ich möchte den Mann, der sich unter diesen drei roten Kreuzen verbirgt, der so gut diese Anna Josepha zu rächen weiß, wohl kennenlernen", murmelte halblaut die Frau Johanna.

„Weib, Weib", schrie Adam, „bring mich nicht zur Verzweiflung!"

Die Frau Johanna lächelte verächtlich. „Also daher die Furcht! Brav gemacht, mein unbekannter Gesell! Recht so, recht so, räche das arme Dirnlein! Auf, auf, Adam, steh fest und verteidige das, was du dem Geschöpf, das ich nicht kenne, getan hast!"

„Wie ich ihn gesucht habe!" murmelte der Leutnant. ›Nirgends eine Spur - weder im Lager noch in der Stadt. Alles vergeblich, alles umsonst!"

Hell lachte die Frau Johanna auf: „Alles umsonst! Brav, brav! Und so wird nun auch wohl aus unserm Plan für morgen nichts? Recht, recht, Adam. 'S ist auch ein Vergnügen, dich laufen zu sehen wie ein Eichkätzchen in der Rolle. Hui, nimm dir Zeit! Ich will mir auch Zeit nehmen zu meiner Rache. Horch, da kommt mein trunkenes Schwein; geh heim, geh zu Bett, Adam! Neunzigfachen Tod - es ist wirklich zuviel für das Verderben eines armen Mädchens! Hab ich doch jenem, der mir zuerst von Liebe sprach und mich verließ, nur einmal das Messer in die Brust gestoßen! Geh heim, mein tapferer Kriegsmann, der mit dem Kaiser und dem Kurfürst auf einem Brett zu würfeln sich getraute; ich sehne mich ordentlich nach meinem dicken Hänsel."

Mit lallender Zunge ein wüstes Trinklied singend, stolperte der Hauptmann Hans Springer, auf den Arm eines Knechtes gestützt, die Treppe hinauf und polterte in das Gemach, in welchem sich Adam und die Frau Johanna befanden. Unfähig, sich auf den Füßen zu halten, durch die Wärme des Zimmers noch mehr betäubt, fiel er in einen Sessel, schluchzend und unverständliche Worte lallend.

Abermals winkte die Frau dem Landsknechtführer zu gehen, und dieser, fast ebenso betäubt wie sein Hauptmann, nur auf andere Weise, verließ dann das Quartier Springers, begleitet von zwei Hellebardieren und einem Burschen, welcher eine Laterne vorauftrug.

Im Innersten schauerte der Leutnant zusammen, als er in die Gasse hinaustrat; im Schein des voranschwebenden Lichtes flimmerte der Schnee, der Himmel war rein und klar; aber da der Mond erst nach zwei Uhr aufging, so blieb die Nacht dämmerig bis dahin. Nach rechts und links, vor und zurück bohrte sich das Auge Adams in diese Dämmerung. Es war ihm, als ob er im rötlichen Schimmer der Laterne wie in einem Blutkreis gehe und als ob tausend rächende Geister in der Dunkelheit ringsum ihn begleiteten auf seinem Wege.

Einmal rief er den ihn begleitenden Landsknechten zu:

„Seht da - dort! Habt acht! Herunter die Spieße!"

Als aber einer der Knechte vorsprang und die Laterne das Schreckbild beleuchtete, ward daraus ein unförmlicher Holzklotz, früher einen heiligen Sebastian vorstellend, jetzt aber arg mitgenommen durch Zeit, Wetter und die lutherische Jugend. Fast hatte der Leutnant sein Losament im einstigen Kloster Maria Magdalena erreicht, als ihm ein neuer Schrecken widerfahren sollte. Quer über den Schöppenstuhl schritt er eben mit seinem Gefolge, als plötzlich, dicht vor seinem Fuß, jener halb tierische, halb menschliche schrille Schrei, der ihn im Hause des Hauptmanns Springer aufgejagt hatte, von neuem erklang. Durch den Lichtkreis der Laterne rollte sich mit unglaublicher Schnelligkeit eine Gestalt - ein Klumpen, ein unbeschreibliches Etwas, das blitzschnell verschwand, wie es erschienen war. Einen Augenblick stand Adam Schwartze von Bamberg, dann stieß er ebenfalls einen Schrei hervor, riß das Schwert aus der Scheide:

„Ihm nach, nach, nach! Hundert Goldgulden, wer's fängt, tot oder lebendig!"

Dem rollenden, hüpfenden Klumpen nach stürzten die Knechte mit gefällten Spießen, stürzte der Leutnant, sprang der Laternenträger. Wieder erklang in der Ferne der gellende Schrei, und in veränderter Richtung eilten die Verfolger. Einmal glaubten sie den gespenstischen Kobold fast zu haben, da war er wieder verschwunden, und drei Gassen ab in ihrem Rücken kreischte es höhnisch, bis zuletzt man atemlos die nutzlose Jagd aufgeben mußte.

Als der Leutnant Schwartze sein Quartier erreichte, schüttelte ihn ein echter Fieberfrost, und der nächste Morgen fand ihn unvermögend, sich aus dem Bett zu erheben. Während er sich an diesem kalten, grauen Morgen ruhelos auf seinem Lager umherwarf und nirgend einen Gedanken, ein Bild, eine Erinnerung fand, in welchen seine erregte Seele, seine wilde Phantasie hätte zur Ruhe kommen können, ritt mit drei Trompetern und einem Paukenschläger der kaiserliche Herold gegen die Kanzlei des Herrgotts heran, den doppelköpfigen Adler im güldenen Feld auf Brust und Rücken tragend. Vor dem Ulrichstor hielt er und ließ pauken und trompeten und begehrte in des Kaisers Namen mit dem Rat und den Kriegsobersten zu reden. Eine große Aufregung herrschte unter dem Kriegsvolk der Stadt, und alle Gutgesinnten hielten sich bereit, im Notfall jeglichen Losbruch und Sturm gegen das Gemeinwohl niederzuschlagen. Auf seinem Lager hörte Adam das dumpfe Brausen der bewegten Stadt. Ohnmächtig mußte er liegen in den Augenblicken, wo er über hundert Leben hätte gebieten mögen. Mehr als einmal versuchte er aufzuspringen und rief, dem Wahnsinn nahe, nach seinen Kleidern, seinen Waffen. Jedesmal aber sank er kraftlos zurück, bis er in halben Stumpfsinn verfiel, in welchem er abgespannt und gleichgültig dalag, bis wieder einer der von ihm ausgeschickten Boten und Knechte zurückkehrte und Bericht erstattete. Nach dem Hauptmann Springer schickte der Leutnant, aber Herr Hans erschien nicht; zur Frau Johanna von Gent sandte Adam, aber sie ließ zurücksagen, sie wolle dem Herrn

Leutnant ein Krankensüpplein kochen und es schicken; noch aber habe sie nicht Zeit dazu, der Meister Adam möge sich in Geduld fassen, sie müsse es ja auch tun.

Es kam zu Adam auch ein Diener des gefangenen Herzogs Georg von Mecklenburg in der Verkleidung eines magdeburgschen Stadtknechts mit einer wichtigen Sendschaft. Dieser fand aber den Leutnant in einem so bedenklichen Geisteszustand, daß er seine Botschaft für sich behielt und unverrichteter Sache abzog. Auf dem Rathause berieten währenddem der Rat und die Obersten des Heroldes wegen und kamen endlich zu dem Beschluß, ihn nicht in die Stadt einzulassen, sondern ihm vor das Tor entgegenzutreten. Geschlossen wurde: da er ein Feind und von Feindes wegen da sei, so wolle man ihm die Hand nicht eher bieten, bis er die seinige zuerst geboten habe. So wurde denn der Stadt Oberster Ebeling Alemann samt einigen Ratsherren vor das Ulrichstor gefertigt, daselbst des kaiserlichen Ehrenholdes Gewerb und Antrag zu vernehmen.

Kopf an Kopf gedrängt standen auf Mauer und Wall Bürger und Landsknechte und suchten von den Verhandlungen soviel als möglich aufzuschnappen. Eine starke Wache hielt das Tor und die Zugbrücke besetzt, die Stadt gegen jeden treulosen Überfall sicherzustellen.

Als die Herren von Magdeburg über die Brücke auf den Steindamm vorgetreten waren, ließ der Herold abermals seine Trompeter blasen, seinen Paukenschläger wirbeln; dann entblößte er das Haupt, ritt vor, zog den Handschuh von den Rechten und bot die Hand den städtischen Herren zum Gruß. Dann trug er „sein Gewerbe" mit lauter Stimme an und verkündigte: wegen Kaiserlicher Majestät und des Heiligen Reiches sei er da, Hauptleute, Befehlighaber und alles Kriegsvolk abzufordern, daß sie den Magdeburgern als den Ächtern nicht dienen sollten. Große Gunst und Gnaden versprach er, im Fall das Volk, so Knechte als Reisige, hoch und gemein, dem Worte gehorchen würden; harte Strafen, Ungunst und Widerwärtigkeiten verhieß er allen, so halsstarrig der geächteten Stadt zur Hülfe ausharren und gegen Römische Kaiserliche Majestät und das Heilige Reich die Waffen fürder tragen würden. Innerhalb vierzehn Tagen - forderte er in des Kaisers Namen - müsse alles geworbene Kriegsvolk die Stadt verlassen haben, so es seines Leibes und Güter gesichert sein wolle. Werde man aber in Halsstarrigkeit und Rebellion verharren, so würde Herzog Mauritius von Sachsen und Herr Lazarus von Schwendi, des Reiches Kriegskommissarius, Knechte und Reisige, hoch und gemein, den magdeburgschen Ächtern gleichhalten und ihnen nicht die geringste Gnade erzeigen.

Ruhig ließen die Herren der Stadt die Rede des Ehrenholdes zu Ende kommen und überlegten unter der Zeit, was sie darauf zu sagen hätten. Als der Redner geendet hatte, faßten die Herren vom Rat ihre Meinung in die möglichst kürzesten Worte und sprachen: sie erböten sich gegen Römisch Kaiserliche Majestät und das Heilige Reich alles Gehorsams, verlangten aber, samt den Ihrigen bei Gottes Wort bleiben zu dürfen, und hätten, um solches zu erlangen, ihr Kriegsvolk zu Roß und zu Fuß aufs höchste nötig.

Der Kriegsoberste, Herr Ebeling Alemann, der Ritter von Wulffen, die Herren Galle von Fullendorf und Hans Kindelbrück drehten dem kaiserlichen Boten kurzweg den Rücken, und der Ritter und der Fullendorfer bedienten sich gegen ihn sogar einer Redensart, die, in dem jetzigen anständigen Zeitalter abgedruckt, das höchste Mißfallen erregen würde.

Der Hauptmann Springer war bei den Unterhandlungen nicht zugegen; er lag betrunken in einer Kneipe nahe dem Brücktore, und sein Volk samt den Anhängern seines Leutnants Adam Schwartze warteten somit vergeblich auf das Wort und die Losung ihrer Führer. In seinem verriegelten Gemach im Lindwurm rüttelte seiner Fenster, als alles still blieb in der Stadt und seine Wächter ihm berichteten, kaiserlicher Majestät Ehrenhold sei gen Diesdorf zurückgeritten, ohne daß sein Wort die geringsten Folgen gehabt habe. Das zwischen der Neustadt und der Alten Stadt von neuem beginnende Feuer bezeugte die Wahrheit dieser Angabe. Vergeblich lauerte der Kulmbacher Markgraf auf seinen Landsmann; die Achseln zuckend, strich sich Herr Moritz das Kinn und wendete einen andern Plan, die tapfere Stadt in seine Gewalt zu bringen, in seinem klugen Gehirn herum.

„Glaub nicht, Euer Liebden, daß durch Euer Schimpfen und Fluchen wir die Hand aufs Nest legen!" sprach er zu Herrn Albrecht von Kulmbach, welcher sich, die Stadt und den spitzköpfigen Prahler Adam Schwartze auf das gräßlichste zu allen Qualen der Hölle verdammte.

Als am Abend dieses für die Stadt so verhängnisvollen Tages der Buchdrucker Michael Lotther von der Krankheit des Vetters Adam vernahm, lief er nicht, sich selbst nach dem Befinden des Vetters aus Franken zu erkundigen; er sandte nur einen Druckergesellen und einige Krüge Wein mit dem Trost, es werde wohl nichts zu bedeuten haben. In der Wachtstube unter dem Sudenburger Tor, wo der Rottmeister Horn für diese Nacht den Befehl hatte, saß Meister Michael, glücklich und froh wie ein König. Markus Horn tat sein Bestes, den alten Mann zu unterhalten, wie es ihm am besten behagte; Jochen Lorleberg log auf eine wahrhaft großartige Weise; jeder im Kreis um die qualmende Öllampe gab Bericht von kriegerischen Abenteuern, wie sie selten in einem Buche gefunden werden.

Wie wenige in der geächteten lutherischen Stadt Magdeburg hatten eine Ahnung davon, welcher Gefahr die heute entgangen war!

„Die Güte des Herrn ist's, daß wir nicht gar aus sein!"

Die Ulrichskirche mit dem links im Hintergrund befindlichen Ulrichstor im 19. Jahrhundert (aus: Magdeburg vor hundert Jahren).

zuuor nie so starck im feld gesehen (Denn es kam ein Ge=
schwader mit spiessen/welche zuuor noch darnach gesehen
worden) hat er seinen teyl schaden vom groben geschütz
auch empfangen/Daruber durch vnser Reuter / 8. haken=
schützen bey der Steinkull dem Feindt abgefangen/ vnd
in die Stadt gebracht.

Darnach den 13. hat sich der Feindt zu ross aber=
mal am sterckesten sehen lassen/ doch sind dem Feindt 2.
hakenschützen abgefangen.

Den 14. Januarij zu abents zwischen 6.vnd 7.haben
die feindt in allen Lagern ein gross schiessen/von klein vñ
grossem geschütz gethan/wolten sagen/ es weren freuden
schuss/darumb das Hertzog Moritz C.F. zu Sachsen/ den
hauffen/ welcher sich etwan in den Sehestedten vnd im
landt zu Mechelnburg vorsamlet/ gantz vnnd gar ge=
trendt vnd von einander gebracht hette.

Denselbigen abendt/nach dem solch schiessen vnd freud
ein endt genomen/ist Hans von Cöln mit der von Magde
burg Fischern vnd zum teil kriegsvolck zu wasser/zwisch=
en beyden schantzen hindurch gefaren/vnd in Pechaw ge=
fallen/vnd hinter dem Feinde zu Crakaw/ sieben brucken
auff dem steynen thamme abgeworffen/die Clausen ver=
brandt/dazu einen Münch bruder Hans von Berge/ vnd
ein knecht mit 2. pferden/Jacob von der Schulenburg zu
stendig aus Pechaw/ sampt ander vitalli mitbracht.

Den 16. Januarij/ als etliche der Feindt vber die
Elbe aus der newstadt gefaren/vnd wolten auff dem eyss
nach Crakaw gehen/haben die vnsern etliche Fischer vber
gesatzt/vnd zwen knecht von den selbigen gefangen/ aber

zwen

zwen welche dauon gelauffen sind im eyß bestecket blie-
ben/sind dorinne erfroren vnd gestorben.

Den 22. Januarij ward abermal ein Scharmützel
bey Schrotdorff an den garten/Das mal theten die vnsern dem Feindt grossen schaden/Es ward auch vnter andern Peter Hoyer Ritmeyster in der Steinkule/ nahendt
an den schrancken der Stadt erschossen/ vnnd Merten
Iheronymus/des wirts son zu Dressen zum gülden Law-
en/herein gefangen/neben ihm zehen knecht zu fuß/ dar-
vnter 2. doppelsoldner.

Negst volgenden tag/ ward aber ein Scharmützel
des orts gehalten vnd zu beiderseydt schaden genomen/
Es worden dißmal die vnsern wiederumb abgemahnt.

Sontags den 25. Januarij / kam Hertzog Moritz
C.F. mit dem Kriegsvolck wieder/ welchs er von Magdeburg ab/vnd dem Hauffen/wie oben vormeldet/ entgegen gefürt/von welchem hauffen er 4. Fenlein Knecht an
sich gebracht/zogen hin nach Ottersleben vñ Lemßdorff
machten da das 5. Leger/dißmal ward aber in allen Legern vnd Blockheusern freud geschossen.

Mitwoch den 28.hielten die Feind vor Lemßdorff
mit 7.Fenlein gemein/nach dem sie aber von einander vñ
etlich nach der Newstadt zogen/ fielen die vnsern etlich
Pferd hinaus/wurden viel das sich zur wehr setzt/zwischen
beyden Legern erstochen/ dauon 7.herein gefangen.

Den 29.Januarij/fielen vnser Reuter vnd knecht hyn
aus/Denn sich etlich wagen vnd volck hinter der Steinkulen sehen liessen/ welche die vnsern ereyleten/vnd auff
dißmal einen wagen/ dorauff der Burgermeister von

C ij   Schönbeck XVIII

Schönbeck ſalb dritte geſeſſen/ auch ein Karren/3. Landsknecht 9. Behemiſche Schantzgreber herein gebracht.

Et dato nach mittag/ward ein Scharmützel gegen
dem Schrotdorfferthor/ die gemeine ſag/ H. Moritz ſol
ſelber darbey geweſt ſein/ſeind der vnſern in die 20. perſon
beſchedigt/was aber der Feindt dargegen geſatzt/werden
ſie wiſſen.

Den 31.Nachdem ſich etlich Knecht auß dem Lager
zu Lembſtorff begaben/worden dem Feindt derſelbigen
hart vor dem Leger/etlich von vnſern Reutern erſtochen.
vnd 6.herein gefangen.

Im Februario.

Den 3.Februarij/wart ein Reuter vnd ein Hacken-
ſchütz herein gefangen. Mittwoch nach Marie Liecht-
meſs/den 4.Februarij/ wardt aber ein Scharmützel/ mit
dem Leger zu Lembſtorff gehalten/in welchem zu beyder
ſeidt ſchaden geſchehen/dorinnen der vnſern ein Reuter
tod geblieben.

Volgents den 5. aber ein ſtarcker Scharmützel/in
welchem ſich der Feindt Reuter balt geſterckt/aber groſſ
en ſchaden vom groben geſchütz/ſcheinbarlich genohmen/
darüber auch ein Reuter vnd ein Knecht herein gefangen.

Den 6. Februarij/iſt ein Keyſeriſcher Ernholt/mit
drey Thrumeten vñ einem Thrumenſchlager zu Roſs vor
Magdeburg komen/vnd auff 7. vhr des andern morgens
wieder beſcheiden/aber nicht komen. Dato nachmittag
ward ein Scharmützel gegen der Newſtadt/auff welchen
die vnſern 6. Hackenſchützen herein gefangen/auch vnter

deſs

deß etliche Schantzgreber in der Newstadt/von vnsern
Knechten erstochen/ dargegen vns drey person auff dem
Wahl von jrem geschütz in einem schoß aus der Newstad
beschediget. Es wurden auch diesen tag alle Knecht/so
zu Hildesleben in der Schlacht gefangen/jrer gefencknis
loß/vnd von dem hertzog von Mechelnburg/als zu der-
zeit öberster Felther gewest quitirt/doch mit dem bescheit
das ein jder/dem der jn gefangen/sein Rantzon niederlegen vnd entrichten solt/ward jn aber nicht gehalten/dan
sie hernach auff jr vielfeltigs erbieten/allezeit auffs newe
betagt/vnd lenger den ein gantz jar in jrer gefencknis be-
strickt geblieben.

Den 9.Februarij/ sint aber 2. Scharmützel/vor vnd
nach mittag geschehen/aber kein namhafftiger schad erfolget.

Den 10.Februarij an der Fastnacht/haben die Feind
angefangen auß der Newstadt nach S. Jacobs Thurn
zuschiesen/vnd des tags wie bezeichnet 416.Schüs gethan

Den 11.Mitwoch frü/aber in die 100.Schüss darnach
gethan. Dato sol auch mehr grob geschütz in die Newstadt ankomen sein.

Den 13.Februarij/ Fielen vnser Reuter bey 40.Pferd
vnd etlich Knechten/zum Schrotdorffer Thor hinauß/
der Feindt Wacht/welche starck auff der Steinkul hielt/
zuuersuchen/nachdem aber die vnsern/den Feindt weit ab
vnd zurücke trieben/ward der Feindt auß der Newstadt
vnnd Deßdorff bald gesterckt/ward derhalben ein sehr
starcker Scharmützel drauß/daruon zu beyder seytz schaden entpfangen.Doch darüber hereingebracht/einen wagen mit Bier/darneben 7.Personen gefangen/ Es sollen
auch auff dißmahl 2.Namhafftige vom Adel geblieben
sein.

Den 14. ist Jost von Wolffen zu seinem bruder dem Ritmeyster/ in die Stadt komen/ sich von wegen seyner vormeindlichen gefencknis mit jm zu bereden.

Den 20. Februarij vor mittage/ ward die Spitzen auff S. Jacobs Thurn gegen der Newstad abgeworffen.

Montags nach Reminiscere den 23. Februarij/ ward aber ein Scharmützel hinter dem Stechenthoff/ daruon dem Feindt 2. hackenschützen abgefangen/ ein Reuter vnd ein Knecht tod beliegen blieben/ von den vnsern geplündert/ dargegen vns ein Reuter abgefangen/ vnd 1. Knecht geschossen.

Donnerstag nach Reminiscere den 26 Februarij/ frü wart ein sehr starcker Scharmützel/ sein vnser Reuter zum andern mal ausgefallen/ zu beyderseytz nicht geringer schaden geschehen/ dann der Feindt jre todten auff wagen in die Neustadt gefürt/ dargegen der vnsern in 20. personen beschedigt vnd tod/ Es seint auch die vnsern/ vnter dem Scharmützel/ aus dem graben in die Newstadt gefallen/ 14. auff dem Radthaus/ welche gelt zusuchen vormeinten/ erstochen/ darüber 11. in die Stadt gefangen gebracht.

Den 27. Seindt 3. Schiffmühlen/ vber dem vntern Rundel/ aus vnfleiss der Müller/ auch von wegen des starcken Eyssgangs in der Elben/ loss worden/ vnd nach der Newstadt im Eyss fortgeflossen/ bis hinder S. Angnäten Closter/ daselbs am Eyss behangen blieben/ vnd von dem Feindt was noch von Mehl vnd Korn darauff gewest/ geplündert vnd abgetragen.

Es wurden auch etliche Blockheuser diese nacht von dem Eysse zerrissen vnd hinweckgefürt.

Es

Es wurden auch dieser zeit 2. Schiff in der Stadt zu-
gerüst vnd gemacht/welche mit Kriegsuolck/Geschütz
vnd anders zur wehre notdürfftig versorgt/vnd zu was-
er damit auszzufallen/hernachmals wie man wirt hören

Den 31. haben vnser Knecht der Feindt 7. bey Berga erschossen/dargegen vnser einer tod herein getragen

Im Martio.

Den 4. Martij/solte Marggraff Hans in Magdeburg komen/vnd zum Fryden handeln sollen/aber vnwis-
sent/worumb solches nach geblieben/doch haben die von
Magdeburg ein guten Scharmützel darauff treten las-
sen/aber vnbewust was schadens daraus erfolget.

Den 6. Martij/haben die Feind bey dem Rotterstor-
ffischen Teyche/angefangen zu schantzen.

Et Dato in der nacht/sein durch vnser Fischer/dem
Feind 4. Kahnen/vnderhalb der Newstadt abgedrungen
darneben 2. personen gefencklich mit gebracht.

Den 7. Martij/haben die von Magdeburg etlich
grob Geschütz/zwischen beyde Brücken gebracht/da-
mit gegen der Schantz am Zoll starck geschossen/vnnd
von dem obern Rundel vnd Thumturn mit zu geholffen.

Et Dato ist Hans von Colln Oberster Leutenant/
mit 17. Roth Knechten nach Schönbeck zu wasser auss-
gefallen/8. Knechte von der Feind wacht/neben Bukaw
angetroffen/dauon einen gefangen/vnd bey sich behalten die andern darneben erseufft/vnd hat vor Schönbeck
16. Schiff vnd 12. Kahnen vorsenckt/vnd etlich Schiff-
mülen vorbrandt/darnach Elbenaw vberfallen/Joach-
ym von Arnsdorff sampt anderer beudt auff die Schiff
geladen vnd mit gebracht.

Montags nach Letare/ den 9. Martij/ ward mit
2. grossen stücken von S. Jacobs thurm/seher in die New
stadt geschossen/ dargegen der Feindt von stundan mit
12. stücken anhub zu schiessen/wurden den tag vorzeichnet
320. schuss/von welchem schiessen der Buchsenmeister auff
dem Thurm von einem stein geschlagen/vnd dauon starb

Et dato in der nacht/ ist Hans von Cöln Oberster
Leutenandt abermals zwischen beyden Schantzen/ Crakaw vnd Bukaw/ zu Wasser hinauffwerts gefaren/ in
Pechaw vnd Prester gefallen/ dorinne 4. nacht vorhart/
Ist dem Feindt kundtschafft komen/das der von Magdeburg kriegsvolck/obgenante beyde Dörffer innen hetten
den jren vnd dem Lager zu Crakaw die zufuhr vorlegt/
dargegen sich der Feindt starck rüstet/ welchs die vnsern
verkundtschafft / vnnd des freytags von dannen wider
nach der Stadt bey hellem lichtem tage herdurch gefa-
ren/vnd ob der Feindt wol hefftig/ aus beyden Lagern/
nach den vnsern auffs wasser geschossen/ so hat er doch
(Gott lob) niemandt beschedigt/ Brachten also in die
80. Kane mit allerley Vitalli beladen zu haus.

Es haben auch die vnsern/weil sie zu Pechaw gele-
gen/beyde gros vnd kleine Schiff/ zum andern mal/ mit
allerley Vitalli vñ getreide zu ruck in die Sadt geschickt.

Mitwoch nach Letare/den 10. Martij/ hat sich der
Feindt mit gewaldt vmb die Schantz am Teiche vnter
Lemsdorff angenomen / vnd auch dieselbige förderlich
auffgebracht/Dorein Lazarus von Schwendi knechte ge
lagert worden.

Et dato/hat der Feindt aber 256. schüss an S. Jacobs Thurm gethan/ auch sonst viel schüss nach dem
Krücken thor/ vnd den selbigen Büchsenmeyster dorauff
wehrloss geschossen.

Negst

Negst volgenden donnerstag in der nacht/ hat der Feindt noch ein feste wehr vnd Schantz auff die Stein kule/ gegen dem Schrotdorffer thor angefangen zu baw en/ darnach etlich nacht dieselbige weitter in die höhe gebracht.

Den 13. Martij/ hat Sanct Jacob den Feindt in der Newstadt/ des morgens vmb 3. schlege/ wider etwas hart angesprochen vnd auffgeweckt/ dargegen der Feindt die gantze wochen hefftig geschossen/ vnd ist Sontags Judi ca 3. schlege nach mittag/ das grösser ort gegen der Kir chen auff das gewelb gefallen/ dasselbige zum teyl einge schlagen/ Eher aber der Thurm ist gefallen/ sind vber die 15. hundert schüss darnach gethan worden.

Et dato/ Sontags Judica/ sind die armen leudt/ aus der Stadt zu füren/ auff den Cantzeln verkündiget.

Mitwoch nach Judica/ den 18. Martij/ sind der von Magdeburg Reutter vnd knecht/ zum teyl in die newen Schantz auff der Steinkuel (am berge Caluarie) einge fallen/ vnd des Obersten in der Newstadt Hans Julchers Fenlein/ auch ein Schantz Fenlein/ welchs im feldt zuris sen/ erobert/ vnd fast alles erstochen/ on 125. knecht/ sind mit jrem Fenlein/ welchs rodt vnd grün auch flammicht war/ gefencklich in die Stadt gebracht worden/ darunter des Obersten Leutenant Hans von Coln/ auch der Fenrich Heinrich von Hettersham vom adel/ auch der Feldwebel Joseph Otterswalder / Heinrich von Bergen/ Christoff Landskron/ Jost von Hagenaw/ diese zwen den Schantz grebern zugeben gewest.

Diesen tag ist das eine Schiff abermals ankomen/ vnd entlich in die tausent gulden werdt bracht.

Donnerstag den 19. Martij/ ist ein starcke meuterey vnter den Knechten in der Stadt entstanden/ da haben

D   sich die XXIV

sich die Hakenschützen aus allen dreyen Fenlein vnterfan
gen vnd die mit gewaldt selbst getragen/ auch selbst zum
teyl die drummel geschlagen/ vnd haben kurtz einen monadt soldt/ von wegen Hertzog Jorgen des gefangenen
von Mechelnburg/vnd drey soldt für voll wollen bezaldt
haben/welchs man jn doch nicht schüldig/ auch der Monadt noch nicht vorschienen war/Domit aber solche men
terey gestilt vnd wider abgeschafft/ward graff Albrecht
von Mansfeldt/ von Radts wegen darzu erbeten / die
sach in der güte zu stillen/ vnd jrem beger nach/ der Monadt diesen tag aus vnd an gehen/vnd ein halben monad
soldt von des Hertzogen wegen/neben der bezalung vber-
reichen vnd entrichten. Ob aber dasselbige Göttlich/vnd
jn aus pflicht geschehen/ wirt ein yeder eherlibender bey
sich selbst betrachten/ Dann sie den Heubtman Hans von
Kindelbruck/mit gewaldt aus seim haus genomen vnd
ihn in frei rinck gefurt/welchen sie so hart mit haken ge-
stossen/das er kürtzlich hernach gestorben/ ob sie nun doran schüldig odder seines tods ein vrsach sein/ weys Gott.

Et dato in der nacht/kam das eine Schiff abermal
mit allerley vitalli/als Weytzen/gersten/ habern/Rinder
Schwein/kelber/ auch funff glocken/darzu zwene kane/
dorauff 2. fass Bier/ darbey funff personen/ welche willens gewest in das leger zu Crakaw zu faren.

Den 20. Martij/ haben die Burger gewilligt/ die
helffte all yhres sylbers/auff das Radthaus zu antwor-
ten/ vnd dem Radt vorzustrecken.

Den 21. Martij frü zwischen 7. vnd 8. sind drey Re-
genbogen/darbey drey Sonnen am Himel gestanden.

Et dato auff den abent/ nach dem man die wacht
auffgefurt/an den selbigen örtern 3. monschein/ der rechte
vber

vber der alten Stadt/der ander vnd bludtfarb/vber Deß
dorff/vnd der 3. auch bludt farb/ vber der Newstadt gestanden.

Den 25. hat der feindt angefangen nach der hohen
Pforten zu schiessen.

Den 26. sind die Schiff/ so zu Plötzke gewest/ wider
komen/doselbst mit dem feindt ein Scharmützel gehalten
vnser Fisscher vnd knechte funffe beschedigt/ darunter 2.
todt/ waren des von der Schulenburg Reuter/ was der
feindt dargegen verloren hat/werden sie wissen/ denn die
vnsern etlich personen dem feindt auff den kanen erseufft/
auch etlich von den selbigen kanen/ sampt 40. stück vihes
vor die Stadt mit bracht.

Am Sontag Palmarum mittag vmb zwey schlege
gieng ein Fewr in der Newstadt auff/ von welchem das
gantze Leger wach wart/ aber bald widerumb gelescht.

Et dato auff den abent vmb 9. schlege/ gieng auch
ein fewr in dem leger zu Lemsdorff an/ von welchem fast
das gantze Leger daselbst verbrant/ Es ruckte aber der
Feindt heraus ins feldt in eine schlacht ordnung.

Den 27.Am Carfreytag/ ongefehr vmb einen schlag
nach Mittag/ Ist ein starcker Scharmützel zwischen Des
dorff vnd der Steinkuel angangen/ vnd als erstlich der
Feindt zum offtern mal zu rücke getrieben/ auch vieleicht
vor den vnsern gewichen / sie domit hinaus zu reytzen/
vnd es auch ein seher vnlustig/ windig mit schnee vnd regen vormengt wetter war/sind die vnsern in dem tunck-
eln vbermandt/vnd widerumb zu rücke geschlagen/ bis
an die Schrancken vor S. Vlrichs thor/ darüber schaden
gelitten/in die 11. personen verwunt vnd tod/auch 23.ge-
fangen/vnser pferd aber vber 40.nicht geweft/ dargegen
der Feindt 2.starcke Fänen/ einer aus der Newstadt/der

D ij   ander XXVI

ander von Otterßleben komen/jdoch iſt der Feind on ſcha=
den ſo gar nicht abkomen/denn jn etlich pferde auff dem
Stein Tham beliegen blieben.

Dinſtags in den Oſtern den 31.Martij/iſt nach mit=
tag ein vngeferlicher kleiner Scharmützel von der Mag=
deburger tagwacht angefangen/ſein der vnſern geweſt 10.
pferd vnd wenich knechte/wiewol die vnſern erſtlich/ biſs
in die Sudenburg zurücke getrieben/ haben ſie doch den
Feindt mit liſt hinder loffen vnnd vmbringt/ das ſie der
ſeindt in 14.erſtochen/9.aber in die Stad gefangen bracht
dar gegen der vnſern 2.geſchoſſen/dauon der ein balt tod
geblieben.

Im April.

Mitwoch den 1. Aprilis/iſt ein Scharmützel on ver=
ordnung/ durch wenich Reuter vnd Knecht/zur rechten
handt des Siechenhoffs angehoben/aber balt ſtarck wor
den/dann erſt nach drey ſtunden gegen dem Schrotdorffer
Thor abgangen/dauon der vnſer in 11.perſonen tod/doch
nicht alle Kriegs leute/dann vnterm Schrotdorfferthor
fünff perſonen in einem ſchuſs von der Steinkuln erſchoſſ=
en/darunter ein magt geweſt/ Es haben auch die Feindt
nicht ringen ſchaden/ſonderlich an pferden genomen/vnd
ſollen vnter jren todten geblieben ſein/Veyt von Hall vñ
Hans von Arnm Marggreffiſcher Fenrich/vnnd ſonſt ein
namhafftiger.

Den andern tag iſt vmbgeſchlagen/ das kein Reut=
ter noch Landsknecht ſol ſcharmützeln on befehl/bey leibs
ſtraffe.

Et dato/Im mittag vmb 12. ſchlege/ſind aber drey
Sonnen/darbey zwene Regenbogen am Himel geſtanden

Den 9. Aprilis/haben etliche der feinde hakenſchützen

aus

aus der Steinkule/vns ein Scheffer bey den Schaffen er＝
schossen/willens die schaff hynweg zu nemen/wurden ihn
aber von vnsern Reutern der tagewacht wider abgeiaget
auch der feind drey darüber erstochen.

Sontags Misericordia dñi/den 12. Aprilis/ als der
von Magdeburg kriegsvolck sampt etlichen Fischern/
als 6. rodt auff der Elbe abwerts in der nacht gefahren/
haben jhrer drey vom Adel zu Nygrip gefangen/den hoff
geplündert/vnd volgendes montags auff dem wasser/in
einer anfurdt/Habichshorn genant/die nacht geblieben/
denen zu Crakaw/ neben der Gerewisch/ sieben Kane ge＝
nomen vnd vier personen gefangen/ die andern erseufft/
Als aber der Feindt in der Newstadt solchs erfaren/ ha＝
ben sie ein Schiff mit etlichen wolgerüster knecht/ vnd
nach anzeygung der gefangen/ inn die hundert auff die
Elbe gelegt/ domit den vnsern zu begegnen/ darauff der
Almechtige Gott die gnade gethan/das die Feindt dins＝
tags in der nacht/vmb 2. schlege gegen tage/ als sie den
vnsern mit vorteyl des fluss begegenet/ sind die Feindt
im selbigen schiffe fast alle erlegt vnd vmbgebracht/ ha＝
ben dauon vber 13. nicht widerumb inn die Newstadt be＝
komen/Dargegen die vnsern einen knecht auch einen büch
senmeyster verloren vnnd todt geblieben/vnd on höhern
schaden/mit allem was sie geladen/auch vber obgedachte
sieben personen noch vier burger von Tangermündt/vnd
etliche knechte/alles in die 18. personen/mitwoch frue des
tags Tiburtij gefangen herein bracht/Vnter den erseuff＝
ten sollen gewest sein drey Spanier/auch ein alter fürer.

Den 15. Aprilis nach mittag/ brach der Feindt zu
Lemsdorff auff/lagerte sich hinter das plockhaus Bu＝
kaw vnd darneben/vnd machten da aus beyden ein leger.

D iij　　　Den

Den 21. haben vnser tagewacht drey Reuter dem feinde erlegt. Et dato bawete der Feindt noch eine feste wehr vnd Blockhaus vnterhalb der Newstadt an die Elbe/ machte auch starcke beum vber die Elbe mit 3. Schiffen/ dorinne geschütz vnd anders zur wehr nodturfftig/Derhalben hinwort die vnsern nicht meher zu wasser ausfaren noch der Elbe gebrauchen kondten.

Es wurden auch zu der zeit oberhalb Buckaw noch etliche Erdtheuser auffgeworffen/vnd also die Elbe vnten vnd oben beschlossen.

Den 23. vnd 24. haben vnser tagewacht/ der feinde funffe erschossen/vnd zween herein gefangen.

Den 27. Aprilis/ dinstags nach Cantate/haben die feindt etliche weyden vnd Beume in den Garten neben Berga/in der nacht abhawen lassen/ Darauff den 28. vmb den mittag ein starcker Scharmützel/vber dem weg füren des holtzes erfolget/ denn yhre knechte von vnsern Reutern vmbringt/vnd bey hundert erstochen/ darneben 26. gefangen worden/ darunter einer vom Adel zu ross/ Hans von Milen/welcher geschossen vnd in Magdeburg gestorben/vnd den 16.May begraben ist/ Der vnsern sind dismal drey beschedigt vnd einer todt geblieben.

Im Maio.

Sonnabent nach Philippi vnd Jacobi/den andern May/wardt ein gros stück büchsen auff den einen Thum thorm zu felde werts/gar in die spitzen/vber den obersten vmbgang gebracht/daraus teglich in das Lager gegen Bukaw hinaus geschossen.

Den 5. May/sind zween vom Adel/ wie man sagt/ erschossen/vnd der Stadtschreiber von Ellrich in Magdeburg gefangen.

Den

Den 6. May/ haben die von Magdeburg/durch den Burgermeyster Jacob Geriken/Doctor Lewin Emden/ Arndt Hoppen vnd der von Magdeburg Secretarius sprach vnd vnterredung/ mit Hertzog Moritz C. F. auff seiner C. F. G. Geleydt gehalten/ geschehen hinter Crakaw am Werder.

Den 12. haben sich die feindt zu Roß starck sehen lassen/darauß ein Scharmützel erfolget/in welc.. n vns ein Reutter Reychart genandt erschossen/ was aber der Fiendt vor schaden genohmen/ ist noch vnwissent.

Den 16. May/ haben die Feindt ein hinderhalt ge= steckt/eins teyls in den Puluerhoff/ den andern bey der Theych schantz in die 150. Pferd/ damit auff das Stadt Vihe gehalten/letzlich in das Feldt gerant/ aber nichts außgericht/vnd vnser Tagwacht so zu diesem mahl nur 15. Pferd gehat/auß dem halt zudringen vnterstanden/ aber nicht geschehen.

Montags in den Pfingesten den 18. May/ sind der Feindt 6. auff dem Marsche erstochen/ 3. herein gefangen haben die Pferd wollen wecknehmen.

Mitwoch den 28. May/ haben vnser Reuter tage= wacht nahent an der Steinkul vor der Schantz/ vier Knecht erstochen vnd 3. herein gefangen.

Donnerstags den 21. May/ hat sich auff stetes des Feindts verursachung/vngeferlich 2. stund nach mittag ein starcker Scharmützel begeben/das sich vnd sonderlich die Reuter sehr gemengt/ aber der Feindt zu Pferdt viel stercker/dan die vnsern gewest/ jdoch ist hirein gefangen bracht/Jorg Schirster vnd sonst einer/ man acht/ der Feindt in 9. oder 10. person vnd pferd geblieben/ der vn= sern 5. person 2. pferd beschedigt/ darunter Simon von Bremen durch den kopftod geschossen.

Hernach XXX

Hernach ist durch die gefangenen angezeigt/ das auff obgemeltem Scharmützel soln geblieben sein 3.namhaffte vom Adel auß der Schantz am Teych/sonst 4. Knecht vñ 10.Pferd/darzu noch 4.auß andern Schantzen/auch vom Adel/dan auch schwartz Hans von Lüneburg so anfangs der erst in Magdeburg gefangen gebracht.

Donnerstags den 28.May/ist Hans Springer Heupt-man vber ein fenlein Knechte/bey dem newen Baw ge-gen dem Sychenhoff/aus der Steinkule erschossen.

Im Junio.

Den ersten Junij/ist Hans von Ambstorff auff der tagwacht durch ein schenckel geschossen/vnd 2.der Feind herein gefangen bracht.

Diesen tag ist auß allen Schantzen in die Stad vnd nach S. Jacobs Thurm hefftig geschossen.

Mitwoch den 3.Junij vormittag/haben die Feind etlich Vihe negst vor der Stadt genohmen/etliche Hir-ten vnd Jungen darbey erstochen/auch etlich Alte men-ner in die 8.personen vmbracht/darauß ein sehr starcker Scharmützel worden/vnser Reuter 3.vnnd etliche Pferde geschossen/auch 4. Knecht mit dem grossen geschütz be-schedigt/dargegen vom Feindt ein Reutter Hans von Osenbrück herein gefangen/vnd Wolff Egloffsteyner durch ein arm geschossen/auch sonst einer bey dem Siech-enhoff vom gaull gefallen/vnd von den vnsern geplün-dert/ist auch sonst eine vorneme hohe person mit dem gro-ben geschütz getroffen/hat ein gulden ketten am hals ge-hat/ aber von yhnen abgefurdt worden/ auch sonst viel vornemer personen geblieben sein/ Wiewol man hievon nichts gründtlichs weis/ sind derhalben die Küe thewer

genug

genug bezalt.   Es wird vnter anderm geredt/ das einer vom Adel bey 6. geull verloren hab/ dargegen zwe Küe zur aufsbeudt bekomen.

Den 11. hat der Feindt etlich hundert Pawern gehat/ holtz vnd reyss in die Newstad zu füren/ dauon Schantz=körbe/ auch ein Stakitt gegen der alten Stadt/ auff der Schantze her gesatzt.

Den 12. Junij/ sind der Feindt 6. Hakenschützen bey der schrot an den garten erstochen/ Dargegen vnser reuter einer mit dem Gaull gestürtzt/ Welchen der Feindt einer bekomen / Vnnd in die Steinkull geritten / Sonst einer hierein gefangen.

Dinstags den 16. Junij vormittag/ haben die Feind 2. Pferde bey der Sudenbürger Gericht genomen/ 2. Jun=gen darbey erstochen / Ist auch also balt der/ Welcher die pferde genomen/ von vnser Tagwacht von dem Gaull ge=schossen/ Daraus 2. starcke Scharmützel erfolget / vnd bis in die 4. stundt gewerdt/ Sein der vnsern in 15. Personen darunter einer vom Adel beschedigt vnd todt/ auch Joch im Denharts jung/ mit einem schonen Hengst abgefangē der Feindt aber/ wie etliche glaubwirdig/ vnd sonderlich die gefangen berichten / in 80. etliche wollen 100. Person vnd zum ringsten 60. Todt geblieben/ Darneben 29. Per=son in die Stadt gefangen bracht.

Den 17. Junij in der nacht/ haben die Feindt vnsern Lauffgraben/ an viel örtern eyngezogen/ vnd alle Vor=theil/ voll Reuter vnd Knecht gesteckt/ auch gegem tage die vnsern hinaus zulocken / verhofften den erlidnen scha=den an den vnsern zu Rechen/ aber der vnsern ist niemands ausser der tagewacht hinaus komen/ vnd den Feindt vor sich selbs lang genug harren lassen/ Denn den vnsern vor=kundtschafft/ das sich der feindt mit all ihrer macht vnd starck darzu gerüst vnd verssteckt hette.

E   Freytags

Das vierzehnte Kapitel

VIERHUNDERT FEIND. DER STADT ZU NUETZ.
TRAF VOM SANKT JAKOBSTURM DER SCHUETZ;
SEIN SCHARFES AUGE BRECHEN MUSS.
TRAGOEDIA NEIGET SICH ZUM SCHLUSS.
DER LEUTNANT SCHWARTZE KOMMT ZU SCHADEN.
VOR GOTTES THRON WIRD ER GELADEN;
DIE BLUTSCHANZ WIRD IM STURM GENOMMEN.
DAS FAEHNLEIN MARKUS HAT'S BEKOMMEN.

In seinen Artikelbrief ließ der Feind setzen, und schwören ließ er jeden Mann, den er annahm, Knecht und Reiter, darauf, daß bei Leibesstraf nichts ausgesagt würde von dem gewaltigen Schaden, so dem Belagerungsheer geschah vom Turm des heiligen Jakob. Vom sechzehnten Dezember des vergangenen Jahres bis zum neunten März fünfzehnhunderteinundfünfzig, an welchem Tage er selbst durch eine einschlagende Kugel „beleidigt" und zu Tod verwundet wurde, erschoß der Büchsenmeister Andreas Kritzmann in der Neustadt über vierhundert Menschen und siebenzig Gäule. Die drei Freischüsse aber, welche das erstaunte Volk dem Mann täglich zuschrieb, verwandte er so auf das beste gegen die Bedränger der Kanzlei des lieben Gottes, daß selbst das zarteste Gewissen nicht anstand, den unheimlichen Bundesgenossen an seinem Geschütz zu belassen. Niemals ließ er sich in den Gassen der Stadt blicken, gleich einem finstern, bösen Genius lauerte er in der Höhe, hatte sich seine Merkzeichen im Feld gemacht, und nirgends in der Schußweite seines Stückes war ein Ort, wo der Feind vor seinen Kugeln sicher war.

„Am einundzwanzigsten Januarij Mitwochens schoß er in die Schantze der Newstadt und schoß dem Feinde seinen besten Hauptmann mitten von einander (Etliche wollten sagen, es sey Hans Jülicher gewesen); er hat auch umb diese Zeit acht Personen, welche in der Newenstadt auff einer Bank in der Reyen gesessen, erschossen. Jacob von der Schulenburg sitzt am Fenster unnd wil trincken, dem scheusset er die Kann für 'm, Maule hinweg."

„Hat auch vierungszwanzig Knechte erschossen, in dem sie gemein hielten."

„Von vier Knechten, welche etwa an der Mauren in der Reihe gestanden, hat er sieben Bein' abgeschossen, darvon einer in die Stadt kommen, und hernacher Bürger worden."

Im Februar, als „es so grimmig kalt gewesen, hat in der Newenstadt ein Stallbube ein Fewer hinter seine Geule gemacht, daß sie nicht verklummen, solches wird der Büchsenschütz auff Sanct Jakobs Thurm gewahr, richtet sein Stück auff denselben Stall und scheusset in einem Schusse sieben Pferde zu tode".

„Und eben am sechsten Februarij haben sich zween Soldaten in der Newenstadt gebalget, auff dieselben richtet der Schütz von Sankt Jakobs Thurm, und scheusset ihrer drey zu todte; bald wüschet einer herfür und wil die todten hinwegschleppen, den scheusset er auch zu todte, machet also Frieden, sonsten würden sie sich ubel verderbet haben."

Aus einer langen Reihe von Aufzeichnungen der städtischen Chronisten greifen wir die angeführten ohne große Wahl heraus und tun dadurch dar, daß es gar nicht zu verwundern war, wenn das feindliche Kriegsvolk dieses einen Mannes wegen anfind zu meutern und schrie und tobte: wenn jener Jakobsturm nicht eingeworfen und - geschossen werde, so wolle man nicht länger im Lager in der Neustadt liegen. So richtete man denn gegen diesen verderblichen Schützen zuerst sieben, dann zwölf große Kartaunen und hub an zu schießen von sechs Uhr morgens bis zum Abend. Aber wacker hielt sich der mit Wollsäcken umhängte Turm, und nach jedem vergeblichen Schuß trat der Schütz Andreas Kritzmann spöttisch lächelnd mit einem Flederwisch hervor und strich damit dem Feind zum Hohn über die Stelle, wo die Kugel abgesprungen war. Als alles nichts half, fuhr man endlich gegen den gewaltigen Büchsenmeister die großen Leipziger Geschütze auf, welche in der Belagerung von siebenundvierzig mitgewirkt hatten. Man schoß daraus gegen den Jakobsturm dieselben vierzig Pfund schweren Kugeln, die Herrn Johann Friedrich in dem eben angeführten Jahre nach Leipzig hineingeworfen hatte, und als Markus Horn am Dienstag in der Fastnacht, als am zehnten Februar, mit seiner Rotte über den Neumarkt zog, schlug ein Geschoß, welches ihn vor Jahren schon einmal mit Staub und Trümmern überschüttet hatte, dicht neben ihm nieder und warf den langen Heinz Bickling leblos zu Boden.

Vierhundertsiebenundvierzig Kugeln schleuderte das Leipziger Geschütz am zehnten Februar gegen den Jakobsturm und brachte die Spitze desselben endlich doch dem Einfallen nahe. So mußte man sie denn in der Nacht vom achtzehnten auf den neunzehnten Februar mit Stricken umspannen. Am folgenden Morgen zog man sie nieder auf den Kirchhof, daß sie nicht in die Gassen geworfen werde und großen Schaden anrichte. Ein trefflich Jauchzen entstand darob in der Neustadt; aber Meister Andreas Kritzmann zeigte bald, daß weder die Kraft des Turmes noch seine eigene Kunst gebrochen sei; der blödsinnige Knabe, der ihm zur Hand ging, wurde ihm zwar getötet, aber an demselben Morgen noch zerschoß er einen Wagen mit drei Fässern Bernburger Bieres, tötete die Pferde und einen der Fuhrleute. Der Leutnant Adam

Schwartze erschien an diesem Tage wieder unter seinem Kriegsvolk; der Rat ordnete das Malefizrecht auf dem Neuen Markt und verbot den Mummenschanz für dieses klägliche Jahr. Um zehn Uhr Abend hielt ein Söldner des Hauptmanns Kindelbrück, Hans von Mainz genannt, einen verdächtigen Gesellen an, welcher sich für einen nach Wittenberg reisenden Studenten ausgab und um einen Gulden einen Fischer gedungen hatte, daß er ihn über die zugefrorene Elbe führe. Da er die Losung nicht wußte, so hielt ihn Hans von Mainz an, und man fand wohl fünfzig Briefe der gefangenen Edelleute bei ihm, die man samt dem Boden dem Kriegsobersten zustellte.

Ein dumpfes Gerücht von Verräterei und falschem Spiel lief wiederum darob in der Stadt um, und immer unverhohlener brachte man die Namen des Hauptmanns Springer und des Leutnants Schwartze damit in Verbindung. Es konnte aber nichts bewiesen werden, und Hans Springer erschien auf dem Rathaus und fluchte und wetterte so greulich gegen die Prediger, die ihn aufs schimpflichste von den Kanzeln herab verlästerten, daß ein ehrbarer Rat dem alten Sprichwort: Wer sich verteidigt, eh man klagt usw. zum Trotz die Pfarrherrn aufs Rathaus bescheiden mußte, sie um ihre Reden zu befragen. Vorhalt wurde ihnen gemacht; da sie in allen ihren Predigten der Verräterei gedächten, so möchten sie nun das Maul auftun und bei ihrem Gewissen sagen, ob sie jemand der Falschheit bezichtigen könnten, „er sollte so groß nicht sein, und ob er auch gleich im Ratstuhl säße, man wollte ihn am Leib und Leben strafen".

Darauf trat für die andern geistlichen Herren Herr Nikolaus Hahn von Sankt Ulrich vor und sprach: Wenn die Pfarrherren in ihren Predigten der Verräterei so oft gedächten, so täten sie es gern und billig; denn die Erfahrung habe gezeigt, daß der Feind viel Sachen durch Verräterei ausrichte und daß der Stadt heimliche Rat- und Anschläge nur allzuoft dem Feind kund würden, man wisse nicht durch wen. Derowegen müsse man billig auf den Kanzeln um Gottes Schutz bitten und alle armen Seelen aufs eifrigste warnen.

Und der greise Lukas Rosenthal von Sankt Johann meinte: Wenn ein ehrbarer Rat etwas Nützliches beschlossen habe, so habe sich gemeiniglich jemand gefunden, solches umzustoßen. Auf solche Art sei zum Exempel ein trefflicher Anschlag, die Neustadt dem Feind wieder abzunehmen, zu Wasser geworden; wer aber solche böse Leute seien, wolle er nicht erkunden; aber er stelle einem ehrbaren Rat anheim, eine fleißige Inquisition anzurichten, und gebe sein Wort, daß die Rechten dann gewißlich an den Tag kommen würden.

Der junge teure Mann Gottes zum Heiligen Geist, Herr Johannes Pomarius, sprach aber im Namen der andern: Was von den Kanzeln über die Ehebrecher, die Schwelger und Schlemmer und ihr böses Beispiel gesagt worden sei, davon werde man nicht das winzigste Wörtlein zurücknehmen. Was wahr sei, sei wahr, und wenn ein ehrbarer Rat das Kriegsregiment nicht besser bestelle und die Ehebrecher und die Schlemmer nicht absetze, so werde der Stadt Unglück noch lange, lange nicht erschöpft sein, wohl aber bald, bald, bald die Geduld und Langmut des gerechten Gottes, der sein reines, heiliges Wort nicht durch Sünde und Schande verteidigt haben wolle.

Weidlich hat der Hauptmann Springer gegen solche Worte aufbegehrt; aber da der Rat sie sich gefallen ließ, so konnte er nichts dagegen ausrichten; Wut wurde jedoch dadurch aufs höchste gesteigert, und der Frau Johanna von Gent wagte er kaum noch unter die Augen zu treten, obgleich mit letzterer eine merkwürdige Umwandlung vorgegangen war und sie ihm nicht mehr so heftig wie früher zum Losbruch und zur

Rache drängte. Seit das wilde Weib jenen Einblick in die Tiefen der Seele des Leutnants Adam Schwartze getan hatte, war ein kühn aufgebautes Luftschloß in ihrer eigenen Seele jäh zusammengebrochen. Einen kurzen Augenblick durch hatte sie gemeint, durch und mit Adam einen Weg aus der Verlorenheit ihres Lebens herauszufinden. Die Leidenschaft des Leutnants für die Tochter des Buchdruckers war ihrem kräftigen Geiste nicht als ein Hindernis dabei erschienen; im Notfall hätte sie das junge Mädchen durch jedes Mittel aus dem Wege geschoben. Aber dieses Zusammenbrechen Adams vor der schuldbeladenen Vergangenheit, vor dem geheimnisvollen Rächer, hatte ihr deutlich dargetan, daß der Leutnant Schwartze doch nicht der Mann sei, der große Zwecke durch große Mittel erreichen werde. Adam von Bamberg war der Frau Johanna fast ebenso verächtlich und gleichgültig geworden wie Hans Springer der Hauptmann. Er war ihr höchstens noch ein seltsames Rätsel, dessen allmähliche Lösung sie, nachlässig und gähnend in ihrem Lehnstuhl liegen, ohne allzu große Teilnahme verfolgte. Der dunkle Verfolger dagegen erschien ihr fast wie ein Rächer auch ihrer eigenen beleidigten, in den Staub getretenen Frauenwürde. Sie hätte ihn nicht dem Leutnant verraten, hätte sie ihn gekannt, und viel würde sie darum gegeben haben, ihn kennenzulernen. Aber die Märzsonne strahlt freundlich hernieder; lassen wir die in der Dunkelheit Wandelnden, und wenden wir uns zu denen, die noch im Lichte gehen, zu denen, welche aus Nacht und Dämmerung zum Lichte streben!

Auf die große Kälte der ersten Hälfte des Februars erfolgte urplötzlich ein vollständiger Umschlag des Wetters. Eine ganze Woche durch schneite es fast ununterbrochen; dann regnete es einige Tage und Nächte hindurch, und in der Nacht vom sechsundzwanzigsten auf den siebenundzwanzigsten Februar brach das Eis in der Elbe so unvermutet auf, daß es der Stadt drei Schiffsmühlen fortriß und sie bei Sankt Agnes in der Neustadt dem Feind grade in die Hände führte.

Die Wolken zerrissen über der belagerten Stadt; so hell, glänzend und warm trat die Sonne hervor, daß in das bedrückteste Herz eine Frühlingsahnung einzog, wenn auch des eingeschlossenen Volkes Sehnsucht nach Freiheit und Erlösung dadurch nur noch stärker und drängender wurde.

Am achtzehnten März, dem Mittwoch nach Judika, wo wir zwischen acht und neun Uhr des Morgens wieder einmal eintreten in das Haus des Ratmanns Horn, strahlte zwar der Himmel blau und wolkenlos; aber auf den Knien lag mit gefalteten Händen im brünstigen Gebet der Ratmann Ludolf, und neben ihm kniete die Frau Margareta mit der Tochter des Buchdruckers Michael Lotther, und im Kreis umher lag das ganze Hausgesinde. Alle sprachen leise dem Hausherrn das „christliche Gebet" nach, „so in während der Acht und Belagerung der Alten Stadt Magdeburg von allen Cantzeln abgelesen und sonsten in Heusern, uff der Wache und uff die Betstunden, so sonderlich dazu verordnet, von den Bürgern, Einwohnern, Jung und Alt, Kindern und Gesind, groß und klein gebetet wurde".

In das: „Ach Herr Gott. Vater unseres Heilands Jesu Christi, Du weißt, das wir ja nicht aus Frevel oder eigenen bösen Fürsatz in diesen Krieg und große Noth gerathen sind" - donnerte das schwere Geschütz, knatterten die Hakenbüchsen vor dem Ulrichstor.

In das „Obgleich wir, Deine elenden Kinder, sonst arme, gebrechliche Sünder sind, so halten wir doch mit rechtem Glauben und mit reiner freier Bekanntniß wider Deinen Feind den Antichrist über Deinen theuren reinen Wort" - erschallte wild der Lärm der Schlacht.

In das: „Du wollest nun Deinem Wort nach, darauf wir trauen und hoffen, Deine allmächtige gnädige Hülf lassen erscheinen und wie Du vor Alters oftmals gethan hast, selbst für uns und wider Deine und unsere Feinde streiten" - brauste der Waffenlärm der immerforth frisch aus den Toren strömenden Verteidiger der tapfern lutherischen Stadt.

In das: „Wollest solches alles thun zu Deinen Ehren und zu vieler Deiner armen Christen Trost und Seligkeit umb des einigen Mittlers, Deines lieben Sohnes unseres Herrn Jesu Christi Willen, Amen" - wirbelten die Trommeln, schmetterten die Trompeten, schallte der stets widerholte Ruf:

„Halt fest für Magdeburg! Halt fest an Magdeburg!"

Jedesmal, wenn von einer neuen Salve die runden Fensterscheiben in ihren Bleieinfassungen erklirrten, schrien die Mägde hell auf, drängte Regina Lottherin sich dichter an die mütterliche Freundin. Auf dem Wall beim Ulrichstor hielt sich der Vater Michael und tat Handleistungen beim Geschütz; im freien Felde unter dem Volk der Stadt kämpfte Markus und tat sein Bestes.

Das scharfe Gefecht, welches immer weitere Ausdehnung anzunehmen schien, war aber folgendermaßen in Gang gekommen. An der Steingrube zwischen dem Ulrichstor und dem Krökentor hatte der Feind die letzte Zeit hindurch eifrigst an einer neuen Verschanzung gearbeitet und mit Hülfe der frisch im Lager angekommenen meißnischen Schanzgräber solches Werk auch trefflich gefördert. Wenig tat die Stadt anfangs dagegen, ja, es war wieder einmal zum großen Murren der Bürgerschaft ernstlich verboten worden, vom Walle auf die feindlichen Arbeiter zu schießen, und es trat grade bei dieser Sache der geheime Zwiespalt zwischen den Leuten des Hauptmanns Springer und dem Fähnlein des Kindesbrückers jedermann ganz deutlich vor Augen. Als am siebenzehnten März Hans Kindesbrück den Hauptmann Springer am Ulrichstor ablöste, veränderte sich sogleich die Sachlage, und am folgenden Tage morgens zwischen sechs und sieben Uhr fiel zuerst Hans von Wulffen mit den städtischen Reisigen aus der Stadt gegen die neue Schanze, in welcher außer den vierhundert Meißnern noch ein Fähnlein Knechte, dreihundert Mann stark, aufgestellt war unter dem Befehl von Hans Jülicher, dem Hauptmann in der Neustadt, welcher also nicht von einer Kugel des Schützen Andreas Kritzmann getroffen sein konnte.

Den Reitern nach drückte aus dem Ulrichstor das Fußvolk, Bürger und Landsknechte; und während die Reiter von allen Seiten die Schanze einschlossen, stürmten die Knechte an zwei Orten, und es entstand ein wilder, verzweiflungsvoller Kampf. Den aus der Neustadt heranrückenden feindlichen Verstärkungen warfen sich andere städtische Haufen, aus dem Schrotdorfer Tore dringend, mit Macht entgegen. Das Wallgeschütz sprach in den geeigneten Augenblicken ebenfalls sein Wörtlein mit, und ward aus dem Überfall ein „unvorhergesehener, grausamer und behender Scharmützel".

Als sich der Ratmann Horn mit den Seinen von den Knien erhob, hatte der Lärm der Schlacht noch nicht im mindesten nachgelassen, und der eintretende Doktor Erasmus Alberus wußte nur zu berichten, Freund und Feind hätten sich so ineinander verbissen und der Rauch und Dampf verhülle also sehr das Feld, daß bis jetzt niemand wisse, wer den Plan behalten werde.

„Mit dem trefflichen Schützen vom Sankt Jakobsturm gehet es auch zu Ende, wie ich unterwegs vernommen hab", fügte der Doktor hinzu. „Das ist auch ein großer Schaden und Verlust für die Stadt und ein größer Gewinn für den Feind."

„Man hat ihm doch geistliche Hülfe zukommen lassen?" fragte der Ratmann. „Gott gebe, daß es nicht also schlecht um die Seele dieses Mannes bestellt sei, wie das Volk meinet."

„Ehrn Johannes Stengel, der Pfarrherr zu Sankt Jakob, ist, seit der abspringende Stein den Schützen getroffen hat, häufig bei ihm gewesen, ist aber immer kopfschüttelnd wieder herabgekommen vom Turm. Stumm liegt der todwunde Mann und wendet bei allem Zuspruch das Gesicht ab."

„Gott schenke ihm einen guten Tod! Um die Stadt hat sich dieser Andreas Kritzmann wohl verdient gemacht; aber wie seine Rechnung vor Gottes Richterstuhl aussieht, wer vermag das zu sagen!"

„Horcht, o horcht, was ist das? Was ist geschehen? Um Gottes willen, horcht, horcht!" rief die Frau Margareta, an das Fenster eilend, Ihrem Beispiel folgten alle Anwesenden, und das Gesinde stürzte in die Gasse.

Vom Ulrichstor her erschallte ein lang anhaltendes, immer von neuem aufbrausendes Geschrei, welches sich auch auf den Mauern rund um die ganze Stadt fortpflanzte. Verwundete und Tode wurden in Menge durch die Schöneeckstraße getragen; aber das Geschrei klang:

„Sieg! Sieg! Sieg! Gewonnen! Gewonnen! Gewonnen!"

„Hierher, Herr Magister, hierher! Was gibt's, was ist geschehen?" rief der Doktor Alberus den vorübereilenden Flacius Illyricus an, und dieser hielt an im eiligen Lauf, schwenkte das schwarze Barett und schrie:

„Gewonnen, Kollega! Allgewonnen! Über ist die Blutschanz! Das Fähnlein gewonnen in Euerm Sohn, Herr Ratmann -"

Eine große Woge Volkes spülte den Gelehrten fort, und der Schluß seiner Rede verhallte im allgemeinen Getöse.

„Markus?! Markus?! Was ist mit Markus?!" riefen die Frau Margareta und Regina.

„Kommt, Ratmann, hinaus!" schrie der Doktor Erasmus, den Arm des Ratmanns fassend. In die Gasse stürzten auch diese beiden Männer, und eine andere Woge des Volkes nahm sie mit und führte sie gegen das Ulrichstor. -

Noch krachte das Büchsenfeuer vom Felde herein; aber siegestrunken drängte ein Teil der ausgezogenen Streiter bereits wieder zurück. Gefangene wurden herbeigeschleppt haufenweise, meistens stattliche, auserlesene Kriegsleute und Doppelsöldner des Hauptmanns Jülicher; blutig und bestaubt, aber mit leuchtenden Augen kam Sebastian Besselmeier aus dem Gefecht zurück. Als er den Ratmann Horn erblickte, eilte er auf ihn zu, faßte seine Hand und rief:

„O Herr Ratmann, Euer Sohn! Euer Sohn! Glorie und Preis Euerm Sohne, Herr Ratmann!"

„Lebt er oder ist er tot? Redet nur, redet schnell, Meister Besselmeier!" rief Herr Ludolf, die Brauen zusammenziehend.

„Das Feld hat er gewonnen, Mann!" schrie der Geschichtsschreiber. „Da - horcht nur, was sie rufen!"

„Vivat Markus Horn! Vivat, vivat!" jauchzte das Volk, brüllten die in das Tor zurückströmenden Scharen. Mit Händen und Füßen strampelnd, seine Büchse schwingend, tanzte Jochen Lorleberg samt dem Pfeiferlein Fränzel Nothnagel vor der Rotte des Rottmeisters Horn einher. Inmitten der jauchzenden Krieger wurde ein widerstrebender langer Mann im weißen Wams und Hosen halb gezogen, halb geschoben. Das war der Fähnrich Hans Jülichers, und das rot und grün geflammte Banner dieses Hauptmanns trug Markus Horn in die Stadt herein. Unmöglich war es dem Vater und dem Doktor Alberus, durch die jubelnde Menge zu dem tapfern, glücklichen Krieger durchzudringen, wie es diesem unmöglich war, sich einen Weg durch das ihn fast erdrückende Volk zu bahnen. Auf der Mauertreppe neben dem Tor stand der Buchdrukker Michael Lotther, schreiend und winkend und halloend wie ein Besessener.

„Auf den Wall, auf den Wall, Markus Horn! Zeigt's ihnen, zeigt's ihnen", rief das Volk. Die letzten Kriegerscharen - die Reiter der Stadt, den Herrn von Wulffen und den jauchzenden Christof Alemann an der Spitze, trabten in das Ulrichstor. Aus dem Lager zu Diesdorf, aus den Schanzen, Gräben und Blockhäusern Tiefstetters und Wachmeisters drängte die ganze Macht des Feindes zu Roß und zu Fuß nach, die Schmach und Niederlage zu rächen.

„Auf den Wall, auf die Mauer, Markus Horn! Zeigt den Hunden ihre Schmach. Stellt ihnen ihre Fahn zum Hohn verkehrt auf die Mauer! Vivat! Vivat!"

Auf den Schultern des Volkes wurde der sieghafte Markus zur Walltreppe getragen, wo ihn der Buchdrucker mit hellem Schluchzen in Empfang nahm, in die Arme drückte und zu der Blendung zog. Nach drängte die Treppe hinauf alles, was dazu gelangen konnte, Bürger und Landsknechte durcheinander.

Auf die Brüstung sprang Markus Horn, ließ vor den Augen des Feindes die rot und grüne Fahne schweben und stellte sie dann, den Hut schwingend, vor sich nieder, die Spitze nach unten gekehrt. Ein langhallendes Wutgeschrei brach über solchen Schimpf unter dem Feind im Felde aus und drang bis an das verriegelte Gemach, in welchem Herr Jürg von Mecklenburg sein Dasein verwünschte, drang bis zu dem Hauptmann Springer, der ingrimmig auf dem Neuen Markt vor einer Abteilung seines Fähnleins hin und her schritt, drang bis zu dem Leutnant Adam, dem Bamberger, welcher bleich und verbissen unter der jubelnden Menge in der Schöneeckstraße grimmhöhnische Blicke nach der glückseligen Regina, sie sich mit der Frau Margareta aus dem Fenster neigte, warf.

In die Freude des Volkes schlug manch ein feindlich todbringendes Geschoß, aber die Geister waren zu hoch gestimmt, als daß das den Jubel der Stadt hätte dämpfen können.

„Nach dem Rathaus, nach dem Rathaus, Markus Horn!" jauchzte man und führte wirklich im Triumphzug den Rottmeister mit dem gewonnenen Panier vor dem Vaterhaus vorüber nach dem Altstadtmarkt. Die Arme streckte aus dem Fenster die weinende Mutter nach dem Sohne aus, in Seligkeit und Wonne schlug das Herz Reginens; die Brust des Rottmeisters drohte fast zu zerspringen vor innerer Bewegung. Was aber in der Brust Adams vorging, das ist nicht zu beschreiben; unter ging im Taumel grenzenloser Eifersucht die Furcht vor dem Rächer der Anna Scheuerin, die drei blutigen Kreuze erloschen in seiner Seele; - vernichtet fühlte er sich, aber fähig fühlte er sich zugleich, in die Vernichtung alle, alle, die Jungfrau, den Nebenbuhler, die ganze große Stadt mit hineinzuziehen. Der Blick, welcher zwischen Markus und Regina gewechselt wurde, als ersterer mit dem eroberten Banner des Hauptmanns Jülicher vor dem Vaterhaus vorbeizog, trieb unwiderstehlich, unwiderruflich den Leutnant Adam in sein Verhängnis. Zur Seite stieß er wild die Weiber, die Kinder, die ihm den Weg versperrten, gleichgültig trat er auf die Brust einer im Tumult zu Boden geworfenen alten Frau, seinen Weg bahnte er sich, nur ein Ziel vor den Augen.

Währenddem hatte sich der Altstadtmarkt vollständig mit der zuströmenden Menge gefüllt. Aus den Fenstern des Rathauses, aus den Fenstern aller umliegenden Gebäude blickte man auf ein wogend Meer von Köpfen in Sturmhauben, bunten Baretten, Weiberhauben, auf ein blitzend Meer von Speerspitzen, Büchsenläufen, Fahnen und Fähnlein.

Als nun die Bürgermeister mit dem Kriegsobersten Ebeling Alemann, dem Grafen von Mansfeld und andern Herren auf der Laube des Rathauses erschienen und in ihrer Mitte dann Markus Horn mit dem Banner des gefürchteten Hauptmanns Jülicher, da übertönte das Jauchzen weit und laut das Geschrei im Felde vor der Stadt. Und als man den Gewinn dieses sonnigen Frühlingsmorgens überschlug, da konnte man wohl zufrieden damit sein. Fast die Hälfte der feindlichen Schanzgräber und Knechte lag erstochen in der neuen Schanze oder auf dem Feld, einhundertfünfzig versuchte Kriegsleute brachte man gefangen in die Stadt, und war darunter manch einer, der in der Schlacht an der Ohre mit Viktoria geschrien hatte.

Unter dem Jubelruf vom Stadtmarkt her trat der Ratmann Ludolf Horn wieder in sein Haus und still in das Gemach, wo Frau Margareta und Jungfrau Regina noch immer wortlos einander in den Armen lagen.

Beim Eintritt das Ratmanns fiel die Matrone diesem sogleich um den Hals und schluchzte:

„Ludolf, siehst du nun, wie dein Kind sein Bestes für die Stadt tut? Willst du ihn noch nicht ganz und gar wieder an dein Herz nehmen?"

„Was willst du, Alte?" sagte der Greis. „Daß mein Sohn ein tapferer Kriegsmann ist, hab ich schon vor dem Scharmützel dieses Morgens gewußt. Was verlangst du, törichte Mutter? Darf dein Sohn hier nicht frei ein und aus gehen? Hab ich mich nicht dir gefügt? Aber glückliche Kriegstaten rücken den ungehorsamen Sohn meinem Herzen um keinen Schritt näher."

„Du harter, du ungerechter Mann!" rief die Frau. „Wehe dir, wenn du gerichtet werden solltest, wie du richtest!"

„Schweig, Weib, und achte auf das, was dir vor der Nase liegt. Was wird Regina so bleich? Was fehlt der Jungfer Lottherin?"

Frau Margareta nahm die Jungfrau in die Arme:

„Deinen Sohn hat sie lieb, Ludolf Horn, und dein Sohn hat wieder sein Herz auf sie gestellt. Was hat Markus gesündigt gegen dich im Vergleich zu dem, was er dem Mutterherzen, was er diesem Kind angetan hat? Willst du nicht verzeihen, wenn wir verziehen haben?"

Starr stand der Ratmann da, wechselnd blickte er von seiner Frau auf das weinende junge Mädchen.

„Ist das wahr, Jungfer Lottherin? Ihr liebt den Rottmeister Markus?" rief er staunend und zweifelnd, und statt aller Antwort stürzte Regina zu seinen Füßen nieder und bedeckte seine Hände mit Küssen und heißen Tränen.

„Vergebt Eurem Markus, meinem armen Markus!" rief sie dann. „Nehmt ihn wieder auf in Euerm Herzen! O wenn Ihr wüßtet, was der arme Markus tun würde um Eurer Liebe willen!"

„Und weiß Euer Vater, Jungfer Lottherin, Euer Vater, der Eure Hand dem Leutnant Adam Schwartze zugesagt hat, daß Ihr also Eure Gunst verschwendet habt an einen andern Mann?"

Auf sprang die Jungfrau, und ihre ebenso bleichen Wangen glühten in lichtem Rot, ihre Augen funkelten, und hochatmend rief sie:

„Nimmer wird mein Vater das Verderben seines Kindes wollen. Nimmer wird mich jener zum Altar führen! Wehe jeder Menschenseele, die in die Macht und Gewalt dieses Mannes gegeben wird!"

„Sagt das Euerm Vater selbst, Regina, da kommt er eben", sprach der Ratmann.

Die Hände geschwärzt vom Hantieren mit der Munition beim Geschütz auf der Mauer, mit mehr als einem Loch in Wams und Hosen, aber begeistert und selig sprang der alte, tapfere Buchdrucker, welcher den mecklenburgschen Hellebardenschlag vollständig überwunden hatte, in das Gemach.

„Das ist ein Leben! Das ist 'ne Lust! Vivat, vivat! Alle heran für unseres Herrgotts Kanzlei! Vivat Ratmann, vivat Frau Gretchen, vivat Regina! Herunter mit allen, so die Hand ausstrecken nach der magdeburgschen Jungfer Kränzlein! Ein Prachtkerl ist Euer Junge, Nachbar Ludolf, und die Ehrenkette, so mein Urgroßvater im großen Aufruhr des Schusters Gerke von der Heide Anno Christi vierzehnhundertundzwei erwarb, will ich ihm in meinem Testament vermachen. Vivat allen wackern Herzen und dreimal Vivat Euerm Jungen, Nachbar Horn!"

„Laßt einmal Euer Geschrei und beruhigt Euch, Nachbar Lotther", sagte der Ratmann. „Hier Euer Töchterlein hat Euch eine andere Historie zu erzählen, worin dieser Markus Horn ebenfalls vorkommt. Rede nun, Mädchen."

Das alte Magdeburger Rathaus, welches 1631 zerstört wurde (aus: Magdeburger Kultur- und Wirtschaftsleben).

Vor die errötende und erbleichende Jungfrau stellte sich zürnend die Matrone. „Ich will für meine Regina, meine Tochter reden!" rief sie. „Nachbar Lotther, Euer Kind und das meinige liegen einander. Lange hatte sie die wüste, wilde Zeit voneinander gerissen; aber die wüste, wilde Zeit hat sie auch wieder zusammengeführt. Wollt Ihr nun - "

Das Wort blieb der Frau im Munde stecken; der Buchdrucker Michael Lotther, der tapfere Verteidiger von unseres Herrn Gottes Kanzlei, der Intimus aller groben und feinen, bissigen und scharffedrigen Streithähne, gebärdete sich zu verrückt bei dieser unvermuteten Nachricht. Es war für ein großes Wunder zu nehmen, daß er sich nicht auf den Kopf stellte. Auf einen Stuhl sprang der kleine Mann wenigstens und krähete seinen Jubel hell in die Welt hinaus. Dann faßte er im Herunterspringen erst die Frau Margareta, dann sein Töchterlein beim Kopf und küßte beide herzhaft ab; dann rannte er wie ein Besessener im Zimmer umher, stolperte über Schemel und Stühle und stieß einen Tisch um, bis er von dem ernsten Ratmann bei den Schultern gepackt und in einen Lehnstuhl niedergedrückt wurde.

An den Schultern den heißblütigen Nachbar festhaltend, schrie der Ratmann ihm ins Ohr:

„Mann, Mann, kommt zur Besinnung! Halt - bleibt sitzen - habt Ihr nicht Euerm Vetter, dem städtischen Leutnant Herrn Adam Schwartze, Euerm Vetter aus Franken, Euer Kind Regina Lottherin zum ehrlichen, ehelichen Weibe zugesagt? Antwortet - aber ruhig, ohne Gezappel mit Händen und Füßen! Antwortet, und starrt mich nicht so an! ... Werdet Ihr toll, Mann?"

Schlaff waren dem Buchdrucker die Arme am Leibe herabgesunken, mit offenem Munde, mit weiten, verblüfften Augen blickte er auf den Ratmann.

„Wohl, wohl... nein, nein!" stammelte er. „Ja-nein-nicht zugesagt - nicht fest versprochen."

„O Vater! Vater!" schluchzte Regina.

„Sie will ihn auch nicht, Nachbar, und nimmer werdet Ihr doch Eure Tochter zwingen, ihre Hand einem zu geben, den sie haßt, den sie verachtet!" rief die Frau Margareta.

„Schweigt, ihr Weiber!" sprach der Ratmann. „Nachbar Lotther, besinnt Euch; habt Ihr dem Leutnant Adam Schwartze gestattet, um Eure Tochter zu werben?"

„Laßt mich los! Laßt mich frei! Hülfe, Markus! Zu Hülfe, Markus! Laßt mich frei, ich ersticke, Nachbar!" schrie der Buchdrucker. „Wohl hab ich's ihm gestattet - einen Kriegsmann wollt ich zum Schwiegersohn haben, und Euer Sohn war leider Gottes durchgebrannt und in der weiten Welt, der wackere Jung - der Satansbube - der Dummkopf. Laßt mich hinaus, ich ersticke; - Reginchen, nimm, welchen du willst; aber in deiner Stell nähm ich den Mark - den Esel, der mich hier in der Patsche steckenläßt und nie da zu finden ist, wo er sein sollte. Gottes Tod, Nachbar, was hat der Vetter aus Franken, der Adam, der Faule Adam, ausgeführt für die Stadt?

Hat er mich nicht steckenlassen im dicksten Brei bei Hillersleben? Wer hat mich da gerettet? Der Markus! Wer hat mir aus dem Scharmützel um Sankt Michael meines Urgroßvaters Ehrenkette heimgebracht? Markus Horn! Wer ist überall voran gewesen, während mein liebster Vetter hinter dem Ofen hockte? Markus Horn! Wer hat heut den Vogel abgeschlossen, die Schanze gewonnen, dem Jülicher den Fähnlein genommen, den Fähnrich bei dem Barte durchs Feld gezogen? Immer wieder Markus Horn. Nimm, wen du willst, Reginchen; aber nimm den Markus! Himmeltausend blutige Hagelwetter, da möcht man sich ja das Fell vom Leibe fluchen. Laßt mich hinaus, aber ich sage dir, Mädchen, ich an deiner Stelle nähme unsern glorreichen Nachbarsjungen, den Markus, und nicht den Vetter aus Franken, den Adam!"

„Und weshalb versagt Ihr dem Adam Schwartze nunmehr die Hand Eurer Tochter?" fragte eine klanglose Stimme, und erschreckt blickten alle auf und um. In der offenen Tür des Gemaches stand des Springers Leutnant. Mit lautem Aufschrei klammerte sich Regina an die Frau Margareta. Auch der Ratmann erschrak heftig über das Aussehen Adams. Mit einem gewissen verzweifelten Hohne blickte dieser im Kreis der Anwesenden umher, langsam schritt er sodann auf den Buchdrucker zu, zog den Handschuh von der abgemagerten Rechten und streckte sie dem Meister Michael dar:

„Aufgenommen habt Ihr mich in Euer Haus, und behandelt habt Ihr mich gleich einem Sohn. Mit Worten und Winken habt Ihr mir den schönsten Preis des Lebens gezeigt. Schuld seid Ihr, daß mein Herz gefangen und gefesselt ist. Was ich tun konnte, würdig zu werden des Gewinnes, den Ihr mir so nahe zeigtet und vor die Augen hieltet, hab ich redlich getan; aber das Glück ist einem andern günstiger gewesen, hat einen andern in Eurer Gunst erhoben und mich erniedriget. Wollt Ihr mich nun entgelten lassen, was das Glück sündigte? Nun gebt mir Antwort in diesem selbigen Augenblick! Hier warte ich auf Antwort, Meister Michael Lotther, und bitte Euch herzlich, verweigert mir nicht, was Ihr zugesagt habt noch vor wenigen Wochen, Tagen! Gebt mir die Hand Eurer Tochter, gebt mir Regina; mein Herzblut will ich vergießen für sie und Euch."

Niemals noch hatte die böseste Leidenschaft unter solcher Maske gesprochen. Seine ganze Kraft und Macht hatte der Bamberger seit einer halben Stunde wiedergewonnen. Jedes Wort, jeden Tonfall der Stimme, jede Bewegung hatte er vollständig in seiner Gewalt. Klar wußte er, was er wollte; die zweifelnde, schreckliche Tatlosigkeit der letzten Wochen und Monde war verschwunden. Adam Schwartze schüttelte die Würfel in seiner Hand, und sie zitterte nicht mehr dabei. Nachdem Markus Horn mit dem Banner des Hauptmanns Jülicher durch die Schöneeckstraße geschritten war und Adam den Blick Reginens aufgegangen hatte, war der Leutnant nach dem Domplatz gestürzt und hatte daselbst dem Hauptmann einige Worte zugeflüstert, dann war er zur Frau Johanna hinter den Barfüßern geeilt und hatte mit ihr eine kurze Unterredung gehabt. Hin und her in der Stadt schritt nun Hans Springer und gab manchem Mann einen geheimen Wink, auf und ab in ihrem Gemache schritt die Frau Johanna und summte einen Kriegsmarsch und lachte öfters leise vor sich hin.

Wieder hatte es den Leutnant nach der Schöneeckstraße zurückgetrieben. Wieder einmal waren die bösen Geister recht geschäftig in der Kanzlei unseres lieben Herrgottes, und - - Adam Schwartze hatte sich, auf Antwort wartend, vor dem Buchdrucker Michael Lotther und der schönen Regina auf ein Knie niedergelassen.

Die Würfel warf der Leutnant; aber nicht den Königswurf traf er; die drei roten Kreuze leuchteten blutiger als je vor ihm auf; das Verhängnis ging in Erfüllung über Adam Schwartze, vollstreckt ward der Richterspruch; und die auf eines hochweisen Rates von Ulm gesprochenes Urteil ersäufte Anna Josepha Scheuerin zog den Bamberger hinunter zu den Toten. - „So antwortet doch dem Herrn, Euerm Vetter!" rief der Ratmann Horn. „Wahrheit ist in seinen Worten. Zeuge bin ich, daß Ihr also gehandelt und gesprochen habt, wie er eben sagt. Von seinem Wort soll ein rechter Christ und

Mann nicht weichen. Antwortet Euerm Vetter, Meister Michael Lotther!"

Ratlos, verstört blickte der Buchdrucker im Kreis umher; dann sprang er mit einemmal auf seine Tochter zu, faßte ihren Arm, zog sie vor den Leutnant, der sich wieder von seinem Knie erhoben hatte, und schrie ihr mit gellender, kläglicher Stimme zu:

„Willst du ihn? Willst du ihn?"

Ein Schauder überlief den ganzen Laib der Jungfrau; vor dem Blicke ihres Auges wich Adam Schwartze drei Schritte zurück. In ihren Busen griff Regina Lottherin, zog ein Papier hervor und reichte es dem Leutnant. Dieser griff danach, überflog es, wankte einen Augenblick auf den Füßen und schlug dann schwer zu Boden.

Ein Schrei des Entsetzens ging durch das Gemach. Auf griff der Ratmann das zerknitterte Blättchen:

„Ist das mit Blut geschrieben?" murmelte er und las dann, während alle Anwesenden mit Grauen horchten und die Frau Margareta neben dem bewußtlosen Adam kniete:

> **Vor Gottes Canzlei und Richterstuhl lädt der**
> **Scheuerin Mörder, Adam Schwartzen von Bamberg**
> **†††**
> **alias Andreas Kritzmann,**
> **im Sterben auf Sankt Jakobsthurm**
> **zu Magdeburg.**

Das fünfzehnte Kapitel

ZU MARKUS UND REGINA SPRICHT
ANDREAS KRITZMANN UND BERICHT'T
VON UNERHOERTEN, GRAUSEN TATEN,
UND WIE DIE SACHE SEI GERATEN.
DIE GROSSE STADT SICH DUMPF BEWEGT,
VIEL UNHEIL SIE IM SCHOSSE TRAEGT.

Wer blickt nicht gern von hohem Turme über eine große, lebendige, im Handel und Wandel sich regende Stadt in eine im ersten Frühlingssonnenschein erglänzende Landschaft? Der Schnee ist zergangen, die befreiten Wasser blitzen wie geschmolzenes Silber, der Dunst, welcher aus der feuchten Erde emporsteigt, verleiht der Gegend einen neuen Reiz und erfüllt, wenn er duftig über der Ferne liegt, die Seele mit jenem süßen Verlangen nach den Flügeln des Vogels, wovon so manches Lied bei allen Völkern der Welt erklingt.

Bei Frühlingssonnenschein und blauem Himmel führen wir nun den Leser zum zweitenmal auf den Turm von Sankt Jakob, wo eine arme ringende Seele die schwersten Fesseln, den irdischen Leib, abstreifen will, um sich hinauszuschwingen in die Unendlichkeit. Der treffliche, dem Feind so furchtbare Büchsenschütze Andreas Kritzmann ist am Nachmittag dieses achtzehnten Märzen nun wirklich dem Abscheiden nahe, nachdem er durch acht schreckliche Tage und Nächte mit dem Tode gerungen hatte. Gleich einem tapfern alten Veteranen steht der Turm von Sankt Jakob da, aber wie sieht er aus! Stolz trägt er seine Narben, seine Risse, umgeben von dem haushohen Trümmerwerk des herabgestürzten Dachstuhls, der zerschmetterten Spitze. Fünfzehnhundert Schüsse hatte der Feind von der Neustadt aus oft in einer Woche an diesen, ihm so unheilvollen Wächter von unseres Herrgotts Kanzlei gewendet. Da war kein

Schuhbreit Gemäuer, gegen welches nicht eine Kugel geflogen war; da war keine Fensteröffnung, keine Mauerspalte, die nicht täglich zur Zielscheibe gedient hatte. Fast unwegsam war die Wendeltreppe geworden, die in dem Turme hinaufführte zu dem Gemacht, wo Andreas Kritzmann, der todbringende Schütz, so gut seine schreckliche Kunst und Geschicklichkeit ausübte. An manchen Stellen war die Treppe durch die eingeschlagenen Kugeln ganz zerstört, und auf notdürftig hergestellten Gerüsten und Leitern mußte man höher klimmen, bis zu der Luke, die in den Geschützraum führte.

Hier aber erreichte die Verwüstung, die des Feindes Geschosse angerichtet hatten, ihren Gipfelpunkt. Zertrümmert war jeglich Gerät; zertrümmert war der kleine Feuerherd. Zertretenes, nasses Stroh bedeckte den Boden - blutige Lappen, zersprungene Kugeln, herabgestürzte Balken und Bretter, Schmutz- und Unrathaufen, zerschmetterte Töpfe und Pfannen ließen den schwandenden Fuß im Niedertreten zaudern. Zerschossen war auch die Lafette der todbringenden Kartaune, zu Boden lag der geschwärzte Lauf des Stücks, zu Boden gleich dem, welcher so schrecklich gut damit umzugehen wußte. Auf blutigem, ärmlichen Strohlager, in einem Winkel des unheimlichen Raumes, lag der Büchsenmeister Kritzmann, umgeben von einem Kreis ernster, tiefbewegter Lauscher. Man hatte den Sterbenden gleich am neunten März, nachdem er die böse Wunde empfangen hatte, hinabtragen wollen vom Turm; aber mit voller Macht wehrte er sich dagegen und verlangte, daß man ihn sterben lasse, wo er gewaltet habe. Leichter werde ihm hier der Tod erscheinen - so meinte er - als unten in den dumpfen Gassen, in dem Gewühl der Menschen. So mußte man ihm willfahren und konnte auch sonst nur wenig tun, ihm sein Geschick, seine letzten Stunden zu erleichtern. Wie wir durch den Mund des Doktor Erasmus Alberus bereits erfahren haben, wies der Schütz jeden geistlichen Zuspruch finster zurück. Dargebotene Bequemlichkeiten, Stärkungen nahm er gleichfalls nur halb gezwungen an, antwortete nach seiner Art meistens nur durch Kopfnicken und Kopfschütteln.

Erst in der letzten Stunde seines Lebens sprach der gewaltige Schütz Andreas Kritzmann zu denen, die bei seinem Todeskampfe gegenwärtig waren, zu dem Ratmann Ludolf Horn, dem Buchdrucker Michael Lotther, dem Rottmeister Markus Horn, zu dem Pfarrherrn von Sankt Jakob, Johannes Stengel, und zu der bleichen, zitternden Regina Lottherin, die wie ein vom Himmel herabgestiegener Schutzengel in diesem Raum der Verwüstung neben dem Lager des Sterbenden kniete.

Auf welche Weise diese Menschen auf dem Turm von Sankt Jakob zusammengeführt wurden, was geschehen war, nachdem die drei blutigen Kreuze zum letztenmal dem Leutnant Adam von Bamberg erschienen waren, müssen wir jetzt erst erzählen. Taumelnd, einem Trunkenen gleich, hatte sich Adam im Hause des Ratmanns Horn erhoben; nach einem verwirrten Umherstarren war er fortgeschwankt, und niemand der entsetzten Anwesenden hatte ein Wort dazu gesagt, hatte ihm die Hand beim Aufstehen gereicht, war ihm in den Weg getreten. Nach starrten ihm alle, bis sich die Tür hinter ihm geschlossen hatte; dann fiel's wie ein Alp von jeder Seele, und alle atmeten tief auf. Der erste, welcher sich wieder zurechtfand, war der Ratmann; mit bewegter Stimme wandte er sich fragend an Regina, wer ihr dieses schreckliche Blatt gegeben habe.

Noch einmal mußte er seine Frage der von allen Gemütsbewegungen tief erschütterten Jungfrau wiederholen:

„Wer gab Euch dieses blutige Papier, Regina Lottherin?"

Da brach das Mädchen wild aus:

„O ich habe lange gewußt, daß er schlecht, daß er böse sei. Hab's meinem Mütterlein hier auch gesagt. In seinen Augen hab ich seine Falschheit gelesen, und seine Grausamkeit stand auf seiner Stirn geschrieben. O Vater, Vater, wenn Ihr wüßtet, welche schwere Stunden seine Gegenwart in unserm Haus mir bereitet hat! O hätt ich doch sagen können, was ich fühlte, wenn er in meine Nähe kam! Überall hat er mich verfolgt, in den Gassen, im Hause, in der Kirche. 'S ist auch vor Monden, grad als diese Belagerung anging, als der Vater krank lag nach der Hillerslebener Schlacht, ein Vermummter im Mantel auf unserer Hausflur gewesen und hat mich gewarnt, hat aber seinen Namen nicht genannt, auch sein Gesicht nicht sehen lassen. Hat mir gesagt, er wolle über mich wachen, aber niemandem solle ich ein Wort sagen, daß er zu mir kommen sei. Und jedesmal, wenn der - dieser schlechte Adam mich wieder geängstet hat, ist mir eine Warnung zugegangen, bei Abend durch einen Knaben. Doch hab ich auch davon nicht reden dürfen, und weilen ich sah, daß der unbekannte Beschützer es gut und ehrlich meinte mit mir, so hab ich auch niemandem etwas gesagt. Solange der Leutnant neulich krank war, ist mir nichts zukommen; darnach aber, als der Leutnant wieder auf war, hat er mich um so wilder gedrängt und gesprochen, ich solle sein Weib werden, er wolle mir auch den größten Freuden und Ehren schaffen, hat auch die schrecklichsten Worte gesprochen; ach und ich habe auch dem Markus nichts davon sagen dürfen, daß kein edel und lieb Blut um mich verstürzet würde. Das war am neunten Märzen, und am zehnten hat mir ein alt Weiblein, so ich nicht kenne, dies Blatt gebracht und hat dabei gesprochen: Nun werde der Schützer nicht mehr sorgen können, sterben werde er und wünsche mir alles Glück in meinem Leben; - das blutige Papier möge ich aber dem Adam Schwartze geben, wenn er wiederum um mich werbe, es werde eine gute Waffe sein in meiner Hand. Darauf ist's alte Weiblein verschwunden gewesen unter dem Portal von Sankt Ulrich, und hab's nicht wieder zu Gesicht gekriegt. Gott segne auf dem Totenbette den Schützen von Sankt Jakob!"

Kopfschüttelnd hatte der Ratmann diesen Bericht der Jungfrau vernommen; mit vielen Ausbrüchen des Staunens, der Verwunderung und des Zornes hatte der Buchdrucker seiner Tochter zugehört; mit zitterndem Herzen und zuckendem Munde lauschte die Frau Margareta.

„Welch eine seltsame Historie!" rief der Ratmann.

„O Vetter, Vetter Adam, oh, oh, oh, oh!" rief der Buchdrucker und legte in seine „Oh's" einen solchen Ausdruck, welcher dem Leutnant Adam Schwartze für alle Zeit die Lottherische Buchdruckerei dreifach verriegelte und verschloß.

„Armes, armes Kind!" schluchzte die Matrone, des Nachbars Tochter an ihre Brust ziehend. „O Böse, mir hättest du doch sagen können, was dich bedrückte und dich so bleich machte diese ganze schwere Zeit hindurch."

Aber die Jungfrau schüttelte das Haupt:

„Nein, Mutter, nein. Niemandem konnte ich davon reden; - oh, der Wächter auf dem Sankt Jakobsturm hat ja treu und gut gewacht; - ach, könnte ich doch wieder wachen an seinem Schmerzenslager!"

Der Ratmann nahm Hut und Stab.

„Wohin willst du so eilig, Ludolf?" fragte die Frau.

„Nach dem Turm von Sankt Jakob!" erwiderte der Greis; aber in demselben Augenblick öffnete sich die Tür, und der Prediger der Jakobskirche Johannes Stengel trat ein, begleitet von Markus Horn, der sich jetzt erst der jubelnden Menge und seinen

Pflichten als Befehlshaber hatte entziehen können. Freudig blickte das Mutterauge auf den Sohn; doch was auch in der Seele das Vaters vorgehen mochte, nichts davon ließ er das Kind merken. Kalt und gemessen erwiderte er den Gruß des Rottmeisters, welchen er vollständig behandelte gleich einem Fremden, dem er Höflichkeit schuldig war. In jener Zeit strenger väterlicher Autorität handelte man so, und die verlorenen Söhne fügten sich, wie Markus sich fügte, oder es hieß sonst wohl in einem mürrischen städtischen Aktenfaszikel:

„Anton Holtwedel leit Vater unde Modder, leip von Wittenberg under dat Volk, quam heme, erwisede sick undugentlich un warde derhalben in den Toren geworpen, darinne hei moste sitten drei Jahre." -

Mit Bangigkeit bemerkte Markus die tiefe Erregung auf allen Gesichtern und vorzüglich auf dem Reginas; er hätte zu ihr hinstürzen mögen, sie zu fragen, was hier vorgegangen sie; aber der im Vaterhaus nur geduldete Sohn durfte seinen Gefühlen unter den strengen Blicken des Vaters nicht freien Lauf lassen, und so stand er sprachlos, mit gepreßtem Herzen. Was Ehrn Johannes Stengel in des Vaters Haus führte, hatte er unterwegs vernommen; wild rollten seine Augen, hafteten an dem bleichen Gesicht Reginas und hafteten wieder an dem Federbarett des Leutnants Schwartze, welches diesem im Niederstürzen entfallen war und welches er in der Betäubung auf dem Fußboden zurückgelassen hatte.

„Gott segne Euern Eingang, Ehrwürden", sprach der Ratmann zu dem Pfarrherrn von Sankt Jakob. „Was bringet Ihr in mein Haus?"

Vor allen Anwesenden verneigte sich ernst und würdig der Prediger und sprach:

„Eine wunderliche Sache, in der Gott allein rechten Bescheid weiß, führet mich zu Euch, Herr Ratmann, und auch zu Euch, Meister Lotther. Auf meinem Turm lieget, wie Ihr wisset, im Sterben der Büchsenmeister Andreas Kritzmann. Er sendet mich; - an Euern Sohn, Herr Ratmann, an Eure Tochter, Meister Michael, sendet er mich. Er will die beiden sehen in seinem letzten Stündlein; er will zu ihnen sprechen; er will ihnen sagen, was er mir und dem trefflichen und frommen jungen Prediger vom Heiligen Geist, was er allen andern frommen und fürtrefflichen Leuten hartnäckig verweigert, Wie manche schwere Stund hab ich diese acht Tage durch im inbrünstigen Gebet und Flehen an seinem Lager gesessen, den bösen Feind davonzuscheuchen. Lauern sah ich ihn in den dunkeln Ecken, seine Stimme vernahm ich kreischend um den Turm, und meinen Gott hab ich mit hellem Ruf angeschrien gegen den, so da umgehet gleich einen brüllenden Leuen und umflieget gleich einem feurigen Drachen. Mit meinen leiblichen Augen sah ich ihn sitzen und grinsen in der Ecken und sah ihn über das Geschütz lugen durch das Galmloch. Angeschrien hab ich ihn, wie er mich anschrie, und mein geistlich Rüstzeug hab ich gebraucht, und der wunde Mann hat darzu gestöhnet auf seinem blutigen Lager, als fühle er des höllischen Feindes Krallen in seiner Seele; aber doch wollte er sein Herz nicht entlasten. Des hat der Affe Gottes gehohnlächelt! Heute morgen aber unter dem Getös der Schlacht, jetzt, da der Tod ihm ans Herze tritt, will's fast erscheinen, als falle ein Lichtstrahl von oben in das unholde Herz des sterbenden Mannes. Und als ich wiederum mit Eifer in ihn gedrungen bin, zu sagen, ob er in Frieden mit Gott scheide und der Gnade teilhaftig zu werden glaube, da ist ihm etwas ins Auge kommen gleich einer Träne, und dann hat er Euer Töchterlein gefordert, Meister Lotther, und Euern Sohn, Herr Ratmann. Hat gebeten, sie möchten im Namen Gottes kommen, ihnen wolle er sagen, wie es mit ihm bestellt sei. Dem Herrn Markus hab ich den Auftrag schon unterwegs ausgerichtet; nun frage ich das Jüngferlein und ihren Herrn Vater, ob sie dem Wort des Sterbenden folgen wollen."

„Gewißlich, gewißlich, Ehrwürden!" rief der Buchdrucker. „Nicht einen Augenblick wird sich die Jungfer Lottherin besinnen, den allerbesten Schützen dieser edlen Stadt in seinem letzten Stündlein zu trösten, zumal da er das arme Kind im Leben so wunderlich und unerklärlich in seine Hut genommen hat. Laßt uns gehen - nicht wahr, Reginchen, auf der Stelle wollen wir nach Sankt Jakob?"

Hastig nickte die weinende Jungfrau. Noch wollte die Mutter Margareta dem Sohn mitteilen, was eben mit dem Leutnant Schwartze hier vorgegangen war; aber der Vater hatte bereits Mütze und Stab genommen. So mußte Markus die Mutter lassen, ohne die wunderliche Begebenheit erfahren zu haben. So schritt er mit dem Vater, dem Pastor Stengel, dem Buchdrucker und Regina durch die von ihrem Sieg noch immer aufgeregte Stadt zum Turme von Sankt Jakob und suchte sich auf diesem Gange so nah als möglich der Jungfrau zu halten und bruchstücksweise zu erfahren, was in dem Vaterhaus geschehen war, während er an der Steingrube die Blutschanze erstürmte und des Hauptmanns Jülicher Fähnlein samt dem Fähnrich gewann. Zorn und Entsetzen wechselten darob in des Rottmeisters Geist, doch behielt der erstere die Oberhand, und tausend Tode schwur der Erzürnte dem Leutnant Adam Schwartze zu.

Jeder Mund in der kleinen Gesellschaft war jedoch geschlossen, als man begann, die halbverschütteten, halbzertrümmerten Stufen der Wendelstiege im Turm von Sankt Jakob zu ersteigen. Vorzüglich Reginas Herz schlug immer lauter, wie sich Stadt und Umgegend immer weiter um sie her ausbreitete und sie durch die Maueröffnungen von feindlichen Lagern und Schanzen die Heimatstadt schlangenhaft umwunden sah, wie sie das Gewimmel der Bedränger in den Schanzen und Gräben selbst bemerken konnte.

Fest klammerte sie sich an ihren Vater, als der Pastor Stengel sagte:

„Dort an der Steinkuhlen, schaut, wie sie die Toten aus dem Feld und aus der Schanz schleppen! Gepriesen sei Gott, welcher seiner Stadt den Sieg verlieh!"

„Amen!" rief der Ratmann, und „Erschreckt nicht!" rief Markus. Er hatte nach der Seite der Neustadt ausgelugt und wollte sagen: Erschreckt nicht, das Geschütz wird spielen, konnte aber natürlich die Warnung nicht schnell genug rufen: denn dreizehnmal erschütterte der Knall der feindlichen Kartaunen von der Neustadt her die Luft, ein Pfeifen und Zischen ging um den Jakobsturm - ein Krachen und Prasseln, ein Niederbröckeln von Gemäuer, Staubwolken, und in all dem Lärm ein seltsames, schauerliches Lachen! Fünf Kugeln hatten wieder einmal den tapfern Turm von Sankt Jakob getroffen- auf seinem Sterbelager lachte darob der große Schütz Andreas Kritzmann.

Besorgt blickte Markus auf die Jungfrau, aber sah sie bleich und mit zusammengepreßten Lippen mutig aufwärts klimmen; tief holte er Atem und vergewisserte sich, ob auch der Vater und die übrigen keinen Schaden genommen.

„Hier, hier, Gott schützt die Seinen - noch diese Stufen!" rief Ehrn Johannes Stengel. „Reicht Eure Hand, Jungfer Lottherin! ... Meister Andreas, Euer Wille ist geschehen; hier habt Ihr den Rottmeister Horn und Jungfrau Regina Lottherin; möge Gottes Frieden mit ihnen zu Euch kommen, Meister Kritzmann."

Der Märzensonnenschein tat sein möglichstes, den schrecklichen Raum zu verklären; aber wir haben schon geschildert, wie wenig ihm das gelingen konnte. An das Lager des Sterbenden traten die von demselben Gerufenen, und ein Zug der Befriedigung ging über das blutlose Gesicht des wunden Mannes, als Markus und Regina vor ihm erschienen.

„Wie geht es Euch, Meister Andreas?" fragte der Rottmeister, sich niederbeugend. „Kein Auge ist in der ganzen Stadt da unten, welches nicht zu diesem Turm emporblickt und nach Euch fragt. O Meister, Meister, welch einen Ruhm habt Ihr Euch erworben!"

Mißbilligend schüttelten der Ratmann und Ehrn Johannes Stengel die würdigen Häupter; aber aus den Augen des Schützen leuchtete ein Strahl wilden Triumphes, verschwand jedoch sogleich wieder.

„Ich danke Euch, daß Ihr gekommen seid, Herr Rottmeister", sagte er schwach. „Und Euch danke ich noch mehr, Jungfer. Nicht wahr, an einen bösen Ort hab ich Euch bestellet?"

„O Meister", rief die Jungfrau. „O Meister, was soll ich sagen zu Euch? Was kann die arme Regina Lottherin tun, Euch ihren Dank abzustatten? Was hat die arme Regina getan, daß sie also Euern Schutz sich erworben hat? O könnt ich Euch doch alles das geben, was mein Herz Euch wünscht - Leben und Friede und Glück - o Meister, Meister!"

Finster schüttelte der Schütz den Kopf.

„Leben, Friede, Glück! Im Grabe ist Friede, und was nach dem Grabe kommt, wer will das sagen? Ich hoffe, die Rache kommt auch noch nach dem Grabe."

Der Prediger von Sankt Jakob machte eine Bewegung, als wolle er kraftvoll und machtvoll einbrechen in die Rede des Sterbenden; aber der Ratmann hielt ihn zurück:

„Laßt, laßt, nicht uns hat der Meister Kritzmann gerufen. Lasset ihn reden nach seinem Willen zu dem Rottmeister und der Lottherin."

„Nicht euch hat der Schütz Andreas Kritzmann gerufen!" murmelte der Verwundete. „Was hätte er euch auch zu sagen? Alt seid ihr und eifrig nur in euerm Glauben. Da kommt mein Blut wieder - es ist das letzt; aber heißer ist's immer noch, tausendmal heißer als das, so rollet in euern Adern - "

Ein blutiger Schaum trat auf die Lippen des Sterbenden. Einen Augenblick lang glaubten die erschütterten Umstehenden, der Tod werde schon jetzt kommen; aber die kraftvolle Natur des Mannes besiegte ihn noch einmal; weiter sprach Andreas Kritzmann: „Zu der Jugend will ich sprechen; und so Herr Markus Horn ein Mann sein will, wie er es immer war, so will ihn der Schütz vom Jakobsturm einsetzen zum Vollstrecker seines letzten Willens. So will ihm der, so hier in Magdeburg heißet Andreas Kritzmann, in die Hand geben den Leutnant Adam Xaver Schwartze aus Bamberg, daß er ihn verfolge bis in den Tod auf allen vier Straßen der Welt, wie ihn verfolgt hat der, so sich Andreas Kritzmann nennen lässet."

Markus Horn umfaßte fester den Griff seines Schwertes und lauschte mit jagendem Atem den Worten des Schützen. Alle andern standen in stummen Bangen, und Regina trocknete mit ihrem weißen Tüchlein dem Wunden den kalten Schweiß von der Stirn.

„Danke, liebes Jungfräulein", stöhnte der Meister Andreas. „Schon um Euretwillen, Jungfrau, wird Markus Horn mein Vermächtnis annehmen und zu Ende führen, was mir der Tod versagte, zu End zu bringen. Höret auch ihr Alten, Bürger, Geistliche, Ratleute: hütet eure Stadt wohl vor diesem euerm Leutnant Adam Schwartze! Bis jetzt hat der Schütz von Sankt Jakob dafür gesorgt, daß kein Schaden euch geschehe durch Adam von Bamberg; - in einer Stund aber werden des Schützen scharfe Augen geschlossen sein für immer; dann habt selber scharfe Wacht!"

„Redet, redet, Meister Kritzmann - da Ihr Euch so nennen lasset -, da Ihr wußtet, daß der Leutnant ein Verräter sei, weshalb hat Ihr, der Ihr sonst so gut für die Stadt wirktet, weshalb habt Ihr nicht früher gesprochen?"

„Ein anderer hätte mir die Rache entziehen können", keuchte der Schütz. „Selbst wollt ich der Richter sein über Adam Schwartze, wollt ihn den Tod tropfenweis schlürfen lassen; stückweis wollt ich seinen Geist vernichten und ihm die Seele töten, ehe ich ihm den Körper zerschmetterte. Was war mir eure Stadt, was war mir die Sache, so ihr verteidiget? Als ein katholisch Kind bin ich geboren worden und sterbe, ich weiß nicht, ob als ein katholischer oder lutherischer Mann. Die Hunderte, welche von meinen Kugeln niedergestreckt wurden, liegen verscharrt, damit ich selbst nicht im Wahnsinn unterginge, damit die Zeit, die schrecklich langsame Zeit ausgefüllet würde bis zur Stunde der Rache. Hab ich doch gemeint, ich könnt nicht eher sterben, eh nicht die Rach mir gegeben sei. Wehe, wie oft hab ich den Feind in meiner Hand gehalten, wie ein Kind einen Vogel hält, und hab ihn nicht zerdrückt; wehe, und nun ist der Tod doch gekommen, und die Rache ist nicht erfüllt; sterben muß ich, und unter den Lebendigen wandelt Adam von Bamberg! Markus, Markus, Markus Horn, schütze deine Braut, räche mich, dich, deine Vaterstadt an dem Leutnant Adam Schwartze; nimm meine Rache in deine Hand; du mußt es, deinetwegen, deiner Vaterstadt wegen, dieses Mädchens wegen! O hätt ich ihn geschlagen, als ich konnte! Fluch mir, daß ich es nicht tat! Fluch der Kugel, welche mich niederwarf, ehe die Rache vollendet war!"

Erschöpft sank der wunde Mann zurück. Starr und stumm standen alle Anwesenden vor diesem Ausbruch ungezügelster Leidenschaft. Die Jungen wie die Alten schraken zurück vor dem Abgrund, der sich ihnen hier enthüllte.

Nachdem der Büchsenmeister eine geraume Weile mit geschlossenen Augen gelegen hatte, öffnete er sie wieder und wandte sich mit vollständig veränderter Stimme an Regina.

Die Leidenschaft, die wilde Wut schien der tiefsten Gleichgültigkeit Platz gemacht zu haben.

„Ich hab Euch eben wohl recht erschreckt, Jungfräulein?" fragte Meister Andreas. „Auch, einem Sterbenden müsset Ihr schon etwas zugute halten. Doch meine Augenblicke sind gezählt, ich habe keine Zeit mehr zu verlieren, wenn Ihr, Markus, noch erfahren sollt, was Euch zu wissen nötig ist. Tritt her, Markus Horn, tretet her, Regina Lottherin! Dem scharfen Schützen, dem Ihr auf so manchem Feld, in so mancher Schanze seit der Belagerung von Leipzig begegnet seid, dem Schützen vom Sankt

Belagerungsansicht von 1551 (aus: Magdeburger Kultur- und Wirtschaftsleben Nr. 2)

Jakobsturm war es nicht an der Wiege gesungen, daß er auf solchem Lager, an solcher Stell einen solchen Tod sterben sollt. Er hieß einsten anders und stolzer, als er jetzo genannt wird; einen hellen Schein gab anfangs sein Leben - doch das ist jetzt alles nichts; - lasset den Schützen vom Jakobsturm einscharren unter dem Namen Andreas Kritzmann, Herr Pfarrer von Sankt Jakob, neben dem armen Knaben, so ihm die Kugeln reichte. In eine Grube werfet den Patrizier und den Blödsinnigen; es ist alles eins! Den Mörder des ulmschen Bettlerkindes aber, dem Mörder der Anna Scheuerin, den Verderber und Verräter Adam Schwartze, gebet ihn den Vögeln unterm Himmel, gebt ihn den Hunden! Mein war Anna - mein ihr süßer Leib, mein ihre Seele, mein ihre

Locken und alle ihre Gedanken, mein das Kind, so sie trug, während mich die harten, stolzen Eltern unter falschen Vorspiegelungen fortgeschickt hatten gen Portugal, wo des Vaters Bruder ein reicher Kaufmann ist. Im fernen Land, auf dem weiteren Meer sollt ich der Scheuerin vergessen. Sehet, Regina Lottherin, und derweilen gingen daheim Vater und Mutter in die Kirchen und beteten zu allen Heiligen für den Sohn und trieben des Sohnes Braut mit ihrem Kind ins Elend. Und als Adam Schwartze gen Ulm kam um die Zeit und in böser Glut gegen ihres eigenen Sohnes Braut entbrannte, haben sie ihre Freude dran gehabt. In Hunger und Kummer saß die Anna Josepha mit meinem Töchterlein, und immer von neuem drängte der Versucher und trat zuletzt vor sie mit falschen Briefen und zeigte ihr, zu Lissabon habe ihr Verlobter Hochzeit gehalten mit einer andern. Sehet, Regina Lottherin, da ist zwar dem Adam sein Plan nicht geglückt; aber im Wahnsinn und Elend hat die Anna Josepha mein und ihr Kindlein erwürgt, und im Wahnsinn ist sie vor die Richter geführt, und im Gericht hat mein Vater mitgesessen und hat den Spruch mitgesprochen über des Sohnes Braut. Und als ich heimkam, da waren es grad vierzehn Tag, seit meine Anna den Sack nähen mußt, in welchem sie ertränkt ward in der Donau. Und hat der Nachrichter, Meister Fritz, mir erzählt mit Tränen, wie sie gedacht habe, an ihrem Brauthemd nähe sie. Ehrwürdiger Herr von Sankt Jakob, verflucht hat ich den Leib, der mich geboren hat, verflucht hab ich meinen Vater, und Euer Trost ist kein Trost für mich, und noch in dieser Stund kann ich den Eltern nicht vergeben. Markus Horn, nun wisset Ihr, warum ich den Adam in allen Landen gesucht habe; - nun wisset Ihr, Herr Ratmann, weshalb ich Ströme von Blut vergossen hab, um die Zeit zu töten. Nun wisset Ihr, Jungfrau Regina, weshalb ich Euch geschützet hab gegen den Leutnant Adam Schwartze! - Als wir während der böhmischen Wirren zum erstenmal in Prag zusammentrafen, Markus, da suchte ich den Adam von Bamberg; gesucht, gesehen und wieder verloren hab ich ihn vor Ingolstadt, gesucht hab ich ihn vor Braunschweig, gesucht hab ich ihn durch das ganze deutsche Land, bis ich ihn endlich, endlich fand in dieser Eurer Stadt Magdeburg. Und als ich ihn hatt, da bin ich eine Stund lang wieder einmal ein glücklicher Mensch gewesen. Seit ich nach Lissabon und den afrikanischen Inseln fortgewesen bin, hatt mich der Adam nicht gesehen, hat mich auch nach meiner Heimkunft nicht gesehen, sondern floh, bevor ich die Hand auf ihn legen konnt. Und Schmerz und Sonn und Wetter hat mir das Gesicht verändert, daß mich nunmehr meine leibliche Mutter nicht mehr erkennen würde. So hat er mich auch nicht erkannt, aber ich ihn, und wild hat mir das Herz in der Brust gejauchzet, und lange Nächte durch hab ich wach gelegen und gesonnen, wie ich die Pein, so er mir bereite, wettmachen könnt. Hat mir der Meister Fritz zu Ulm all sein Marterwerkzeug zeigen und deuten müssen, jedesmal wenn er mir der Scheuerin Tod von neuem hat erzählen müssen, und all die Schrauben, Zangen, Leitern, Rollen und Stricke haben mir Tand und Spielwerk gedeucht, und so hab ich ein anderes ersonnen und des Adams Seele brechen wollen, ehe ich seinen Leib brach. Feder um Feder hab ich seinen Flügeln ausgerissen, und heut flattert er, dem Wahnsinn halb verfallen, im Staube - greif, greif ihn, Markus Horn! Gedacht hat die Stadt, nimmer steig der Schütz von Sankt Jakob hernieder von seinem Turm; aber falsch ist sie berichtet gewesen. Oft, oft ist Andreas Kritzmann in dunkler Nach in den Gassen gewesen und hat seine Netze gelegt um den Bamberger und hat ihm jedesmal die Hand, so er nach einem Glück, nach einer Ehre ausstreckte, niedergeschlagen. Böse Geister und Mahnungen hat er geschickt, den Adam zu schrecken und zu ängstigen. Auf jedem Schritt und Tritt hat der Mörder das Verderben vor und hinter sich gesehen, und atemlos hat er kämpfen müssen gegen Schatten und Larven. Jungfrau Regina, nicht nur dich, sondern auch diese ganze, große lutherische Stadt hat der Schütz vom Jakobsturm durch seinen Haß mehr als einmal errettet vor Falschheit und kühnem Griff. Da, nehmt, Herr Ratmann, hier ein Brief an den Markgrafen Albrecht von Kulmbach, hier ein Schreiben an den Kurfürsten Moritz. Kennt Ihr die Handschrift? Fürchtet Euch nicht vor den Blutflecken auf dem Papier! Hier, noch ein fein Schreiben an den Kurfürsten! Das scharfe Auge, das auf Sankt Jakob wachte, hat gut gewacht! Ihr Männer von Magdeburg, höret meine Worte und merket: in einer Stund wird das scharfe Auge auf Sankt Jakob geschlossen sein, aber Adam Schwartze wird noch leben! Ihr Männer von Magdeburg, in eure Hände gebe ich den Leutnant Adam Schwartze; bei allem, was ihr liebt und was ihr glaubet, zwanzigfach hat dieser Stadt Leutnant Adam von Bamberg den Tod des Verräters um diese Stadt verdient. Wehe mir, daß ich gezögert habe, zu schlagen, als ich konnt; wehe auch, so ihr zögern werdet, das zu tun, was ich nicht mehr tun kann. Was ich zu sagen hatte, hab ich gesagt; nun gehet und lasset den Schützen Andreas Kritzmann vom Jakobsturm allein mit sich. Niemand kann dem armen Andreas helfen - auch du nicht, du holdes Jungfräulein, du nicht mit deinen weinenden Augen. Führt sie fort, Markus, und dankt mir nicht meine Sorge um sie! - Die Anna Josepha von Ulm hatte solche Augen und solch Haar; um der Anna Josepha wegen hab ich Sorge um sie getragen. Was wollt Ihr mit Euerm Dank, Herr Ratmann? Was wollt Ihr mit Euerm schwarzen Buch und Eurer Hölle, Herr Pfarrer? Auf Erden ist die Hölle, in meiner Brust ist der Teufel - und Gott. Lasset mich, lasset mich! Allein mit der Scheuerin will ich sein, allein will ich sterben. Vor Gottes Richterstuhl will ich den Adam Schwartze erwarten. Sendet ihn mir nach - sendet ihn - weh, fertig ist der schwarze Sack, übers Haupt fällt er mir - blutig, dunkel, dunkel - - die Wasser - schlagen - zusam - die Donau - über der Scheuerin - dort, dort Henker - weh, Anna! Anna! Helft meiner armen Anna - Fluch dem -"

Der Sterbende konnte seinen letzten Fluch nicht mehr vollenden; er sank zurück; wieder trat ihm der blutige Schaum auf die Lippen. Nach einem Krampf von fünf Minuten war der gewaltige, todbringende Schütz vom Turm Sankt Jakob selbst dem Tode verfallen.

Die Rache ist mein, ich will vergelten, spricht der Herr! -

Wer könnte schildern, mit welchen Gefühlen die vier Männer und die Jungfrau an dem blutigen Lager des verstorbenen Mannes standen? Niemand war fähig, ein Wort hervorzubringen, es war, als ob allen die Luft zum Atmen mangele. Der Buchdrucker zitterte an allen Gliedern, der Prediger hatte das Gesicht mit beiden Händen bedeckt; bewegungslos stand der Ratmann, die verräterischen Briefe des Leutnants Adam Schwartze in den Händen haltend, und sah es nicht, daß Regina Lottherin an die Brust des Sohnes gesunken war.

Erst nach einigen Minuten hatte sich Ehrn Johannes Stengel so weit gefaßt, daß er zum Gebet niederknien konnte. Alle folgten seinem Beispiel.

Mit der Bibel auf den Knien blieb der Pfarrherr dann allein neben der Leiche zurück, während die andern die Wendeltreppe wieder hinabstiegen. Ein roter Nebel lag ihnen allen vor Augen, als sie wieder auf dem Kirchplatz standen; ihre Knie zitterten; es zitterte die Stimme des Buchdruckers Michael Lotther, als er den Küster von Sankt Jakob zu Ehrn Stengel auf den Turm sandte; es zitterte die Stimme des Rottmeisters Horn, als er einige Knechte, die ihm in den Weg kamen, ebenfalls dahin schickte, damit sie hülfen, die Leiche des Büchsenschützen herabzutragen vom Turm des heiligen Jakob.

Auf dem Breiten Wege jauchzte noch immer das Volk über den Sieg des Morgens; trunkene Landsknechte zogen jubilierend in Schwärmen einher und nahmen, einander unter den Armen haltend, oft die halbe Breite der Gasse ein. Prahlend und patzig stolzierten sie einher, und manch ein ehrbarer Bürger, der ihnen nicht früh genug aus dem Wege ging, flog unter tüchtigen Püffen zur Seite. Es waren meist Leute des Hauptmanns Springer, welche sich so ungebärdig betrugen; aber niemand achtete in der öffentlichen Freude des Sieges sehr darauf, und wenn man darauf achtete, so hielt man es für Ausschreitungen des Rausches und des Augenblicks und lachte die Klagenden aus. Ein scharfes Auge erblickte aber auch unter dem Kriegsvolk in den Gassen manch wilden Kerl, der nicht trunken war und doch noch roher und gewalttätiger als sonst wohl gegen die Bürger auftrat. Finstere Gruppen bildeten sich hier und da, und an einer Straßenecke fluchte und wetterte ein Doppelsöldner aus Hans Springers Fähnlein hoch und laut; ungerecht, ungeneigt und ungetreu verfahre der Rat samt dem Kriegsobersten gegen einen Teil der städtischen Armada und setze ihn zurück gegen einen andern Teil. Wo Ehre und Beut und Ruhm zu gewinnen sei, da mußten die Springerschen nachstehen, müßten daheim die Mauer hüten, während die andern zu Ottersleben die Ritter fingen. Grad so sei es heut auch wieder gangen, und der Teufel solle ihn - den Redner - holen, wenn das ein ehrlicher Kerl länger aushalte, als er müsse.

Eine eigentümliche Stimmung hatte sich über unseres Herrn Gottes Kanzlei verbreitet, und Murren und Jubel mischten sich seltsam ineinander. Die vier Leute aber, welche vom Sankt Jakobsturm niedersteigen und nach der Schöneeckstraße schritten, hatten bis jetzt wenig acht darauf; der Tumult in ihrem Innern war noch zu groß, als daß sie den Tumult der Außenwelt jetzt schon wie gewöhnlich verstehen konnten.

Das sechzehnte Kapitel

WIE MARKUS HORN SCHWEIFT DURCH DIE GASSEN,
ADAM VON BAMBERG NICHT KANN FASSEN;
DER LETZTE RICHTER WIRD SICH ZEIGEN,
DEM MUSS DAS HAUPT SICH NEIGEN.

Zum ersten Mal im Laufe dieser Erzählung führen wir den Leser in das Quartier, welches der Rottmeister Horn während seiner Ausweisung aus dem Vaterhaus in der alten Stadt Magdeburg auf der Heiligen-Geist-Straße innehatte und wo ihm der kleine Pfeifer Fränzel Nothnagel all die Dienste leistete, welche von einem solchen Springinsfeld zu erwarten waren. Von Bequemlichkeiten war in diesem Soldatenlosament wenig oder gar nichts zu bemerken. Ein hölzerner Tisch und einige Schemel nebst einem ureinfachen Lager bildeten die ganze Ausstattung. Waffen und Kleidungsstücke hingen in buntem Gemisch an den kahlen, weißgetünchten Wänden. Mehr als eine der winzigen runden Fensterscheiben war zerbrochen und die Lücke durch einen Lumpen verstopft. Fränzel Nothnagel schlief auf einem Strohsack in der Ecke, wenn er nicht in der Wachtstube oder auf dem Walle schlief.

Es war die vierte Nachmittagsstunde des achtzehnten März, und einen Harnisch mit Rotstein und einem wollenen Lappen putzend, kauerte das Pfeiferlein in der Fensterbank und pfiff das Lied vom Kaiser Karl dem „Butzemann" zu seiner Arbeit, hielt Zwiesprache mit den Jungen in der Gasse und erwartete, auf diese Weise nützlich und angenehm beschäftigt, seinen Herrn. Gewöhnlich pflegte der Rottmeister um diese Zeit heimzukehren; aber diesmal zögerte er ungewöhnlich lange.

„Der schleicht wieder wie ein Kater um sein Mädchen", brummte das schlaue Fränzel. „O je, o je, ich sollt mein Herre sein, ich wollt dem Ding ein ander Farb geben! Hat doch zu viele Gelahrsamkeit im Leib, mein Herr; will'n Kriegsmann sein un is'n

Magister; o je, o je!... Wart, du Hund da untern, willst du mit Dreck schmeißen, du Lump?! Ich will dich!"

Von seinem Sitz sprang der Pfeifer auf, warf den Harnisch fort, riß eine Hakenbüchse von der Wand, hielt die Lunte einen Augenblick in den Ofen, wo noch einige Kohlen glimmten, und zielte in heller Wut auf den neckenden Bekannten in der Gasse, der jedenfalls verloren gewesen wäre, wenn nicht eine kräftige Hand dem wütenden Fränzel die Büchse fortgerissen hätte.

„Du kleiner Satan", schrie der Fähnrich Christof Alemann. „Was fällt dir bei, du Teufelsbub? - Wahrhaftig, das Rohr ist geladen! Wart, du Schlingel, da, da, da, nimm das, du Halunk! Von Wall und Mauer magst du soviel schießen, wie du willst, aber hier in den Gassen untersteh's! So - noch einen zu guter Letzt, und nun gib Bescheid, wo ist dein Herr?"

Der durch die hageldicht regnenden Hiebe halb betäubte Knabe bedurfte erst einiger Augenblicke der Sammlung, ehe er dem Fähnrich Antwort geben konnte.

„So, wenn du meinst, daß der Rottmeister bald heimkommt, will ich ihn hier erwarten. Da, nimm Geld, lauf hinüber in den Goldenen Pfau und hol Bier - Merseburger vom letzten Faß, hörst du. Vorwärts, soll ich dir Beine machen?"

So schnell, als ihn seine Füße tragen wollten, stürzte Fränzel Nothnagel fort; der Fähnrich warf sein Barett auf den Tisch und fing an, mit großen Schritten auf und ab zu gehen, daß er im Erdgeschoß wohnende Schneider bei jedem Tritt der schweren Reiterstiefel hoch aufhüpfte auf seinem Arbeitstische. Herr Christof Alemann befand sich in einer sehr aufgeregten, ungeduldigen Stimmung. Etwas ruhiger wurde er erst, als der Pfeifer mit dem Henkelkrug kam und mehrere Gläser des schäumenden Getränkes hinuntergegossen waren.

„Ah!" seufzte der Fähnrich aus voller Seele. „Da, Bursch, sauf auch einmal, und nimm die Ablederung von vorhin nicht allzusehr zu Herzen. 'S war gern geschehen!"

„Euer Wohl, Herr Fähnrich!" sprach ehrbar Meister Fränzel Nothnagel. „Ich weiß ja wohl, daß Ihr's nicht übel meinet. Aber lasset Euch nur nicht, ohne wütend zu werden, so von Euerm Zorn hinreißen; 's ist nicht hübsch von Euch."

„Sollst Urlaub haben, Bengel!" lachte der Fähnrich. „Auf die Gasse mit dir! Bleu durch den Taugenichts, der dich warf. Fällt die Spieße - Sturm, Sturm, Trarara!"

„O je, Matz Kiebitz, jetzt gib acht und wahr dich!" schrie das entzückte Pfeiferlein und polterte Hals über Kopf; bewaffnet mit einem schreckhaften Knüppel, die Trepp hinab; eine grausame Schlacht begann in der Gasse und gewährte dem Fähnrich bis zur Ankunft des Rottmeisters eine angenehme Zerstreuung. Als Markus Horn in die Heilige-Geist-Straße einbog, wurde Matz Kiebitz eben mit der Nase in den Rinnstein, aus welchem er seine Munition entnommen hatte, niedergedrückt, und empor sprang Fränzel und eilte seinem Herrn entgegen, ihm zu melden, der Fähnrich Herr Alemann erwarte den Herrn Rottmeister im Losament.

Schnellen Schrittes eilte Markus weiter und trat dem Fähnrich mit dem Ruf entgegen:

„Gottlob, Christof, daß ich dich finde. Ich war schon in deinem Haus! Laß uns zusammenhalten, Christof, fest zusammen. O wenn du eine Ahnung hättest von dem, was geschehen kann, ehe man eine Hand umkehrt. O wüßtest du, was ich heute vernommen habe! 'S ist mir, als braucht ich hundert Jahre, es auszusagen."

„Es ist ein Gewitter in der Luft, das weiß ich", sprach Christof Alemann. „Und mein

Oheim, Herr Ebeling, will nicht sehen und hören, lacht und meint, solch Geschwätz in den Gassen und Gemurr und Zusammenschleichen in den Quartieren sei schon öfters dagewesen und werd nichts auf sich haben. Aber 's ist diesmal doch anders; - die alten Grauköpfe werden an dem Wetter so lange zweifeln, bis es ihnen die Schornsteine und Dächer auf die Platten wirft. Und das schlimmste ist, daß man wohl sagen könnt, wer hinter all dem dunklen Wesen steckt und hetzt und treibt, und doch es nicht sagen darf."

„O horch nur, horch, Christof. Nicht alles kannst wissen; aber ich will's dir künden!" rief der Rottmeister, des Freundes Hände ergreifend.

„Du zitterst ja, Markus?! Um Gottes willen, was ist geschehen, was ist dir begegnet?"

Mit hastigen, abgebrochenen Worten erzählte nun Markus dem Freunde die Begebnisse des Tages, teilte ihm mit, was mit dem Bamberger im Hause des Ratmanns vorgegangen war, berichtete, was auf dem Jakobsturm sich ereignet hatte und was daselbst gesprochen worden war.

Mit kaum zu bändigender Aufregung lauschte der Fähnrich, und als der Erzähler endigte, sprang er jach empor, nach dem Barett greifend:

„Was zaudern wir, Markus? Fort, fort, hinaus auf die Jagd nach dem Verräter! O wie ich diesen Burschen, diesen Adam Schwartze von je gehasset habe! Wie ich ihn gehasset habe mit seinem Lächeln und Flüstern und halben Worten! Auf ihn, nieder mit ihm! O wackerer, treuer, lieber Schütz von Sankt Jakob, gerächt sollst du werden, ich schwör's bei allem, was ich selbsten liebhabe!"

„Amen!" sprach feierlich Markus Horn, hielt aber den Fähnrich an der Tür zurück. „Wohin willst du, Christof? Was wir tun wollen, müssen wir mit Bedacht tun. Seit heut morgen ist's, als hab die Erd diesen falschen Teufel verschlungen; niemand weiß von ihm, niemand hat ihn gesehen. Ist er vor der Stadt im Lager des Feindes? Lauert er innerhalb der Mauern in einem dunkeln Winkel auf seine Stunde? Der Kopf will mir zerspringen über allen Möglichkeiten. Und der tölpelhafte Trunkenbold, Hauptmann Springer, gehet umher, tut, als spräche er sein meuterisch Volk zur Ruh, und man darf ihn nicht auf den Kopf schlagen, den falschen Schalk. Wag's nur, ihm die Schuld an dem Murren und aufrührerischen Wesen aufzumutzen; in Eisen kann er dich werfen lassen, und weder Bürgermeister noch Rat wird dazwischenspringen können. O sie sind so fein, die Schurken. 'S liegt in der Luft, wer kann dazu, daß das Volk unruhig ist? Da wird es zur rechten Zeit blutig und feurig aus dem Boden steigen; und alles, was wir wissen, was wir wider ihn vermögen, wird helfen wie eine Gerte gegen einen gepanzerten Mann. Horch nur, horch , ist das ein Lied, was heut in dieser Stadt Magdeburg gesungen werden dürfte?"

Durch die Heilige-Geist-Straße zog, vollständig bewaffnet, ein großer Schwarm Springerscher Knechte und sang oder brüllte vielmehr aus vollem Halse:

> **„Gott helf dem Rautenkränzelein,**
> **Welch's lang hat mußt verdunkelt sein,**
> **Daß es werd neu gewunden;**
> **Moritz, Herzog zu Sachsenland,**
> **Zu seiner Ehr mag kommen,**
> **Ja kommen!"**

„Verrat! Verrat! Klarer, offenkundiger Verrat!" schrie Christof Alemann außer sich. „Verrat! Gott schütze die Stadt! Laß mich frei, Markus - Verrat, Verrat!"

Los riß er sich, und das Schwert aus der Scheide ziehend, stürzte er in die Gasse hinab, wo schon drohende Volkshaufen die Lobsinger des Kurfürsten umgaben und begleiteten. Der trotzigen Rotte in den Weg warf sich der wütende Fähnrich und schlug den ersten, der ihm in den Weg kam, mit der geballten Faust in das Gesicht, daß er drei Schritte zurücktaumelte: „Was soll das Lied, ihr Schalksgezücht? Seid ihr ehrliche Knechte dieser Stadt Magdeburg und brüllt in solchem Ton durch die Gassen?! In eure Quartiere, ihr Meuterer und Meineidigen!"

„Recht, recht, Herr Fähnrich! Recht, recht, Herr Alemann, Herr Christof!" rief das Volk. „Sagt's den Hunden. Herr Christof Alemann - was haben sie uns vom Moritz vorzuplärren!"

„Stehet aus dem Wege, Fähnrich!" schrie einer aus dem Haufen der Söldner. „Wir sein des Hauptmanns Hansen Springers freie Knecht und lassen uns nichts gefallen von solche einem Fäntchen wie Ihr!"

Ein flacher Hieb mit dem Schwert warf den frechen Redner zu Boden; aber mit wildem Geschrei stürzten sich die Kameraden sogleich auf den Fähnrich.

„Nieder mit dem Muttersöhnchen! Nieder mit dem Jungfernknecht!"

Mit Steinen und Knitteln warf und schlug das Volk auf die Landsknechte und schrie:

„Zum Profos, zum Profos! An den Galgen mit den Verrätern, den Meutmachern!"

Aus seinem Quartier eilte Markus Horn, der seinen Freund in Gefahr sah, das Leben in so schimpflichem Kampf einzubüßen, aber in demselben Augenblick erschien auch glücklicherweise eine Rotte des Fullendorfers auf der Walstatt. Zerstreut oder niedergeworfen wurden die Springerschen Knechte und die Gefangenen unter Mißhandlungen und Schimpfworten des Pöbels nach der nächsten Wache geschleppt. Voll Lärm und Getümmels war die Stadt; den Fähnrich Alemann hatte Markus aus dem Gesicht verloren; - es war vollständig Abend geworden.

Geängsteten Herzens schritt der Rottmeister weiter und traf an einer andern Ecke auf den Meister Sebastian Besselmeier, welcher mit einem andern erregten Volkshaufen einer Rede des Magisters Wilhelm, des Ecksteinpredigers, horchte.

„Hört nur, hört nur, Herr Rottmeister!" rief der Geschichtsschreiber. „Wer spricht aus dem fanatischen Narren? Wer hat sich seines armen Hirnes bemächtigt, das Volk zu verwirren? 'S ist Wahnsinn, Wahnsinn; aber sehet nur, wie sie die Hälse recken. Gott schütze die Stadt; es ist ein bös -"„Wie soll Gott die Stadt schützen, wenn solch unberufene Mäuler wie Eures, Meister Sebastian, in seiner begeisterten Diener und Propheten Worte waschen!" rief ein exaltierter Schuhmacher, den wackern Besselmeier mit grimmigem Blicke musternd. „Geht Eurer Wege, Mann, zu Euresgleichen redet Gott nicht durch den lieblichen Mund der Seinen."

So viel drohende Fäuste wurden gegen Meister Sebastian ausgestreckt, so viel leise gemurrte Drohworte vernahm er, daß er schweigend sich mit dem Rottmeister zurückziehen mußte.

Noch in der Ferne hörten sie die gelle Stimme des Gassenpredigers:

„Im Rat der Toren sitzen eure Bürgermeister und Statthalter; unter den Spöttern sitzen die Kriegsobersten; im laodicäischen Schlamm versunken sind eure Pfarrer. Wehe, wehe, dreimal wehe der Stadt, wo solch ein Wesen umgeht! Horchet dem Ton der Posaunen, so geblasen werden vor den Mauern. Niederfallen sollen eure Wälle, und triumphieren wird der Antichrist über die Scheinchristen. Höret den Ton der Posaune! Vor der Tür ist das Verderben, und die Obersten im Rat sitzen und schwelgen und prassen und haben nicht acht der armen, elenden Herde, so ihnen anvertraut wurde. O ein Geschrei vom Morgen! O ein Geschrei vom Abend! O ein Geschrei über ganz Jerusalem und den Tempel! Eine elende Klage über Braut und Bräutigam! Ein Geschrei über alles Volk! Horchet dem Wort des Herrn, das ertönet durch meinen Mund. Ergreifet die Waffen - das Schwert, den Speer und den Bogen; werfet nieder die, so den Herrn verspotten in seinem Diener, den Mann, so sich nennt Albrecht von Mansfeld. Reißet vom Stuhl alle Gewaltigen - denn geschrieben stehet, und so spricht der Herr: Verflucht ist der Mann, so sich auf Menschen verläßt und hält Fleisch für seinen Arm!"

„Und da ist niemand, der dem Toren das Maul verbietet!" grollte der ehrliche Meister Sebastian. „Hört, wie sie ihm Beifall schreien. Es möchte einen Stein erbarmen. Gehabt Euch wohl, Herr Rottmeister; ich will wieder nach Hause. Weiß der Himmel, zwischen seinen vier Wänden hat man keine Ruhe, die Unrast treibt einen hinaus; in den Gassen aber und auf den Märkten, da fällt einem erst recht das Bangen auf das Herz, und im dunkelsten Keller möchte man sich verkriechen, um nur nichts mehr zu hören und zu sehen von der bösen Welt."

„Ach, Herr Besselmeier", sagte Markus, „noch viel schlimmer würde es in dieser bösen Welt aussehen, wenn alle die, welche es gut und ehrlich meinen, ihr bedrücktes Gemüt in die Einsamkeit tragen würden. Nein, nein, jetzt erst recht soll sich jeder wackere Mann bei Tag und bei Nacht auf seinem Posten finden lassen. Gehabt Euch wohl, Meister!"

„Gehabt Euch wohl und - Gott schütze die Stadt!"

„Gott schütze die Stadt!"

Fürder wandelte Markus Horn ruhelos durch die Gassen seiner Vaterstadt, und je dunkler die Nacht herabsank, desto dunkler wurde es auch in seinem Geiste. Solange die Sonne schien, solange es Tag war, hatten sich seine Gedanken, so bange und schwer sie waren, von den mancherlei Gegenständen des Lebens abgezogen, hierhin und dahin zerstreut; jetzt richteten sie sich alle wieder auf denselben Punkt, auf den Tod des Schützen vom Sankt Jakobsturm und alles das, was damit zusammenhing. So verlor er sich schier in der blutigen Finsternis, in welcher er den Adam Schwartze, der auch seinem Glück Verderben gedroht hatte und noch drohte, suchte. Er zermarterte sein Gehirn mit der Frage, was zu beginnen sei, die im Finstern kriechende Schlange zu fassen. Es war eine schreckliche Ratlosigkeit. Mit blankem Schwert, in voller Rüstung hätt er Wacht halten mögen vor der Tür Reginas, vor dem Elternhaus; aber die Angst verhinderte ihn daran, die Angst, dem unheimlichen Feind anderwärts freien Spielraum zu gönnen, die Begier, ihn aufzusuchen, ihn zu verfolgen, und wenn auch bis in die Eingeweide der Erde.

So irrte Markus von Gasse zu Gasse, aus dem Pfarrspiel zum Heiligen Geist hinüber zur Ulrichspforte, von dort nach Sankt Katharinen.

Auf dem Breiten Wege neben den Barfüßern hing eine Laterne über einer Kneipentür, und ein Heraustretender sagte:

„War das nicht mein Rottmeister Horn, mein Magisterchen, das da eben vorbeiging? Ein tapferer Mann, hat sich wohl verdient gemacht um die Stadt heut morgen, und ich sag euch, Gesellen, schon um dieses Mannes wegen laß ich nicht von der Stadt."

Eine von der andern Seite kommende verhüllte weibliche Gestalt horchte auf, als sie den Namen Horn vernahm:

„Wo geht der Rottmeister Horn?" flüsterte sie.

„Dort, mein Liebchen", lachte der Mann. „Aber gebt Euch keine Mühe, mein Herzchen, der Markus Horn ist ein Narr und weiß so eines hübschen Kindes Gütigkeit gar nicht zu schätzen - na, na, muß es denn grad der Rottmeister Horn sein?"

Schon war die Vermummte eilig weitergeschritten, und der Spaßvogel, Meister Jochen Lorleberg, rief etwas zurück in die Schenke, welches allgemeines Gelächter erregte.

Einige hundert Schritte weiter ab fühlte Markus plötzlich seinen Arm berührt, und eine Frauenstimme flüsterte:

„Ihr sucht den Leutnant Adam von Bamberg, Herr Rottmeister?"

Auf fuhr Markus aus seinen Träumen, als hab ihn der Blitz getroffen; er griff nach der Hand, die seinen Ärmel gefaßt hatte, und preßte sie, daß die Fragerin einen Schmerzensruf ausstieß.

„Wer seid Ihr? Was wisset Ihr von dem Bamberger? Bei allem, was Euch teuer ist, antwortet! Wo find ich den Leutnant Adam Schwartze?"

„Lasset nur meine Hand los; sie steckt nicht im Panzerhandschuh. Wo der Leutnant Schwartze zu finden ist, weiß ich, und will's Euch künden, aber nicht hier in der Gasse. Wollt Ihr mir folgen, Herr Markus Horn?"

„Geh voran, wer du auch seist, ich folge dir; führe mich, führe mich!"

„So kommt!" sprach die Verhüllte und schritt schnell den Breiten Weg wieder hinaus auf Sankt Bartholomäus zu; hier bog sie, nahe dem Kloster, nach rechts ein, durchkreuzte einige dunkle Gassen und hielt an vor einem Gebäude, vor welchem ein Landsknecht Wache hielt.

„In des Springers Quartier führt Ihr mich?" fragte Markus verwundert und zweifelnd.

„Fürchtet Ihr, mir zu folgen, so bleibt zurück und sucht den Liebhaber der schönen Regina Lottherin selbst", sprach die Verhüllte mit kurzem Lachen.

„Geh voran, geh voran, ich folge", knirschte der Rottmeister. Einen Augenblick später warf im Losament des Hauptmanns Hans Springer, in dem Gemach, welches wir bereits kennen und worin die Hängelampe schon brannte, die Vermummte den dunkeln Mantel ab, nahm die welsche schwarze Halbmaske vom Gesicht, und Markus Horn fand sich der Frau Johanna gegenüber. Nachlässig sank des Hauptmanns schöne Geliebte in den nächsten Sessel und seufzte, wie jemand, der nach großen Mühseligkeiten sich wieder in seiner gewohnten Bequemlichkeit findet. „Nehmt Platz, Herr Rottmeister", sprach sie. „Der, um welchen es sich handelt, ist's wirklich nicht wert, daß man sich eine Mühe seinethalben macht."

„O leget mich nicht so auf die Marterbank", rief Markus. „Redet, was könnet - wollet Ihr - Ihr mir von dem Leutnant Schwartze sagen. O übet Barmherzigkeit und redet!"

„Barmherzigkeit?!" flüsterte die Frau und schoß einen Blitz aus den wunderlichen Augen. „Auch, ach, reden wir nicht davon. 'S ist ein töricht Wort - Barmherzigkeit! Reden wir von dem Leutnant Adam, das ist ein besser Thema. Ihr verwundert Euch wohl recht, daß ich - ich den Mann Euch in die Hände geben will?"

Markus zitterte vor Ungeduld.

„Sehet, Herr Rottmeister, es geschiehet auch um Euretwillen nicht, auch nicht der süßen kleinen Regina wegen. Dem toten Mann auf Sankt Jakobsturm zulieb verrät des Hauptmanns Springer - Beiläuferin den Adam Schwartze! ... Merket es wohl, Herr Rottmeister, nimmer hab ich den Mann von Sankt Jakob, den großen Schützen, gesehen, nimmer ein Wort mit ihm gewechselt, und doch - nur seinetwegen sollt Ihr den Adam haben! Was heute auf Sankt Jakob geredet wurde, was der Schütz erzählte und wie er starb, weiß ich. Nun, nun erstaunet nicht, es ist ja ein Pfaff dabeigewesen, und die Frau Johanna ist ein Weib, welches gewöhnlich erfährt, was es wissen will. Obgleich Johanna von Gent den Schützen nicht kannte, hat sie geweint um ihn, und sie dachte doch, daß sie nimmermehr noch eine Träne finden könnte. Um den toten, unbekannten Schützen von Sankt Jakob schleudere ich diesen erbärmlichen Feigling, diesen Adam Schwartze weg wie diesen Handschuh."

Mit einem unbeschreiblichen Ausdruck gleichgültigster Verachtung im Gesicht zog sie den erwähnten Gegenstand ab von der kleinen Hand und warf ihn in die Kohlen des Kamins, wo er prasselnd sich krümmte, bis die Glut ihn verzehrt hatte.

„Wie dumm war ich doch", fuhr sie fort, „wie dumm war ich, als ich durch diesen Menschen Rache zu nehmen suchte an denen, die mich wissentlich oder unwissentlich beleidigten, an dieser Stadt, an der Menschheit. Durch diesen Menschen, welcher selbst vergeht vor dem ersten Anhauch der rechten Rache gleich einem welken Blatt im Anlecken des Feuers! Und wenn ich diese ganze große Stadt in Blut und Flammen begräbe, das entwürdigte, verspottete, verachtete Weib in mir könnte weniger Triumph schreien, als wenn ich den einstigen Bundesgenossen und Vertrauten, diesen Adam Schwartze, den der Schütz von Sankt Jakob verfolgte, denen ausliefere, so des toten Schützen Werk und Rache vollenden müssen."

„Sprecht, sprecht, wo ist er zu finden?" rief Markus Horn. „O bedenkt, jeder Augenblick ist so kostbar jetzt."

Aber die Frau Johanna, die „Cortesana", blickte starr vor sich hin, wie in eine weite Ferne.

„O du toter Mann auf Sankt Jakob", sagte sie, „du Gewaltiger in der Liebe und in dem Haß. Lebtest du noch, ich wollte dir folgen wie eine treue Hündin, und wenn du auch nie ein Wort zu mir sprächest. Hinter dem Zelt wollt ich dir das Roß striegeln, wollt ich dir, um deiner Liebe zu jenem unbekannten Mädchen willen, dienen wie die demütigste Magd, weil du haßtest, wie du liebtest. Ist es nicht gleich einer Offenbarung über mich gekommen! Auf, auf, Herr Rottmeister Horn, auf, auf, und los auf den falschen Verräter Adam Schwartze! Legt ihn nieder in den Staub; ich geb ihn Euch, daß der Tote auf Sankt Jakobsturm Ruhe hab in seinem dunkeln Grabe. Dem Toren zu Ehren sollt Ihr den Jämmerling erschlagen dürfen. Auf, auf, mit Waffen und Männern, auf gegen den armseligen Narren Adam Schwartze!"

„Sagt, wo ich ihn finde, und wenn ich auch Eure Worte nur halb begreife, das faß ich, daß Ihr, einst schwer gekränkt, nun in blutigem Groll gegen alle Welt aus dem Staub aufschaut und - ein unglückselig, mühselig, verloren Weib - Trost und Genügen allein bei dem sucht, was schrecklich ist und was andere nur mit Grauen und Zittern sehen und hören. Sagt mir, wo ich den Adam finde; aber wahrlich, wahrlich, aus jeder andern Hand nähm ich ihn lieber als aus der Eurigen!"

Die Frau Johanna lachte grell auf:

„Narr, Narr, wenn ich dich nun gehen ließe, ohne gesprochen zu haben? Wenn ich nun sage: lauf und such selbst?! Was dann, mein stolzer Gesell? Die Augenblicke sind wohl köstlich! Wenn ich nun schwiege, Herr Rottmeister Horn?!"

Einen kurzen Augenblick sah Markus in die Augen des Weibes; ein zu arger Schauder ging ihm durch die Seele; er drückte das Barett in die Stirn und wandte sich gegen die Tür.

Sprachlos blickte ihm die Johanna von Gent nach. Sie machte eine Bewegung, ihn zurückzuhalten; aber sie ließ die ausgestreckte Hand wieder sinken. Auf der Treppe schien es Markus auch, als würde sein Name von einer Frauenstimme gerufen; aber er hielt nicht an. In der Gasse stand er wieder, so ratlos als je; aber er murmelte:

„Gott schütze mich vor solch einer Genossin bei irgendeinem Werk. Welch eine wunderliche Unholdin! Welch ein schrecklich Weib! Schütze Gott jedermann vor solchen Augen!"

Mit unwiderstehlicher Gewalt trieb es jetzt den Rottmeister nach der Schöneeckstraße. Es war ihm, als könne er nirgends mehr frei atmen als dort, wo die süße, unschuldige Geliebte, wo die alten, frommen Eltern wohnten; die ganze übrige Stadt schien ihm mit einer Atmosphäre von Feuer erfüllt zu sein. Es war ungefähr elf Uhr; am westlichen Himmel flimmerten einige einzelne Sterne über den schwarzen Giebeln und Dächern; von Osten her aufsteigend, hatte ein dunkles Gewölk das Firmament überzogen. Von einer wehmütig-ruhigen Stimmung fühlte sich Markus Horn, der in seinem jungen Leben soviel Hartes und Wildes erlebt hatte und selbst so hart und wild gewesen war, jetzt überkommen. Die beiden Nachbarhäuser, in welchen sich seine Jugend friedlich abgesponnen hatte, lagen dunkel und still da. Nur in dem Gemach des Vaters schimmerte noch die Lampe

Traurig blickte Markus empor zu dem Licht.

„Wenn er doch wüßte, wie es in mir ausschaut", dachte er. „O zuweilen wär's doch recht gut, wenn man einander gegenseitig in die Herzen blicken könnte. Oft ist's aber auch nicht nötig, und man weiß doch schon, was der andere denkt. Was auch kommen mag, Regina, Regina, mein bist du in allen Ewigkeit! Dich kann ich nimmermehr verlieren. Zusammengewachsen sind unsere Herzen, und niemand soll sie trennen in Zeit und Ewigkeit."

Gegen das Haus des Buchdruckers Michael Lotther hatte er sich gewandt und trat einige Schritte auf es zu. Da stieß sein Fuß in der Dunkelheit auf einen im Wege liegenden Gegenstand, und als er sich danach niederbeugte, griff seine Hand an einen menschlichen Körper, welcher, wie es schien, leblos auf den kalten Steinen ausgestreckt lag.

„Hallo, was ist das? Wen haben wir hier, einen Leichnam oder einen Trunkenen, so den Weg nach Haus nicht finden kann?"

Ein Leichnam oder ein Trunkenbold war im Jahre fünfzehnhunderteinundfünfzig grade nichts Seltenes in den Gassen von Magdeburg, und so hätte Markus Horn bei der Dunkelheit sich jedenfalls nicht weiter um den Liegenden bekümmert, wenn nicht grade jetzt vom Ulrichstor her eine von der Wacht abgelöste Abteilung Knechte unter Fackellicht herangerückt wäre. In demselben Augenblick erhob sich der Liegende mit einem schweren Seufzer und stand schwankend auf den Füßen. Der Fackelträger der marschierenden Rotte schritt in eben dem Augenblick grade auf den Rottmeister und den Unbekannten zu und hob den Brand, um beiden bei seinem Schein ins Gesicht sehen zu können. Ins Gesicht blickte auch Markus Horn mit einem wilden Aufschrei dem

Leutnant Adam von Bamberg!...

Adam Schwartze war's, der bewußtlos vor dem Hause des Buchdruckers Lotther lag, und selbst Markus Horn in seiner Wut erschrak vor dem Gesicht, in welches er beim roten Licht der flackernden Fackel blickte. Doch dauerte dieser Schreck nicht lange, im nächsten Augenblick stürzte er mit blankem Schwert auf den gehaßten Feind und Nebenbuhler, auf den gefürchteten Verräter seiner Heimatstadt los.

„Halt ich dich nun - dich!" schrie er. „Verteidige dein elend Leben; zieh vom Leder, oder ich steche dich nieder wie einen tollen Hund. Im Namen des Schützen von Sankt Jakob, zum Kampf fordere ich dich auf dieser Stelle, die dein Fuß nimmermehr betreten soll, du falschherziger Schalk!"

Adam Schwartze zog aber sein Schwert nicht, er sah den Rottmeister an, als habe er nicht das geringste Verständnis von den Worten desselben. Heran drängten sich die Landsknechte.

„Hoho, wer ist's, der sich hier den Hals abschneiden will? Sollen wir leuchten, ihr Herren? Lustig, lustig, wenn ihr heut Abend Polterabend feiert, so machen wir vielleicht morgen Hochzeit!"

„Das ist ja der Rottmeister Horn von den Kindelbrückschen!" schrie einer aus dem Haufen. „Sehet erst zu, wem er an die Kehle will, ehe ihr ihm freien Raum laßt. Hier, leuchte her, Bros Weisheit!"

Ambrosius Weisheit senkte seine Fackel gegen Adam Schwartze.

„'S ist ja unser Leutenambt!" schrie er. „Christus, wie sieht der aber aus! Potz Blitz und Donner, er scheint nicht bei sich zu sein. Was haltet ihr, Gesellen, sollen wir sie ihr Spiel treiben lassen?"

Die freche Rede des Burschen steigerte die Wut dies Rottmeisters aufs höchste.

„Was erkühnt ihr euch?" schrie er. „Aus dem Wege, sag ich, oder der Profos wird morgen ein Wort zu euch sprechen."

„Hoho", höhnte Ambrosius weiter, „hütet Euch nur selbst vor dem Profos. Was geschiehet dem, so von der Scharwacht mit blanker Waff ergriffen wird im Angriff auf einen andern? He, Weibel, sagt's doch dem Herrn, was darüber im Artikelbrief stehet. Übrigens haben wir Springerschen mit Euch Kindelbrückern nichts zu schaffen; gehet Eurer Wege, aber lasset auch unsern Leutenambt ungeschoren. Ihr sehet, er will nicht mit Euch fechten - hat zuviel getrunken oder ist ihm sonsten was begegnet, was ihm die Sinne verrückt hat."

„Im Namen der Stadt, ich fordere euch auf, mir Hülfe zu leisten bei der Verhaftung dieses Mannes, Adam Schwartze genannt, angeklagt auf Hochverrat und Mord!"

„Hallo?!" schrien die Knechte. „Was ist das? Hoho, habet uns nicht zum Narren, Herr Rottmeister! Zeiget den Befehl! Oho, ohne den geschriebenen Befehl lassen wir unsern Leutenambt nicht in der Hand eines Kindelbrückschen. Faßt den Leutenambt unter den Arm! Zurück da, Herr Rottmeister, wir wollen nichts mit Euch zu schaffen haben!"

Und auf ein gegebenes Wort stimmte die ganze Rotte an:

> **„Den Herzog Moritz lobt mein Mund,**
> **Er kommt wohl auf die selbig Stund**
> **Mit seinem reisigen Zeuge**
> **Und bringt auch viel der Landsknecht mit,**
> **Ich weiß, daß ich's nicht leuge,**
> **Ja leuge."**

Speere und Büchsen wurden drohend dem andringenden Markus vorgehalten. Von dem Lärm und dem Gesang gelockt, stürzten andere Knechte und Bürger von allen Seiten heran.

„Zu Hülfe im Namen der Stadt! Nieder, nieder mit den falschen Schelmen!" schrie der Rottmeister. Es entstand ein Kampf, in welchem es Tote und Verwundete gab und der sich aus der Schöneeckstraße über den Breiten Weg gegen die Elbseite fortwälzte und die ganze Stadt ein Aufruhr bracht. Mehr und mehr trat es klar hervor, daß sich das Kriegsvolk der Stadt in zwei große Parteien geteilt hatte, von denen die eine treu bei dem Banner mit der kranztragenden Jungfrau aushalten wollte, die andere aber je eher je lieber mit den Belagerern gemeinschaftliche Sache gemacht hätte. Griff die richtige Hand zu, so war die Kanzlei des Herrgotts verloren, und das Schicksal, welches die Stadt Magdeburg achtzig Jahre später zugrunde richtete, mochte sie jetzt schon überkommen. Aber Gott schuf es, daß die Hand, welche vielleicht allein fähig war, solch böses Ende herbeizuführen, erlahmte, er wollte seine Kanzlei auf Erden diesmal nicht also zugrunde gehen lassen.

Gegen Sankt Bartholomäus wälzte sich die Gassenschlacht. Dem Rottmeister Horn hatte sich Christof Alemann angeschlossen, und manch ein guter Mann fand sich zu ihnen. Die Hauptleute ließen an den verschiedenen Sammelplätzen die Trommeln Alarm schlagen; zu ihren Sammelplätzen liefen die Bürger mit ihren Wehren. Die Bürgermeister, der Oberst Ebeling Alemann, die fremden Herren, die Geistlichen durcheilten die Gassen und riefen zum Frieden. Seltsamerweise tat der Feind nichts, sich solchen Zustand der Stadt zunutze zu machen; er hielt sich ganz still in seinen Lagern, Schanzen und Gräben, sei's daß er die Bedeutung des Lärms verkannte, sei's daß ihn seine Niederlage am Morgen allzusehr herabgedrückt hatte.

Halb getragen, halb geführt, befand sich der Bamberger noch immer inmitten der Leute seines Fähnleins. Nach dem Zeisigbauer schleppte man ihn unter wildem Jauchzen und Jubeln, und willenlos ließ er sich fortziehen. Niemals noch war ein so kräftiger, heller Geist auf so schreckliche Art gebrochen worden. Er, der das meiste dazu getan hatte, die Elemente zu entfesseln, hatte erst zweifeln müssen an seiner Kraft, die nach seinem Willen zu bändigen; dann war er vor ihnen zurückgewichen, machtlos und kraftlos, und in der jetzigen Stunde schlugen die Wellen über seinem Haupte zusammen, und er war einem Schiffbrüchigen im Augenblicke des Ertrinkens gleich. Den Leutnant Adam Schwartze hatte unseres Herrgotts Kanzlei nicht mehr zu fürchten.

Hätte Markus Horn ahnen können, in welchem Zustand sich sein gehaßter Feind befand, in die Scheide würde er sein Schwert gestoßen haben und den Elenden den finstern Mächten, die sich seiner bemächtigt hatten, gern, wenn auch schaudernd, überlassen haben. Aber er ahnte es nicht, und so trieb es ihn immerfort dem Unglückseligen nach, und der Widerstand, den er auf seiner Bahn fand, entflammte seinen Grimm nur noch mehr. Seine halbe Rotte hatte sich allmählich um ihn zusammengefunden; Jochen Lorleberg, Peter Rauchmaul, Bernd Kloden, Veit Brachvogel, alle folgten ihrem Rottmeister auf den Fersen, und das Pfeiferlein Fränzel Nothnagel fehlte nicht im Gedränge, sondern setzte auch das Seinige dran, den Leutnant Schwartze den „Springerschen" zu entreißen.

„Stülpt sie um! Schmeißt sie nieder! Reißt ihnen die Hosen ab! Fallt ihnen in die Bärte!" schrie man hin und zurück und ließ den Worten die entsprechenden Taten folgen.

Wir kennen bereits das Zeisigbauer mit seiner Bewohnerschaft, wir kennen die Schenke „Zum lustigen Gugelfrantz". Fackeln und Waffen - welch ein Aufruhr erfüllte den verrufenen Platz und die umliegenden Gassen um die Mitternachtsstunde vom achtzehnten auf den neunzehnten März 1551!

In die Kneipe zum lustigen Gugelfrantz warf die hochgehende Flut den Leutnant Adam Schwartze. Besinnungslos lag er hier auf einer Bank, während seine Verteidiger, das Haus von oben bis unten füllend, den Verfolgern das Eindringen wehrten und mit Steinen, Knitteln, Spießen, Schwertern, Faustkolben und anderen Waffen ihr Bestes taten. Die ruchlose weibliche Bevölkerung dieses Stadtviertels erfüllte die Luft mit solch höllischem Geschrei, daß einem die Ohren gellten. Das Getümmel zu erhöhen, goß sie Töpfe mit sehr fraglichem Inhalt aus den Fenstern auf die Köpfe der Streiter, unbekümmert drum, wen es treffen mochte, da sie ihre Feinde und Freunde auf beiden Seiten der kämpfenden Parteien hatte.

In diesem Lärm, diesem dämonischen Durcheinander in dem Zeisigbauer kam Markus Horn wieder zur Besinnung, fand er seine Überlegungskraft wieder. Er sah ein, daß er auf dem Wege war, sich wieder einer schweren Schuld gegen die Vaterstadt schuldig zu machen. Er sah ein, daß er sich von seiner Wut und seinem Eifer viel zu weit hatte hinreißen lassen. Ein Blick auf diese wogenden, wilden, meisterlosen Massen, auf diese Waffen und Feuerbrände rief ihm den alten Reim ins Gedächtnis zurück:

Ein Jeder Auffruhr machen kan
Und grosse Lermen fangen an.
Dieselben aber stillen fein,
Kann niemandt, dann Gott allein.

Auch der Fähnrich Christof Alemann drängte sich zu dem Rottmeister durch und schrie ihm, um sich in den Tumult verständlich zu machen, ins Ohr:

„Was fangen wir an, Markus? Was ist zu tun? Auf diese Weise fassen wir ihn nicht, und der Teufel mag das Volk bändigen, wenn das so fortgeht."

„Wir müssen zurück!" rief der Rottmeister, auf dieselbe Weise wie der Fähnrich die Hände an den Mund haltend. „Suche das, was von deinen Reitern sich hier umtreibt, zusammenzubringen. Ich will's mit meinen Leuten ebenso machen."

Christof Alemann nickte und traf glücklicherweise auf einen städtischen Trompeter, der sein Instrument über dem Rücken hängen hatte und, unbekümmert um das Getöse, in einem Winkel mit einer Dirne schäkerte. Die Zinke riß der Fähnrich dem Mann von der Schulter, schwang sich auf einen Haufen zusammengerollter Fässer und ließ von da herab den Sammelruf der magdeburgschen Reisigen erschallen. Hell klangen die schmetternden Töne über allen Lärm, und jeder Schreihals hielt einen Augenblick das Maul. In demselben Moment ließ sich Markus Horns kräftige Stimme vernehmen:

„Hie für die Stadt! Hie für die Stadt! Wer für die Stadt ist, trete hieher!"

Fränzel Nothnagels schrille Pfeife quiekte den Sammelruf der Kindelbrückschen Knechte, und eine drängende Bewegung kam in die Haufen. Was an ehrlichem Kriegsvolk im Zeisigbauer anwesend war, folgte dem Ruf der Trompete und der Pfeife, und bald sahen sich Markus und Christof von einer tüchtigen Schar guter Gesellen umgeben.

„Im Namen der Stadt lasset ab von den Meuterern, von den meineidigen Lumpen, so die Stadt an den Kurfürsten verkaufen wollen!" rief Markus. „Morgen wollen wir weitersehen, für wen Gott in dieser Sach ist."

„Nach dem Neuen Markt! Nach dem Neuen Markt!" schrie Christof Alemann. „Alle ehrlichen Leut für die Stadt, für die Stadt!"

„Rottmeister, jetzt sind wir zusammen! Wenn wir sie jetzt noch einmal mit stürmender Hand anliefen?!" rief Bernd Kloden. „Was meinet Ihr? Ich glaub, wir kämen jetzo nein und möchten ihnen ihren Leutenambt entreißen."

Noch einmal schwankte Markus; aber er widerstand der Versuchung.

„Nein, nein, Bernd", rief er, „wir ziehen zum Neuen Markt; tue dein möglichstes, die Genossen zusammenzuhalten. Zum Sammeln, zum Sammeln, Bürger und Landsknecht! Hie für die Stadt! Hie für die Stadt!"

Hunderte von Stimmen antworteten dem Ruf:

„Hie für die Stadt! Hie für die Stadt!"

Von dem lustigen Gugelfrantz zurück wichen die Angreifer unter dem Hohn- und Spottgeschrei der Verteidiger:

„Da gehen die städtischen Jungfernknechte. Vivat der Kurfürst Moritz! Vivat der Kaiser Karolus! Hoho, hoho, da gehen die Schneider und Schuster und klemmen wie die Hund den Schwanz zwischen die Bein. Vivat dreimal der Mauritius von Sachsen! Vivat der Leutenambt Schwartze! Vivat Hänsel Springer, der freien Knechte Patron!"

„Das Spiel ist noch nit zu End!" schrie's aus dem zurückweichenden Haufen. „Bei Taglicht soll's weitergespielt werden, und neben jeden Meutemacher und falschen Judas soll ein räudiger Hund an den Galgen gehängt werden."

Ein paar Hakenbüchsen feuerten die Parteien zum Beschluß des nächtlichen Kampfes noch aufeinander ab, doch ohne einander großen Schaden zuzufügen. Nach dem Neuen Markt zogen Markus und Christof mit ihren Haufen, und ebendaselbst sammelten sich alle Knechte und Reisige, welche wohlmeinend zu der Stadt Magdeburg standen und ihren geleisteten Eidschwur halten wollten. Hier traf Markus die Bürgermeister, den Ebeling Alemann, den Hauptmann Kindelbrück und manchen Herrn vom Rat und aus der Geistlichkeit, welche im Schein der Pechpfannen sorgenvoll zusammenstanden oder hin und her schritten. Auch seinen alten Vater traf er, und im Kreis der Krieger und der Bürger stattete er wahrhaftigen und ungeschminkten Bericht ab über das, was geschehen war. Da entstand große Bestürzung unter den Zuhörern, und der Hauptmann Springer, der ebenfalls anwesend war, hatte manchen ernsten und bösen Blick auszuhalten; er hielt aber alle frech und mutig aus, fluchte und wetterte und schrie, das komme davon, weil man ihm alles schlechte und verlaufene Lumpenpack und Gesindel unter sein Fähnlein gesteckt habe. Was könne er - Hans Springer - dazu, wenn die Meuterer seinen Namen als Schanddeckel gebrauchten? Seinen Kopf wolle er für seine Treue auf den Block legen, aber man möge sich doch wohl hüten, ihn ohne klare Zeugnisse des Abfalls anzugreifen - nicht allein stehe er in der Stadt, und wolle man ihm der Welt Lohn nach der Welt Art auszahlen, so möge man auch darauf gefaßt sein, in ein Wespennest zu greifen.

Das letztere wußte man leider nur allzu gut, und niemand in unseres Herrgotts Kanzlei, in dieser großen, tapfern lutherischen Stadt Magdeburg, die so gut und gewaltig aushielt im Kampfe für den freien Glauben, wagte es, den Profos zu rufen für den Hauptmann Hans Springer. Bei bösen Blicken blieb's, und vor Blicken hatte der

Elsasser nicht den geringsten Respekt. Dennoch befand er sich während dieser unruhvollen Nacht in der ungemütlichen Stimmung. Seine Ratlosigkeit wuchs von Minute zu Minute, und der gelehrte Doktor Erasmus Alberus, welcher den Mann durch und durch kannte, verglich ihn nachher mit einem Kriegselefanten in der Schlacht, von welchem der gewandte Führer herabgeschossen sei. Das Stichwort der Empörung hatte der Hauptmann am Morgen, wie wir wissen von seinem Leutnant noch empfangen und danach mit Aufhetzen, Wühlen, halben Worten und Hinweisungen das Seinige zur Erregung und zum Losbruch der meuterischen Elemente getan. Aber nun hatte Gott die Bösen verwirrt, und der Hauptmann Springer, der so ziemlich allein in Magdeburg wußte, wie es um den Leutnant Adam stand, wußte sich weder zu raten noch zu helfen und hätte nach seiner Art am liebsten nach dem Weinkruge gegriffen, um in der gewohnten halben Betäubung allen Teufeln den Verlauf der Sache anheimzustellen. Dazu merkte er recht wohl, daß man ihn nicht aus den Augen lasse und daß er keinen Schritt mehr tun könne, ohne eine Begleitung ehrbarer Ratsleute und Innungsmeister hinter sich zu haben, und fehlten die, so fand sich gewißlich der Hauptmann Hans Kindelbrück zu ihm und unterhielt ihn höchst angenehm über die Ereignisse der Vergangenheit und das, was die Zukunft bringen möge. So ward es dem armen Hänsel Springer auch unmöglich gemacht, Rat und Hülfe bei seiner klugen und schönen Freundin, der Frau Johanna, zu suchen; er war auf dem Neuen Markt vor der Dompropstei wie in einen Zauberkreis gebannt und mußte aushalten, wie es ihm auch in Händen und Füßen zucken mochte. Niemals in seinem wechselvollen Leben war der Hauptmann Hans Springer in einer unbehaglicheren Lage gewesen. Er verwünschte sich, den Leutnant Schwartze, die Stadt Magdeburg mit Pfaffheit, Rat und Gemeine auf's fürchterlichste, aber doch ganz im stillen. Viele Spieße, Schwerter und Büchsen funkelten im Fackellicht auf dem Neuen Markt, aber von diesen Waffen hätten sich für den Hauptmann Springer keine erhoben, wenn er den verräterischen Ruf: „Hie für Herzog Mauritius!" jetzt erhoben hätte. So schwieg er fein still oder wetterte laut und gewaltig gegen die „meuterischen Hunde", die seinen Namen in der Stadt mißbrauchten. Bis ein Uhr morgens blieb man auf dem Neuen Markt zusammen, damit jeder gute Mann im Notfall sogleich zur Stelle sei. Die mit Ketten zugesperrten Straßen und Gassen waren von starken Abteilungen bewaffneter Bürger oder zuverlässiger Knechte besetzt. Bei Sankt Bartholomäus hielt Markus Horn mit seiner Rotte Wacht, auf dem Alten Markt Christof Alemann mit einer Reiterschar. Franz Robin schützte das Brücktor, auf den Wällen und Mauern befehligte der biedere Schweizer Herr Galle von Fullendorf. In allen Häusern beteten die Alten, die Frauen und Kinder, daß Gott seine Stadt nicht verlassen möge in der großen Not. Alle Augenblicke kam es hier und da zu einem Zusammenstoß, einzelne Häuser wurden geplündert, und der Magister Flacius Illyricus verlor auf der Goldschmiedebrücke den Mantel und den Geldbeutel.

Niemand wußte, was daraus werden sollte, und jedermann erwartete mit Angst und Bangen den Morgen.

Das siebzehnte Kapitel

NUN STEHT DIE STADT IN AUFRUHRSFLAMMEN,
DIE MEUTEREI SCHLAEGT DROB ZUSAMMEN;
IM HAUSE DES HERRN RATMANNS HORN
DIE REDE GEHT IM GLIMPF UND ZORN.
REGIN', DAS FROMME JUNGFRAEULEIN,
GIBT AUCH EIN TAPFER WORT DAREIN.
GOTT SCHUETZ DAS HERZ! GOTT SCHUETZ DIE STADT!
ADAM SEIN END GEFUNDEN HAT.
AUCH MARKUS HORN VERSTUERZT SEIN BLUT;
DOCH, - GUTES END' MACHT ALLES GUT.

Lange Jahre sollte man in der alten Stadt Magdeburg noch sprechen von diesem Donnerstag nach Judika, diesem neunzehnten März fünfzehnhunderteinundfünfzig. Delicta, scelera et insania, Schandtaten, Verbrechen und Wahnsinn sollten, wie ein alter Schriftsteller sagt, an diesem Tage die Kanzlei unseres lieben Herrgotts erfüllen, und das Geschick der Stadt sollte auf die Schneide eines Schwertes gestellt sein.

Die ersten Stunden des Morgens gingen verhältnismäßig ruhig hin; die nächtlichen Lärmmacher, Ruhestörer und Meuterer schnarchten in ihren Quartieren oder schliefen in den Kneipen ihren Rausch aus. Auf die wilde Anstrengung der Nacht war eine Art Abspannung gefolgt, woraus ein vernünftiger, schnell zugreifender und wohlmeinender Geist gewißlich zum Wohl der Stadt hätte Nutzen ziehen können. Dieser Geist fehlte aber diesmal, und wo er sich in einem Ratschlage spüren ließ, da wurde nicht darauf geachtet. Ein ehrbarer und hochweiser Rat beging eine große Unvorsichtigkeit, um nicht zu sagen Torheit, und die Folgen davon sollten bald zutage treten.

Gegen elf Uhr mittags kehrte der Ratmann Ludolf Horn in der Begleitung Ehrn Nikolaus Hahns und des Doktors Alberus sehr ernst gestimmt vom Rathause in seine Wohnung heim und wurde daselbst von seiner Ehefrau und Regina Lottherin mit noch angstvolleren Mienen in Empfang genommen; der Buchdrucker Michael lief, von seiner Unruhe getrieben, in allen Straßen der Stadt umher; Markus hatte todmüde sich unter der Vorhalle von Sankt Bartholomäus zu einem unruhigen Schlummer niedergelegt.

Mit großer Heftigkeit warf im Hause des Ratmanns der Doktor Erasmus Alberus sein Barett auf den Tisch und rief:

„Ihr Herren, ich wiederhole es, was da eben beschlossen ward, ist meines Erachtens ein übel angebracht Ding, und wer von der Menschen Seele nur ein winzig Stücklein weiß, der kann sicher voraussagen, daß, wenn nicht Gott selbst es wendet, leichtlich ein groß Unheil und das Gegenteil von dem Erwarteten daraus herfürgehen mag."

„Aber die befahrenen Kriegsleute, städtische und fremde, waren doch alle der Meinung, daß solch ein Beschluß nützlich und von guten Folgen sein werde", meinte der Prediger von Sankt Ulrich.

„Und wenn Ihr selbst Julii Caesaris testimonia dafür anführtet", rief der Doktor, „ich bleib doch bei meinem Worte: Schädlich und verderblich ist's, bei solcher Stimmung des Volks dasselbige auf einen Platz in Wehr und Waffen zusammenzuführen. Ab eventu wollen wir richten."

Der Ratmann schüttelte den Kopf und sprach: „Es ist Wahres an den Worten des Doktors, Ehrwürden; ich selbsten hab auch meine Stimm gegen den Beschluß erhoben. 'S ist ein gefährlich Ding, kann zum Guten ausschlagen, kann aber auch ebenso leicht zum Verderben der ganzen Gemeinheit führen. Des großen Haufens Sinn und Gedanken sind wie Wind und Wetter, Jetzt haben wir noch Macht und Gewalt über zwei Drittel der geworbenen Knecht, wer kann sagen, ob nicht in einer Stund die losen Buben die ehrenfesten durch Geschrei, Verführung und Gewalt zertrennet oder verderbt und auf ihre Seit gezogen haben? Lasset zum Ring umschlagen, und es wird keiner in den Quartieren bleiben, sie werden alle zulaufen; aber ob das, was der Rat bieten kann und will, den Brand löschen wird, das ist ein ander Frag! Und wer bürget Euch für das Gesindel, von welchem die Stadt leider Gotts voll, ja übervoll ist! Lasset nur die Meuterer ihre Stimme auf einmal und an einer Stell erheben, und Ihr werdet schon gewahr werden, daß wir nicht allein der Stadt geworben Volk zu fürchten haben."

„Aber sollte nicht der Sold, so der Rat vor den Ohren dieser unruhigen Leut erklingen lassen will, den Geist des Aufruhrs zurücktreiben?" fragte Ehrn Gallus.

Der Doktor Erasmus zuckte die Achseln: „Ich fürcht dabei nur, wenn der Haufe seine Vielköpfigkeit und seine Macht gewahr wird, wie es ohne Zweifel heut auf dem Neuen Markt geschehen muß, so wird er sich nicht genügen lassen an dem, was man ihm in die tausend Mäuler wirft. Darin, mein ich, liegt grad der Sach Gefahr. Die Präludia habet Ihr in vergangener Nacht vernommen, Gott helfe uns, daß uns die Ohren nicht zerspringen, wann die rechte Musika anhebt."

„Was verlanget aber eigentlich das Kriegsvolk, daß es also von seiner Pflicht und seinem Eid abfällt und die beste Sache also meineidig verlässet?" fragte Frau Margareta.

„Ach, Frau", sprach der Doktor Alberus, „von dem Söldnervolk ist ein altes Wort: ibi fas, ubi maxima merces, zu deutsch: da ist's Recht, wo's den größten Sold gibt. Und von außen locket der Kurfürst, und inwendig schleichet der Verrat. O Frau, Frau, es gehen böse Geister durch unseres Herrgotts Kanzlei."

„Das ist das Verderben!" brach der Pfarrherr von Sankt Ulrich zornig los. „Das ist's, was am meisten gen Himmel stinket! Das ist's, weshalb wir in solcher Angst und Sorge schweben müssen. O du gerechter Gott im Himmel, du bist Zeuge, daß deine Diener nicht lässig funden sind, hinzuweisen, wo der Pfahl im Fleische stecke. Herr, Herr, wir haben deine Diener Sünder, gegen die Schlemmer und Ehebrecher, gegen diesen Hauptmann Springer und alle, so ihm gleich sind. Ist hier nicht auch Sodom und Gomorrha, hier, wo Laster, Undank, Geiz, Gotteslästerung, Fluchen, Lügen und Trügen, Unzucht und Schande am hellen, lichten Tag umgehen und niemand wagt, die Hand dawider zu erheben? Herr, Herr, deine armen Diener haben gesprochen, sonder Furcht vor den Menschen; aber wie ist ihnen dafür gedienet? Hat man sie nicht abgetrumpfet auf dem Rathaus als lose, leichtfertige Wäscher und Schwätzer? Jaja, Herr Ratmann, ich sage es nicht auf Euch; aber saget selbst: wie hat sich ein ehrbarer Rat verhalten gegen die Pfarrherren?! Wahrlich, wahrlich, es ist kein Wunder, daß der Stadt Streiten ein Streiten im Feld Armageddon ist. Nun bricht die Blume des Verderbens giftig auf, und die, so in Menschenfurcht gehandelt und gesprochen haben, müssen nun in Menschenfurcht unglückselig, verraten und verkauft sein!"

„Harte Worte sprecht Ihr, Ehrwürden", sagte der Ratmann, „und leider kann ich nichts dawider aufbringen als der Menschen allgemeine Schwachheit und Mangelhaftigkeit. Wir sind allzumal Sünder vor dem Herrn. Nach meiner Ansicht wär's auch am besten gewesen, wir hätten das Glied, so uns ärgerte, abgehauen vom Rumpf und von uns geworfen. Ja, das ist eine ängstliche, wehmütige Welt! Wer waget noch ohne Furcht und Hintergedanken zu sprechen: So ist's, so ist's, oder: Nein, nein, so ist's nicht? Wer waget noch, das Böse und Schalkhafte beim rechten Namen zu nennen? Wer will die Hand bieten, es auszumerzen? In meinem Haus kann ich Ordnung halten; aber da draußen bin ich nur eine Stimme in einem großen Geschrei, eine Welle in einer großen See."

Die Frau schüttelte traurig das Haupt, und Jungfrau Regina wendete das Gesicht ab.

„O Ludolf", sprach die Matrone, „wohl hältst du Ordnung im Haus. O Ludolf, Ludolf, laß uns der leimernen Wand, die da zwischen dir und deinem Sohn aufgericht't hast, nicht eine eiserne werden!"

„Ja, Herr Ratmann", sprach Ehrn Hahn, „Ihr könntet's wahrlich in dieser Angelegenheit genug sein lassen; Euer Sohn, der tapfere Rottmeister -"

„Ist ein wackerer Mann!" rief Herr Erasmus Alberus begeistert, „ein leuchtend Exemplum und sein Name ein Loblied in jedem Mund. Stolz solltet Ihr sein, solchen trefflichen Sohn zu haben, Ratmann Horn. Was bedürfet Ihr noch der Zeugnisse für ihn? Habt Ihr nicht gesehen und mit Euern Ohren gehöret, wie die Herren in vergangener Nacht auf dem Neuen Markt ihn lobeten und wie Herr Kindelbrück von ihm sprach? Und sein Verhalten in vergangener Nacht im Kampf und Aufruhr, ist es nicht preisenswert?"

„Sehet, das leugne ich!" rief der Ratmann. „Grad sein Verhalten in verflossener Nacht hat mir recht klärlich bewiesen, daß der alte Geist noch übermächtig in ihm ist. Wer hat den Aufruhr zum Ausbruch gebracht? Wer ist schuld daran, daß die Flammen so verderblich emporschlugen? Markus Horn ist's und kein andrer. Kann's mir schon denken, wie's ihm rot und dunkel vor den Augen ward, als er diesen Adam Schwartze zu Gesicht bekam. Seinen Aufschrei hab ich gehört, und der Klang seiner Stimme gellt mir noch in den Ohren. Wohl mag mein Sohn diesen argen Mann hassen und verfolgen bis in den Tod; aber das Heil seiner Vaterstadt darf er nicht dabei auf das Spiel setzen, und solches hat er getan. Wer kann dawider reden?"

Mit flammenden Augen erhob sich die sonst so stille und schweigsame Jungfrau, daß alle mit Staunen und Wunder auf sie blicken mußten.

„Ich rede dawider!" rief sie. „Dawider rede ich und sage: Was sollte werden aus dieser Stadt ohne diesen Geist? Nur das Blut, das warm durch die Adern rollet, wird auch freudig verstürzet. Saget Ihr nicht selbst, da sei im Rat keine Hand kühn genug gewesen, sich zu erheben gegen die Bösen und die Falschen? Wie wollet Ihr denn die Feinde innen, die Feinde außen niederschlagen? Nein, Mutter, zupfet mich nicht am Ärmel; es ist eine Zeit, wo auch die Unmündigen Zungen bekommen und die Steine auf den Gassen schreien; - nur allzulang hab ich in Furcht und Bangen geschwiegen und nur nächtens durch Weinen dem Herzen Luft gemacht. Ich will nicht mehr weinen, und daß mir das Herz nicht breche, will ich reden. Winket mir nicht, Herr Ratmann, frei sag ich Euch ins Gesicht: Euer Handeln wider Euern Sohn ist ein töricht Handeln, und diese Stadt Magdeburg würden sie nicht in der weiten Welt unseres Herrn Gottes Kanzlei nennen, wenn es Euch gegeben wäre, nach Euerm Willen und Sinn die Herzen zu beugen und die Hände in Fesseln zu schlagen! Ihr wollet wohl, daß man einstens von Euch spreche wie von dem alten Heiden, so seinem Sohn den Kopf abschlagen ließ, wie in des Vaters Druckerei man meinet? Hütet Euch, daß Gott nicht Eitelkeit und Strenge abwäge gegeneinander und daß nicht die Waage hinüberschwanke zur ersten. Ja, blickt mich nur an, als sei der Blitz vor Euch niedergefahren! Der gute Gott im hohen Himmel ist mein Zeuge, daß ich Euch verehret und gefürchtet hab, wie nur ein Mensch verehrt und gefürchtet werden mag. Aber nehmet diese meine Worte zugleich als Zeugnis, daß aus dem weichsten Ton ein harter Stein wird. Ja, blicket nur so starr mich an, Ihr schrecket mich nicht, obgleich ich nur ein armes, schwaches Mädchen bin. Die Herzen der Jungfrauen müssen hart werden und ihre Worte scharf in solcher Zeit, und Ihr werdet die Regina Lottherin nicht mehr zwingen durch ein Augenzwinkern oder ein leises Wort! Ja, Herr Ratmann, haltet Euern Sohn nur fern von Euch und rühmet Euch in Euerm Herzen darum; ich sage Euch, tausend und aber tausend arme kleine Kinder und viele tausend angstbedrückte Mütter und Jungfrauen in dieser großen Stadt gedenken in ihren Gebeten des Markus Horn, der so gut für sie streitet auf der Mauer und im Feld. Und der Frauen und Kinder Worte wird der gute Gott erhören; aber den starren Vater wird er richten, wie derselbige gerichtet hat. Weinet nicht, Mütterlein, ich kann nicht anders, es muß alles heraus, zu lang hab ich's in der Brust verschlossen gehalten; ich weiß es ja, nun wird der harte Mann mich auch verstoßen aus seinem Haus. O Mutter, Mutter, rechnet's mir nicht zu, ich kann nicht anders, und ich - will nicht anders, und auf Adam von Bamberg brenn ich selbst das Feuerrohr ab, wenn ich ihn erschau vor meinem Fenster!"

Noch einmal faßte die Jungfrau die zitternde, sprachlose Matrone in die Arme und küßte sie heiß und heftig, dann ging sie mit festen Schritten gegen die Tür. Ebenso sprachlos wie die Frau Margareta standen die Männer, und es war, als wanke der Ratmann auf seinen Füßen. Beide Hände streckte er gegen das Mädchen aus, als wolle er es zurückhalten; aber sie bemerkte es nicht und schritt aus dem Gemach. Durch die Stadt wirbelten dumpf die Trommeln, welche das Kriegsvolk nach dem Neuen Markt zusammenriefen, alle Gassen waren mit wilden, regellosen Haufen angefüllt, und auch die Schöneeckstraße wurde in diesem Augenblick vollständig erfüllt von dem tobenden Getümmel durchmarschierender Knechte aus den Springerschen Rotten.

„Um Gott, laßt die Maid nicht gehen!" schrie der Doktor Alberus am Fenster in heller Bestürzung. „Jungfer Regina, um Gottes willen - nicht unter das Volk!"

Der Tochter des Nachbars nach eilte der Pfarrherr von Sankt Ulrich, aber es war schon zu spät. Die Jungfrau trat schon von den Treppenstufen der Haustür hinab in die Gasse und befand sich bereits mitten unter den wüsten Gesellen. Der Doktor Erasmus mochte wohl mit Recht einen Angstruf ausstoßen; im höchsten Grade gefährlich war's für ein Weib, jetzt diesem bereits wieder halb betrunkenen Gesindel in den Weg zu treten. Kränkung durch Wort und Tat mußte gewißlich die Folge davon sein. Seltsamerweise geschah aber der Regina Lottherin nichts dergleichen. Fest und stolz schritt sie quer durch die wilde, verluderte Bande; ihre durch Tränen blitzenden Augen gen Himmel richtend, schien sie vom Irdischen nichts mehr zu sehen und zu hören. Nach rechts und links wichen die aufgeregten Söldner mit stumpfem Staunen ihr aus, den nächsten blieb die letzte Strophe des Gassenhauers, welchen sie brüllten, im Halse stecken. Es bildete sich eine Gasse vor der Jungfrau, und unangetastet erreichte sie das väterliche Haus. Kein schlechtes Wort, keine gemeine Redensart traf ihr Ohr, der überwältigende Eindruck dauerte noch fort, als die Reihen sich längst wieder hinter dem Mädchen geschlossen hatten, und tief bewegt kehrte der Pfarrherr von Sankt Ulrich zu den betäubten Eheleuten und den Doktor Alberus zurück.

In seinem Sessel saß der alte Ratmann, hatte den Kopf in die Hand gestützt und schien in das tiefste Nachdenken versunken. Die Frau Margareta saß neben ihm und warf durch ihre Tränen von Zeit zu Zeit einen verstohlenen Blick auf den Greis. Der Doktor Alberus stand kopfschüttelnd am Fenster und folgte sogleich dem Winke des Geistlichen, als dieser zu ihm trat und flüsterte:

„Lasset uns gehen, Herr Doktor. Es wird am besten sein, wenn wir die beiden allein lassen."

Der Doktor nickte, und leise schritten die beiden Herren hinaus. Auf dem Vorplatz faßte Herr Erasmus nach der Hand des Pastors:

„Habt Ihr jemals so etwas gehört? Bei allen Mächten, dieses Kindes Rede könnte einen König vom Thron werfen, könnte allein den römischen Kaiser Karolus den Fünften in den Staub drücken! Wie sie diesen Burschen und von dem Trebernfressen heimgekommenen verlorenen Sohn, diesen wilden Meister Markus lieben muß! Bei allen Mächten, Ehrwürden, habt Ihr jemals solch ein Wetterleuchten aus Weiberaugen gesehen?!"

Erst eine Viertelstunde später bemerkten die beiden frommen und gelehrten Herren, daß sie, statt über die Widerwärtigkeiten der Stadt Magdeburg, sich immer noch über Jungfrau Regina Lottherin unterhielten. Ein lieblicher Zauber hielt beide befangen, bis die häßliche Wirklichkeit von neuem auch über sie hereinbrach und sie inne wurden, daß in der Viertelstunde, während welcher sie sich über Regina Lottherin unterhielten, in der Kanzlei unseres Herrgotts die Ereignisse sich sehr zum Bösen weiterentwickelt hatten.

Mit zitternden Fingern berührte die Frau Margareta Horn die Schulter ihres Eheherrn, der immer noch die Augen mit der Hand überschattete und stumm und in sich zusammengesunken dasaß.

„O sprich zu mir, Ludolf! Sie hat nicht gewußt, was sie sagte; vergib ihr - du weißt nicht, wie's um ein liebend Frauenherz bestellet ist. Es war nur die Liebe, die brennende Liebe, so aus ihr sprach. Zürne der Armen nicht, du weißt nicht, in welchem Schmerz sie jetzt liegen wird; ich aber weiß es, und - Ludolf, o Ludolf, horch, horch, wie des Volkes Getös zunimmt - o Gott, ist das nicht schrecklich, daß in solcher Stund, wo man alles, was man liebhat, an sein Herz zusammenraffen möcht, daß in solcher Stund alles auseinanderfällt und niemand einen hat, an welchem er sich halten kann?"

Die Hand nahm der Greis von den Augen und richtete sich in die Höhe: „Ist es denn wahr? Hat sie denn recht? Der Frauen und Kinder Gebet um den Markus Horn wird Gott erhören; aber den harten Vater wird er richten, wie derselbige gerichtet hat?! Wie richt ich denn meinen Sohn? Was war das? Was war das? Weib! Margareta, sag mir, ob sie recht hat; es ist mir, als sei mir auf wilder See das Steuerruder zerbrochen; ich fühl den Boden fest unter meinen Füßen, und doch glaub ich nicht mehr, daß er mich sicher trägt. Margareta, Margareta, geht, hole mir das Kind - Margareta, ruf die Regina Lottherin zurück - nein, nein; nicht doch; ruf sie nicht! Ich will zu ihr gehen, sagen will ich ihr -"

Ein gellendes Geschrei durchklang in diesem Augenblick die Schöneeckstraße, händeringende Weiber stürzten an den Häusern hin oder warfen sich in höchster Angst in die Türen. Schüsse krachten, erst vereinzelt, dann in schnellster Folge vom Breiten Wege her. Ein Laufen und Rennen, ein Brüllen, Heulen, Stoßen, Drängen und Treiben in allen Gassen, auf allen Plätzen! In hellen Flammen loderte die Empörung des Kriegsvolkes auf; Herr Erasmus Alberus hatte recht gehabt, diese Versammlung auf dem Neuen Markt, diese halbe, zögernde Bewilligung der Forderungen des mißvergnügten Volkes war, wie immer in solchen Fällen, sehr zum Übeln ausgeschlagen. Das Blut mochte den Bewohnern von Magdeburg in den Adern erstarren bei dem Anblick, den mit einemmal ihre Stadt darbot. Auch in das Haus des Ratmanns Horn flüchteten wehrlose Weiber und waffenlose Bürger und hoben, als Herr Ludolf zu ihnen hinaustrat, die Hände:

„Herr Ratmann, Herr Ratmann, rettet, helft! Verloren ist die Stadt! Alles würgen die Meuterer, und alles schlägt sich zu ihnen. Sie brechen in die Häuser! Gott schütze uns! Über geht die Stadt! Gott schütze das arme Magdeburg!"

In diesem Lärm des erschreckten Volkes fand der Ratmann seine frühere Sicherheit wieder. Nach Kräften sprach er den Frauen Mut ein, den Männern gab er Waffen, damit sie im Notfall das Haus verteidigen konnten. Dann trat er, ohne auf das Flehen der Gattin zu achten, in seiner Amtstracht hinaus in die Gasse, um im Notfall sein Leben hinzugeben für die Gemeinde, starrköpfig, tapfer und treu wie ein römischer Senator aus der ersten Zeit der Republik. Einen Blick warf er nach dem Hause des Freundes Lotther hinüber und vergewisserte sich, daß die Druckergesellen und der Meister Kornelius in Abwesenheit ihres Herrn nichts versäumten, das Gebäude in Verteidigungszustand zu setzen. Feuerröhre und Harnische sah er an den Fenstern und den alten Kornelius mit einem gewaltigen Schwert in der Haustür. Reginen erblickte er aber nicht und hätte doch im Innersten viel darum gegeben, wenn er der Jungfrau hätte zuwinken können.

Die Schöneeckstraße war in diesem Augenblick vollständig menschenleer, und schnell gelangte der Ratmann auf den Breiten Weg; aber bei dem Anblick, der ihm hier vor die Augen trat, entsank der Stab fast seinen Händen. Da wälzten sich Haufen mit

Haufen und Haufen gegen Haufen; da raste die wütende, sinnlose Söldnerschaft der Stadt gleich einem reißenden Tier, welches von der Kette losgebrochen ist. Die Haken **253** wurden in die Luft, gegen die Fenster oder die Widersacher losgebrannt. Über Dampf und Qualm, Speerspitzen, Schwertern, Hellebarden schwebten die Fähnlein, aber nicht in der Hand der Fähnriche, sondern der losen Buben, welche sie mit Gewalt den Fähnrichen aus den Quartieren gerissen hatten. Alle drei Banner der städtischen Knechte waren in der Hand der Meutmacher und wehten der Rebellion voran.

In dem Moment, wo der Ratmann Horn auf den Breiten Weg trat, wurde ein Haufe verzweifelt sich wehrender Bürger die Straße hinabgedrängt, und im nächsten Augenblick fand sich Herr Ludolf mitten im Getümmel und unter den Füßen der Menge. Er wäre verloren gewesen, hätte ihn nicht eine starke Hand emporgerissen und ein kräftiger Arm ihn unterstützt. Dem wackern Sebastian Besselmeier eigneten Arm und Hand, und ohne der schmerzhaften Stöße und Tritte, die er bereits erhalten hatte, zu achten, wandte sich der Ratmann sogleich an den Geschichtsschreiber des magdeburgschen Krieges:

„Was ist denn geschehen? Um Christi willen, Meister, Meister, das ist ja schlimmer, viel schlimmer, als der böseste Traum es vormalen könnt!"

Wild und verzweifelt lachte der sonst so ruhige Meister:

„Ist das nicht lustig? Ist das nicht für Gottes Wort gekriegt? O Jammer und Bosheit! Wie es angegangen ist? In Wüterei und Schwindelgeist, wie es kommen mußt. Gedräut haben sie im Ring, und wie es recht war, hat sie der Oberste nach ihrem Gebühren geheißen: Laurer, Hudler, Schelme und Bösewichte! Hui, da war des Teufels Gespinst fertig. Aufzug und Einschlag. Nun können wir die Hefen des Zornes saufen; 's ist ein Wunder, daß die Tore der Stadt dem Feind nicht schon sperrangelweit aufstehen!"

„Und niemand mehr, der ihnen wehret!? Und keine Hülfe, kein Einsehen, kein Donner, so zwischen sie schlage!"

„Wohl halten sich noch auf dem Domplatz und im Rathaus kleine Scharen der ehrlich Gebliebenen, und Euer Sohn drunter. Und viele gute Bürger sind in Waffen;

Fahne eines kaiserlichen Landsknechtshaufens um 1550

Banner des Heiligen Römischen Reiches Deutscher Nation um 1530

aber alles ist zerstreut und nirgends ein Sammeln in der mörderischen Gefahr!"

„Und die Führer, die Hauptleute, der Oberst Alemann?"

Des Ratmanns Stimme verhallte im Getöse; der Meister Sebastian ward im Gewühl von seiner Seite gedrängt; nach dem Altstadtmarkt, nach dem Rathause wogte der Aufruhr, und ward ein Wirbeln und Kreisen daselbst, einem Meeresstrudel vergleichbar. Auf das Rathaus hatten sich der Oberst Ebeling samt den Musterschreibern gerettet, vor der ersten Wut des Volkes mit Lebensgefahr durch Christof Alemann und Markus Horn geschützt. Auf dem Rathause und um das Rathaus drängte sich alles, was mit der Stadt hielt, zusammen, und das: „Rette die Stadt, schütze die Stadt!" mischte sich hier auf das wildeste mit dem „Nieder mit der Stadt! Herunter mit dem Jungfernkranz! Vivat Kurfürst Moritz!" -

Heillosester Unfug wurde überall in der Stadt ausgeführt; zu den Meuterern schlugen sich „ungezogene Bürgerskinder, liefen mit jhren Wehren, ein jeder zu seinem Fähnlein, nach mittage umb 1 Uhr. Und wo sich etliche Fähnriche nicht wolten finden lassen, und die Thüren vorsperreten, do dreweten sie, die thür in drümmern und den Wirth in stücken zu zerhawen - - - do schlugen sie um, das jeder Knecht muste dabey sein; oder wo man einigen in Losament fünde, den wolten sie als einen Schelmen in Stücken zerhawen. Da geschach ein zulauffen, etliche die halb todt waren, etliche auff Krücken, etliche mit halben, etliche mit einem Beine, ein jeder wolte gern darbey sein."

Nachricht kam zu dem Obersten Ebeling auf das Rathaus, das wütende Kriegsvolk laufe sein Haus mit Sturm an, sei auch wohl schon hineingedrungen, und niemand möge wehren.

Da raufte der unglückliche Mann in Angst und Verzweiflung sich die Haare aus und schrie nach seinem Weibe und seinen Kindern. Der Fähnrich Christof Alemann stürzte einem Rasenden gleich in das Gewühl, um wo möglich noch Rettung zu bringen. Mit zerrissenen Kleidern begegnete ihm in den Gassen die gemißhandelte Familie seines Oheims; das Haus desselben war von oben bis unten verwüstet, im Keller waren die Fässer eingeschlagen, Kisten und Kasten in den Gemächern zertrümmert; kein Fenster war mehr ganz.

Immer toller ward der Lärm. Herr Hans von Kindelbrück, der alte tapfere Hauptmann, der in sein Quartier ebenfalls hatte fliehen müssen, wurde dasselbst aufgesucht, die Treppe hinabgestürzt, mit Hakenbüchsen gestoßen, mit Fäusten geschlagen und in Hosen und Wams auf die Gassen gerissen und in den Ring gezogen. Da schrie man ihm zu: „Nun haben wir es mit dir zu tun, du Schalk, du grauer Sünder! Wer hat dem Rat widerraten, nach dem Otterslebener Fang den Knechten einen Monatssold auszuzahlen? Wer hat's widerraten dem Rat nach dem Fang des Fürsten von Mecklenburg, den wir jetzo aus seinem Gewahrsam holen wollen und mit ihm ziehen zum Kurfürsten!"

Halb bewußtlos von den grausamen Mißhandlungen lag der alte Mann und ehrliche Freund Markus Horns in dem Kreis, welchen die niederträchtigen Meuterer um ihn geschlossen hatten. Bewußtlos lag er, verlassen von jedermann, in der Gasse, nachdem das schändliche Volk sein Mütchen an dem Greise gekühlt hatte. Zerstreut, abgefallen war sein Fähnlein, schwer verwundet lag sein Fähnrich Junge von München in seinem Losament; seine Rottmeister suchten, bis jetzt vergeblich, hie und da ihre Rotten wieder zusammenzubringen; der einzige, dem es gelungen war, hatte auf dem Altstadtmarkt einen überharten Stand. Eine dumpfe Erinnerung hatte der alte Kindelbrück, daß sich, während er so lag, Hans Springer zu ihm niedergebeugt und grinsend gesprochen habe:

„Bigott, da han mer den einen runter. Tusige blutige Tüfel, 's Geschäft und Ding gahet auch ohn das Adämle, und brauch i nit amol den Finger drum zu rühra."

Solche Erscheinung und solche Worte konnten aber auch nur ein Fiebergebild im Hirn des armen Hans von Kindelbrück gewesen sein. Schwören wollt er nicht auf ihre Wirklichkeit, und zehn Tage nachher, am neunundzwanzigsten März, am ersten Ostertag, ist er bereits an den Folgen der ertragenen Mißhandlungen gestorben.

Hin und wider wirft uns der Geist dieser Geschichte an diesem schrecklichen Tage. Wie zum fröhlichen Feste geschmückt, verläßt die Lagerfrau Johanna, strahlend in ihrem besten Putz, ohne venedische Maske und spanische Gugel, mit dem Lächeln der befriedigten Rache auf den Lippen, des Hauptmanns Springer Quartier hinter den Barfüßern. Sie schreitet von einigen Knechten begleitet durch die Gassen. Sicher und frei geht sie durch die zitternde Stadt und fürchtet heute keinen Blick, keinen Mund der Ehrbaren; Herrin und Gebieterin dünkt sie sich heut in unseres Herrgotts Kanzlei. Gesehen wurde sie auf dem Breiten Wege, dann am Kirchhofe von Sankt Johannis; aber da ist sie verschwunden, niemand hat sie wieder erblickt. Ihre Begleitung ist von ihr abgedrängt, sie selbst fortgerissen worden von der Menge. Manch ein Leichnam schwamm an diesem Tage die Elbe hinab. Bei Rothensee zogen Knechte des Belagerungsheeres einen nackten, zerfetzten weiblichen Körper mit Haken an das Land; - wer kann sagen, ob das der Leib der schönen Cortesana Johanna von Gent vielleicht gewesen ist?

Schildwache mit Hakenbüchse von Hans Beham

Mit wirrem, fliegendem Haar irrte der Magister Wilhelm Rhodius durch die Gassen. Zeichen sah er am Himmel und auf Erden, auf feurigen Rossen feurige Reiter in gelben und schweflichten Panzern. Die wahnwitzigen Bilder der Apokalypse schwankten vor seinen Augen, schwarz wurde die Sonne wie ein härener Sack, und die sieben Donner redeten ihre Stimmen; los war das siebenköpfige Tier der Lästerung und das zweiköpfige Tier der Verführung. Blatt um Blatt der Offenbarung riß der tolle Prädikant aus seiner Bibel und streuete sie in die Lüfte und schrie durch die Gassen von Magdeburg, und die wildesten Gesellen wichen ihm aus. Da traf ihn vor der Lauenburg eine Kugel, welche der Feind von Diesdorf her in die Stadt schleuderte, und so starb der Magister Wilhelm Rhodius, indem er seufzte:

„Und er zeigte mir einen lautern Strom des lebendigen Wassers, klar wie ein Kristall."

Herr Flacius Illyricus, welcher das Barett mit einer Sturmhaube vertauscht hatte, über dem schwarzen Scholarenrock einen Brustharnisch trug und ein Schwert an der Seite führte, sah den Unglücklichen fallen, eilte hinzu, doch der Tod war schneller als er, und so konnte er nur den Leichnam zur Seite tragen, daß er von der Menge nicht zertreten werde.

Noch stand Herr Flacius neben der Leiche des Schwärmers, an dem Untergang der Stadt ebensowenig zweifelnd, wie dieser Tote daran gezweifelt hatte, als ihm, dem Illyrier, das erste Zeichen ward, daß noch nicht alle Hoffnung verloren sei. Aus der Ulrichstraße hervor klang mit einem Male Trommelschlag, und in geordneten Massen, vollständig gerüstet, mit schwebendem Banner, rückte die Bürgerschaft der Ulrichsgemeinde vor. Mit Bibel und Schwert schritt an der Spitze der rüstigen Scharen Herr Nikolaus Gallus als geistlicher Führer und Berater; neben ihm stieg als weltlicher Befehlshaber Meister Michael Lotther, der Buchdrucker; jeder Bürgerrottmeister war an seinem Platz, und Zug auf Zug fällte im Harnisch rasselnd die langen Spieße beim Austritt auf den Breiten Weg. Niedergeworfen wurden die ersten Haufen des Pöbels und der Meuterer, Raum gaben die übrigen. Rotte auf Rotte in ruhiger, stattlicher Ordnung zog auf, dem leisesten Wink ihrer Führer gehorchend, und bald standen über achthundert treffliche Männer in Schlachtordnung auf der Hauptstraße der Stadt. Unsäglichen Ruhm und Preis hatten sich Meister Michael Lotther und Nikolaus Hahn um die Stadt Magdeburg erworben. Sie hatten die Bürger ihres Kirchspieles, welches der Aufruhr nicht so ganz wie die andern Gemeinden überschwemmt hatte, aus ihrer Betäubung gerissen, sie hatten die ersten zwanzig, die ersten fünfzig, die ersten hundert mutfassenden Herzen zusammengebracht; von ihnen ging der erste Strahl wiederkehrender Besinnung aus.

Zu dem Buchdrucker und dem Pfarrherrn sprang Herr Flacius mit der Bitte, daß man auch ihn hierbei zum Besten der Stadt verwende. Aus allen Häusern den Breiten Weg entlang vorstürzend, schlossen sich Bürger, hoch und niedrig, den geordneten Scharen an.

„Es geht gut! Es geht gut!" schrie der Buchdrucker, das Schwert schwingend. „Für unseres Herrn Gottes Kanzlei! Vivat Magdeburg, Magdeburg, Magdeburg!"

Tausendstimmig riefen jetzt die Scharen die Worte nach.

„Vorwärts im Namen Gottes nach dem Alten Markt, daß wir das Rathaus aus der Hand der Bösen und Falschen erretten!" rief der begleitende Prediger von Sankt Ulrich.

„Halt, halt, Ehrwürden", sprach aber der kriegskundige Buchdrucker und bewies, daß in der Tat ein Feldherrngeist in ihm steckte. „Jetzt teilen wir die Armada, Ihr mit der Hälfte haltet hier, haltet Wacht vor Sankt Ulrich, daß uns zu Haus kein Schaden geschiehet, haltet uns den Rücken frei und bleibt Herren des Breiten Weges. Ich marschier weiter mit meinen Freunden, Nachbarn und Gevattern, und deren sind wohl fünfhundert. Gottes Tod, wir wollen den eidbrüchigen Halunken und dem übrigen Gesindel auf die Köpfe fahren wie das böse Wetter."

„Wohl gesprochen!" sagte der geistliche Herr, ohne den Fluch des Meisters Michael zu rügen. „Hier diesen Platz halte ich bis in den Tod. Gott schütze die Stadt!"

Ausgeführt wurde das Wort des Buchdruckers. Ein Haufe von vierhundert Mann, der aber bald auf sechshundert wuchs, schützte den Breiten Weg. Mit den übrigen Kämpfern setzte sich Meister Michael Lotther wieder in Bewegung, gegen den Altstadtmarkt anrückend. Ihm schloß sich der Magister Flacius an und vernahm nun auch noch, daß Herr Galle von Fullendorf mit tausend treugebliebenen Knechten

Mauer und Wall in guter Wacht halte gegen den äußeren Feind, daß eine genügende Streitkraft das Ulrichsviertel schütze, daß für das Haus des Buchdruckers der Faktor Kornelius, für das Haus des Ratmanns Horn der Doktor Erasmus Alberus ihr Bestes tun würden, daß die Weiber - er meinte die Frau Margareta und sein Töchterlein -, wenn auch etwas ängstlich, doch ziemliche Herzhaftigkeit bewiesen.

Wir lassen jetzt den Meister Michael und den illyrischen Magister mit ihren mutigen Scharen vorwärts ziehen und wenden uns nach dem Rathaus.

Hier ließen sich die Sachen immer bedenklicher an. Wer sich nicht den Aufrührern angeschlossen hatte, war von dem Markt geflohen, und der Platz befand sich vollständig in der Gewalt der Meuterer; auch das städtische Zeughaus hatten sie erbrochen und beraubt; mehrere der umliegenden Bürgerhäuser waren ebenfalls bereits geplündert. Mißmutig erhob der Roland über diesem heillosen Wesen sein Schwert, schmerzlich schien der Kaiser Otto von seinem Roß auf das Gewoge herabzublicken. Von allen Seiten war das Rathaus von den Angreifern umschlossen, und keiner der darin befindlichen wußte, wie es in der übrigen Stadt stand.

Von oben bis unten war das alte Gebäude mit Menschen gefüllt. Massenhaft hatten sich das Volk, Männer, Weiber und Kinder durcheinander, hineingeflüchtet; in den Gängen, auf den Treppen lagen, saßen und standen weinende und zitternde Gruppen; die Fenster waren mit Schützen besetzt, die Türen mit Pikenträgern, welche Markus Horn befehligte. Mit Hämmern und Äxten, mit Spießen und Stangen liefen die Meuterer die Verteidiger an. Die Büchsen krachten. Sinnbetäubendes Geschrei - Gebrüll stieg zum Himmel.

„Steht fest für die Stadt! Im Namen Gottes steht fest für die Stadt!" ließ sich immer von neuem Markus Horn Stimme vernehmen, wie er keuchend, in namenloser Angst um die Teuern, deren Geschick er sich aufs gräßlichste ausmalte, hier, fern von ihnen und doch so nah, seinen Posten behauptete. Böse Wunden schlug heut sein Schwert, stieren, wirren Auges blickte er auf die Angreifer und schlug sie nieder, der Braut, der Mutter, des Vaters gedenkend:

„Stehet fest für die Stadt! Haltet fest für die Stadt!"

„Hie für die Stadt, für die Stadt!" schrie's plötzlich mitten unter den Meuterern, und dann rang sich bei einem Zurückweichen derselben ein blutender junger Knecht, der einen Greis halb trug, halb auf dem Boden nachschleifte, aus dem Getümmel los. Mit letzter Aufbietung aller seiner Kräfte schleuderte Bernd Kloden den Ratmann Horn, den Vater seines Rottmeisters, diesem in den Arm, um in demselben Augenblick unter den Spießen und Kolben tot zusammenzubrechen. So schnell ging alles, daß Markus Horn sich nicht die mindeste Rechnung ablegen konnte, wie es geschah. Er konnte nur seinen ohnmächtigen Vater hinter sich werfen in die Arme Jochen Lorlebergs, um dann ebenso schnell den Kampf wieder aufzunehmen.

„Haltet aus für die Stadt! Hie Magdeburg, Magdeburg!"

Im großen Saale des Rathauses kam Herr Ludolf Horn wieder zum Bewußtsein inmitten schreckensbleicher Gesichter und verzweiflungsvoller Gebärden. Da irrte mit gerungenen Händen Herr Hans Alemann, der eine Bürgermeister, im Saale herum. Herr Ulrich von Embden, der andere Bürgermeister, saß auf seinem Amtsstuhl, finster, mit zusammengebissenen Zähnen, und blickte starr nach der Decke. Ratleute, Innungsmeister, Sekretäre, alte Bürger saßen und standen ratlos herum. Der Oberst Ebeling Alemann hatte sich einer Hakenbüchse bemächtigt und feuerte wie ein einfacher

Schütze aus einem Bogenfenster auf die Meuterer; seinem Beispiel folgte Herr Kaspar Pflugk, der böhmische Herr. In einem Winkel des Saales aber stand ein Mann, den man hier nicht vermutet hätte - Herr Hans Springer. Der Ausbruch der Empörung am Morgen hatte ihn wieder in seinem gewohnten Rausch gefunden. Halbbetrunken wurde er im Getümmel hin und her geworfen, hatte den Hauptmann Kindelbrück mißhandeln sehen, und während die meuterischen Knechte seinen Namen als Feldgeschrei brüllten, schleuderte die Ironie des Geschicks den armen Hänsel mit der Flut der Flüchtenden in das Rathaus, wo er nun wie in einem hohneckenden Traum befangen stand und umherstarrte. Diese Bosheit des Fatums enthielt aber doch zugleich ein Glück für den Mann, und der Hauptmann war wenigstens klug genug, den Vorteil, der darin steckte, herauszufinden. Wer durfte es fürder noch wagen, den Hauptmann Hans Springer der Teilnahme an dieser großen Rebellion des neunzehnten März zu bezichtigen, ihn als einen geheimen Urheber derselben hinstellen und anklagen? Wir finden auch, daß die Vorwürfe der Chronisten um die Zeit kurz nach der Meuterei verstummten, bis sie mit dem Tode des Mannes wieder aufleben, ganz entgegen dem alten Wort: De mortuis nil nisi bene, welches übrigens auch ein dummes Wort ist, da man über einen Schuft auch nach seinem Verscheiden nicht schlecht genug reden kann.

Eine lange Zeit starrte der Ratmann Horn, in den Armen eines alten Schöffen liegend, auf die umstehenden Gruppen, auf die langen Reihen in Öl gemalter Bürgermeister an den Wänden, ehe er sich klar wurde über den Ort, wo er sich befand, und die Art und Weise, wie er hierhergekommen sei. Der Lärm des Kampfes, der Pulverqualm, der in die hohen Fenster drang und unter der Decke des Saales hinzog, taten das Ihrige, die Betäubung zu verlängern. Ein gewaltiges Schreien: „Vivat Markus Horn! Vivat Markus Horn!" gab ihm zuerst die Fähigkeit zu sprechen wieder:

„Was ist's? Was rufen sie?" fragte er mit matter Stimme den greisen Schöffen, der ihn auf dem Fußteppich des Ratsaales so freundlich unterstützte.

„Sie rufen Euern Sohn, der uns so gut verteidigt! Horcht nur, horcht!"

Ein neues Rufen und ein neues Krachen der Feuerröhre.

„Mein Sohn! Mein Sohn!" murmelte Herr Ludolf. „Wieder mein Sohn! O Regina, Regina, wenn du wüßtest -"

Er schloß die Augen von neuem und fiel wieder in die vorige Bewußtlosigkeit zurück. Als er abermals aufwachte, war eine tiefe Stille ringsumher, und es war dunkel um ihn; er lag auf weichen Kissen, und als er sich regte, schlug eine kleine Hand einen Vorhang seines Lagers zurück, und zwei Frauenköpfe beugten sich vor, umflossen von einem Strahl der Abendsonne. Der Ratmann Ludolf Horn sah, daß er sich in seiner eigenen Kammer befand, daß er auf seinem eigenen Bette lag. Die beiden Frauen aber, welche sich über ihn beugten, waren sein Gemahl Frau Margareta und Regina, des Nachbars Töchterlein. Der neunzehnte März des Jahres fünfzehnhunderteinundfünfzig neigte sich seinem Ende zu; - zu Ende war die große, unheilvolle Meuterei, und unseres Herrgotts Kanzlei war nicht über den Haufen geworfen worden; hoch hielt die magdeburgsche Wappenjungfrau ihr Kränzlein über alle Schrecken.

Einen Blick voll unendlicher Liebe und Zärtlichkeit warf der Greis auf seine Frau und die holde Maid; das Haupt der letzteren zog er mit beiden Händen hernieder zu sich und küßte die weiße, kluge Stirn und den süßen Mund, der so bittere Wahrheiten sagen konnte.

Dann forderte der Ratmann Bericht über das, was geschehen war während seines

Geistes Dunkelheit; aber wenig wußten die Frauen mitzuteilen. Noch seien alle Straßen besetzt - sagten sie -; die gesamte Bürgerschaft stehe unter den Waffen; der Faktor Kornelius habe die Nachricht gebracht, Herr Albrecht von Mansfeld habe der Stadt siebentausend Gulden vorgeschossen, damit habe man einen Teil des meuterischen Volkes zufriedengestellt, einen anderen Teil habe man aber mit gewaffneter Hand niederlegen müssen. Der Vater Lotther sei noch nicht heimgekehrt; dessen Lobs sei aber jedermann voll; er habe mit den Männern der Ulrichsgemeinde zuerst die Sache zum besten gewendet, er habe das Rathaus gerettet; wo er aber jetzt sei, wisse man nicht.

„Und wo - wo ist - mein Sohn Markus?" fragte zuletzt der Ratmann, mit leiser Hand lächelnd der Jungfrau die Locken aus der Stirn streichend.

Da ward Regina Lottherin purpurrot und konnte nichts hervorbringen als:

„O Vater!"

Und die Frau Margareta legte freudig weinend dem Gatten die Arme um den Hals.

„Gehet nun, ihr Weiblein", sprach der Greis dann, „jetzt will ich aufstehen; die Püffe und Knüffe, so ich empfangen hab im Gedräng, sind verwunden. Sorget für einen Imbiß und einen guten Trunk, daß wir, wenn der Nachbar mit seinen Lorbeeren, wenn - mein - der Rottmeister Horn kommt, zusammen klingen auf das Heil und Glück dieser alten, guten Stadt Magdeburg."

„Aber Ludolf, willst du nicht lieber im Bett bleiben?" rief die besorgte Matrone. „'S wird doch besser für dich sein!"

„Nein, nein", rief der Ratmann. „Ich weiß schon, was mir gut ist; ich will aufstehen. Hier vergeh ich vor Unrast. Geht, sorget für ein Mahl und einen Becher Wein! Den tapfern Jungen, der mich zuerst aus dem Wirrwarr zog, muß ich auch haben, müssen sie

Der alte Eingang zum Alten Markt vom Breiten Weg (zu sehen Nr. 51-54) aus, Mitte des 19. Jahrhunderts (aus: Magdeburg vor 100 Jahren, Magdeburg 1900)

mir auch bringen. Lasset mich, ihr Weiblein, ich bitte euch!"

Da die Frauen sahen, daß der Alte auf seinem Willen bestand, so verließen sie das Gemach. Da lag der Ratmann Ludolf Horn im Schein der Abendsonne noch eine Weile und hielt die Hände auf der Brust gefaltet. Er betete - für die Stadt - für alle ihre tapferen, treuen Verteidiger. Feierlich und freudig war seine Seele; er hatte solch ein Gefühl in seinem ganzen langen Leben nicht gespürt.

Dann er hob er sich und trat fest auf seine Füße, reckte sich und fühlte nichts mehr von Schwäche.

Er ärgerte sich eigentlich, daß er aus dem bösen Kampfe, in welchem so mancher gute Mann sein Blut in Strömen vergossen hatte, nur einige blaue Flecke davontrug.

„Und dazu in eine Ohnmacht fallen wie ein Weib; ich schäme mich ordentlich vor der Lottherin", brummte er, als er die Treppe hinabstieg. Nieder saß er im Wohngemach und erfuhr nun noch von den Frauen, daß er durch Landsknechte ins Haus getragen sei, und Regina fügte hinzu, daß es Knechte aus der Markus Rotte gewesen seien.

„So, so, Kindlein, und du kennst wohl jeden Mann in des Knaben Rotte?" lächelte der Alte, und wiederum errötete die Jungfrau.

Einen Becher Rheinwein trank Herr Ludolf Horn allein, beim zweiten leistete ihm schon der Doktor Erasmus Gesellschaft, zum dritten kam der Magister Flacius Illyricus und brachte die Nachricht mit, nur um das Zeisigbauer herum scharmützele man noch ein wenig, sonsten sei es ruhig. Bei und in dem Zeisigbauer sei aber die Grundsuppe des Übels zusammengeflossen; da kämpfe man doch mit dem Gesindel, den Spitzbuben, Gurgelschneidern und dem schlechtesten Auswurf des städtischen Kriegsvolkes; aber auch das werde bald zu Ende sein, und am besten werde man tun, wenn man Käficht und Vögel in Flammen aufgehen lasse, verloren sei nicht das allergeringste dran.

Man unterhielt sich nun von den Erlebnissen des Tages. Jeder hatte das Seinige davon zu erzählen. Die beiden Frauen hielte sich an den Fenstern und blickten bei jedem Lärm in der Gasse, jedesmal wenn sich Fußtritte näherten, schnell hinaus; aber noch immer erschienen Markus und der Vater Lotther nicht. Nicht mit einem Male kam die große Stadt zur Ruhe; ein stufenweises Sinken der Aufregung ließ sich bemerken. Scharwachen durchzogen fort und fort die Straßen; Verwundete brachte man in Spitäler; Frauen und Kinder irrten weinend umher und suchten vermißte Gatten und Väter. Es wurde immer dunkler, und noch wollten Markus und der Meister Michael nicht erscheinen, und immer ängstlicher wurden die Mienen der Frauen.

Der Faktor Kornelius kam mit der Nachricht, eben dringe man in das Zeisigbauer, der Oberst Ebeling Alemann führe die Angreifer in eigener Person; es müsse daselbst auch Feuer ausgebrochen sein; der Himmel werde blutrot dort hinaus. - Ein Nachbar brachte die Botschaft, auf dem Neuen Markt zahle Graf von Mansfeld im Ring bei Fackelschein dem Volke den versprochen Monatssold, und die Bürgermeister hätten leider Gottes doch den reuigen Meutmachern angeloben müssen, niemanden um den heutigen Tag zu strafen.

Immer einsilbiger ward die kleine Gesellschaft im Hause des Ratmanns Horn; zuletzt sprach niemand mehr. Abschied nahmen die Herren Alberus und Flacius, und so saß denn endlich Herr Ludolf mit beiden Frauen allein, wartend in Schmerzen.

Niemand dachte daran, die Lampe anzuzünden; dicht aneinander drängten sich Frau Margareta und Jungfrau Regina, und jede suchte die eigene Bedrückung dadurch zu überwinden, daß sie der andern mit leisester Stimme Trostworte zuflüsterte. Den

Greis überkamen nun doch zuletzt die Folgen des Tages; vor großer Ermattung sank ihm das Haupt zurück, und wie er sich dagegen auch wehren mochte, er schlummerte ein und schlief bald tief und fest.

So verging noch eine bange Stunde, und es war ganz und gar Nacht geworden, als der alte Mann aus tiefstem Schlafe im jähesten Schreck wieder emporfuhr. Rote Flammen tanzten vor seinen Augen, eine dunkle Mannsgestalt stand mitten in der Stube und sprach, doch der Ratmann war noch nicht imstande zu begreifen, was sie sagte. Aufgeschrien hatten die Frauen; Fackeln leuchteten in der Gasse, und ihr Schein flackerte an der Decke des Gemaches; Waffen blitzten und klirrten, schweigendes Volk drängte sich in Menge in der Schöneeckstraße und füllte den ganzen Raum zwischen den Häusern des Buchdruckers und des Ratmannes. Vor die Tür des letzteren wurde eine Bahre gebracht, und darauf lag Markus Horn mit blutigem Haupt ohne Besinnung, unterstützt von Herrn Nikolaus Gallus, dem Prediger von Sankt Ulrich. Aus der Haustür stürzten die Frauen; der Mann im Gemache faßte den auf den Füßen schwankenden Greis in den Arm; es war der Buchdrucker Lotther, bestaubt, geschwärzt, blutbespritzt.

„Ruhe, Ruhe, Nachbar", rief er. „Tot ist er nicht. Gott wird es ja wohl zum besten kehren. O Markus, mein guter, tapferer Markus!"

„Mein Sohn! Mein Sohn!" schrie der Ratmann Ludolf Horn mit solchem Ausdruck wahrsten Schmerzes, tödlichster Angst, daß der Buchdrucker ganz bestürzt zurücktrat. „Mein Sohn! Mein Markus! Ich habe ihn getötet! Wehe, wehe, er ist tot, tot!"

„Nein, nicht tot, Nachbar!" rief der Buchdrucker. „Einen tüchtigen Klaps hat er freilich weg; aber Gott wird doch nicht zulassen wollen, daß der wackre Junge dran verscheide. Beruhigt Euch, Ludolf. Kommt zu den Frauen - sie bringen ihn schon die Trepp herauf. Ruhig, Mann, ruhig; macht die Weiber nicht noch wahnwitziger, als sie schon sind."

In das Vaterhaus ward Markus Horn von Jochen Lorleberg, Peter Rauchmaul und Veit Brachvogel getragen; das gute Schwert trug ihm laut heulend Fränzel Nothnagel, das Pfeiferlein, nach. Auf dem Bett, von welchem sich der Vater vorhin erhoben hatte, lag nun der schwerverwundete Sohn. Es kamen Doktoren und Wundärzte, gaben aber wenig Hoffnung; der Vater und die Mutter wichen nicht von dem Lager des Kindes. Einen bejammernswerteren Mann als den Ratmann Ludolf Horn hatte die alte Stadt Magdeburg lange nicht gesehen. Regina Lottherin zeigte, solange das Schwanken zwischen Leben und Tod dauerte, eine wahrhaft männliche Fassungskraft, sie brach erst zusammen, als das Geschick des Geliebten sich zum Besseren wendete, und kränkelte bis in den September, bis zum Ausgang der Belagerung. Sie erfuhr von ihrem Vater noch an demselben Abend die Art, wie Markus seine Wunde erhalten hatte.

Am Tag nach der Meuterei erst waren der Ratmann und die Frau Margareta fähig, anzuhören und zu begreifen, wie das Unglück sich zugetragen hatte. An diesem Tage als dem zwanzigsten März, dem Freitag nach Judika, kamen die Pfarrherrn aller Kirchen mit den fremden Geistlichen, dem Doktor Erasmus Alberus und dem Magister Flacius, zwischen sechs und sieben Uhr abends auf das Rathaus und brachten über die Meuterei „ihren Christlichen Trost für einen ganzen sitzenden Rath". Da hat das Wort Herr Lukas Rosenthal, der Pfarrer zu Sankt Johannis, gehalten. Das Exordium ist gewesen von dem Glück, welches Gott gegen den auswärtigen Feind der Stadt gegeben hatte, und dem Leid und Neid des Teufels, der „nun gerne durch geschehene Meuterey hat wollen Arges stifften". Auf daß aber niemand verzage, „waren die Argumenta von der Sedition unnd Tumult der Israelitarum wider den Mosen und Aaronem".

Als der Buchdrucker Michael Lotther von diesem feierlichen Akte heimkehrte, trat seine Tochter zu ihm und sagte:

„Wollet Ihr nicht mit zum Nachbar hinüberkommen? Er verlangt nach Euch, sitzet wortlos und kümmerlich da, aber will doch jetzt hören, wie das Schreckliche geschah."

Der alte, tapfere Meister Michael seufzte tief und schwer, hing sein Amtskleid als Innungsmeister an den Nagel und folgte der bleichen Jungfrau zum armen Ludolf Horn.

„Wie geht's mit ihm?" fragte er leise und teilnehmend beim Eintritt, und der Ratmann zuckte die Achseln und sagte:

„Er ist noch immer ohne Besinnung. Seine Mutter ist bei ihm. Setzet Euch, Michael; setzet Euch, Regina! Willst du mir jetzt erzählen, Michael, wie's gekommen ist?"

„Das will ich wohl", sprach der Buchdrucker. „Ihr wißt, Ludolf, wie wir aus der Ulrichsgemeinde von der einen Seite die Meuterer und das Lumpenpack auf dem Markt umstellten und wie der Mansfelder Graf und der Ritter von Wulffen vom Heiligen-Geist-Viertel herdrangen mit den treugebliebenen Reisigen. Ihr wißt, wie wir durch Gewalt und der Graf Albrecht durch Versprechungen den großen Haufen zertrennten und Euch im Rathause frei machten. Wir hatten keine Zeit, uns viel um Euch zu kümmern, und so schickten wir Euch nach Hause auf den Schultern von einigen verläßlichen Gesellen. Der Markus war aber sehr besorgt um Euch und hätte Euch am liebsten selbsten in seinen Armen heimgetragen. Das ging aber nicht an; wir hatten noch ein schweres Stück Arbeit vor uns und konnten seine tüchtige Faust nicht missen. ‚Hiergeblieben, Markus!' rufe ich dem Jungen zu, ‚der Alte wird schon sicher nach Hause kommen. Den tragen jetzt vier Schneider heim.' Ich wollte, das Maul wäre mir in demselben Augenblick zugewachsen. Aber das Gebrüll ging auch schon wieder los. Ein gut Teil des Galgenpacks hatte noch keine Lust, Friede zu geben; so gingen wir denn von neuem daran wie das Wetter. Die Johannisbergstraße fegten wir herunter, trieben sie in einem Knäuel übern Brücktorplatz, und die Torwache pfefferte auch wacker drein. Da warf sich ein Teil nach Sankt Gertrauden, wurde aber mit Haken, Spießen, Schwertern und Faustkolben wieder herausgeholt. In den verdammten Winkeln, Sackgassen und Kraterstiegen gab's heillosen Spektakel. Aber wir machten reine Bahn, drangen vor auf die Werftstraße und trieben alles nach dem Zeisigbauer zusammen wie bei einem Kesseltreiben. Beim Goldenen Handfaß treff ich wiederum mit dem Markus zusammen, und ich sage zu ihm: ‚Rottmeister, jetzt halten wir zusammen, und wenn wir meinen Herrn Vetter und Schwiegersohn in spe finden sollten, 's sollt mir auch schon recht sein.' Euer Sohn, Ratmann, drückte mir die Hand, daß Ihr noch die Flecke merken könnt. Er hat eben von dem vernommen, was dem Kindelbrücker geschah, und sein Zorn ist in hellen Flammen. So geht's hinein in des Teufels Brütnest. Was regnet uns alles auf die Köpfe! Gottes Tod, 's ist nicht zu sagen. Und ein Spuk wie aus der Hölle: Weiber, Hexen, halbnackte Dirnen mit Messern, Beilen, Knitteln! Heißes Wasser, Feuerbrände, Steine, Schemel! Kinder wie Kobolde werfen sich Euch zwischen die Beine und beißen Euch in die Waden, wenn Ihr welche habt; große Hunde springen Euch nach dem Halse. In meinem Leben hätt ich nicht geglaubt, daß es so etwas in dieser frommen, züchtigen Stadt, so sich die Kanzlei unseres Herrn Gottes nennen läßt, gäbe.

Schritt vor Schritt dringen wir vor. In den Häusern oder Höhlen setzen wir uns fest; so kommen wir immer tiefer in diese Räuberhöhle und Hölle und überwältigen Gespenster, Kerle, Weiber, Dirnen, Kinder, Hunde, Knittel, Töpfe, Feuerbrände,

Messer und alles, was uns sonsten in den Weg kommt. Des Markus Augen leuchten umher wie Blitze; wir kommen in Häuser, wo wir im Blut ausglitschen, über Leichen stolpern; wir durchsuchen eine Schänke, den lustigen Gugelfrantz, von oben bis unten, finden aber nirgends eine Spur von meinem Herrn Bamberger Vetter, Adam Schwartze, meinem Teufelsvetter; wir fragen gefangenes Gesindel aus, aber das Zeug grinst nur und weist die Zähne. Noch ein Gebäude hält sich, dorthin zieht sich aller Streit zusammen. Nahebei kommt Feuer aus, und die Flammen leuchten uns. In Trümmer fällt auch hier die Tür, über Bollwerke von Fässern und Hausgerät gelangen wir in das Loch. Sechs wilde Kerle werden über den Haufen gestochen und verlangen's auch nicht anders; die Treppe geht's hinauf, den Fliehenden nach. In einem Gemach finden wir noch einige Gesellen, so aus dem Fenster geschossen und den Metzgermeister Hasenreffer zu Tod verwundet haben. Die fliegen nun selbst aus den Fenstern in die Spieße, und dann kommen wir in ein ander Gemach, und da finden wir den unsaubern Verräter Adam Schwartze! Aber ich wollt doch, ich wär unten geblieben, daß ich ihn so nicht gesehen hätt! Er lag schier ganz nackt, mit Stricken an Händen und Füßen bis auf's Blut geschnürt und blutig gegeißelt auf dem Boden, und ein vor Angst halb wahnwitziges Weib kauerte im Winkel und sagte aus, vor einer halben Stunde schon sei er gestorben; geschlagen und gefesselt habe man ihn, um ihn zu bändigen, denn er sei ganz wütig und vom Teufel besessen gewesen, und die Arme habe er sich selbst zerbissen... Indem wir so in Schauder stehen, läßt sich draußen ein Rufen hören: ‚Heraus, heraus, wer nicht verbrennen will!' Das Feuer ergreift auch dieses Nest, und mit Gewalt muß ich den Markus fortziehen. Er hatt sein Schwert fallen lassen, er war wie betäubt über das Erschaute. Das Weib und des Leutnants Leichnam ließen wir, wo sie waren.

Wie wir jetzt wieder ins Freie treten, entsteht mit einemmal ein höllisches Geschrei; als man Anstalt macht, die Gefangenen wegzuführen, bricht wie auf ein gegeben Zeichen der zusammengedrängte Haufe los, stürzt sich in einer Masse gegen den Ausgang nach Bartholomäus zu und sucht also zu entkommen. Da ging der Spektakel von neuem los, und die Verzweiflung des Volkes macht den Tanz nur noch wilder. Aber Markus steht in dem Gewühl, als ginge ihn jetzt die Sache nicht das geringste mehr an, läßt die Arme herabhängen und kriegt so von hinten den Schlag mit einem Fausthammer, der ihn zu Boden streckt. Was dann geschah, das -"

Der Buchdrucker brach seine Erzählung auf den Wink seiner zitternden Tochter ab; der Ratmann Ludolf Horn hatte beide Hände vor das Gesicht geschlagen und stöhnte:

„O Gott, Gott, und nimmer wird er auf Erden noch erfahren, wie lieb ich ihn gehabt habe! O Gott, Gott im Himmel, nur du kannst es ihm jetzt noch sagen, wenn du ihn droben aufnimmst in deine Gnade! O Gott, nimmer wird er erfahren, wie ich meinen Stolz auf ihn seit seiner Heimkehr mit Gewalt niedergedrückt habe. Ach wehe mir, daß ich es tat! O Markus, mein Sohn, mein Stolz und meine Liebe, gehe nicht so fort von deinem alten Vater, der dich so liebte und dir solch ein eisern Herz und steinern Gesicht zeigte!"

Dem Buchdrucker liefen die hellen Tränen über die runzligen Wangen; in höchster Bewegung kniete Regina vor dem armen Vater Markus Horns und bedeckte mit Küssen und Tränen die zitternden Hände und flüsterte:

„Er kann nicht sterben, er wird nicht sterben; ich liebe ihn ja auch so sehr!"

Ganz spurlos ging das letzte Geschick des Verderbers der Scheuerin an den Seelen dieser Menschen in dieser Stunde vorüber!

Das achtzehnte Kapitel

SEIN BUCH DER AUTOR SCHLIESSET JETZT.
DAS BESTE KOMMT ZU ALLERLETZT.
WIE UNSERS HERRGOTTS KANZELEI
VERTRUG SICH WARD DER DRAENGER FREI
IST KURZ ERZAEHLT. WIE ES GESCHAH.
SIT SOLI DEO GLORIA!
GOTT SCHUETZ DAS TEURE VATERLAND.
NEHM SEIN GESCHICK IN GUTE HAND.
SEGN' WEIT UND BREIT DAS DEUTSCHE BLUT.
BRING BALD UNS UNTER *EINEN* HUT!

Markus starb nicht! Wie sich unseres Hergotts Kanzlei wehrte gegen den grimmigen Feind, so wehrte sich der tapfere Rottmeister Markus Horn gegen den grimmigen Tod. Und wie die große lutherische Stadt Magdeburg diesmal unüberwunden blieb, so ging auch Markus Horn als Sieger aus dem schweren Kampfe hervor. Durch lange Wochen lag er freilich ohne Bewußtsein, und am dreiundzwanzigsten März, an dem Tage, wo Herr Levin von Embden von der Laube des Rathauses die gesamte Bürgerschaft der Altstadt aufforderte, all ihr Silber, es sei gelb oder weiß, der Verteidigung der Stadt zu opfern, und wo mit herrlichster Begeisterung alles Volk sich gutwillig erzeigte, an diesem Tage war der Kranke von den Seinigen aufgegeben, und Herr Nikolaus Hahn sprach die Sterbegebete an seinem Lager. In der folgenden Nacht besserte es sich jedoch wieder, und als am Donnerstag post Misericordias Domini, als am sechzehnten April, Verhandlungen und Vorschläge zur Versöhnung zwischen der Stadt und Herrn Joachim von Gerstorf in des Herzogs von Mecklenburg Herberge und Gewahrsam getan wurden, da schöpften die betrübten Seelen im Haus des Ratmanns Horn zum erstenmal unter den heißesten Dankgebeten freien Atem. Markus hatte seine Mutter und die Regina Lottherin erkannt. Am folgenden Tage erkannte der verwundete Sohn auch seinen Vater, doch war er so matt, daß er kaum ein Wort über die Zunge bringen konnte. Solches dauerte bis Vocem jucunditatis; von da an besserte es sich zusehends mit dem Rottmeister; er fing an, einen merkwürdigen Appetit zu entwickeln, schlief durch Tag und Nacht, und die Klarheit seines Geistes kehrte mehr und immer mehr wieder. Das Jahr trat in den Frühling, in das Leben trat Markus Horn zurück.

Am Morgen des achtundzwanzigsten Mai, dem Donnerstag nach Trinitatis, blickte der Genesende, wieder einmal aus tiefem erquickendem Schlaf erwachend, durch die halbgeschlossenen Augenlider auf ein so liebliches Bild, daß er sich eine geraume Zeit lang nicht regte, um es nicht zu stören. Zu Füßen seines Bettes saß seine alte Mutter, das offene Liederbuch Martin Luthers im Schoß, die Hände darüber faltend und mit einem stillen Lächeln auf den Lippen zu dem Vater Horn und dem Töchterlein des Nachbars Lotther hinüberblickend. Diese beiden saßen dicht nebeneinander Hand in Hand, der Greis in einem hohen Lehnstuhl, die Jungfrau auf einem niedern Schemel ihm zu Füßen. Von Zeit zu Zeit streichelte der alte Ratmann der holden Regina die weichen Locken und flüsterte ihr ein liebkosend Wort zu; dann legte jedesmal die Jungfrau den Finger auf den Mund und deutete mit glücklichem Lächeln auf den Kranken, und diesem traten die Tränen in die Augen, wie sie so lauschte mit zurückgehaltenem Atem. Hell und warm schien die Maisonne ins Fenster, Vögel zwitscherten in der blauen Luft, Kinderstimmen ließen sich hören. Dazwischen klang freilich leider Gottes immer noch von Zeit zu Zeit ein dumpfer Knall, oder ein Rasseln, Stampfen und Klirren in der Gasse deutete auf das Vorüberziehen waffentragender Haufen; aber was war das in dieser holden Stunde der Genesung!

Jetzt fing das aufmerksame Mütterlein doch eine Bewegung des Sohnes auf und fragte, sich vorbeugend:

„Wachst du, mein Sohn? Hast du mit Gottes Hülf wieder gut geruht?"

Und die beiden andern traten an das Bett, und Markus bot beiden die abgemagerte Rechte und flüsterte:

„Dank, Dank für Eure Lieb und Güt, mein Vater! Dank, tausendmal Dank, Regina!"

Nun saßen sie alle dicht um das Bett des jungen Mannes und unterhielten sich über die Hoffnungen einer bessern Zukunft und über die Vorkommnisse des Tages, und wenn auch einmal ein Geschütz seine grimmige Stimme lauter als gewöhnlich erschallen ließ und die Fenster von dem Krach erzitterten, so achteten sie es wenig.

Es mochte wohl zehn Uhr sein, als es an der Tür klopfte und der Buchdrucker Lotther auf den Zehenspitzen ins Gemach trat. Sein Gesicht hatte einen ernsten, bedenklichen Ausdruck, welcher dem Ratmann sogleich auffiel. Letzterer trat dem guten Nachbar deshalb entgegen und führte ihn gegen das Fenster, wo er sich von ihm etwas zuraunen ließ, worüber er erst schnell aufsah, dann die Achseln zuckte.

„Ihr könnt Euch darauf verlassen, es ist keine Täuschung; ich hab's von einem, der ihn hat fallen sehen."

Der Ratmann trat zu dem Bett seines Sohnes zurück und sagte mit milder Stimme zu diesem:

„Markus, der Nachbar bringt eine Nachricht, welche - wenn es dir nicht das kranke Blut in unnötige Wallung bringt - es ist nämlich einer soeben erschossen worden, so der

Stadt viel Schaden zugefügt hat und noch zufügen konnte."

Markus hatte, während die beiden Männer zusammen gesprochen hatten, verstohlen die Hand Reginas gefaßt und ihr auch zugeflüstert; jetzt ließ er die Hand und sagte wie einer, der im höchsten Glück von einer ganz gleichgültigen Sache hören soll: „Sprecht nur, lieber Vater, bitte erzählet, lieber Meister; ich kann alles anhören."

„Der Hauptmann Johannes Springer ist tot!" sagte der Ratmann; die beiden Frauen schlugen die Hände zusammen, Markus aber blieb ganz teilnahmslos, und seine Augen hingen nach wie vor an dem süßen Gesichte Reginas.

„Er ist wirklich und wahrhaftig tot!" erzählte der Buchdrucker mit fliegender Hast. „Ist die vorige Nacht nach seiner Art wieder sauvoll gewesen und geht heut morgen nach sieben Uhren mit seinen Trabanten ins Feld aus dem Sudenburger Tor, da gehet er hin und wider bei dem neuen Rondell, wahrscheinlich um die heiße Stirn zu kühlen. Er sollt bald kalt genug sein. In der Steinkuhlen brennt der Feind ein Stück los, und die Kugel trifft den Hauptmann am Bein, unter dem Knie, in das dicke Fleisch an der Wade. Da lag der grobe Unflat! Laufen die armen Weiber, so im Graben arbeiten, hinzu, und wie er nach Wasser schreit, bringen sie ihm ihren Kofent, ihn zu kühlen. Er stirbt ihnen aber bald unter den Händen, und wär's nach meinem Willen gangen, man hätt das Aas draußen im Feld verfaulen lassen. Wenn man es genau bedenkt, wie's in der Welt zugehet, so muß man sich doch sehr verwundern. Da soll nun heut Abend um zehn Uhr der Steckenvogt Joachim, der mit den Gefangenen untreulich gehandelt und sonsten das Regiment von sich geworfen und verräterisch Spiel gespielt hat, gehänget werden auf dem Neuen Markt. Weshalb stirbt nun dieser andere viel größere Verräter den Tod eines ehrlichen Kriegsmannes? Das begreif ein anderer!"

Es ist ein roher, böser, gottloser Mann gewesen, dieser Springer", sprach der Ratmann. „Hat unehrlich gehandelt an seinem eigenen Fleisch und Blut, seinen Kindern und Weib, hat unehrlich gehandelt an dieser Stadt, der er mit aufgerichteten Fingern schwor. Nun steht er vor einem höheren Richter, dem wollen wir den letzten Spruch überlassen. Gott schütze die Stadt!"

„Seit der Meuterei", sprach der Buchdrucker, „ist auch er wie von einer unsichtbaren Hand geschlagen gewesen. In seinen trunkenen Zeiten hat er immer nach seinem Leutnant Adam Schwartze und seiner Beiläuferin, der Hanne von Gent, geschrien, hat sich auch sonsten greulich angestellt um das Weib, als er es nicht fand in seinem Quartier. Darüber ließe sich auch eine Geschichte erzählen; fortgelaufen ist sie dem Hauptmann nicht, denn all ihren Schmuck und alles Gold und alle Kleider hat er gefunden, sie aber nicht. Hab schon eben gehört, der Rat wolle nun all das Gut des losen Hansen seiner Ehefrau und seinen Kindern zuschreiben."

Den Namen Adam Schwartze hatte Markus bereits wieder im halben Schlummer nachgesprochen; jetzt schlief er ganz fest, doch ein wenig unruhiger als in den letzten Zeiten. Dunkle, blutige Gestalten schwebten durch seine Träume; er sah den Adam von Bamberg nackt, mit zerfleischten Armen, wie er ihn im Zeisigbauer gesehen hatte; er sah den schrecklichen Schützen vom Sankt Jakobsturm; er sah die schöne, wilde Johanna von Gent und den Hauptmann Hans Springer im blutigen Reigen. Auch andere Gestalten erblickte er schaudernd, Gestalten aus seinem frühern wilden Leben. Das Wundfieber kehrte ein wenig wieder, und die arme Mutter durchwachte eine neue bange Nacht, sorgte aber unnötigerweise. Die kräftige Natur des jungen Mannes überwand eben siegreich alle Folgen der bösen Wunde. Am vierundzwanzigsten Juni verließ Markus zum erstenmal das Bett und wankte, auf einen Stab und den Arm des alten Vaters gestützt, zum offenen Fenster, einen Blick in die Gasse zu werfen und einen Atemzug Sommerluft zu tun. Es war der Tag des Johannis Baptistae und große Freude im Hause des Ratmanns Horn und in der alten, berühmten Lottherschen Buchdruckerei.

Am Abend dieses Tages zündeten die Feinde in allen Lagern und Schanzen, in der Schelmenschanze zu Buckau, um Diesdorf, in der Blutschanze auf der Steingrube, in der Neustadt, zu Cracau, kurz überall die Johannisfeuer an und schossen all ihr Geschütz, groß und klein, dreimal ab. Die Knechte aber steckten brennende Strohbündel auf die Spieße, liefen jauchzend umher, tanzten um die Feuer und schrien: „Jetzt tanzen wir um Sankt Johannis Feuer, wer übers Jahr noch lebt, der hänge die Kronen auf!"

Schrieben wir hier gleich den Sebastian Besselmeier, Herrn Heinrich Merkel oder Herrn Johannes und Elias Pomarius eine Geschichte dieser großen und schrecklichen Belagerung, so würden wir noch von manchem Scharmützel, manch kühnem Ausfall, mancher guten List, manch wackerm Schuß und Treffer berichten müssen. Wir tun das ebensowenig, wie wir dem feinen Politikus Herrn Mauritius auf all seinen gewundenen Wegen nachgehen können. Wir sagen nur, daß dieser Heros des Luthertums seinen Plan gegen den Kaiser, dessen Schwert er vor Magdeburg trug, jetzt so ziemlich fertig hatte. Schon hatte eine geheime Zusammenkunft zwischen ihm und dem Markgrafen Johann von Brandenburg-Küstrin zu Dresden stattgefunden, und verbunden hatten sich beide Fürsten „zur Erhaltung der Selbständigkeit und Freiheit des Heiligen Römischen Reiches, zum Schutze des protestantischen Glaubens und zur Befreiung der beiden Gefangenen Karls des Fünften, nämlich des guten Johann Friedrichs und Philipps von Hessen".

Das auszuführen, hatte man aber natürlich der Hülfe der Fremden nötig, und manch geheimnisvolle Botschaft lief hin und her zwischen dem Lager vor unseres Herrgotts Kanzlei und der Stadt Paris in Frankreich.

Gegen Ende August war das Bündnis zwischen Heinrich dem Zweiten von Frankreich und Navarra und Herrn Moritz von Sachsen, des Heiligen Römischen reiches Erzmareschalk und Kurfürst, zu unendlichem Schaden dessen, was man damals die deutsche Nation nannte, abgeschlossen worden, und Herr Moritz sprach leise seinen Wahlspruch: Fortes fortuna adjuvat, welches nach seiner eigenen Übersetzung hieß:

Vielleicht glückt's mir auch!

An so etwas wie die Schlacht bei Sievershausen, zwei kurze Jahre nach dieser Berennung von unseres Herrgotts Kanzlei, hat er wohl dabei nicht gedacht.

Bereits am dreißigsten August ward ein Waffenstillstand vor Magdeburg ausgerufen und sind nach einem vorläufigem Vergleich alle Feindseligkeiten eingestellt worden.

Am vierten September kam der Herr von Heideck mit seinem Kanzler Christof Arnold zur Unterhandlung in die Stadt.

Am neunten September zogen des Rates Abgeordnete aus der Stadt zu Wolf Tiefstetters Losament in der Steinkuhle und setzten daselbst die Verhandlung fort.

Am achtundzwanzigsten September war Handlung zu Wittenberg, und die Herren von Magdeburg fuhren dahin zu Tage.

Am elften Oktober wurde dem Rat, den Schöffen, Hundertmannen und Gemeinde von der ganzen Verhandlung Bericht abgestattet, und Feinde und Freunde gingen im Feld zusammen und hielten gute Zwiesprache miteinander.

Am neunzehnten Oktober musterte und zahlte die Stadt ihre Reisigen und Knechte aus.

Am dritten November ritt der Herr von Heideck wiederum in die Stadt, und wiederum zog der Rat in die Steinkuhle.

Am vierten November wurde der Vergleich unterzeichnet. Die Stadt entsagte dem Schmalkaldischen Bunde, welcher gar nicht mehr vorhanden war, zahlte dem Domkapitel, dem sie über eine Million Schaden getan hatte, 50 000 Gulden, lieferte dem Kurfürsten von Brandenburg zwölf Geschütze aus und erkannte das Erzstift, Kursachsen und Kurbrandenburg zu gleicher Zeit für ihre Herren, welches man das Tripartit nannte. Ferner versprach die Stadt, gegen den Kaiser und das Haus Österreich keinen Bund einzugehen und 50.000 Gulden Kriegskosten zu zahlen.

Schleifung der Mauern und der Wälle, Einnahme kaiserlicher Besatzung und Geständnis der Torheit und Strafbarkeit wurde standhaft verweigert, und ihrerseits erlangte die Stadt, was sie durch ihr Aushalten in langer Not und Bedrängung hatte haben wollen: Aufhebung der Reichsacht, kaiserliche Begnadigung der Besatzung und Bürgerschaft, Bestätigung der Privilegien und – Freiheit vom Interim und freie Religionsübung.

Sicherheit und Verzeihung erhielten die fremden Schutzgenossen bis auf den Doktor Erasmus Alberus. Er mußte, wie schon früher mitgeteilt wurde, aus der Stadt; „zu grob" hatte er es dem Kurfürsten gemacht. -

Am neunten November hält Moritz von Sachsen, nachdem die Belagerung ein Jahr und einen Monat gedauert hat, endlich auf dem Altstadtmarkt vor dem Roland. An seiner Seite hält ebenfalls zu Roß der Reichskommissarius Herr Lazarus von Schwendi. Die durch die Glocke von Sankt Johannis zusammengerufene Bürgerschaft harrt erwartungsvoll des Kommenden, in spe et metu, wie Heinrich Merkel sagt.

Da treten stattlich und feierlich vom Rathaus her die Bürgermeister, Schöffen und Hundertmannen und schreiten vor bis zum Bilde Kaiser Ottos. Bis dahin reitet ihnen der Kurfürst mit seinem Gefolge entgegen, und die Schlüssel von unseres Herrn Gottes Kanzlei werden in seine Hand gelegt.

Nun spricht der Kanzler Doktor Ulrich Mordeisen der Stadt den Huldigungseid vor, und es kommen die Worte:

„Nachdem sich die Stadt nunmehr ergeben -"

Und ein unwirsch Murmeln geht durch die Menge, und vor tritt Herr Levin von Embden und ruft:

„Vertragen! Nicht ergeben!"

Und der Kurfürst neigt sich mit entblößtem Haupt und spricht:

„Es ist vertragen, soll auch vertragen sein und bleiben!"

Da recken denn die Bürger und der Rat die Schwurfinger in die Luft und schwören dem Kanzler nach:

„Der Römischen Kaiserlichen Majestät und dem Heiligen Reich, auch Euer Kurfürstlichen Gnaden gelobe und schwöre ich, daß ich der Römischen Kaiserlichen Majestät und auf derselben sonderliche Bewilligung Euer Fürstlichen Gnaden getreu und gewärtig sein, vor Schaden warnen und ihr Bestes nach meinem höchsten

Vermögen fördern und mich in allem gegen dieselben verhalten will, wie einem getreuen und gehorsamen Untertanen gebühret und wohlanstehet. Ich will auch auf hochgedachter Kaiserlicher Majestät obbemeldete Bewilligung Euer Fürstlich Gnaden zu jeder Zeit für meinen rechten Herrn erkennen und halten, bis so lange höchstgedachte Kaiserliche Majestät und Euer Fürstlich Gnaden gemeine Stadt an andere Herrschaften weisen. Und das alles will ich nicht lassen, weder um Gunst, Gabe, Freundschaft noch um keiner andern Sache willen, alles getreulich und ohn' Gefährde, als mir Gott helfe und sein heiliges Wort!"

Über diesen Eid ist die Zeit hingegangen, wie sie über so manchen anderen Eid, wie sie über den Kurfürsten Moritz von Sachsen selbst ging. Gott schenke allen deutschen Städten den Geist, der im Jahr nach Christi Geburt fünfzehnhundertundfünfzig und im folgenden Jahr so gut stritt für:

Unseres Herrn Gottes Kanzlei.

Nach all dem Sturmgeläut eine Hochzeitsglocke! Was sollte werden aus der Welt, wenn nicht nach jedem blutigen Streit um das Recht und die Ehre die Wiegenlieder der Mütter erklängen?

Wir finden, daß bereits am achten September 1553 dem Doktor juris Markus Horn und seiner Ehefrau Regina, geborene Lottherin, ein Söhnlein geboren wurde, dessen

Darnach hat D. Ulrich Mordeissen/das wort gehalten/ vnd wegen Höchstgedachtes Churfürsten zu Sachssen/etc. die gantze Gemeine/der vollenzogenen vnd bewilligten Capitulation kürzlich erinnert/vnd die Bürgerschafft vermanet / Daß sie darauff die finger auffrichten/vnd schweren solten/ Wie man ihnen den Eidt vorsagen würde.

Als nun gedachter D. Mordeissen/ im antragen/ daß Wort mit vnterlauffen lassen/ (Nemlich/ nach deme sich die Stadt nu mehr ergeben) so hatt D. Leuin von Emden Stadt Syndicus so balt ein geredt vnd gesagt.

Vortragen vnd nicht ergeben.

Darauff der Churfürst selber gesagt/Es ist vortragen/sol auch vortragen sein vnd bleiben / Vnd haben jhre C.F.G. sonsten/gegen ein jeder Raths Personen/mit reicher ung der Hand vnd abgedecktem Heupt sich gantz Gnedigst er- zeigt.

Paten Herr Sebastian Besselmeier, der Buchdrucker Michael Lotther und Frau Margareta Hornin waren. Wir finden, daß Anno 1563 der Buchdrucker Lotther mit großem Gepränge begraben wurde. Seinen Tod hatte er sich von dem Abendtanz, welcher am Donnerstag vor Fastnacht von den vornehmsten Geschlechtern auf dem Gildehaus der Seidenkramer gehalten wurde, geholt. Mit gar keinem Gepränge wurden um Bartholomäus Anno 1565 der Ratmann Ludolf Horn und seine Ehefrau Margareta in ein Grab gelegt. Beide starben in einer Stunde an der Pest, welche um diese Zeit wieder einmal, allein in der Altstadt, nahe an fünftausend Opfer forderte.

Der Name Markus Horn erscheint noch einmal mit großen Ehren in den Verhandlungen des 26. Juni 1570 zu Halle auf dem großen Landtag.

Im August 1584 blühten die Reben in Unser Lieben Frauen Weinberg zum zweitenmal und setzten neue Trauben an. Auch die Rosen und Obstbäume standen wieder in Blüte. In diesem köstlichen Herbst soll Regina Hornin sanft entschlafen sein. Genaueres läßt sich über den Tod der beiden Ehegatten nicht angeben, da die Kirchenbücher von Sankt Ulrich in dem Brand von 1631 untergingen.

Jedenfalls ist aus Markus und Regina ein wackeres Paar geworden, welches Glück und Leid erlebt, Kinder erzeugt und die Eltern begraben hat und endlich selbst in die Erde gesenkt worden ist.

So machen wir einen kurzen Schluß und setzen ans Ende die Worte, mit welchen der künstliche Meister Augustin von Brack seine Kontrafaktur der Stadt Magdeburg „jetzt im MDLI Jahr vom Römischen Reich belägert" in die Welt sandte:

„Alles fürzumalen, was nur gemalet werden kan, were viel zu viel, auch dem, was gemalet ist, die rechten lebendigen Farben zu geben, wolte nicht allein hie über Malers, sondern auch über Redners Kunst seyn. Denn es doch nicht mehr denn eitel todte Bilder unnd Buchstaben sind, welche das Leben des Handels nicht erreichen, als wie mans gegenwertig für Augen gesehen und im Hertzen gefühlet hat."

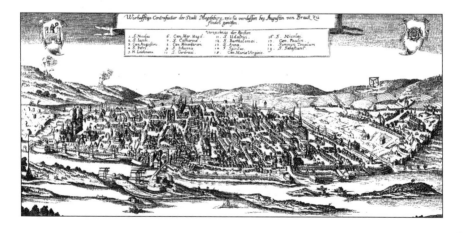

Ein kleines Glossar

Ab eventu	- nach dem Ausgang der Sache
Adiaphoristen	- Anhänger des Leipziger Interims unter Melanchthon, der viele katholische Kultusgebräuche akzeptierte
Amalekiter	- Nomaden auf Sinai, Feinde der Israeliten
Apokalypse	- mit bösen Vorzeichen angekündigtes Weltenende aus der Offenbarung des Johannes
Arkeleymeister	- abgeleitet von der Arkebuse, der Hakenbüchse
Artalerey	- altdeutsch für die Artillerie
Balaam, Bosor	- biblische Personen in Zusammenhang mit Irrlehren
Büchse	- erst Begriff für Kanonen und Geschütze, später für die über die Schulter getragenen Hakenbüchsen/Arkebusen
Caput	- (lat.) Kapitel
Cortisana	- (ital.) Geliebte
de mortuis nil nisi bene	- (lat.) über die Toten soll man nur Gutes sagen
Exekutialbrief	- Vollmacht zum Durchsetzung von Strafen
Exordium	- Beginn, Einleitung einer Rede
Fähnlein	- militärische Einheit, ungefähr in Stärke einer Kompanie
Fähnrich	- vom Fahnenträger ausgehend der jüngste Offiziersgrad im späten Mittelalter
Faktor	- Werkmeister in einer Buchdruckerei
Fant	- meist für unreifen, jungen Menschen
Fatum	- Schicksal
Feldschlangen	- eine schwere Feldkanone
Fortes fortuna adjuvat	- (lat.) die Tapferen begünstigt das Glück

Galmloch	- Schall- oder Rauchabzugsloch im Mauerwerk
Glötte	- Bleistück, Ladung
Hellebarde	- Stoß- und Hiebwaffe mit langer Stange und breiter beilförmiger Klinge
Herold	- neben Wappenamt war er auch Ausrufer oder Überbringer der Anordnungen seines Dienstherren
Impedimentum	- (lat.) Widerstand, Gegenwehr, Hindernis
in spe et metu	- (lat.) in Hoffnung und Furcht
Kartaune	- leichtes, flach schießendes Geschütz
Konfent	- Dünnbier
laodicäisch	- nach Klima in Laodicäa, weder warm noch kalt
Levante	- Mittelmeerregion östlich von Italien, Vorderer Orient
Losament	- Unterkunft, Unterbringung, Quartier
Magister	- (lat.) Meister, angewendet für Lehrer oder Philosophen
Malefizrecht	- besonderes Strafvollzugsrecht
Mamelucken	- fremdländische Sklaven, hier meist abwertend gemeint
Novatianer	- Anhänger der asketischen, streng gläubigen Kirche um 250 n. Chr., hier gemeint die Irrgläubigen
Pamphlet	- Streit- und Schmähschrift
Papisten	- Anhänger des Papstes und der katholischen Kirche
Partisane	- spießartige Stoßwaffe
Pasquille	- Schmäh- und Spottschrift
pater, peccavi	- „Vater, ich habe gesündigt", um Verzeihung bitten
Pharisäer	- hochmütiger, selbstgerechter Heuchler
Prädikant	- Hilfsprediger
Prinzipal	- Geschäftsinhaber
Profos	- Bezeichnung für den Scharfrichter in einer Einheit
Reisige	- berittene Söldner
Rotte	- militärische Einheit, ungefähr in Stärke eines Zuges
Schöps	- mitteldeutsch für Hammel
Sedition	- Empörung, Aufstand
Serpentine	- Feldgeschütz
Sodom und Gomorrha	- Orte der Lasterhaftigkeit, die Gott auslöschte
Sophisten	- ursprünglich Wanderlehrer, bald für spitzfindige, haarspalterisch argumentierende Leute
Tartsche	- Schild
Te Deum laudamus	- Dich, Gott, loben wir!
Thukydides	- bedeutender griechischer Geschichtsschreiber
Valet	- Abschiedsgruß, Lebewohl
Wispel	- altes Getreidemaß (= 24 preuß. Scheffel)
Weibel	- Webel, Feldwebel, Unteroffizier; eigentlich Bote des Offiziers und Werber der Knechte

Wichtige handelnde Personen

Erasmus Alberus
- Doktor, evangelischer Philosoph, Dichter und Verfasser vieler religiöser Denkschriften, Lieder und Gedichte; kam 1548 vom brandenburgischen Hof nach Magdeburg; Freund Luthers

Christof Alemann
- Sohn des Heine Alemann, Fähnrich der städtischen Reiterei

Ebeling Alemann
- Bruder des Bürgermeisters Heine Alemann, Stadtobrist und Ratskämmerer

Hans (Henne) Alemann
- Bürgermeister der Stadt Magdeburg 1527 - 54 verheiratet mit Getrud Mauritz

Sebastian Besselmeyer
- Verfasser des Gründlichen Berichts des Magdeburgischen Krieges sowie verschiedener Pamphlete

Paul Donat
- Drucker zu Magdeburg

Bartholomäus Eckelbaum
- städtischer Leutnant, Kommandant und Verteidiger von Wanzleben

Ulrich von Embden
- Bürgermeister der Stadt Magdeburg

Galle von Fullendorf
- Stadthauptmann des 3. Fähnleins, gebürtiger Schweizer

Johanna von Gent
- Geliebte des Hauptmanns Hans Springer

Gregorius Guericke
- Bürgermeister der Stadt Magdeburg im Ruhestand

Nikolaus Hahn (Gallus)	- Pastor von Sankt Ulrich ab 1550
Hans von Heideck	- schwäbischer Geächteter, Hauptmann, mit seinen Mitteln wurde das nördliche Elb-Rondell Heideck errichtet
Ludolf Horn	- Ratmann zu Magdeburg
Markus Horn	- Sohn des Ludolf Horn und Landsknecht-Fähnrich seit der Schmalkaldischen Kriege; von der Stadt Magdeburg als Rottmeister eingesetzt; 1553 Doktor juris
Flacius Illyricus (Matthias Flach)	- 1520 in Albona/Illyrien geboren, Philosoph und wichtiger Verfechter der Reformation
Johann von Kindelbrück	- Landsknecht-Hauptmann, von der Stadt verpflichtet
Andreas Kritzmann	- berühmter Landsknecht und Artillerist, bei der Verteidigung schoß er dem Feind schwere Verluste beibringend von der Johanniskirche, tödlich getroffen am 9. März 1551
Michael Lotther	- Innungsmeister und Drucker aus Magdeburg
Regina Lotther	- Tochter von Michael Lotther, verlobt mit Adam Schwartze, verheiratet 1552 mir Markus Horn
Albrecht von Mansfeld	- Graf, seit den Schmalkaldischen Kriegen auf Seiten der Protestanten, stellte sein Gut der Stadt zur Verfügung
Heinrich Merkel	- Stadtschreiber
Kaspar Pflugk	- böhmischer Oberst im Dienste von Magdeburg
Wilhelm Rhodius	- Volksprediger
Hans Rolle	- Wirt vom Gasthaus „Zum Magdeburger Jungfernkranz"
Dr. Johannes Scheyring	- Unterhändler des Fürsten Georg von Mecklenburg, gebürtiger Magdeburger und Kanzler von Mecklenburg
Adam Schwartze	- aus Bamberg stammend und als Leutnant bei der Magdeburger Stadtgarnison
Hans Springer	- Elsässischer Feldhauptmann im Dienste der Stadt Magdeburg
Hans Winkelberg	- aus Köln, eingesetzt als Stadtleutnant
Hans von Wulffen	- Rittmeister der Stadt

Freytags den 19. Junij/ sind die von Magdeburg zu Hertzog Moritz C.F. zu Sachsen gezogen/ von wegen gemeyner Stadt/ in gütlichen handel vnd gesprech zu begeben/ Gott gebe gnade/ Amen.

Den 24. Junij/ am tag Johannis baptiste auff den abent vmb 8.schlege/ macht der Feind in allen Legern vnd Blockheusern grose feuer/ lieffen damit im felde hin vnnd wieder vor der Stadt/ schossen auch all jhr geschütze zum 3.mal ab vnd in die Stadt/ darnach in mitnacht worffen sie Feuerkugeln auss der Neustadt/ dauon 9 in die Stadt komen/ aber (Got lob) keinen schaden getan.

Den 30. Junij/ seind vnser knecht 3.auff dem Marsch gefangen vnd ins Leger gen Buckaw gefurt.

Et Dato ist einem vornehmen vom Feindt 2.Geul nacheinander vnterm leyb erschossen/ welcher hart geflucht/ aber damit nichts aussgericht.

Im Julio.

Mitwoch den 1.Julij/ ist vormittag vnser Reuter eyner gegen der Teichschantz mit dem pferd gestürzt welchs der Feind erwischt vnd den Reuter gefangen hat/ darauff nach mittag vngeferlich vmb 2.schlege ein harter Scharmützel biss auff 4. stund werende erfolget/ darunter sich die vnsern erstlich gantz schwach vber dem tieffen wege bey dem Sudenborger gerichte/ auss dem vorteyl ins blosse feldt zum Feindt hinauss begeben/ vnd sich zu 3.malen mit dem Feindt gewaltich vberworffen vnd vormenget/ das man auch vnter dem viel schiesen vnnd rauch wieder Feind noch Freund erkennen mocht/ on weil sie sich vonan der geteylt/ vnnd wieder geladen/ wiewol der Feindt zu

ross

roß 3. wo nicht 4. mal so starck denn die unsern gewest/
und ire Knecht auß allen Schantzen auch mit hauffen zu
gelauffen/das sichs ansehen lies/das es nicht umbs Schar
mützeln/sonder anders wegen angespilt/unnd gegen uns
im sinne gehapt/aber(Got lob)nicht geschehen/jdoch sein
der unsern dißmal in die 8. personen unter den Reutern
nicht beschediget/darunter einer balt tod geblieben/ist
noch unwissent was der Feind dargegen gesetzt/allein 2.
Reuter unnd Geul haben die unsern geplündert/sonst 8.
Pferdt auff der wahlstadt geblieben/darunter einer unser
gewest/aber 17.in die Stad beschedigt komen/und ob sich
der Feindt im anfang hinder der Sudenburg gegen den
unsern starck erzeygt/und von der selbigen tagwacht uber
eylt/ auch hernachmals sich horen lassen/als hetten sie
der unsern/ ich weiß nicht wie viel hundert/in die keller
daselbs gelagt/und darinnen erstochen/seind doch (Got
lob)der unsern des orts nicht mehr als 5.tod/ darunter
Engelhart von Jlmenaw ein befehlhaber gewest/ doch
letzlich das spiel umbkert/und die yhren im abzug wieder
uber rast/hinder/und zum teyl an/und in der Sudenburg
viel wiederumb dem Feindt erlegt/ welche hernach mit
wegen geholt und in das Leger gefurt worden/ davon 9.
todten liegen lassen/welche die unsern auff den morgen
selber begraben haben/die unsern brachten dißmahl herein gefangen ein Reuter/auß den knechten ein Webel/da
neben 5. pferd/ nach anzeygung etlicher personen/sollen
etliche vom Adel und sonst viel personen geschossen auch
zum teyl tod blieben sein.

Den 3. Julij Freytags/ sein obberurte gesanten von
Magdeburg/von Pyrn und Hertzog Moritz C. F. wieder
in Magdeburg komen/was nun da ausgericht/wirt die
zeyt zu erkennen geben.

E ij Den 7

Den 7. Julij/ sind vnser Reuter 4. von 12. der feindt vberrast/ dauon zween reutter vnd drey pferde der vnsern geschossen/Was aber von den jhren getroffen/weys man nicht/allein das ihr 4.von stundan zu rück widerumb jns Lager gemach geritten sein.

Den 9. Julij/ haben die Burger die ander helffte/ all yhres Silbers/auch auff das Radthaus getragen.

Den 10. Julij/ ist dem feindt ein Edelman/ wie er sich selber nennet/bey dem Pulfferhofe vom gaul geschossen/Es solt ein stylstandt sein/ noch kam er herein geritten/vnd hat zum ersten auff die vnsern loss geschossen vnd vrsach geben.

Den 15.sol der Feindt etlich wagen mit Puluer bekomen haben/welches auss dem glaublich/dann sie in allen Legern gegen abent grausam in die Stad schossen/welchs zu vor in 14.tagen nicht geschehen.

Den 20. Julij/ ist dem Feindt ein doppelsoldner bey den garten der Wintmühl erschossen/darauff sie volgents Dinstags 21. frü die arbeiter vnd tagwacht angefallen/ aber von vnsern Reutern widerum abgetrieben/ aber von stundan gesterckt worden/ vnd vnser Knecht hinder der Sudenburg 4. beschedigt 2. gefangen/ weyss aber nicht was jn vor schaden erfolget/ allein ein lang rhor in die Stadt komen.

Den 22. Julij/ Haben die Feindt den graben odder Schantz gegen der Newstad/auch nach Dessdorff/jhmer erhöhet/auch eine Katzen oder drey eckichte weher gegen dem Rabenstein gemacht/ vnd nachfolgende tage starck gearbeit.

Et dato 22. frü haben sich die feindt abermals vnterstanden das viehe vor der Stadt zu nemen/aber nichts geschafft/

geschafft/ allein drey mutterpferd hinweg gebracht/ so
baldt aber vnser reuter vnd Kriegsvolck hinaus gekomen
ist der Feindt wieder in die Teych Schantz gezogen/ Als
aber die vnsern in die Stad gekomen/ sein jhre knecht von
der Steingrub wieder heraus gefallen/ die vnsern hinaus
gereytzt/ daraus ein ander Scharmützel erfolget/ dauon
vns ein knecht vnd zween Burger mit dem groben geschütz geschossen/ Dargegen ein knecht vom feindt herein
gefangen.

Den 23. ist aber ein Scharmützel vor S. Vlrichs thor
angangen/ vnsere knechte 4. beschedigt/ dargegen yhrer
reuter einer von dem gaull geschossen/ welchen die vnsern
geplündert/ das pferdt sampt einem gefangen knecht inn
die Stadt gebracht.

Es ist auch nach mittag Joachim Pfrims knecht
herein gefangen. Et dato ist Michel von Wien Feldt-
webel vnter des Obersten Fenlein auff dem Marß erschossen.

Freytags den 24. haben sich der feindt reuter nahent
an die Stadt gethan/ dauon die vnsern zum teyl hinaus
gefallen/ sie wieder zu ruck abgetrieben/ vnd jhn gegen der
Blendung/ dorinen sie zu roß vnd fuß starck gewest/ einen
vom gaull geschossen/ welchen die vnsern geplündert vnd
den gaull in die Stadt gebracht/ dargegen vnser Reuter
einer auch todt geblieben/ aber von vnsern knechten herein getragen.

Bald darnach ein halbe stunde/ haben sich des feinds
Reuter vor die Teychschantz gemacht/ dohin die vnsern ge-
folget/ vnd ist erst ein starcker Scharmützel draus worden
dorin yhre reuter etliche hakenschützen hinter yhn gehat/
aber die selbigen bey dem Teych im stich gelassen/ vnd jrer
viel bis an den hals ins wasser gelauffen/ dorein vnser reuter nach gesatzt/ vnd sind also/ in vnd vmb den Teych er-

E iij schossen

schossen vnd vmbkomen in 30. etlich meynten bey 4c. per¬
sonen/ auch ihre reuter hart an ihre Schantz gejaget/
Das auch die vnsern das gros geschütz vnter ritten / vnd
daruor sicher waren/ Von den vnsern ist nicht mehr denn
ein reuter Frantz Dents genant todt geblieben/ darneben
sonst 5. personen vorletzt herein gekomen/ Es waren auch
dissmal vnser knechte so gyrig/ das wo der feindt von Bu¬
kaw so starck nicht heraus gefallen/ hetten sie die schantz
mit gewalt angefallen.

Et dato in der nacht/ auch die volgende nacht den
27. hat der feindt vnsern Lauffgraben gegen Berga vnd
andern örtern eingezogen/ vnd vmb 12. schlege etliche rot
knechte vor das Newe rundel/ an das Stakitt gelauffen/
einen Lermen vormeynt zu machen/ sind aber baldt mit
hagel geschütz widerumb ab vnd zu rucke getrieben.

Darnach den 29. Julij/ donnerstag frü/ ist ein auss¬
fall gegen Berga geschehen der meynung/ die wacht da¬
selbst auff zu heben/ welche baldt zu rucke ab vnnd nach
dem Leger wichen/ denen die vnsern mit gewalt gefolget
den Feindt doselbst in harnisch vnd zur wehr/ etliche im
hembdern vnd blossem leib heruor gebracht vnd auffge¬
weckt/ von welchem der feindt starck heraus gefallen vnd
ein gros Scharmützel daraus erfolgt/ darinnen der vn¬
sern im 22. person/ in dieser zal 7. reuter beschedigt/ auch
drey knechte von dem groben geschütze todt geblieben/
Was aber der feindt von dem starcken gegen druck/ auff
vnser hakenschützen / auff welche vnser Reuter gewichen /
vnd von 3. angriffen vnd gemenge/ vorscheinlich schaden
an Pferdt vnd man genomen / werden sie wissen.

Von diesem gemelten Scharmützel/ ist von dem feind
Erobert vnnd hierein komen ein Silbern Tholch/ 4. schö¬
ner Rüstung ein Reuter 2. knecht.

Es ist

Es ist hernach kundtschafft hirein komen/Das dem Feindt auff dismall in die 50. gute Leudt vnnd nahent 100. Pferdt beschedigt vnnd todt sein/ auch die gemeine sage/ Bastian von Wallwitz sol diesen tag geschossen/ vnd aus dem Lager abgeführt sein (doch vngewiss.)

Im Augusto.

Die kundtschafft das den 4. Augusti/etliche welsche oder Spanische herrn yns Leger ankomen seyn/etliche sagen/ es sollen Burgundier gewest sein/ von der königin Maria geschickt/allein die belagerung zu besehen.

Den 6. Augusti/sind der vnsern ein Burger vnd ein knecht auff dem Marsch beschedigt vnd 5. knecht jns Leger gegen Bakaw gefurdt/aber keiner dauon wieder inn die Stadt gekomen.

Den 8. Augusti/ hat der Feindt aus der Newstadt angefangen nach der hohen Pforten vnd in die Stadt/ seher zu schiessen.

Den 13. Augusti vor mittag vmb 7.schlege/sind der feinde reuter abermals bis an vnsern Lauffgraben heran gerandt/ dorauff der Hausman auff dem Vlrichs thor geblasen/dauon vnser reuter vnd knecht auch jns feldt komen/vnd wiewol der feindt den vnsern zu starck/vnd das feldt inne hetten/ dergleichen jhre knecht die garten an der Schrode herein werts zu jhrem vorteyl eingenomen/ ist doraus ein trefflicher starcker Scharmützel/nicht vngleich einer zymlichen feldtschlacht erfolget/ vnd der erste angriff von den Reutern/ bey dem steynern Brücklein an den garten der Schroth angangen/ daselbs auch vnser Knecht auch mit zugedruckt/vnd die jren auß dem vorteyl geschlagen/aber zu beyder seitz zimlichen schaden ent-

pfangen

fangen/darnach haben die Reuter noch 3.gewaltiger an=
rith auff einander getahn/welche auß allen 3. Schantzen
vnnd der Newstadt zugehawen/vnd den vnsern an sterck
weit vberlegen/vnd wol 4.man auff vnsen einen zu pferdt
hetten/als aber dieser Scharmützel fast in die 3.stundt ge=
werdt/ auch die pferde gantz müde vnnd madt worden/
auch von wegen eines frischen Schwader Reuter/ welche
letzlich den jren zu hülff von Bukaw komen/zogen die vn=
sern ab.   Es haben aber die vnsern gleichwol auch zu sol=
chem tapffern ernst in die 28 personen/ die zum teil todt
vnd schaden entpfangen/auch in die 46.pferde verwundt
vnd 5.im felde todt geblieben/Was aber der feindt dar=
gegen gesatzt/ist noch vnwissent/on das 4.stadtliche per=
sonen aus yhren reutern/ von den vnsern geplündert/ vnd
in die 36.geull im felde geblieben/jr Ritmeyster/wie an sei
ner samitte Sturmhauben vñ seinem gaull/welcher sonst
neben drey pferden herein gebracht/ zu sehen. Die gefan=
gen knechte/so folgents den 19. herein gebracht/haben an
gezeigt/das viel vom Adel vnd ander beschedigt vnd todt
blieben sein/Es ist auch von vnserm Ritmeister einer vom
Adel herein gefangen/ vnnd mit nodt vor den knechten
beym leben erhalten.

Et dato vnter dem Scharmützel/ hat der feindt
etlich schüß nach dem thurm vnd Krückenthor gethan/
welcher von oben herab zwischen die zwinger vnd thor/
on allen schaden/auff den kopff vnd spitzen gestürtzt.

Des Freytags darnach/war man willens den feindt
zu Crakaw vber der Elbe an zu greiffen/ denn die Elbe
scher klein/vnd wol darüber zu komen war/ welches den
knechten des abents bey allen Fenlein angezeigt/vnd dar=
zu vermandt worden/ denn man vermeynte die armen

leut

leut/welche sich nicht mehr erhalten vnd solchs begerten
domit hynweg zu bringen/vnd vber die Elbe zu setzen.

Als aber einer/welcher sich fur den feindt zu ziehen
entsetzt vnd forchtet/zu den knechten inn den Rinck kam/
vermandt er sie diesen zug nicht zuuerwilligen// sondern
sich für zusehen/denn dieser zug allein darumb für geno=
men were/ sie auff die fleyschbanck zu opfern/ vnd gantz
vnd gar verraten/solches alles er beweisen wolle mit ey=
nem briffe/welcher gefunden vnd dem Schultheys vber=
antwort/vnd dem selbigen zu lesen gegeben sey worden/
in des selbigen inhalt etlicher leut Schelmenstück vnd ver
reterey genugsam vorstanden wird/in welchem/neben vil
vor andern sonderlich der Burgermeyster Heine Alman
angezeygt werde/Derhalben die knecht deß abents nicht
fort vnd aus der Stad wolten/sondern zuuor solche briff
sehen vnd hören lesen. Nu ist hirbey wol abzunemen/das
solcher brieff allein darauff gemacht vnd bis auff die zeyt
gespart sey/ dan man sich lange zeit vorher vormercken
ließ/eins mals mit gewalt an dem Feinde zuuersuchen/da
mit man den brieff darauff gespart/ also wardt die sache
diesen abent gestilt vnd die wacht besetzt.

Es war aber solcher brieff wol zwelff wochen vor
disser zeit gefunden/vñ dem Schultessen zu lesen gebracht
welcher sich hieher gantz vnd gar nicht reimen wolt/ dan
nichts deñ schmehe vnd schelt wort/auch etlich dinck vor
zwentzick iaren geschehen daringesetzt/ward in der nacht
von einem knecht/welcher sich Hans von Strassburg nen
net innerhalb des Kröcken Thor gefunden.

Damit aber solche meuterey vnd furgenomen zuck/
oder aussfal deste besser zuuorantworten/vnnd sölchs den
Herren abzuschlagen deß ein bessern schein hette/lieffen

ſ   die knecht   XL

die knecht des morgens/neinlich den Sonntabent zusament
ein jeder mit seiner weher zu seinem Fenlein/zogen zusamē
auff den Newen Marckt / begerten den Burgemeister
Heyne Alman/ vnnd den brieff in seiner gegen wertigkeit
zu lesen / vnd darauff antwort zu geben.

Es traten auch die reuter auff den Newen Marckt
zu samen/ welche ein ausschus machten den Burgemeister
zu holen/ sie funden jhn aber nicht zu haus / sondern auff
dem Radthaus/hielten jhm derhalben solchs vor/ begerten jhn in den ring/ vnd auff den Brieff sich zuuerantwor
ten. Hierauff er sich erbot von stund an nach zufolgen/
welchs die Ambasaten den knechten widerumb anzeigten.
Es ward aber das getümmel vnd das geschrey der knechte so gross/ das der meyste hauff nicht hören kundt/ auch
etliche welche zu meuterey lust hetten/nicht hören wolten
schrey derhalb der meyste hauff/ Holl jhn/ holl jhn/ mit
solchem geschrey lieffen sie von dem ring/vnnd in desselbi-
gen Bürgemeisters haus/der viel darunter waren/ welche
wol wusten das er nicht daheim/ sondern auff dem Raht-
haus war/ welchem sie viel mutwillens im hause trieben
vnd alle winckel durchlieffen. Zwischen dem kam er in den
ring zun knechten / vnd verantwort sich wie volgt.

Ich trag kein zweiffel / lieben Lantsknecht/ weil
wir allenthalben mit dem Feint vmbgeben vnd belagert
sind/ vnd er vns noch bis hieher mit gewaltiger handt nit
bezwingen/ oder keinerley abbrechen noch nemen hat kön
nen oder mügen/das er vns in mancherley weiss vnd wege
nachtrachtet wie er vns zum fall bringe/auch vneinigkeit
vnd meuterey vnter vns mache oder erwecken möge/ darumb etwan ein sölcher Schelm vnd Böswicht/ welcher
bey vns in der Stadt möcht sein / vnd sein meuterey nicht
mündlich noch öffentlich vnter die leut will bringen/ vnd
seines

seines namens wieder bekant nach gestendig wil sein/solch
en brieff vber mich vnd die meinen gemacht / vnnd fallen
hat lassen/ welchs alles ich mit gutem grund verantworten vnd eim jeden fuss halten will.Wo aber etwan einer
were/der mir solches vnter meine augen öffentlich zusagen
vnd vber mich zu beweisen/alles was in diesem Brieff von
mir felschlich vnd erticht geschrieben stehet/vorhabens
were/ wil ich des Rechten erwarten sein/vnd nach der verdiente straff/so mans auff mich mag bringen / gerne vnd
billig / wie sichs gebürt leiden.

    Hierauff hat ein gantzer Erbar Radt leib vnd gude
verwilliget für jhn ein zusetzen.
    Et Dato/als die Fenlein auff dem newen marckt bey
samen gewest/ist Graff Albrechs von Mansfelt seiner G.
gemahl in der Thumpröbstey in einem Fenster gestanden
dasselbige ein entschafft in güte verhofft zu erharren/vn-
ter des ist ein schus an dasselbige fenster vom zol geraten/
vnd jhr ein Bein entzwey geschlagen.

    Den 19. Augusti sein 18. Knecht / vormittag dem
Feindt auff dem Marsch abgefangen / Etlich im wasser
als sie darein gelauffen erstochen/vnd zum theyl sich selbst
erseufft.

    Volgents den 21. haben die Feindt aus der New-
stadt von dem Kirch Thurm angefangen zu schiessen.
    Den 25. haben die Feindt aus der Newstadt vom
thurm Etlich personen erschossen / Darunter ein Schwan-
ger Weib / der ein Lebendig Kindt aus Mütterlichem
Leib gefallen/ aber balt bey der mutter gestorben.

    Den 26.Augusti haben der Feindt Reuter abermals
an das vieh heran gesetzt/ist ein aussfal aus der Stad/ zu
ross vnd fuss/aber kein scharmützel geschehen/jdoch haben
S ij   die Feindt

die Feindt 3.pferde/sampt einem iungen hinweck vnd von
stundan wieder in die Schantz gezogen.

Im September.

Den 2. Septembris/hat der Feind sich abermals an
dem vihe versucht/aber nichts aussgericht/darüber Joch-
im pfrim des Ritmeysters knecht sampt dem Gaul in die
Stadt gefangen/aber so hart vorwunt das er hernach ge
storben vnd in Magdeburg begraben.

Den 3. Septembris/hat der Feindt ein graben von
der blendung nach dem Puluerhoff gemacht/denselbigen
vmgraben vnd beschantzt/auch thor daran gemacht/vñ
den selbigen tag starck im feld vnd greben sich sehen lassen

Den 4. Septembris/ist der Her von Heydeck sampt
seinen dienern Christoff Arnolt/Ludwich Bullingshausen
vnnd einem iungen in Magdeburg komen/sol wie man
sagt friedens handlung betreffend/Got gebe seine gnadt
darzu.

Mitwoch den 9. Septembris/ist der Her von Heydeck vmb 8.schleg vor mittage wieder hinauß geritten/
dem die von Magdeburg balt gefolget/vnd in das Blockhauß auff die Steinkul gezogen/aber den selbigen tag
wieder in die Stadt komen.

Freytags den 11.ist der Her von Heydeck wieder auß
der Stadt geritten.

Den 19.Septembris/ist dem gefangen H. Jorg von
Mechelnburg vorgunt vnd zugelassen/ mit Marggraff
Albrecht sich zubesprechen/welche ein grosse stund vor S.
Vlrichs thor bey der negsten Windmühl besamen vnter-
redung gehalten/nach solchem H. Jorg wieder in die stad
gezogen/vnd sich erlich wiederumb ein gestelt wie einem
gefangen zustehet.

Et

Et dato in der nacht/hat der Feindt abermals ein new gebew bey dem teichtamme vber vnd vor derselbigen schantz herein werts nach der Stadt/weitleufftig auffgeworffen. Diesen tag ist auch der von Magdeburg Secretarius nach gehaltener vnterredung/wider ab vnd zu H. Moritz C.F. zu Sachsen gefertigt.

Sontags den 13. Septembris/ist ein graben von der Teychschantz in den andern newen baw auff dem tamme gefürt.

Den 21. Septemb. ist obgemelter Secretarius wider in Magdeburg komen/vnnd der tag so gen Wittenberg bestimpt vnter dem vorgenohmen stilstand vorlengert.

Den 22. Dinstags in der nacht von 10. biss auff 4. gegen tag ist ein wunderlich ansehen des Himels/auch seltzame zeychen/zwischen der steingrube vnd der Newstadt gestanden vnd von menniglich gesehen worden.

Montags den 28. Septembris/sein die von Magdeburg hyn auff den tag gen Wittenberg gezogen/Friden zuschliessen/Gott gebe gnad vnd warheit/das es Christlich vnd wol abgehe.

Im October.

Freytags den 9. Octob. sein die gesanten von Magdeburg wider vom tag von Wittenberg komen/zuuerhoffen/die sach in gütlichen vertrag vnd fridliche endschafft gebracht / dann auch den von Magdeburg zugesagt/das Krigsvolck vor der Stadt auffs forderlichste zubezalen vnd abschaffen.

Den 12. Octob. Montags nach Dionisij/sein freundt vnd feind im feld zusamen gangen/ mit ein ander geredt/ auch gessen vnd truncken/ist aber des andern tags vmbgeschlagen vnnd verboten worden.

Mittwoch den 14. Octob: ist das Barfüsser Closter
in der stadt angefangen nieder zu brechen / der meynung
Wohnheuser dahin zu Bawen.

Negst volgenden Montag den 19.Octobris hat man
die knecht / vor der Stadt angefangen zu bezalen / Dar=
auff sich die öffnung der Stadt verlengert / vñ auff schirst
kunfftigen Dinstag den 26.Octobris von Hertzog Moritz
C. F. verheissen die Stadt vnd Strassen zu öffnen.

Im Nouember.

Den 3. Nouembris ist der Herr von Heydeck / wieder
in Magdeburg komen / vnd den 4. vnd 5. sampt den von
Magdeburg auch allen befehlhabern / von Reutern vnnd
Knechten aus / vnnd in die Steinkule gezogen / allda alle
handelung gantz vnd gar vertragen beschlossen vnd ver=
sigelt worden.

Sontags den 8.Nouembris wurden die Knecht in
Magdeb. bezalt vnd veruhrlaubt / vnd bey Sonnescheyn
aus der Stadt zu weichen / vmbgeschlagen / So balt das=
selbige geschehen / Sein 5. Fenlein wiederumb hierein
gezogen.

Darauff Hertzog Moritz C. F. zu Sachssen / Negst
volgenden Montag / Den 9. Nouemb: Eingeritten / vnd
auff dem Marckt von allen 3. Rethen vñ der Gemeyn ge=
huldet vnd geschworn / vnd vor ein Landtsfürsten ange=
nomen / der meynung vnd gestalt / so lang wir nicht von
Key. May. an ein andere Herschafft vorwiesen werden /
Dargegen seine C. F. G. zu gesagt / die Stadt Magdeburg
bey dem Reynten / Rechten / Ewig seligmachenden wort /
Auch ihre Freyheit / vnd Priuilegij zu lassen / Schützen /
handhaben / vnnd vertedigen / Genediglich erbotten /
ja so viel

ja so viel mehr vns zu gesagt das sein C. F. G. vmb desselb=
gen willen/ sampt vnd neben vns/ Landt vnd Leut/ Leib
Guth vnd Blut/ daruber wagen vnnd zu setzen will/
welches mit grossen freuden angenomen/ vñ die huldung
darauff ergangen/ Gott der Almechtige gebe sein gött=
lich genadt vnd warheit das dis alles zu seinem Lob vnd
zu forderung vnser Seelen Heyll vnd Seligkeit gedeyen
vnd geschehen möge. A M E N.

Schlusrede.

ICh hab oben in meiner Vorred vermeldt/ vnd sage
es noch/ das ich solches vmb vnsert willen/ welche
izt vom Feindt belagerung Erlitten/ nicht be=
schrieben vnnd zusamen gebracht hab/ Sondern
vmb vnser Nachkomen vnd Kinder/ auch vmb anderer
Nation vnnd völcker willen/ Welche ohn zweiffel/ gross
verlangen darnach haben werden/ Denen es auch viel an=
genemer vnd Lieblicher zu lesen wirt sein denn vns. Dann
wir solches alles vohr wol wissen/ vnd teglich vor augen
gesehen/ vnd daruber schier in ein gewonheit komen sind.

Domit man aber solchs nicht gar in windt schlage
vnd bey einer gewonheit bleiben lasse/ sondern ein wenig
hindersich gedencke/ vnnd solches behertzige/ darneben
Gott dem Almechtigen vor allen dingen seine gebürliche
eher/ rechten titel vnd namen gebe/ so heyst er zu itziger
zeit vnd hernach in ewigkeit bey vns von Magdeburg
billich/ Wunderbar/ Heldt/ Radt/ Almechtiger vnd Ewi=
ger vater/ Welches wir in dieser Belagerung befunden/
vnd er auch an vns reychlich bewysen/ vnd solchen Krieg
(welches auch vnser feindt bekennen) selber gefürt hat.
Dann dencke doch einer/ wie wunderbarlich Gott vns
allezeit

allezeit bey gestanden/ vnd offt in nöten ausgeholffen/
vnd der feinde furnemen vnd anschlege zu nicht gemacht
hat/dorneben den vnsern vor dem feind ein solch hertz vñ
mutt gegeben/vnd sie als weren sie blind hynan gefurt/
vntangesehen/das der feinde drey oder vier vnd offt funff
mal so starck als die vnsern gewesen waren .Dargegen die
vnsern ohn eynigerley anschleg oder hindersprach/hinaus
gelauffen/ vnd den meisten theyl ohn des Obersten wissen
vnd willen (welche auch der Profoss nach niemands wieder halten abmanen hatt können noch mögen) mit dem
feindt zu feldt begeben vnd mit jhn geschlagen haben.dar
zu in der nodt so Tapfer bey einander gestanden/ vnd reuter vnd Knecht so einig gewesen/ das wo einer den andern
sach nodt leiden/ sie den Gantzen hauffen daran wagten
vnd einander wie die Brüder entsatzten/ vnd den Feindt
zum offtern mal bis in die schantzen vnd Blochheuser ge-
iagt haben/welchs man von dem Feindt nicht viel gesehē
Sondern einander offt verlassen/ vnnd in nöten haben
stecken lassen. Wie auch dargegen Gott dem Feindt das
hertz genomen/ vnnd sein anschleg gegen vns zu nicht ge-
macht/ hat man öffentlich gesehen/ vnnd zum theyl von
jnen selber gehört vnd erfaren/ welche von vnsern gefangē
vnd verwundt in die Stadt gebracht sindt worden/ Das
Sacrament begert vnd gesagt/ sie sehen öffentlich vor dē
augen das sie kein Gelücke vor dieser Stadt haben. Dann
sie zum offtern mal ein anschlag gemacht/Wie sie vns
möchten etwan ein Thor abrennen/ vnd mit allem Krie-
gesvolck aus allen Schantzen zu Ross vnd zu fuss heraus
fallen/ dasselbige dran wagen/ ob sie vns etwan den halben theyl draussen vor der Stadt behalten vnd erwürgen
möchten. Aber so bald als sie ins Felt komen /vnd die vnsern gegen jhnen gezogen/ sey jhn ein solch forcht an komē
das sie nit anders gemeint/hendt vñ füss wollē jn erlamē.

Damit

Domit niemandt voracht/als were kein hertz noch
mudt bey dem Feindt geweſt/ich ſage aber wie der feindt
zum offternmall ſelber bekandt / das Gott das hertz vnd
ſieg nemen vnd geben kan / Dann ſie vns nicht viel Ruhe
gelaſſen/vnd wir ihn dargegen nicht viel verſagt haben.

Haben auch offt bekandt/alle die/welche ſich vermeſſen
haben / Die gröſten thaten aus zurichten / vnd die Stadt
vermeindt allein zu zwingen / Sind zum erſten dauon ge=
lauffen/ wie es ſich auch zum offternmal/ vnd ſonderlich
auff der Elbe mit den ſchiffen/ zu getragen hat/ welches
auch menſchlicher weiſe nach/vnmüglich dazu vngleublich
zu ſagen iſt/Denn der Feinde hundert/ gegen vnſerer drey
ſſig waren/vnd gleichwol all zumal von den vnſern erlegt
Dargegen der vnſern zween erſchoſſen vnd vmbgebracht/
worden/vnd nicht mehr/wie denn ein jeder vorher genug
ſamlich gehort vnd vorſtanden hat.

Aber eine ſolche wunderbarliche Belagerung hat
kein Kriegsman bey menſchen gedechtnis / nie geſehen
noch erfaren/das eine Stadt oder veſtung ſo vmbgraben
vnd beſchantzt were worden/dennoch iſt das meyſte volck
ſo teglich im felde geſehen/aus der Stadt geweſen. Darzu
der Stadt vihe/ als rynder/ küe/pferdt/ ſchaff/ ſchweyn/
genſſe/Summa allerley vihe iſt teglich vor der Stadt jm
feldt gehütet worden/welchs dem feinde offt neher denn
der Stadt geweſen iſt/ vnd hart fur die Schantzen vnd
plockheuſer getrieben/vnd der weyde nach gegangen iſt/
nach welchem der feindt teglich ſeher geſchoſſen/hat aber
kleinen ſchaden gethan/Vnd im fall/ob er gleich eine küe
ſchaff oder anders erſchos/wart doch nichts doran ver=
loren/ denn es in die Stadt gefurt/ vnnd doſelbſt geſſen
wart. Darzu wart das feldt vnd die gerten allenthalben

G   vmb

vmb die Stadt vmbgraben/gebawet mit allerley/ruben
vnd kraudt/vnd auch sonst mit anderm das zu essen dienst
lich/gepflantzt vnd beseyet/von welchem sich die armut
vnd Stadt mehrteyls erhalten/auch zimlich zu bekomen
aber thewr gewesen/wie man hernach hören wirt. So
sind auch teglich so viel armer leut fur die Stadt hinauß
nach holtz vnd anderm gelauffen/das es vntglenblich zu
sagen ist/also das auch zuletzt für gut angesehen/vnd ge=
ordnet ward/das man niemandt on erlaubnus hinauß/
oder on ein zeichen durch die wacht lassen solt/von welch=
em eins mal auff einen tag vnter dem Sudenburger thor
sieben hundert Zeychen niedergelegt vnnd gemerckt sind
worden/Nu sind aber noch zu ytzgemeltem thor/ alle
tage zwey thor offen gestanden/nemlich S. Vlrichs/vnd
das Brücken thor/welche zeichen/auch was aldo auffge
hoben wart/hie nicht gemeldet sind.

Denn eine graulsame anzal volcks/vnd meher denn
viertzig tausent personen in der Stadt vorhanden war/
welches seine narung im feldt vnd bey fromen leuten/zu
samen bringen vnd suchen muste/Welche der mehrer teyl
aus der Newstadt/ Sudenborch vnd S.Michael/ zu vns
herein genomen worden/vnd sind also derhalben viel mal
Barmhertzige Kriegsleut gescholten worden/ denn man
in solchen fellen die armud gerne/wo man kan/vorschickt
vnd hinweg bringt/So theten wir das wiederspiel/ denn
teglich vnter solcher armudt in die sechs tausent perso=
nen vor den thüren/vmb Gottes willen/gespeyset worden

Es wurden auch letzlich vier Commissen/ drey für
die Lantzknecht/vnd eine für das arme volck vnd gemey=
ne burgerschafft auff gericht/ dorinnen Fleysch/ Speck/
Bier vnd Brot/ein jder nach seiner anzal bekomen mocht.
Nach dem aber das Kriegsvolck nicht zusetigen vnd teg=
lich voll

XLIX

lich voll sein vnd nichts ersparen wolten/liessen die burger
jre Commiß fallen/vnd behalff sich ein jder wo er am best
en kunt/damit die knecht zu friden/mit der Burgerschaft
eynich vnnd one mangel wehren / Das es auch also durch
vberflussigkeit mit fressen vnd sauffen/auch auff hochzey=
ten vnd kinder teuffen der Lantzknecht/letzlich dahin kam
das man auß Kleien brot vñ bier oder kofent/auch Aniß
wasser kochen/backen vnnd trincken must/ Dann zu letzt
auch die pferd mit vns essen/vrsach das pferde futer war
auff gefutert/das man den pferden gut korn/mehl/kleien
auch letzlich das stro aus den betten schneiden/die pferd da
mit futern vnd auff Sandt stellen musten/auch letzlich da
hin kam/weyl man Vnchristlich schwere Artikel vnd Ca=
pitulation nicht anzunemen gesinnet war/ wolt man ehe
noch mehr leyden vnd darüber zusetzen/ In dem auch die
ehrlichen Hoffleut oder Reuter gesinnet waren/ wolt ein
Erbar Radt der Stadt/die pferd von jnen genomen vnd
bezalt/vnd vor dieselbigen Reuter ein eigen Lantzknecht
fenlein gerichtet/die pferd geschlagen vnd eingesaltzen ha
ben/das auch viel leute vnd etlich burger/ doch nicht auß
nodt/schon jre pferd schlachteten/ andern mitteylten/ al=
lein zuuersuchen/wans von nöten tedt/ ob sies auch essen
konten/es war aber niemant die es gegessen/dem es vbel
schmeckt/wie wol mancher mocht sagen/ ja der hunger
ist ein guter koch/ glaub ich das Got zu solchem/ wans
dahin kumpt/seinen segen vnd gedeyen gebe/vñ beyzeyten
selber Koch vnnd Procurator mit sey.

Nach dem aber alle ding von tage zu tage weniger
vnd mangel bey etlichen (wie wir denn nicht alle gleich
gefaßt) befunden/ vnd dennoch bey den andern/ welche
noch in besserm vorradt/allerley zu kauffe war/muste ein
jeder dennocht/ seines gefallens nach/ eynander nicht

                              G ij   schinden

L

schinden vnd vbersetzen/ sonder alles was jhm zukauffen/
nach hirnach vorzeychneter ordnung geben/ vnd dem an
dern vberlaſſen.

Eine wiſſpel Weytzen vor zwelff gulden.   Das
iſt ein ſcheffel vmb einen halben gulden.

Eine wiſſpel Rocken/ auch vmb zwelff gulden.

Weytzen oder Rocken mehel/ den wiſſpel vor zwelff
gulden.

Rindtfleiſch/ ein pfundt vor einen groſchen.

Kuefleiſch ein pfundt vor einen groſchen.

Schweynen fleiſch ein pfundt vor einen groſchen.

Kalb fleiſch ein pfundt vor einen groſchen.

Hamelfleiſch/ desgleichen auch ſchaff fleiſch/ ydes
pfundt var einen groſchen.

Ein Maß Bier in der Commiß/ auch ſonſt inn der
Stadt vor drey pfenning/ das halbe ſtübichen ſechs pfen.

Speck ein pfundt vor xiiij. pfennige.

Schmaltz ein pfundt vor zween groſchen.

Potter ein pfundt vor drey groſchen.

Einen Hanen vor vier groſchen.

Eine Henne vor vier groſchen.

Ein jungk huen vor drey groſchen.

Ein ſchock eyer vor zehen groſchen/ Iſt ein ey vmb
zwene pfenning.

Eine Gans vor ſieben groſchen.

Ein par junge tauben/ vor zwene groſchen.

Eine Ente vor vier groſchen.

Ein Maß oder kanne vnwormiſcht honnig vmb
drey groſchen/ 2c.

Nun

Nun ist solches alles noch eben lang/ vnd fast das
gantze iar vber zymlich zu bekomen gewest/ aber letzlich
thewrer worden/das auch eine kue bis auff achtzehen gul
den/ vnd ein Hamel auff drey gulden gekomen ist/ Aber
Brodt vnd Korn/ auch Bier/ ist allezeit in seinem alten
kauff geblieben.

Sonst ist zymlich viel Honnig in der Stadt befun=
den/vnd teglich auff dem Marckte zu kauffen gewest ist/
welches der gemeyne man vnd das arme volck/ auff dem
brote mit yhren kindern/viel gessen haben.

Was aber für mannicherley vorradt in eine belager
te Festung gehört/ do man im anfang auch nicht auff ge
dencket/kan niemandt one erfarung genugsam beschrei=
ben oder besynnen/Jch darffs ruhms halben nicht anzey=
gen/wie viel tausent Wisspel korn vnd mehl/ meine Herrn
den armen leuten haben vorgestreckt/ Auch wie viel tau=
sent seytten Specks befunden sind/ nach dem die Stadt
ein halb iar belegert gewesen war.

Auch ist ein iglicher hauswirt/vnuorwarneter sach die=
ses kriegs/ mit allerley vitalli zymlich vorsehen gewest/
auch also/das wir vns nicht haben durch das kriegsvolck
bewegen lassen/auff dem lande oder in den beyliegenden
Stedten/den leuten etwas zu nemen. Hetten auch ver=
hofft/vnserm bedencken nach/ es solte vns in eitem iare
nichts mangeln/noch haben wir in vielem geringem ding
in kurtzer zeit/mangel befunden/vnter welchen ich das ge
ringeste mus melden/ nemlich einen Besem/ welcher erst=
lich vmb einen pfenning gekaufft/ vnd kürtzlich darnach
vmb acht pfenning gegeben wart/vnd noch nicht rechte
Besem warent/sondern von Weyden/Wermudt/ beyfus/
vnd andern kreutern gebunden worden.

G iij   Es ist

Es ist auch der gewaltige Baw oder Rundel/gegen dem Siechoff/in solcher Belagerung/wunderbarlicher weyse auffgefurt vnd erbawen worden/ Denn nach dem kein kalck vorhanden vnd nicht zu bekomen war/furte vns vnser Herr Gott abermals/weyst vns in einen ordt/dorauff kein mensch nymermehr gedacht hette/das man auff der erden/ym steynwege/etlich fur kalcksteyn er = kent/ den selbigen heraus grub/jn zu probiren/inn dem gab Gott die gnade/das schöner vnd guter kalck doraus wart/von welchem auch der Steinweg an viel örten auff gehaben/vnd zu kalcke gebrandt wart/ man fandt auch dessgleichen steyn in den alten gemeuren hyn vnd wieder/ Das also von stundan ein Kalckofen bey dem Sudenbur= ger thor/ynnerhalb der Stadt gemauret/vnnd solcher Baw oder Rundel förderlich auffgefurt wart/ an welch= em die Burger ein yeder personlich gearbeit/vnd yhre weher neben yhnen gehat.

Darzu haben die Burger all jhr sylber auff das Radt haus getragen/vnd dem Radt fürstrecken müssen/ denn man in der belagerung gemüntzt/vnd viereckichte auch runde gulden/des gleichen halbe gulden/ örter/ groschen für zwelff pfenning vnd vier pfennig/auch küpffern pfen nige geschlagen hat/mit der Stadt wapen/nemlich auff eine seytten die Junckfraw/vnd auff die ander seytten ein Rosen.

Darnach ist auch wol zubedencken / wie man öffent lich vor augen gesehen / das Gott vmb eines menschen / oder dieser einigen Stadt willen/ diese genedige veterliche rudte vnd straff nicht hat kommen lassen/Sondern mich dunckt es sey vber die Rudte so wol gangen/ als vber den hindern. Das vnser Herr Gott ein Reyss von der Ruhten hieher in dreck vnd Fewr geworffen/ vnd das ander dort= hin vns

hin vnter die Füss/vnd ist eben zugangen wie man pflegt
zu sagen/das vnser Herrgott einen Buben bey den beynen
nimpt / vnd schlecht den andern mit vmb den Kopff das
sie beyde fallen/ wie man vorher gelesen/ vnd zum teil erfaren hat. Dann vns Gott erstlich Eben zimlich wol ge-
steupt hat/ Zu Hildesleben / do wir geschlagen wurden /
da meynten wir alle wir müsten vollent herhalten. Dann
es sich dasmal ansehen liess / Alls hette sich vnser Gott /
vnd alles gelück/ gantz vnd gar von vns abgewendt/ vnd
alles versagt / Sihe aber wie fein hats doch Gott geschickt. Hetten wir den Feindt geschlagen / wie wir denn
gewiss vns duncken liessen/vnd jhn vermeinten mit Filtz-
hüten zu todt werffen/so weren wir viel zu Kühn/Sicher/
vnd stoltz worden/ vnd vielleicht in grosse Hoffart gefal-
len/ auch die Ehr vnd that vns selbs / vmb nicht Gott zu
gemessen/ auch seine herligkeit vnnd wunder bey vielen
nicht kondt worden/wie dañ hernach geschehen/also das
wir vns in solcher hoffart gegen Gott noch gröber ver-
sündiget/ vnd jn viel zu einer grössern straff vnd ruhten /
veruhrsacht hetten.

Was theten wir aber dornach/wie schickten wir vns
doch weyter imm diese sach/ wir schrieben an vnsere nach-
baurn vnd Stedte vmb hülffe/vermeinten auch in vnserm
synn/sie kondten vnd wurdens vns nicht abschlagen/ wie
dann ein hauffen volcks schon vorhanden/vnd sich in den
Sehestedten vnd land zu Mechelnburg versamlet hette/
verliessen vns auff das/ das vns nicht wol werden vnd
widerfaren möcht/wenden darzu grossen vnkosten drauff
vnd das/ welches hart vor der thür war / vnd vnser Herr
gott mit fingern deutet/ wolten wir nit annemen. Dann
wir auff dasselbig mal/Vitalien/Prouandt/ vnd allerley
vorradt in die Stadt wolten bekomen haben/das wir die
Stadt drey oder vier jar lang/ wolten auff gehalten ha-
ben/ welches

ben/ welches wir auch hart vor dem Thor vber dem gra=
ben nicht herein holen wolten/ nemlich aus der Newstad
vnd negsten dörffern/ Vnd waren in dem abermal barm=
hertzige kriegsleut zu schelten/ denn wir keine arme leute
machen/vnd niemandt nichts nemen wolten/bis vns her=
nach die grosse nodt darzu zwang/vnd mit grosser ferlig=
keit/mit den Schiffen herein holen musten.

Worauff verliessen wir vns do/auff menschen hülffe
vnd vergassen vnsers HERrn Gottes/ Darumb machte
Gott den selbigen hauffen auch zu nichte/ zertrent vnd
verjaget yhn auch gantz vnd gar/denn ehr allein die eher
haben/vnd nicht den menschen gönnen wolt.

Derhalben wir auff dissmal/ menschlicher weise/
gantz vnd gar von aller welt verlassen vnd gar hülffloss
waren.   Ich meyne da lerete vns Gott trawen vnd har=
ren/so lang bis vns vnser Herr Gott bey den haren darzu
ziehen muste/Do lereten wir erst recht beten/vnd zu Gott
vmb hulffe schreyen/von welchem er vns auch erhört vnd
die hülff an yhm nicht hat feylen lassen/sondern vns gne=
diglich in aller nodt bey gestanden/ vns heraus geholffen
auff viel andere weiss/ dann wir selbst gehofft hetten.

Darnach sind die Bauren nicht gestrafft/so nimpts
mich auch wunder. Erstlich neben vns in der Schlacht zu
Hildesleben / vber die es am meysten aus ging. Hernach=
mals die anderen/ So noch daheim in jhren Dörffern wa=
ren/ welche gebrantschatzt/ darzu geplündert/ verbrendt/
vnd von haus vnd Hoff komen sind. Haben darzu vnsere
Feindt / (welche zuuor vnsere freundt gewesen) müssen
werden/ vnd wieder vns helffen bawen vnd schantzen/ die
wir eins theyls/ wie oben gemeldt/ selbs haben müssen er=
würgen

würgen vnd dauon schlagen/wie am mitwochen nach Iudica von menniglichem gesehen ist worden.   Summa Gott hat in diesem kriege/ wieder Pawr/ Burger noch den Adel verschonet.

Ja/wie viel mannicher mutter kindt/ vmb vnd vor dieser Stadt/ erschossen/ erstochen/ ertruncken / erfroren vnd durch andere schwere kranckheiten vmbkomen sind/ kan niemandt eygentlich erzelen/ Denn jhr allein in 36. wochen/ in diese Stadt/ bey funff hundert vnd drey vnd achtzig gefangen knechte/gebracht sind worden/ohn die reysigen.

Desgleichen den grossen vnkosten dieses kriegs/ inn vnd ausserhalb der Stadt/ auch den vnuorwindtlichen schaden/ so wir vnd vnsere nachbawren entpfangen haben/kan niemand genugsam beschreiben noch beklagen/ Deß zum teyl die Newstadt/Sudenborch vnd S. Michael/sampt vielen dörffern/ sind alle bis auff den grundt hinweg gerissen.   Auch sind wir in erfarung/ das mehr denn 18000.schüss/alle aus grossen stücken/ in die Stadt geschossen/ von welchem grosser schaden/ an Kirchen/ Thürmen vnd heusern/aber an menschen (Gott die eher) nichts sonderlichs geschehen ist.

Noch ist ein seltzam kriegsvolck vor der Stadt gelegen/ hiessen die Pfaffen/ die gedencken Gott habe sie noch nie gesehen/ sind auch nicht viel auff die Scharmützel komen/denn sie vieleicht nicht werdt sind das sie auff grünem feldt sterben sollen/welchen jhr straffe noch verborgen/vnd Gott yhm dieselbige vorbehalten/ aber gewis schon vor der thür/ Ist warlich/ wie vorgemelt/ ein seltzam kriegsvolck/ sie schiessen mit des Babsts Bann/ vnd bezalen wenn sie kein gelt haben/mit Ablas/ welches

H   sie nicht

sie nicht allein/sondern ander mehr (welche sich Euange
lische Prediger nennen) haben öffentlich auff der Cantzel
hören lassen/ das alle die welche sich für Magdeburg zu
ziehen gebrauchen lassen/ einen Gottes lohn/ die andern
aber/ welche es wol thun konnen vnd wollen nicht/ das
hellische fewer verdienen/ welche er am jüngsten tage
auch verklagen vnnd vber sie schreyen wil/ vergeb dirs
Gott. Nu von dem gnug.

Vnd wiewol der feindt vns von Magdeburg allent
halben an Reutern vnd knechten überlegen/ vnd in gros
sen vorteil sich belagert/ist doch (Gott habe lob vnd ehr)
vnter vielfeltigen Scharmützeln vnd angriffen/ vns der
liebe Gott noch allzeit beygestanden/vnd in solcher bela
gerung/von dem feindt geringer schaden/ aber dem feinde
gewisslich grosser abbruch geschehen/das auch wo Gott
dem feinde solch glück über vns hette gegeben/weren len
gest weder Reuter noch knecht in der Stadt mehr gefun
den worden.

Das wir aber gute Reuter vnd Kriegsvolck/ vnd
doch wenig gehat/domit wir dem feindt grossen abbruch
gethan haben/ lasse ich den feindt selber erkennen/ auch
darmit so gewaltige grosse Scharmützel gehalten/ das
alte kriegsleute sagen/ das desgleichen scharmützel vor
keiner Stadt/ auch in keinem feldtlager geschehen sey/
vnd doch kein mangel an volck gespürt worden/das gibt
der Almechtige gütige Gott/ dem selbigen sey lob/ eher/
vnd danck in ewickeit/Amen.

Solches alles aber gibt Gott/ welcher sich mit seiner hülff/auch durch mannicherley wunderzeichen/ oben
am hymel/vnd bey vns auff erden sehen hat lassen. Für
nemlich aber mus ich etlicher gedencken/ welches billich
bey vns

bey vns vnd vnfern nachkomen/ nymmer mehr vorgeſſen
ſol werden.

Erſtlich/ nach dem die vnſern zum offternmal ſich
wieder ſo ein groſſen hauffen gelegt vnd endtlich geſieget
obgelegen/vnd viel darüber dem feindt abgefangen vnd
in die Stadt gebracht ſind worden/ haben ſie gefragt/
wo doch der weydliche manliche Heldt ſey/oder wie er mit
namen heiſſe/der alzeit vor den vnſern/mit einem weiſſen
kleide vnd pferd her reyte/allzeit vornen dran ſeye/vnd die
vnſern ſo tapffer anfure/auff welchen offt ſamenthafft
befohlen ſey vor andern zu ſchieſſen vnd zu ſtechen/ welch=
es ſie gethan/vnd wol wiſten/das zum offtern mal in die
zwentzig oder dreyſſig ſchüſ/ſtich vnd ſchlege auff jhn ge=
ſchehen weren/auch zum offternmal mitten vnter ſie ko=
men/aber wünderbarlicher weiſe wieder heraus gewirckt
vnd die vnſern abgeſurt/des ſie ſich offt ſeher verwundert
hetten. Welches auch die Schiltwacht des feindes/ auff
vnſerm Wahel vnd ſonderlich wenn ſie etwas gegen vns
im ſynn gehat/geſehen haben/ was aber das fur ein man
ſey/kan ein yeder wol gedencken/ denn yhn die vnſern nie
leiplich (wie der feindt) aber in ſeiner hülffe/allzeit reich
lich geſpürt vnd geſehen haben.

Iſt das nicht ein wunderzeichen von dem Hirſchen
im graben/am freytag nach Andree geſchehen/ welcher
den Schantzgreber zum offternmal angerent/vnd von jm
nicht wolt laſſen/er hette jn deñ vmbgebracht/ aber dem
knechte/welcher zu ihm hynnein geſtiegen/kein leyd be=
gert zu thun. Ja freylich iſts ein wunderzeychen vnd ex=
empel Danielis wol zuuorgleichen/welcher vnuerſeert in
der Lewengrub ſich ſechs tage lang enthilt/vnd vnbeſche=
digt wider herauß kam/ aber die andern/ nemlich ſeine
feindt/wurden als balt von den Lewen zuriſſen vnd vmb=
gebracht.

H ij   Laſſ LVIII

Laß mir das auch ein wunderzeichen von Gott sein/
welches die feindt selber bekennen/ vnd sonderlich einer
welcher des donnerstags nach Jacobi auff dem grossen
Scharmützel neben S. Michael gefangen/ erstlich dar=
umb gefragt ist worden/ welcher von stundan bekant/
vnd darneben angezeigt hat/ man sol alle gefangenen
oder die aus dem leger komen/ fragen/ die werden (so sie
anderst die warheit bekennen) nichts anders denn ia dar
zu sagen/nemlich/ das kürtzlich brodt ins leger kommen
vnd verkaufft ist worden/ in welchem/ nach dem es von
den knechten entzwey geschnitten oder gebrochen/ bludt
erschinen ist/ob welchem die knecht (vnnd nicht vnbillich)
hefftig erschrocken/vnnd es fur ein straffe Gottes geacht
haben/ nach solchem auch ein schwehre vnerhorte kranck=
heit vnter sie komen/ ob welcher ihr viel von sinnen ko=
men vnd in die Elbe geloffen sint/ wie die gefangen selbst
bekennen vnd vns berichtet haben.

So ist auch einem guten einfeltigen fromen Burger
zu nacht auff der schiltwacht/nach dem er im gebet gegen
Gott gewesen/vmb hülff vnd errettung von den Feinden
gebeten/ein Gesicht erschinen/welchs ihn getröst vnd im
hülff vnnd rettung zugesagt.

Was auch Gott mit dem seltzamen wunderzeychen
am Himel diss jars gemeint/weiss er am besten/ wie man
denn vorher gelesen/vnd menniglich gesehen hat/welches
sich sonderlich am tage Mauritij/ an welchem wir das
iar zuuor geschlagen/ vber der Newstadt gantz graulsam
erzeigt vnd sehen hat lassen.

Gleichwol aber hat sich Gott der Almechtig neben
solchen zeichen/ vns alle zeit gnediglich erzeigt/ all vnser
sachen

sachen vnd nerrische anschlege zum besten gefügt vnd ge/
deyen lassen. Denn Gott je vnd allwege die/ welche sich
yhrer weissheit vnd grossen gewalts überhaben/vnd dar=
auff verlassen/in yhrer klugheit erhascht/zu boden gesto=
ssen/ia zu narren/vnd gantz blindt gemacht hat. Darge=
gen was eins schlechten ansehens/ oder in wichtigen sa=
chen vnd kriegshendeln fur vntüchtig oder vnnütz ge=
acht ist worden/ durch die hat Gott die grösten gewal=
tigsten wunder vnd thaten gethan.

Aber für allen dingen die sach angesehen/ wie wir
denn vor Gott vnd im grunde ein gute sache gehat/ ob
gleich ander welthendel mit eingerissen/vnd wir auch in
demselbigen etwas zu weit hynnein grieffen/ hat man
sich doch alle zeit erbotten/von aller vngebürlickeit wie=
derumb abzutreten/ vnd alles wiederumb einzureumen/
Allein vns bey dem Göttlichen worte zulassen gebeten/
vnd darüber gehalten/ wie wir denn auch durch Gottes
gnade darbey geblieben/vnd von all vnsern Predicanten/
zu der bestendigkeit treulich vormanet sind worden. Aus
welchem sich auch eine sonderliche zwispalt vnter
den gelarten erhaben/vnd ein grosser kampff doraus er=
wachsen ist/welchen die gelarten der Stadt Magdeburg
neben viel fromer leute gewaltig verfochten/vnd mit den
Interimisten drey iar lang gekempfft/ vnd zu letzt den
syeg/ durch Gottes hülff mit der heiligen schrifft erhal=
ten. In welches sich vnser Herr Gott auch gelegt/ vnd
beyder krieg angenomen/vñ das gottlose Interim sampt
des teuffels Concilium zu threndt gentzlich zerstört vnd
zu nichte gemacht hat.

Das er auch der Könige vnd Fursten hertz in seiner
hand habe/hat er an vns vnd jhnen genugsam beweyset/
Ƶ iij welche

welche er zumteyl in vnsere hend geben / vnd die andern/
welche vnser Feindt gewesen/zu Freunden gemacht/nicht
allein in zeitlichen vnd weltlichen sachen/sondern auch in
geystlichen/höchsten vñ nötigsten artickeln der Religion
vnd bekentnis des Christlichen glaubens verglichen/ vnd
mit vnsß vertragen/bey dem reinen Göttlichen wort vnd
Euangelio/auch bey der Augspurgischen Confession nebē
vns zu bleiben vnd zuuerharren/auch in anfechtung vnnd
verfolgung/desselbigen sampt vnd neben vns nicht allein
Landt vnd Leute/sondern jhr Leib vnd Leben/Gutt vnd
Blut zu setzen/vnd vns in dem schützen/handthaben vnnd
vertreten.

Was aber für ein elend dinck sey vmb eine Stadt die
belegert/ vnd gantz vnd gar verlassen ist/ sonderlich aber
wens schier auffs letzte kompt/vñ nichts mehr vorhanden
vnd alles auff gangen vnd verzert ist/ wil ich ein jeden/
Gott solchs abzubitten vnd nicht zuuersuchen vnd erfaren treulich vermant haben/ Dann das Kriegsvolck will
teglich vol sein/vnd ob man schon in einer stund alles auff
eß vnd truncke funde man etliche die morgen daruon zö-
gen/Gott geb wie es der Stadt/oder dem gemeinen man
ging/ alle ehr vnd eydt hindan gesetzt/welchen die gantze
gemeyn zu jn/ vnnd sie wiederumb zu der gemeyn im anfang geschworen haben/Dargegen ist mancher wucherer
vnd burger in der Stadt/der/ob er gleich noch genug vnd
vberichs hat/verbirgt ers in den hindersten winckel/ vnd
ist jhm nichts feyl/man bezal jhms dañ doppel/Gott geb
ein ander neben jhm leide hunger oder durst/ vnd werden
also die guten freundt in nöten/vnd der meuß dreck vnter
dem pfeffer erkant.

Hirbey

Hirbey wollen wirs bleiben lassen/Wer sonst gerne al¬
le gelegenheit warhafftig erkennen/vnd eygentliche form
vnd gestalt der Belagerung vnd der Stadt zu wissen be¬
gert/wirt künstlich aus warhafftigem grundt/ zu Mag¬
deburg/ durch Augustin von Brack abgerissen vnd inn
kurtzem ausgehen.   Hiemit wolle Gott yederman sol¬
chen jamer zu erfaren/gnediglich bewaren/ vnd bey
der Erkentnus seines heiligen Worts erhalten.

A   M   E   N.

Quellen-/Literaturverzeichnis

Wilhelm Raabe - Ausgewählte Werke in sechs Bänden, Band 2, Aufbau-Verlag, Berlin 1966

Wilhelm Raabe, Unseres Herrgotts Kanzlei, Buchverlag Der Morgen, 2. Auflage Berlin 1964

Stadtbibliothek der Landeshauptstadt Magdeburg

Wilhelm Raabes Erwachen zum Dichter (Die Jahre 1849 - 1853) von Wilhelm Fehse, Creutzsche Verlagsbuchhandlung, Magdeburg 1921

Gründlicher Bericht des Magdeburgischen Krieges/Schlacht/Belagerung/und fürnemsten Scharmützeln von Sebastian Besselmeyer - Stadtbibliothek Magdeburg Hg 524

Wahre Beschreibung der Schlacht, sampt Belegerung der alten Stadt Magdeburg 1551 - Stadtbibliothek Magdeburg Hg 203

Ausführlicher und gründlicher Bericht von der Altenstadt Belaegerung, gedruckt von Paul Donat 1587 - Stadtbibliothek Magdeburg Hg 107B

Geschichte der Stadt Magdeburg, Friedr. Wilhelm Hoffmann, Verlag von Emil Baensch, Magdeburg 1849

Geschichte der Stadt Magdeburg, Friedr. Wilhelm Hoffmann, Verlag von Albert Rathke, Magdeburg 1885

Die Hohenzollern-Legende, Max Maurenbrecher, Verlag und Buchhandlung Vorwärts Berlin 1907

Magdeburg vor hundert Jahren, Festgabe zur Jahrhundertwende, Hofbuchhändler Julius Neumann, Magdeburg Weihnachten 1900

Heraldisches Handbuch, F. Warnecke, Verlag von H. Keller, Frankfurt a. M. 1893

Reihe Magdeburger Kultur- und Wirtschaftsleben, Magdeburg
      Nr. 1 - Magdeburgs Wirtschaft in Vergangenheit, Gegenwart und Zukunft
      Nr. 2 - Magdeburg in der deutschen Geschichte
      Nr. 20 - Magdeburg und der Magdeburger Raum

Die Gartenlaube, Verlag von E. Keil, Leipzig 1885 - 1890

Stadtarchiv der Landeshauptstadt Magdeburg